中国式现代化道路研究书系

2023年度新疆财经大学校级科研基金专项项目研究成果（项目编号：XJWT202317）

新疆科技学院产教融合与新商科发展研究中心研究成果

中国式现代化：

会计变革探索

高严　王佳丽◎著

西南财经大学出版社

中国·成都

图书在版编目(CIP)数据

中国式现代化:会计变革探索/高严,王佳丽著.
成都:西南财经大学出版社,2024.10.--ISBN 978-7-5504-6433-9
Ⅰ.F233.2
中国国家版本馆 CIP 数据核字第 2024FC5787 号

中国式现代化:会计变革探索
ZHONGGUOSHI XIANDAIHUA:KUAIJI BIANGE TANSUO
高严　王佳丽　著

策划编辑:王甜甜
责任编辑:王甜甜
责任校对:李建蓉
封面设计:墨创文化　张姗姗
责任印制:朱曼丽

出版发行	西南财经大学出版社(四川省成都市光华村街55号)
网　　址	http://cbs.swufe.edu.cn
电子邮件	bookcj@swufe.edu.cn
邮政编码	610074
电　　话	028-87353785
照　　排	四川胜翔数码印务设计有限公司
印　　刷	郫县犀浦印刷厂
成品尺寸	170 mm×240 mm
印　　张	23.25
字　　数	401千字
版　　次	2024年10月第1版
印　　次	2024年10月第1次印刷
书　　号	ISBN 978-7-5504-6433-9
定　　价	88.00元

序言

　　我国现行的会计管理规范形成于 20 世纪 90 年代，其后经过了 30 多年的不断补充、修订与完善。伴随资本市场的建立与发展，我国加入 WTO 并快速推进对外开放。我国现行会计管理规范最主要的特征是会计国际化（陈信元，2018）。会计管理规范国际化是经济全球化和资本市场国际化的必然要求（曲晓辉，2001），会计准则与国际报告准则趋同后，能够为企业提供更具可比性的会计信息，为中国企业在海外融资带来便捷。这极大地推动了国内企业走出国门参与国际竞争，也对我国经济与世界经济融合发挥了积极作用（王积慧 等，2019）。

　　现代商业制度发端于以英、美为代表的西方国家，与之相适应的现代会计理论和方法同样来自西方国家。会计在根本上是环境的产物，特定历史时期的经济背景直接制约乃至决定了这个时期会计的主要特征和基本走向（Chatfield，1974；郭道扬，1996）。对会计国际化与会计国家化的认识亦应如此，即各国文化、历史、经济、政治、法律等背景的不同，势必会造成会计的差异化（李小丹，2003）。

　　党的二十大报告阐明了中国式现代化的丰富内涵，系统梳理总结了中

国式现代化的基本特征、历史探索、现实挑战、中心任务与实现路径（韩保江、李志斌，2022），对包括会计在内的企业管理变革具有重要的理论和实践意义。虽然我国会计具有各国会计的共同特征，呈现"一般性"，即30多年来顺应市场经济发展规律，引进、吸收和运用会计理论和方法，但也必须基于我国国情，呈现会计的"特殊性"。

中国式现代化是在人口规模巨大背景下的现代化，我们要始终将人置于现代化的核心位置。我国已形成了庞大的高素质人才队伍，人才红利逐步显现，员工的工作技能、专业素养在企业发展中发挥着越来越重要的作用。企业把人力投入看作对核心人力资源的一种投资，人力资源的专有性日益增强。会计上将人力投入进行资本化处理，是当前知识经济时代的必然要求（叶康涛、刘敏，2022）。

中国式现代化是全体人民共同富裕的现代化，要以资本的内在否定性为反思对象，把资本批判作为前提而非目标，按照辩证法的本性，从资本逻辑的内在矛盾入手，提出要规范和引导资本健康发展（周丹，2022）。我们不能把出资人当作企业剩余收益的唯一所有者，要兼顾出资人、经营者、员工，甚至供应商/客户等多个利益相关者，提倡相关者利益最大化的会计和财务目标。

中国式现代化是人与自然和谐共生的现代化，要实现人与自然和谐共生的生态文明，我们必须改变以牺牲环境为代价的盈利模式，认识到会计是人类社会生产活动中引导资源有效配置、合理分配利润的一种重要的制度安排（周守华、刘国强，2018）；要设计基于传统会计理论体系、将企业对生态环境资源消耗与补偿成本"内部化"的机制，加强财务报告准则制定中对企业生态环境资源消耗与补偿成本的反映。

中国式现代化是走和平发展道路的现代化，各国人民要共同享受发展成果，积极构建人类命运共同体。中国在谋求自身发展的同时，还为世界和平稳定和共同繁荣积极贡献中国方案、中国智慧、中国力量。中国在推进共建"一带一路"倡议中，在追求合作共赢、共同发展的基础上，实现与共建国家在会计准则、税收法律制度上的相互对接与协调。

中国式现代化必须通过高质量发展这一方式才能实现，转变会计发展方式的关键在于适应以"大智移云物区"为代表的信息技术革命（章贵桥等，2021），借助新技术成果以扩展会计估值功能的深度和会计契约功能的广度。企业可以通过企业会计信息系统重构、企业稽核中的实现场景、产学研合作新趋势，实现财务智能化，提高数据采集与信息加工能力，助力企业创造价值。

"善战者，因其势而利导之。"中国式现代化给会计带来了巨大的现实挑战，我们要做的是针对这些挑战做出相应变革，使新时代会计在助力实现人才红利、推进共同富裕、实现与自然和谐共生、追求合作共赢、赋能价值创造方面发挥积极作用。本书基于中国式现代化对会计发展的客观要求，从会计面临的具体实际出发，运用科学的研究范式，提出推进会计理论和实务变革的思路，旨在丰富现有会计理论研究成果、提出变革方案，为实现中国式现代化目标提供"会计力量"。

本书由新疆财经大学会计学院高严、新疆科技学院会计学院王佳丽撰写。高严教授提出写作思想、拟定大纲，并撰写了第1章、第2章、第10章的内容，王佳丽撰写了第3章的部分内容并组织编写了其余章节。

在本书的写作和出版过程中，新疆科技学院院长姜锡明教授和新疆科技学院科研处吕昱同志对本书的撰写工作给予了大力支持和悉心指导，在此深表感谢；同时也要感谢西南财经大学出版社王甜甜老师的辛勤工作。

由于作者水平有限，书中难免有不当之处，敬请读者不吝指教。

高严

2023 年 12 月

目录 M*ULU*

1
导论

1.1 研究背景

　　纵观自 1949 年开始至今 70 余年的新中国会计发展历史，我们不难得出一个基本结论，即会计是伴随时代变革而不断发展的，且具有波浪式前进、螺旋式上升的轨迹。回顾历史方能展望未来，回望会计的前进和发展，看清脉络，才能跟得上推进中国式现代化事业的时代脚步，才能在不断完善会计体系的过程中，为推进国民经济与企业管理的发展贡献会计的力量。

1.1.1 历史回顾

　　我国会计事业的发展大体可以划分为四个阶段（徐玉德、韩彬，2020）。

　　第一阶段：计划经济管理体制时期（1949—1977 年）

　　1949 年中华人民共和国成立，标志着社会主义经济制度在华夏大地开始建立。中华人民共和国成立初期，国民经济百废待兴、经济秩序混乱不堪、企业簿记良莠不齐。对于会计来说，我们迫切需要梳理实际、制定规范，建立和推行全国统一的会计核算制度，逐步推进企业经营走上正轨。

　　1949 年 12 月，财政部设立会计制度处，作为统一管理全国会计工作的领导机构，其中心任务就是制定统一的会计核算制度和统一的会计报告制度。

　　1951 年 2 月，按照毛泽东同志在中共中央政治局扩大会议上提出的从1950 年算起"三年准备，十年计划经济建设"的指导思想，我国开始根据自身国情，借鉴苏联经验，全面实行计划经济管理体制，并将企业财务计划纳入国民经济计划。在典型的计划经济体制下，国家计划制约和决定着财政，财政制约和决定着财务，财务直接制约和决定着会计。当时企业会计制度的建设与企业财务、国家财政、国家经济计划的关系非常密切。

　　考虑到企业会计无论在学习借鉴苏联先进经验方面，在结合中国具体实践方面，还是在配合计划管理和财务管理方面，都不够深入，不能达到成为定型的水平（杨时展，1998），财政部会计制度处紧盯计划经济管理体制，瞄准服务于大规模建设社会主义经济的目标，从 1953 年开始陆续颁布了《国营工业企业基本业务标准账户计划》《国营工业企业基本业务统一会计报表》

《地方国营工业企业基本业务简单会计制度》等一系列企业会计制度，逐步建立起计划经济体制下国家集中统一管理的企业会计制度规范（徐玉德、韩彬，2020）。

受政治形势影响，1958 年我国出现了以会计制度简化、下放财权为主要倾向的改革浪潮，形成"破字当头"、只破不立的混乱局面（项怀诚，1999）。当时多项会计制度被废止，许多会计制度的修改权、废止权被下放，出现了不少"无账会计"和"脑袋账"等混乱现象。"大跃进"之后，我国于 1959 下半年全面展开了会计整顿工作，1961 年颁布《国营企业会计核算工作规程》，不仅在当时起到了治乱的作用，还为三十年后拟定《中华人民共和国会计法》奠定了基础（王世定、汪建熙，1996）。

1965 年 7 月，财政部颁布《企业会计工作改革纲要（试行草案）》，明确提出"力争在两三年内，逐步搞出一套符合我国实际情况的会计制度和工作方法""要做到算而有用、管而合理、改而不乱"，非常遗憾，一年后爆发的"文化大革命"，使刚刚起步的会计改革戛然止步。然而，"文化大革命"期间我国的会计规范建设工作仍然取得了进展，1972 年 10 月颁布了《基本建设会计制度》，1973 年印发了《国营企业会计工作规则（试行草案）》《关于加强国营工业企业成本管理的若干规定》等相关文件，这些文件都为在挫折和困顿中艰难前行的会计改革发展提供了制度支撑（徐玉德、韩彬，2020）。

这一时期有关会计的学术研究主要是基于会计自然属性，结合社会主义基本经济制度，将社会主义意识形态贯彻到会计工作之中（葛家澍，2007），学者们提出了许多至今仍具影响力的观点。具有代表性的论述主要有两个，一是邢宗江、黄寿辰发表在 1951 年创刊的《新会计》上的论文——《怎样建立新中国会计理论基础》，首次提出新中国的社会经济制度要求建立区别于资本主义会计的社会主义会计理论基础，其认为要将会计理论建立在马克思主义政治经济学基础之上，全面、完整、系统地学习和接受苏联先进的会计理论（陈信元、金楠，1999）。该论文从马克思关于生产力与生产关系的基本观点出发，把会计与生产关系联系在一起，详述了社会主义会计和资本主义会计之间的本质区别，继而发起了会计属性问题的大讨论。二是陶德发表了《〈怎样建立新中国会计理论基础〉读后》，提出了与邢宗江、黄寿辰（1951）完全相反的理论观点，其认为会计在本质上应该属于应用技术，并不存在阶级性，该文章的发表将全国会计学者关于会计科学属性的第一次全国范围内

的大讨论推到顶峰，并在彼时形成三大类基本观点：一是"应用技术论"，即会计随生产力发展而发展，仅是一项应用技术，不存在鲜明的阶级性；二是"会计工具论"，即会计是服务于不同社会经济环境的一种工具，是经济管理的工具，具有阶级属性，属于上层建筑范畴；三是"两重性论"，即在阶级社会里会计不但具有一定的技术性，而且还有阶级性（高等财经院校会计教材编写组，1963）。著名会计学家葛家澍（2007）先生认为，第一次关于会计属性的讨论，旨在适应社会主义计划经济建设需要，并借鉴和推广苏联的会计理论与实务，为我国当时的会计制度和会计教学改革作了舆论准备。

第二阶段：改革开放及实现会计法治化时期（1978—1991年）

1978年12月召开的党的十一届三中全会，正式吹响了改革开放的嘹亮号角。1980年《国营工业企业会计制度》是改革开放后财政部第一个修改的企业会计制度，其重要特征是"保留过去行之有效的做法，保持制度连续性和稳定性"，同时"适应财务管理体制的变化"（财政部会计制度司，1980）。党的十一届三中全会明确提出，要把党的工作重心转移到经济建设上来，要做好社会主义经济体制改革和法制建设改革。从会计管理来说，为确保会计核算的严肃准确、会计监督的合法有效，就必须做好顶层设计特别是立法工作。财政部于党的十一届三中全会后开始着手起草制订我国第一部会计法，从起草开始到正式颁布，历时4年多，其间历经20多次修改、5次全国范围大讨论（王世定、汪建熙，1996）。《中华人民共和国会计法》的制定和颁布，开启了我国会计改革法治化进程，明确规定了会计的性质、会计管理的体制和基本要求，以及会计工作的法律责任，创造性地建立了具有中国特色的会计管理模式（郭道扬，2008）。与此同时，财政部于1985年3月又正式发布了《中华人民共和国中外合资经营企业会计制度》（1985年7月1日起实施），并在此基础上发布了《中华人民共和国外商投资企业会计制度》。特别具有代表意义的是，《中华人民共和国中外合资经营企业会计制度》首次采用国际通用的会计惯例，极大地突破了计划经济体制的企业会计管理模式。

十年动乱时期，我国的会计制度受到破坏、会计改革几乎处于停顿，国家经济秩序处于混乱状态。这使我们深刻认识到，会计的法治化、规范化建设能够为国民经济发展提供基础性作用。改革开放伊始，最首要的认识就是，在国家经济和企业管理中，如果仍然把会计置于可有可无的从属地位，那么这与经济管理对会计工作的要求和会计在经济管理中可能发挥的作用将极不相符，"会计工具论"这一观点对会计内涵的认定与会计应有的"地位"不相符，有必要重新讨论会计的含义（项怀诚，1999）。正是在这一背景下，会计理论界掀起了关于会计属性的第二次全国范围的大讨论。以财政部科研所的杨纪琬、中国人民大学的阎达五和上海财经大学的娄尔行等为代表的会计学者，从中国经济体制改革和企业管理实践出发，提出了"会计管理活动论"的鲜明论断；以厦门大学的余绪缨和葛家澍、江西财经学院的裘宗舜等学者为代表的会计学者，在西方现代会计理论基础上，结合我国企业改革开放的具体实践，提出了"会计信息系统论"的著名论点。此后，会计学界的这两种主流观点的代表学者之间开展了长达十余年的争论，讨论之激烈、影响之大、范围之广，在我国企业会计理论发展历程中实属罕见（项怀诚，1999）。这次关于会计科学属性的第二次争鸣，极大地深化了会计界对会计本质属性的认知，丰富了企业会计的内涵（徐玉德、韩彬，2020）。陈信元和金楠（1999）认为，在会计理论百家争鸣中作为中国特色会计理论创见提出的会计管理活动论，不只是提出了一个新的名词或概念，而是在实质上试图突破会计实践工作传统的、狭义的范围，即记账、算账、报账的所谓"会计循环"理论，发展成为现代的、广义的，包括反映、监督、决策、控制的体系，提出了以核算、评价和提高经济效益为核心的会计理论，并深刻影响着企业会计实务。作为这一时期中国特色会计理论与方法体系的重要理论观点，管理活动论被明确体现在《中华人民共和国会计法（草案）》对会计性质的相关规定中，并作为指导思想贯穿《中华人民共和国会计法》各条的具体内容（杨纪琬，1988），对改革开放以来中国会计法治化建设和会计管理工作改革实践起着至关重要的引领作用。

第三阶段：建立符合市场经济体制要求的统一会计制度时期（1992—2005 年）

1992 年，党的十四大正式提出建设社会主义市场经济体制，并鲜明指出将此作为我国经济体制改革的目标，对包括会计管理在内的国家经济发展与管理的各方面都产生了巨大而深远的影响。在这一形势下，企业会计开始加速由计划经济会计向市场经济会计进行重大转型（徐玉德、韩彬，2020）。局限于国内市场的会计核算体系无法保证对外开放所要求的国外资本引入和对外技术合作交流（丁坚铭，1992），财政部从 1989 年开始组织论证，起草和发布了以《企业财务通则》《企业会计准则》为主体的一系列企业会计管理规

范，1999 年全国人大对《中华人民共和国会计法》进行第二次修订，进一步明确了责任主体及法律责任，强化了会计监督和会计造假治理。

1992 年颁布的《企业财务通则》和《企业会计准则》，要求自 1993 年 7 月 1 日起在全国范围各类型企业中施行；与此同时，财政部还基于不同行业特征制定了 13 个全国性的分行业会计制度及相关财务制度。杨纪琬（1996）先生高度评价此举，其认为以"两则两制"为代表的企业会计制度迈出了会计改革最为关键的一步，革故鼎新地采用了国际通用的会计恒等式、核算方法和报表体系，顺应了社会主义市场经济建设初期的发展形势，凸显了企业在社会主义市场经济中的主体地位。1999 年全国人大第二次修订的《中华人民共和国会计法》，进一步明确了社会主义市场经济体制下企业的责任主体及法律责任，为强化会计监督和会计造假治理奠定了坚实基础。2000 年国务院发布了《企业财务会计报告条例》、财政部颁布了《企业会计制度》，其最突出特点是"打破行业、所有制和组织形式的界限，建立全国统一的企业会计核算制度"。至此我国初步形成了以《企业会计准则》和《企业会计制度》为基层、《企业财务会计报告条例》为中层和《中华人民共和国会计法》为顶层的三个层级的会计规范，形成了以基本准则和具体准则为核心的会计准则体系与全国统一企业会计制度并存的符合社会主义市场经济体制、具有中国特色的企业会计制度体系（徐玉德、韩彬，2020）。

基于社会主义市场经济体制建构和运行，以及企业改革发展实际，会计学术发展也呈现繁荣局面。由于企业所提供的会计信息已不再只是单纯满足国家计划调控的要求，而成为服务企业经营管理和资本市场投资决策的重要信息来源，相对滞后的会计制度与快速发展的经济实践之间的矛盾成为会计理论研究的重点；较大力度的对外开放极大地拓展了研究视野，使得会计理论在坚持中国特色的基础上主动借鉴国际会计经验成为可能，特别是 1990 年沪深证券交易所成立后，会计如何助力资本市场健康发展就成为这一时期会计理论研究的热点；特别是围绕"两则两制"深入开展的会计理论研究既源于会计改革实践，又在一定程度上指导和推动了会计改革实践。

第四阶段：经济全球化背景下会计国际化时期（2006 年至今）

2006 年召开的党的十七大提出要深入贯彻落实科学发展观，继续解放思想，坚持改革开放，推动科学发展，促进社会和谐，标志着我国经济社会发展从注重增长速度转向全面、协调、可持续；2012 年召开的党的十八大，更是强调继续坚持和发展中国特色社会主义道路，在总结改革开放以来伟大成就和基本经验的基础之上，指明了新时代中国特色社会主义发展方向。结合新时代理论与实践需要，财政部 2006 年颁布并于 2007 年实施了全新的《企业会计准则》，包括一项基本准则和 38 项具体准则、准则应用指南及相关准则解释，正是考虑到主动融入全球化进程、履行加入 WTO 的有关承诺、推动高水准会计国际协调的需要。2010 年财政部又颁布了《中国企业会计准则与国际财务报告准则持续趋同路线图》，是为了回应"建立全球统一的高质量会计准则，着力提升会计信息透明度"的倡议，并规定了持续全面趋同的主要项目和时间安排。2014 年以来，根据国际财务报告准则发展变化情况，财政部有原则地对《企业会计准则》进行了较大规模的修订和增补，进一步紧跟国际国内经济发展形势，丰富了《企业会计准则》内容，充实了中国特色企业会计制度体系。面对以信息技术为代表的新技术革命，财政部于 2009 年发布《财政部关于全面推进我国会计信息化工作的指导意见》，确立了"标准先行"的会计信息化建设顶层设计思路，并在此后逐步构建起以可扩展商业报告语言（XBRL）通用分类标准、会计软件数据接口标准和企业会计准则通用分类标准为主要内容的会计信息化标准体系（徐玉德、韩彬，2020）。如果说之前的会计改革重点集中于财务会计的话，2014 年财政部发布《关于全面推进管理会计体系建设的指导意见》则开启了我国管理会计改革先河，之后随即又印发管理会计基本指引及应用指引，加大力度构建与社会主义市场经济体制相适应的中国特色的管理会计体系，着力构筑基于预测、决策、规划、控制与考核等环节的管理会计，为使会计充分参与企业管理，助力企业价值创造奠定了坚实的制度基础。

在这一时期，伴随着科学发展观的贯彻落实、国家治理体系和治理能力现代化的持续推进以及经济全球化的深入发展，企业会计理论秉持"从实践中来，到实践中去"的原则，紧扣时代发展主题，服务现代国家治理，积极助力准则国际趋同，取得了长足发展和重要成果（徐玉德、韩彬，2020）。一是理论界在会计准则理论方面的认识进一步深化，围绕着经济全球化背景下更高水平的会计国际化协调和制度建设展开了深入研究，关注在安然事件、金融危机等重大事件发生后，基于全球金融稳定、安全以及降低交易成本等方面的考虑带来的必然结果（冯淑萍、应唯，2005）。二是在会计信息化研究方面，学者们对信息化新挑战做出有力回应，成为顺应全球经济一体化趋势

的有机部分;在后金融危机背景下围绕企业会计准则国际协调与趋同研究、会计信息化标准体系构建、管理会计体系建设,探索在数字化时代提高会计管理水平和风险防范能力、开展立足本土的中国特色企业管理会计研究方面,都取得了一系列标志性成果。这些成果为会计推动社会经济发展和服务生态文明建设、推动"一带一路"合作伙伴的会计交流与合作、助力实现国家治理体系和治理能力现代化、强化全面依法治国战略、发挥混合所有制改革的积极作用,都发挥了重要作用。

1.1.2 重要启示

回顾中华人民共和国成立 70 余年以来会计管理和会计发展的历史,我们不难得出以下四个结论:

第一,国家政治和经济的需要是会计管理和会计发展的第一推动力。虽然不同时期国家政治、经济和社会发展的着眼点具有差异性,但会计作为微观管理的一项内容或一种工具,只有紧盯党和政府工作重点,并为此发挥应有的积极作用,会计才能在历史舞台上凸显自己的角色,内容才能不断丰满、方法才能持续优化、实践和理论才能不断得到提高。例如,中华人民共和国成立初期百废待兴,党和国家的工作重心在于恢复经济秩序,重建因战争而停滞和受损的国民经济,会计积极参与其中,重整核算规范、确保经济秩序、分配短缺物资,在这一过程中很快形成了较为完善的企业会计核算体系;改革开放之初,党和国家工作重心转移到经济建设上来,提出建设四个现代化的宏伟目标,会计则迅速开展了以法制建设和会计规范建设为主的一系列基础性工作,制定了《中华人民共和国会计法》(以下简称《会计法》),出台了包括"两则两制"和行业会计制度在内的一系列会计核算规划,为积极建立企业作为市场经济主体并参与包括成本核算、经济效益核算、加强会计监督、参与企业管理等工作,奠定了现代企业会计基本体系,明确了会计目标及职能,形成了成熟的会计方法等;在经济全球化浪潮中,我国加入 WTO,之后党和国家的工作重心确定为融入世界经济大循环,国内企业在国际顶尖资本市场上市成为现实,吸引国际资本规模迭创新高,会计国际化脚步明显加快,中国会计准则与国际会计准则趋同势头迅猛,最新会计方法被引入国内企业,国内学者的国际视野也大幅扩展。

　　第二，会计只有适应并融入国家政治经济生活，满足其需求，才能凸显自身价值。正如马克思在《资本论》中指出，"过程越按照社会的规模进行，就越容易失去纯粹个人的性质，而作为对过程的控制和观念总结的簿记就变得越发必要"，在资本主义生产中，会计比农业和手工业的分散生产更为必要，公有生产比资本主义生产更为必要。中华人民共和国成立以来会计发展的四个阶段中，一是在中华人民共和国成立初期及其后长达30年的计划经济体制下，会计最初在清理家底、搭建核算平台以提供准确相关信息、短缺物质的分配等过程中，都发挥了必不可少的重要作用，其后服务于高度集中的计划经济体制，虽然在计划经济体制下企业并不具有严格意义的主体身份，但会计仍然在财政资金管理、成本核算与控制、财物调拨和安排等活动中，充当着精细化管理的好管家，为国民经济的稳健运行添砖加瓦；二是在改革开放之初，国家经济重心转移到经济建设上来，会计则快速融入经济体制改革和稳步对外开放中，根据形势需要及时修订完善企业会计核算制度，特别是建设中外合资与外商投资企业会计制度，助力两步"利改税"的落实以推进收入分配改革，积极推动以《中华人民共和国会计法》制定和实施为主要内容的会计法制化建设，为改革开放奠定坚实的核算与监督基础；三是在20世纪90年代开始的建设社会主义市场经济体制进程中，基于企业是市场经济主体这一设定，会计在制度上首先把目光投放在自主经营、自负盈亏上，其次迎合国内资本市场的建立，推出一整套股份制企业会计与审计管理规范，为塑造企业这一真正意义的市场主体发挥了基础性作用，特别是开启了发端于"两制两则"和行业会计制度的"会计改革风暴"，为其后一段时期会计规范改革打下坚实基础，在新中国会计发展史上写下了浓墨重彩的一笔；四是进入21世纪特别是我国加入WTO之后，伴随着全球化浪潮，我国已成为世界经济的重要部分，是世界经济增长的重要引擎，会计在参与国际会计准则的制定与解释、更大规模引进外资和走出国门进入高水平资本市场融资、引领共建"一带一路"国家会计准则协调、应对高速发展的信息技术、提升会计数智化水平等方面，都取得了重大突破，与世界第二大经济体身份相称的会计形象得到充分诠释。

　　第三，虽有波折，但我国会计发展历程始终围绕着国际化与国家化的轨道前进。新中国会计发展始终与国际化和国家化相伴前行。中华人民共和国成立初期借鉴苏联模式、21世纪大量借鉴以英美模式为代表的国际会计规范，

都是我国会计国际化的深刻实践；而结合自身国情发展的增减记账法、定额成本经济核算、支撑国民经济的资金计划等，则是我国会计国家化、本土化的具体实践。

从 20 世纪 90 年代初至今，我国会计发生了深刻变革，其最主要特征就是随着国内资本市场的建立与发展、加入 WTO 后快速实现对外开放所导致的会计国际化（陈信元，2018）。会计国际化是经济全球化和资本市场国际化的必然要求（曲晓辉，2001），客观地说，会计准则在实现与国际报告准则趋同后，能够提供更具可比性的会计信息，为中国企业在海外融资带来便捷，极大推动国内企业走出国门参与国际竞争，也为我国经济与世界经济融合发挥了积极作用（王积慧 等，2019）。但我们也要认识到，会计在根本上是环境的产物。我们应当承认，现代商业制度发端于西方，与之相适应的现代会计理论和方法也发端于以英、美为代表的西方国家。美国会计学家迈克尔·查特菲尔德指出，通过考察人类思想与生活环境两者关系演进过程可以看出，会计的发展是反应性的，也就是说，会计主要是顺应一定时期的商业需要而发展的，并与经济的发展密切相关；我国会计学家郭道扬也强调，社会经济的发展水平则是促进会计发展变化的第一历史环境，或者说是首要的历史前提条件。两位会计学者都在向我们阐明同一个道理：会计首先是经济环境的产物，特定历史时期的经济背景直接制约乃至决定了这个时期会计的主要特征和基本走向。对当今我国会计国际化与国家化的认识亦应如此，即由于各国文化、历史、经济、政治、法律等背景的不同，势必造成会计的差异化（李小丹，2003）。

第四，我国会计理论与会计实务总体呈现齐头并进态势。理论来自实践，指导和服务于实践，这个基本的马克思主义哲学观点用于阐释中华人民共和国成立以来会计实践与理论的关系，也是适用且恰当的。

最典型的阐释有三次，即会计理论界的两次大讨论，以及 21 世纪初开始全面采用以西方通行的经验研究或实证研究范式，对资本市场财务与会计问题开展的探讨与考察。其一，中华人民共和国成立初期的第一次大讨论本质上讨论的是会计是否应当具有意识形态色彩，这与当时的政治、社会和经济形势密切相关，即带有浓重的时代印记。来自不同政治阵营、具有不同社会背景的学者，基于自身理解提出观点，是学者们思想认识的自然延续。这也向我们传达了一个基本观念，即会计确实是社会性与自然性的统一体。其二，

20 世纪 80 至 90 年代的第二次大讨论，其根本上是一次对会计自我认识的反思，这与会计理论界在面对改革开放浪潮时，如何把会计从计划经济的藩篱中解放出来，投身于火热的经济体制改革、扬弃式吸收国外先进管理经验的心理状况息息相关。从今天来看，大讨论的结果最终可以分为两类，一是管理活动论，二是信息系统论，前者可能更倾向于会计在参与经营决策、强化企业内部管理中的作用，后者可能更倾向于把会计当作按照执业规范制造并提供信息的一项工作。前者更强调会计的主动性，后者更偏重会计的被动性。其三，21 世纪初，受全球化和国际化思潮影响，许多会计学者开始强调理论研究应向西方看齐，即在研究内容上要聚焦于资本市场财务与会计问题，特别是会计信息的价值相关性和盈余管理动机与后果等方面，在研究方法上主要采用国际通行的实证研究范式。与国外以需求为导向的研究不同，我国的研究大多以供给为导向。新兴的资本市场客观存在着许多不完善的情况，证券投资者对会计信息也不够重视，学术研究者追求高层次学术成果的发表，可能是实证研究的主要推动力（马莎莎，2014）。

1.2 研究意义

1.2.1 研究价值——历史逻辑与现实思考

全面推进中国特色社会主义建设进入了新时代，党的二十大明确提出要通过中国式现代化道路，实现中华民族的伟大复兴。党的二十大报告对中国式现代化作出重要论述，给出中国式现代化的深刻内涵，系统梳理总结中国式现代化的基本特征、历史探索、现实挑战、中心任务与实现路径。中国式现代化的提出，从历史逻辑来看并不突兀，它是自中华人民共和国成立以来奠定建设社会主义经济基础、改革开放以推进中国特色社会主义道路、新时代党和国家推出一系列治国理政决策以全面深化改革，不断实现理论和实践上的创新突破的成果。中国式现代化对我国政治、经济、社会都将产生长期而深远的影响，尤其对包括会计在内的经济与管理活动，更加具有重要的理论和实践指导意义。

现代化是以蒸汽机为代表的工业革命后，世界各国实现从传统经济向现代经济、传统社会向现代社会、传统政治向现代政治、传统文明向现代文明等各个方面深刻转变所经历的剧烈变革（何传启，2001；罗荣渠，2004）。作为人类文明发展与进步的显著标志，实现现代化成为近代以来各国孜孜以求的共同目标，并逐步引领世界发展潮流。长期以来，西方资本主义国家凭借其先发优势，制造并标榜以"私有制+自由市场+分权型现代化国家机构"为方程式的资本主义现代化发展模式，将其作为实现现代化的必由之路（杜玉华，2019；高晓林、周克浩，2022）。但历史和实践都将证明，西方现代化模式并不具备普适性且逐渐暴露出误导性，照搬这一现代化模式所导致的"中等收入陷阱""周期性经济危机""全球生态危机"等诸多问题，都会将大多数发展中国家卷入发展漩涡（杨章文，2022）。

习近平总书记明确指出，"中国式现代化，深深植根于中华优秀传统文化，体现科学社会主义的先进本质，借鉴吸收一切人类优秀文明成果，代表人类文明进步的发展方向，展现了不同于西方现代化模式的新图景，是一种全新的人类文明形态。中国式现代化打破了'现代化＝西方化'的迷思，展现了现代化的另一幅图景，拓展了发展中国家走向现代化的路径选择，为人类对更好社会制度的探索提供了中国方案。中国式现代化蕴含的独特世界观、价值观、历史观、文明观、民主观、生态观等及其伟大实践，是对世界现代化理论和实践的重大创新。"

我们发现，目前的会计管理，无论从管理体制、制度规范、对象内容、方法体系等各个方面，虽然是 70 多年历史传承的自然结果，但 20 世纪八九十年代对外开放借鉴西方先进管理经验，特别是自 21 世纪初开始的 20 多年国际化道路，难免被打上西式烙印。例如，会计核算顶层设计的基本准则和具体准则，已经大幅度实现与西方发达国家主导的国际会计准则趋同；基本会计等式"资产＝负债+所有者权益"实质上重点基于出资人权益，是资本逻辑在会计主体中的具体体现；会计方法体系包括报表式样、核算过程、投融资结构分析等方面，已实现与西方完全接轨；会计理论研究基本上以美国等资本市场财务与会计的实证研究为主流范式。而这一现状与中国式现代化的基本特征和根本要求，在某些方面是格格不入的。例如，中国式现代化是人口规模巨大的现代化，这就要求把人才红利、社会保障、生育养老等方面纳入会计对象；中国式现代化是全体人民共同富裕的现代化，这就要求社会财富分配特别是企业剩余收益，绝对不能只考虑代表资本逻辑的出资人或所有者这类群体，而应当包括经营者、员工、政府、供应商和客户等一众利益相关者；中国式现代化要求统筹物质文明与精神文明，这就要求绝对不能只追求以利润和现金流为代表的经济利益，而应当助力弘扬以社会主义核心价值观为主导的精神文明，提高公民道德水准和综合素质，摒弃唯利是图、钻法律和制度空子、搭各种便车等不良行为；中国式现代化是人与自然和谐共生的现代化，这就要求将生态保护、环境治理等内容纳入会计视野，高度注重可持续发展，而不是以牺牲自然环境与资源滥采为代价获取经济利益；中国式现代化是走和平道路的现代化，着眼于合作共赢，避免零和博弈，这就特别要求在与"一带一路"合作伙伴共建"一带一路"时，做好会计准则和税收法律的有机协调，做到利益共享、风险共担。

中国式现代化的提出和施行，为我国会计发展提供了一个宏大背景，也对会计管理提出巨大挑战。如何使会计融入推进实现中国式现代化这一光荣而艰巨的使命，是所有会计人必须深思的重大课题。正是基于这一考虑，本书愿做抛砖式探索。

1.2.2 研究的必要性——提供"会计力量"

金培（2019）认为，中国经济的价值文化及制度形态具有显著特色，而且中国历史漫长，人口规模巨大，其价值文化和制度形态特色具有极强的坚韧性，其"坚固内核"极具稳固性，同时现实中的企业实际上是非同质的，而且非同质性往往表现为类别差异，即具有不同的域观特征。因此，建立在西方域观基础上的理论认识对中国企业会计改革发展进程中的理论认识及实践活动解释力度有限。会计这种管理经济的活动与其所处的社会政治经济条件紧密相连（杨纪琬、阎达五，1982），建立具有中国特色的会计理论方法体系应以马克思主义基本观点为指导，以马克思主义政治经济学为理论基础（杨纪琬，1988）。时代呼唤会计变革，中国式现代化的伟大实践也必定给我国会计发展提供难得的历史机遇，助力实现会计变革。

我们正在通过推进中国式现代化以实现中华民族的伟大复兴，这必定是我国当前和今后相当长一段历史时期的中心工作。中国共产党团结带领中国人民开辟的中国式现代化新道路，不仅彻底改变了中华民族的前途命运，也深刻影响了世界发展的趋势和格局，为建设美好世界做出中国贡献的同时，也为人类现代化路径探索提供了成功发展范式，为广大发展中国家跟上现代化发展潮流提供了全新选择。党的二十大报告有关中国式现代化的重要论述系统梳理总结中国式现代化的基本特征、历史探索、现实挑战、中心任务与实现路径（韩保江、李志斌，2022），对包括会计在内的我国企业管理变革，具有重要理论和实践指导意义。我们必须具备两个方面的清醒认识，第一，中国式现代化具有各国现代化的共同特征，呈现一般性，即 30 多年引进、吸收和运用的会计理论和方法，凝聚了包括中国在内所有会计先贤的智慧，其主要内容是切合现实需求的；第二，中国式现代化基于中国国情，具有中国特色，呈现特殊性，主要从以下五个方面，结合中国企业实践，做出必要变革：

（1）中国式现代化是人口规模巨大的现代化，意味着必须要始终将人置于现代化的核心位置。较为突出的问题是，中国已经形成世界上最庞大的高素质人才队伍，人才红利逐步显现，会计必须将人力投入进行资本化处理，这也是当前知识经济时代的必然要求（叶康涛、刘敏，2022）。随着知识经济时代的到来，员工的工作技能、专业素养在企业的经营发展中发挥着越来越重要的作用，人力资源的重要性日益增强。企业的人力投入实际上是对核心人力资源的一种投资。

（2）中国式现代化是全体人民共同富裕的现代化，而不是少数人富裕的现代化，意味着以资本的内在否定性为反思对象，把资本批判作为前提而非目标，按照辩证法，从资本逻辑的内在矛盾入手，提出要规范和引导资本健康发展（周丹，2022）。较为突出的问题是，在会计中要规避把出资人当作企业剩余收益的唯一所有者，而是要兼顾出资人、经营者、员工甚至供应商和客户等多个利益相关者，提倡相关者利益最大化的会计和财务目标。

（3）中国式现代化是人与自然和谐共生的现代化，意味着在经营管理中呈现"促进人与自然和谐共生"的"生态文明"。较为突出的问题是，必须扭转以牺牲环境为代价的盈利模式，认识到会计是人类社会生产活动中引导资源有效配置、合理分配利润的一种重要的制度安排（周守华、刘国强，2018）。我国会计要设计基于传统会计理论体系，将企业对生态环境资源耗费与补偿成本"内部化"的机制，加强财务报告准则制定中对企业生态环境资源消耗与补偿成本的统一规范。

（4）中国式现代化是走和平发展道路的现代化，意味着各国人民要共同享受发展成果，并积极为构建人类命运共同体注入重要力量，在谋求本国自身发展的同时，为世界和平稳定和共同繁荣积极贡献中国方案、中国智慧、中国力量。较为突出的问题是，在推进共建"一带一路"倡议中，如何在追求合作共赢、共同发展基础上，实现与共建国家在会计准则、税收法律制度方面的对接与协调。

（5）中国式现代化必须通过高质量发展才能实现，这意味着发展方式的根本转变。较为突出的问题是，转变会计管理方式、增强会计决策作用的关键之处，在于如何适应以"大智移云物区"为代表的信息技术革命（章贵桥等，2021），如何借助现代化技术，加强会计估值功能的深度，拓展会计契约功能的广度。重点要放在智能财务赋能企业价值创造方面，即通过企业会计信息系统重构、企业稽核中的实现场景、产学研合作新趋势、实现财务智能化，进而提高企业财务数据采集与信息加工能力，助力企业价值创造。

兵法有曰："善战者，必因其势而利导之"。中国式现代化已经给会计带来了巨大的现实挑战，我们必须面对这些挑战，紧密结合现实和趋势，做出相应变革，才能使新时代会计在助力实现人才红利、推进共同富裕、实现人与自然和谐共生、追求合作共赢、赋能价值创造方面发挥积极作用。本书基于中国式现代化对会计发展客观要求的主要方面，从实现会计变革的五项必要内容的具体实际出发，运用文献研究和规范研究范式，提出推进会计理论和实务变革思路，旨在丰富现有会计理论研究成果并提出具体运用方案，为企业全面准确实现中国式现代化目标提供"会计力量"。

1.3　研究内容

中国式现代化为会计变革提供了宏大背景，带来了深远影响，涉及的内容也非常丰富、异彩纷呈，受限于研究时间和本书的篇幅，我们确定的研究

对象主要集中在与中国式现代化密切相关、亟待解决的八个相关领域，即：

（1）中国式现代化与会计，主要探讨会计的国际化与国家化（反思国际化带来的问题）、中国式现代化的深刻内涵与中国式现代化对会计的要求等问题。

（2）人口规模与会计变革，主要探讨人口规模与会计（反思与人口管理不相适应的会计内容）、人力资本会计的建构与运行、养老会计的建构与运行、生育会计的建构与运行和子女教育与就业的会计问题等问题。

（3）共同富裕与会计变革，主要探讨共同富裕的内涵、会计在衡量收入差距方面的作用、企业分配的优化和会计等式的变革等问题。

（4）精神文明与会计变革，主要探讨会计与文明（反思只注重物质文明的局限性、致力于物质文明和精神文明的融合）、会计与社会治理和会计与政治文明等问题。

（5）生态文明与会计变革，主要探讨环境资源与会计（反思会计在生态文明建设中作用的缺失）、环境成本与会计后果、环境资源的确认计量、"双碳"会计问题、环境资源审计问题和生态预算等问题。

（6）协调发展与会计变革，主要探讨协调发展与会计（反思零和博弈的会计窠臼）、共建"一带一路"倡议下的会计标准协调和税收法律协调、保税区的会计财务问题和会计国际化人才培养等问题。

（7）数字经济与会计变革，主要探讨数智化与会计（反思会计如何运用新技术的情况）、数字经济与财务会计变革、数字经济与管理会计变革、数字经济与财务管理变革和数字经济与审计变革等问题。

（8）发展安全与会计变革，主要探讨会计基于发展安全的不足、应急管理会计的问题和突发公共事件审计等问题。

本书主要研究内容如图1-1所示。

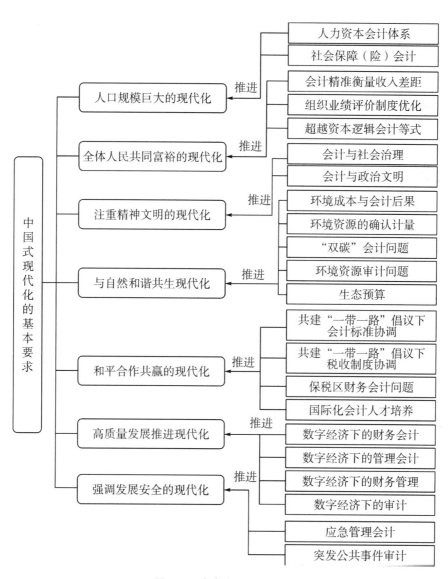

图 1-1 本书主要研究内容

（本章撰稿人：高严）

2
中国式现代化与会计

2.1 会计的国际化与国家化

2.1.1 我国会计的国际化

根据陈瑜（2005）的理解，国际化是一个很宽泛的概念，其含义为"将（某事物）置于国际共管之下"。也就是说，只要某一事物从范围上突破了国家界限，就可称为"国际化"了。"会计国际化"是一个泛义词，它的原意是指会计实务从一国的范围跨越国界而走向国际。纯粹的国际化观点认为，作为一种国际资本流动所必需的商业语言，会计是没有国界的，应当去除国家特色以消除语言壁垒，特别是在经济全球化进程中，各国要通过努力，减少直至消灭差异；一般理解的会计国际化是指由于国际经济发展的需要，客观上要求各国在制定会计政策和开展会计管理中，逐步采用国际通行的会计惯例特别是与国际会计准则趋同，以达到国际会计行为的相互沟通、协调、规范和统一。

大体来看，在过去 70 多年的发展历史中，我国会计的国际化可以分为两个阶段。

第一个阶段就在中华人民共和国成立初期实行高度集中的计划经济体制时期，其主要特征就是照搬苏联的做法。此时会计国际化主要是学习苏联，这与多年来实行的会计核算制度必须适应计划经济体制需要密切相关。这一时期会计模式的主要特征是：我国没有独立的会计政策，资产计价、收益确定基本上取决于国家计划和财政政策，财政政策决定财务制度，财务制度不仅决定会计确认和计量，还广泛地涉及经营成果的确定和财务报告的编制等（冯淑萍，2003）。会计仅仅是国家财政体制的基层一坏，必须按照财务制度的规定进行账务处理。比如固定资产折旧年限、支出的资本化或费用化等，都是由财务制度规定的。这一阶段的会计国际化，使得我们在短期内就迅速建立起一整套会计核算体系，特别是在满足国民经济统一要求、核定各种家底资产、恢复国民经济、迅速组织经济建设等方面，发挥了基础性的重要作用。但不可否认的是，直接采取"拿来主义"，不加甄别照搬照套的做法，只能是应急之计。因为苏联的会计管理和方法体系是十月革命之后在本国建立社会主义制度 30 多年基础上经验积累的结果，与我国在具体国情、经济发展、管理体制、人员素质等方面，却存在着巨大差异。随着 1953 年国民经济和社会发展第一个五年计划的施行，我们很快发现了这一问题。为了建立适应我国实际的社会主义计划经济体制的会计制度，更好地服务大规模有计划的社会主义经济建设，财政部于 1953 年后根据自己的实际情况和需求，陆续颁布了《国营工业企业基本业务标准账户计划》《国营工业企业基本业务标准会计报表格式和说明》《地方国营工业企业基本业务简单会计制度》等企业会计核算规范，初步建构起服务计划经济体制下国家集中统一管理的企业会计制度体系。

第二阶段是在我国跨入 21 世纪之后，特别是加入 WTO 之后，其主要特征就是与国际会计准则靠拢。根据曲晓辉（2001）的观点，会计国际化是经济全球化和资本市场国际化的必然要求。她认为，在这个过程中跨国公司的发展起着至关重要的作用。资本市场的国际化与跨国公司的发展互为作用，为会计国际化提供了更为广阔的空间。具体来看包括三个方面的支持：其一，从 20 世纪 60 年代开始，跨国公司大量出现，并呈现迅猛发展势头，其最基本特征表现在，无论国内还是国外，都拥有对企业资产的控制权和企业经营的决策权，所以不管是本国还是外国，都要求将其会计行为特别是财务报告纳入监管范围，这就必然带来不同国家之间会计差异的协同问题；其二，股份公司跨国上市、发行证券等国际筹资活动越来越多，助推资本市场国际化的程度不断提高，就必然使得证券监管面临更多的问题，特别是财务会计报告问题，正是基于这种形势，国际证监会组织（international organization of securities commissions，IOSCO）从 1993 年开始关注国际会计准则委员会的准则建设工作，并于 1995 年协同国际会计准则委员会签订了关于制定和推行核心准则的协议，承诺将一套合理完整的会计准则作为企业跨国发行证券和股票上市原则整体的一个必要的组成部分，用来规范跨国发行证券和股票上市公司的财务揭示，客观上也推动了会计国际化进程；其三，截至 1999 年年底，纳入国际证券交易所联盟（FIBV）和欧亚证券交易所联盟（FEAS）统计的 62 个国家和地区的 85 个证券交易所中，已有 67 个证券交易所允许在本国或本地区发行证券的外国公司采用国际会计准则编报财务会计报表，其中包括世界上绝大多数著名的证券交易所，国际会计准则委员会（IASB）在 2001 年披露，截至当年纳入其网站统计的 132 个国家和地区中有 106 个国家的会计职业组织是国际会计师联合会（IFAC）的成员，这些都充分说明，国际会计标准得到了来自国际资本市场的强有力的支持，获得日益广泛认可，加快了会计国际化脚步。

从我国实际来看，早在 1985 年，财政部就发布了《中华人民共和国外商投资企业会计制度》，在实质上迈出了此阶段国际化的第一步；20 世纪 90 年代初设立上海和深圳两个股票交易所，正式开启国内资本市场，1992 年发布《企业会计准则》《股份制试点企业会计制度》等 13 个行业会计制度，都深受国际会计准则的影响（曲晓辉，2001）。中国在缩小本国会计规范与国际会计准则的差异方面已经取得了重大进展。

然而，我们很快也发现了不少问题。例如，由于国际会计准则本身具有较大的选择性，即弹性较大，具体运用在很大程度上取决于会计人员的主观判断和估计，导致其可信度在一定程度上受到质疑，也会给企业留下相当的利润操纵空间（曲晓辉，2001；冯淑萍，2003）；再如，处于转型时期的中国市场经济还不够完善，会计信息的使用者与其他市场经济发达国家存在一定的差别，我们更为关注能够真实可靠地反映企业过去交易和事项所形成的财务状况和经营成果的信息，会计信息的可靠性相对于相关性显得更为重要（冯淑萍，2003）；资本市场发展速度非常快，会计国际化虽说促进了国民经济的发展，但时至今日我们发现，大量上市公司频繁和大额的资产重组、资产置换、交互持股等，留下诸如盈余管理、信息造假等重大隐患。毫无疑问，这些现象都会引发许多新的特殊的会计问题。

2.1.2　我国会计的国家化

中国是具有五千年文明的国家，连绵延续从未中断。我国的会计史也源远流长，且不论原始社会"刻记记数""结绳记事"以反映农耕和渔猎活动，早在西周时期就设置了专门负责会计工作的司会官职，与专门负责财物保管的小宰明确分工。封建制度时期，中国也创造出了灿烂的会计文明。郭道扬先生等（2022）从封建制度背景下的财计一体视角，提出其治理的立足点在于：①以"量入为出"财政原则作为国计理财之纲和"官厅会计"核算与管理的根本原则。②建立中央财政经济集权体制下的财计组织部门。一方面，从赋役征派出发，将这个组织系统从中央下伸到地方，即以郡、县两级为中

层，把这个行政组织一直扩展至乡、里、保、甲，最终落实到农户，以实现对钱粮的征纳与力役的征派；另一方面，各级行政和财计组织部门，除自下而上核算与呈报财政收入之外，还同时逐级核算与呈报财政支出，通过逐步编制、逐级审核、逐级报送，最终在中央财计部门汇总统编，形成进呈皇帝的奏销报告。③建立财计法律制度，并予以监督执行，保障国家财政经济处于有序状态。④"官厅会计"部门统一应用中式簿记或中式会计方法以及由这些方法组合而成的方法体系。

近现代以来，受到工商业引入与发展的影响，为适应近代中国社会经济的发展，会计向何处去的问题，本质上是保存传统与反传统的矛盾和冲突（赵友良，1996）。这一时期涌现出了除潘序伦、徐永祚两位赫赫有名的会计学者外，以顾准、张心澄、谢霖、谢允庄等为代表的一批会计精英。他们在中西两种记账方法的优劣、以现金收付为基础、关于横写与直写、关于账簿分割、关于四柱结算法、关于簿记改革的最终目标等方面开展学术讨论，碰撞会计思想，会计学术界呈现一派繁荣景象。特别是被誉为"中国现代会计之父"的潘序伦先生，是发展我国会计事业和培养我国会计人才的先驱，他亲手创建了集事务所、学校、出版社"三位一体"的事业，明确主张"没有信用，也就没有会计"，在中国的会计史上留下了光彩夺目的一页。

中华人民共和国成立后，作为一名杰出的会计学者，安绍芸先生担任财政部首任会计制度处处长，1950 年，会计制度处改称会计制度司（现称会计司）。1951 年 4 月，安绍芸先生又成为第一任司长，主持设计一系列全国统一的会计制度。其后著名会计学家、被称为"中国社会主义会计制度奠基人"的杨纪琬先生在会计司前后工作四十年。他主持起草新中国第一部《中华人民共和国会计法》，历时近五年。1979 年，安绍芸先生建议恢复注册会计师制度，得到财政部批准，并筹建中国注册会计师协会，担任第一任会长。1991 年，安绍芸先生被中外名人研究中心编入《中国当代名人录》，1990 年编入《当代中国社会科学学者大辞典》和《中国当代经济科学学者辞典》。由于他对新中国会计制度和会计理论建设所做出的卓越贡献，1991 年荣获国务院为发展中国科学研究事业做出突出贡献而颁发的政府特殊津贴证书，1993 年任财政部会计准则中方专家咨询组组长。被称为"新中国会计界公认的一代名师"，为中国会计制度和会计准则的建设，会计理论、会计教育和注册会计师事业的发展，作出了巨大而杰出的贡献。此外，彼时还涌现了娄尔行、阎达

五、葛家澍、余绪缨、郭复初等一大批具有代表性的会计、财务名家，为新中国会计事业发展作出了杰出贡献，在开拓具有中国特色的会计事业道路上留下了宝贵的精神财富。

从当今会计发展来看，中国有自己的实际情况，在制度与法律环境、经济发展水平、现实管理机制等方面，与西方发达国家都存在较大差异，因此必须走自己的路。正如冯淑萍（2003）曾指出的，必须从我国的实际情况出发，注重解决我国的实际问题，否则不但问题无法解决，还有可能导致会计信息出现混乱或者失控，从而在很大程度上影响到经济的健康运行，由此带来的改革成本和风险将是巨大的。我们要清醒地认识到，包括会计文化在内的中华文化，具有强大的生命力、极大的包容力和巨大的影响力。任何一个国家的会计都有一个传统沿袭问题，中国会计文化是中国文化对会计影响、渗透的结果，具有明显的路径依赖，会计特征必然会打上传统文化的烙印（王开田，2006）。美国会计学家 F. D. 乔伊（Choi）和 G. G. 米勒（Mueller）（1992）曾明确指出，中国的历史悠久，文化底蕴深厚，绝对的规模使得她不大可能被外界所支配，会计也不例外。纵观中华文化影响会计的历史，我们会发现，中国化的会计具有四个鲜明特征：一是突出会计参与经营管理的职能；二是强调会计理财思想和会计法制观念；三是不断追求完善的会计信息系统，努力提高核算技术；四是制度建设具有突出的集体主义倾向（王开田，2006）。

2.1.3 国际化与国家化的协调

我们应当认识到，会计国际化与会计国家化并不是互相矛盾、互相制约的两个极端，单纯强调哪一方面而忽略另一方面，都不符合马克思主义的认识论，会落入唯心主义或形而上学的窠臼。唯一正确的做法是，实事求是地从实际出发，扎根中国大地，借鉴和吸收包括西方发达国家创造的、属于人类共同文明成果的先进会计理念和会计方法，做到以我为主、兼收并蓄。

第一，在坚持以我为主方面，我们要认识到：其一，中华文化突出礼治的社会秩序和先天下后自我的价值取向，于会计更多表现为缺乏稳健思维、偏好乐观估计。由国家机构统管会计工作，会计法规具有普遍的认同性和权威性，从业人员缺乏会计职业判断能力。其二，政治经济体制对会计影响深

远，以公有制为基础的经济制度和建设有中国特色的社会主义市场经济道路，决定了会计一方面要以国有资产保值增值为目标，服务于宏观国民经济，另一方面又为企业创造价值实现资源优化配置提供支持；现行体制也导致会计人员身份的双重性（企业作为市场主体/国家作为宏观管理者）。其三，人民民主专政的国家制度决定了会计必须遵循国家政治意志和宏观目标，全面、准确、充分地体现国家和人民的利益。其四，作为大陆法系的国家，在我国包括会计管理活动在内的整个社会的经济管理活动均处于国家详尽而又完善的法律管制之下，会计行为受到明确的法律条文规范，其强制性很强。

第二，在兼收并蓄方面，要把握好以下几点：其一，扩大对外开放是我国长期坚持的基本国策，如果采取自我封闭的做法，脱离了全球贸易市场和资本市场，想取得自身较高水准的发展是非常困难的，而且现代信息技术日新月异，也必然会加速会计国际化进程。其二，会计国际协调的动力是经济利益，会计国际化实质上就是各国利益的协调，通过会计的国际协调这一过程，各国间的会计差异逐步消除或减少，国际资本市场的效率得以提高，有助于改善投资环境、提升国家和地区的形象、降低资金成本（冯淑萍，2003）。其三，国家化是一个动态过程，绝不能照搬照套，期望一蹴而就，并且在不同的环境下应该有不同的会计处理，而在相同的环境下则可以采用国际会计准则，此外在不同的国家环境下，会计的国际协调也应当有所区别。

2.2 中国式现代化的内涵

"现代化"是一个宽泛而丰富的概念，既象征特定历史进程，又形容相对发展状态。一百多年以来，政治学、社会学、经济学、历史学、人类学等不同学科领域的学者从不同立场和不同层面对现代化进行了深入的探讨，都离不开对现代化目标的考量（韩保江、李志斌，2022）。从历史进程来看，现代化特指人类社会完成从建立在自给自足的自然经济基础上的传统农业社会向建立在发达市场经济基础上的现代工业社会的转变，它是一种全球性的时代发展趋势，也是世界各国、各地区发展的必经之路。显而易见的是，这个标准已无法适应如今的发展阶段，不能用作目标指导当下和未来的现代化强国建设。现代化是一个革命性、复杂化、系统化、全球化、长期化、阶段性、同质化、不可逆、递进化的过程，现代化的标准总是伴随经济社会的进步，特别是随着技术和产业革命的涌现而不断演进的，具有鲜明的时代特征；从相对发展状态来看，现代化是一个地区或国家社会经济全面进步的标志，表明该地区或国家的政治、经济、社会、文化等领域达到或接近世界先进水平，它是特定时代背景下的相对发展水平，强调用发展的视角理解现代化的内涵，而实现现代化的实质就是发展滞后国家赶超发展领先国家的过程。由于现代化标准呈现动态演进且取决于相对发展水平的特点，再加上发达国家总是大概率能优先在产业变革中获益，且在一定程度上左右世界现代化进程意识形态的"道德制高点"，因此，目前世界上的现代化国家都是资本主义发达国家（洪银兴，2022），这直接导致长期以来资本主义现代化模式成为现代化的唯一选择。而中国式现代化的出现有效消解了西方资本主义现代化单一模式的话语霸权，从根本上创造了人类文明新形态（徐坤，2022）。

中国式现代化，是中国共产党领导的社会主义现代化，深刻阐明了建设什么样的社会主义现代化强国、怎样建设社会主义现代化强国的重大时代课题，它不仅是特定历史进程，是实现从小康社会出发建成富强民主文明和谐美丽的社会主义现代化强国的伟大飞跃；也是相对发展状态，是实现从世界最大的发展中国家迈向综合国力和国际影响力领先的社会主义现代化强国的精彩赶超；更是坚定的道路选择，是一条坚持中国共产党领导，坚持中国特色社会主义，通往实现中华民族伟大复兴的现代化道路。中国式现代化既有各国现代化的共同特征，更有基于自己国情的中国特色。中国式现代化的主要特征包括以下五个方面：

第一，中国式现代化是人口规模巨大的现代化，本质要求是经济建设中呈现"高质量发展"的"物质文明"。人口规模巨大的现代化是中国式现代化的首要特征，中国式现代化的方方面面均离不开这个客观现实，其特殊性具体体现在四个方面：其一，人口规模巨大是中国式现代化的逻辑前提。基于人口规模巨大的特点考虑中国式现代化道路，意味着必须要始终将人置于现代化的核心位置。现代化的本质是人的现代化，人的现代化是中国式现代化的逻辑起点与实践主线，而这也与"人为物质"的西方现代化存在本质区别（徐坤，2022）。其二，人口规模巨大是中国式现代化的支撑和优势。人口规模巨大也为中国式现代化注入蓬勃动力，中国已经形成世界上最庞大的高素质

人才队伍，人才红利逐步显现，超大规模市场和消费潜力为现代化建设创造巨大空间，超大规模工业产出和世界门类最完整齐全且独立的工业生产体系，为推进现代化进程奠定了牢固的产业基础。其三，人口规模巨大是中国式现代化的约束和挑战。一方面，人口基数大、人口众多是我国现代化建设必须要考虑的客观重要挑战，随着人口红利的逐渐减弱，如何辩证处理巨大人口规模与有限资源环境之间的矛盾、如何打造惠及十几亿人口的普惠性现代化道路等问题，亟需中国式现代化用实践去解答。然而，中国这样超大规模人口的国家实现现代化，目前国际上并没有先例可循，没有现成经验可搬，没有现成道路可走，这就决定了中国式现代化注定是一条独立自主、自力更生、艰苦卓绝的道路，艰巨性和复杂性前所未有。另一方面，在现代化发展的初期，中国共产党带领人民在短时间内实现了现代化的跨越式积累，用 70 多年时间走完了西方资本主义国家两三百年的现代化历程（王灵桂，2022），但人口规模巨大加上现代化时间的高度压缩，导致各地区各领域发展不平衡不充分问题凸显，给持续推进中国式现代化进程带来了新挑战，设计中国式现代化之路必须立足这个基本国情，才能有效调动各方面积极性把现代化之路走好。因此，中国式现代化注定是各领域齐头并进、并联式发展的过程。站在新的历史起点上，我们要后来居上，把失去的二百年找回来，决定了我国发展必然是一个"并联式"的过程，工业化、信息化、城镇化、农业现代化是叠加发展的。而这种"并联式"发展过程正是中国现代化相对西方资本主义国家现代化过程，最为突出的特性。其四，人口规模巨大是中国式现代化的世界意义所在。中国实现现代化将彻底改写现代化的世界版图，我们这个世界上最大的发展中国家实现了现代化，意味着比现在所有发达国家人口总和还要多的中国人民进入现代化行列，其影响将是世界性的。

第二，中国式现代化是全体人民共同富裕的现代化，本质要求是在社会建设中呈现"全体人民共同富裕"的"社会文明"，区别于西方两极分化的现代化，中国式现代化是全体人民共同富裕的现代化，坚持全体人民共同富裕而不是少数人富裕。西方资本主义现代化以追求资本无限繁殖与剩余价值绝对化为根本逻辑，追求生产力的现代化，而忽略了对生产关系的现代化，从而导致了全球收入不平等、国家贫富分化、中产阶层塌陷、社会撕裂、政治多极化、民粹主义泛滥等问题的出现（习近平，2021）。实际上，现代化的价值归宿是借助现代化载体提高人民生活水平、实现人的自由全面发展，而并非单纯为了发展生产力（徐坤，2022）。新中国成立后，党在建设社会主义现代化国家的进程中，一直把共同富裕作为社会主义的本质要求，并将对共同富裕的执着追求贯穿中国社会主义现代化建设的全过程（杨章文，2022）。党的十八大以来，中国式现代化建设更是进入"逐步实现全体人民共同富裕的时代"，充分体现了"共同富裕是社会主义的本质要求，是中国式现代化的重要特征。"实现全体人民的共同富裕是中国式现代化在社会文明建设中的本质要求，它是以社会主义为价值导向的中国式现代化道路的价值旨归。

第三，中国式现代化是物质文明和精神文明相协调的现代化，本质要求是在文化建设中呈现"丰富人民精神世界"的"精神文明"。以资本为中心的逻辑主导下的西方资本主义现代化极力凸显物质财富的显著地位，为了追逐经济发展和利益增长，罔顾精神文明建设，忽视人的全面发展（罗红杰，2021），必然导致物质文明与精神文明的失衡乃至撕裂，进一步导致人们精神世界的缺陷、道德的滑坡和社会价值的失序。区别于西方物质主义膨胀的现代化，中国式现代化不仅要求物质生活水平提高、家家仓廪实衣食足，而且要求精神文化生活丰富、人人知礼节明荣辱，是物质文明和精神文明相协调的现代化。特别是党的十八大以来，中国共产党对现代化建设的目标与方向更加明确。习近平总书记高度重视精神文明建设，反复强调要坚持"两手抓、两手都要硬"，以辩证的、全面的、平衡的观点正确处理物质文明和精神文明的关系。这为推动"两个文明"协调发展指明了前进方向，不追求极端的唯一性与片面性，更倾向于以全面性的原则化解矛盾，推动物质文明建设和精神文明建设统筹规划、齐头并进。

第四，区别于西方资本主义国家"先污染，后治理"的现代化理念，中国式现代化是人与自然和谐共生的现代化。在向现代工业社会转型的过程中，西方资本主义国家追求以资本为中心、以资本增殖为内在动力、以经济理性为绝对主导、以牺牲环境为代价换取一时发展的现代化道路，不但造成本国环境的污染和生态的破坏，严重限制了本国自然资源蕴含的生产力潜质，乃至给全世界和全人类带来了至今都无法消解的生态危机（韩喜平、郝婧智，2021；罗红杰，2021）。以此为鉴，我国建设社会主义现代化具有许多重要特征，其中之一就是我国现代化是人与自然和谐共生的现代化，注重同步推进物质文明建设和生态文明建设。我们党领导下的中国式现代化遵循马克思主义生态观、践行绿色发展理念与科学发展观，走既守护好绿水青山又发展好

金山银山的可持续高质量发展道路，辩证把握释放生产能力的同时保护发展潜力，注重同步推进物质文明建设和生态文明建设。实践证明，中国式现代化道路实现了对传统现代化"征服自然"道路的超越，以"人与自然和谐共生"为价值追求，走出了一条能够对求解世界现代化进程中人与自然关系问题起到示范引领作用的现代化道路。

第五，中国式现代化是走和平发展道路的现代化，本质要求是在国际交往中呈现"推动构建人类命运共同体"的"大同文明"。党的二十大报告指出，"中国共产党是为中国人民谋幸福、为中华民族谋复兴的党，也是为人类谋进步、为世界谋大同的党。"因此，中国共产党领导的中国式现代化，区别于西方资本主义现代化的对外扩张掠夺，是走和平发展道路的现代化。西方资本主义国家的现代化是以资本逻辑为中心、以少数资产阶级利益为核心、放纵资本逐利为特征的现代化，充满了强烈的殖民主义色彩。资本主义的发展史就是一部赤裸裸的、写满殖民扩张、暴力掠夺和对外侵略的黑历史。直至今日，西方资本主义现代化国家仍然信奉"国强必霸"的政治逻辑，对内掠夺、压榨无产阶级的资源和权力，对外不断利用转嫁经济危机、干涉别国内政、挑起局部战争等手段来捍卫"资本至上"的逻辑，强行制造有利于自身的经济秩序和政治规则。不同于西方资本主义现代化强烈的排外性、霸权性，中国式现代化道路坚持马克思主义对人类整体未来的关怀，遵循和平的文明发展观，秉持和平理念，坚持走和平发展道路（韩喜平、郝婧智，2021）。2018年习近平总书记在会见来访的美国国防部长时强调："中国人民要建设社会主义现代化强国，但我们坚持走和平发展道路，不会走扩张主义和殖民主义道路，更不会给世界造成混乱。"中国式现代化主张各国人民共同享受发展成果，并积极为构建人类命运共同体注入重要力量，在谋求本国自身发展的同时，为世界和平稳定和共同繁荣积极贡献中国方案、中国智慧、中国力量。

2.3 中国式现代化对会计的要求

2.3.1 人口规模巨大与会计

对于人口与现代化之关系，学术界曾出现过人口现代化、人的现代化、人类发展、人类革命等几个主要理论。意大利学者 Peccei（1984）对现代化持悲观态度，认为人口剧增、物质革命等现代化变革势必会带来一系列负面效应，使人类陷入危机。但是这一危机并非不可避免，摆脱危机的途径是发起人类革命，提高人类的素质、能力和责任感，明智运用各种资源，其中最关键的是人力资源。美国学者 Inkeles（1985）首次提出"人的现代化"这一概念，将人当作国家现代化的基本因素，认为只有当国民从心理和行为上都转变为现代人，具有与现代化发展相适应的现代性，国家才可真正成为现代化的国家，如果只有现代的制度、管理方式和技术，而没有能够执行和运用它们的人，现代化也只是空谈。联合国在 1990 年的《人类发展报告》开篇即指出："人是一个国家真正的财富。"从本质上说，无论何种发展方式，发展本身归根结底就是释放人的能力，让每个人都能充分发挥潜力。国内学者刘铮（1992）也认为非常有必要提出人口现代化这一概念，包括人口再生产类型的现代化和人口素质的现代化，避免单纯追求物质建设而忽略人类自身发展，忽略作为社会生产力最活跃的因素——人的现代化。从会计来看，在将人纳入核算体系并予以报告方面存在较大空间，具体来说有以下两个方面：

其一，人力资本会计的建构。在物质资本稀缺的年代，资本与劳动之间表面上貌似平等的关系并不能够掩饰两者之间实质上的不平等，因此财务资本的所有者和人力资本的所有者之间订立的契约从根本上讲是不完备的（而且不完备的程度甚高）（杜兴强、李文，2000）。在我国人口总量呈现负增长的今天，人口红利正在逐步消减，而与此同时，全体国民受教育程度提升，人口素质明显提高，人才红利逐步凸显。当人力资源的培植、开发、形成和利用成为一个企业生存、发展、获利与否的决定性因素之一时，人力资本所有者和非人力资本所有者在讨价还价中双方的力量对比就会发生变化，两者之间的不平等也在逐渐改善。作为有限理性的经济人，人力资本所有者会逐步要求成为和股东、债权人一样的权益索取者,甚至要求享有企业的剩余索取权。人力资本的主要表现形式就是管理能力和创新能力。人力资本所有者能否拥有剩余索取权取决于其是否能够像非人力资本所有者那样拥有企业。即会计的权益理论理应将人力资源这一因素包括在内,应该拓展为"资产=财务负债+人力负债+财务资本权益+人力资本权益"。

其二,面对我国"少子老龄化"的人口发展现状,养老、生育和就业管理中,出现了许多亟待解决的问题,特别是在养老保险金、生育保险金、失业保险金等社保资金筹措和使用方面,存在着很多需要会计和财务发挥作用的地方。现阶段上述相关内容的探讨与研究较少,很难给出具体的可操作的方案。理论上看,社会保障基金的所有者是广大参保者,而不是社会保障经办机构。以社会保障基金为会计主体,确认其资产、负债、收入、支出以及结余,有助于保护社会保障基金的独立产权,从而保护广大参保者的利益(宋志华、李凯,2008)。涵盖养老、生育和失业等业务的社会保障会计,根据我国具体实际,如何明确其会计要素、选择其核算基础、设置其会计账户、编制其会计报告等都是亟待解决的重大理论与现实问题。

2.3.2　实现共同富裕与会计

习近平总书记对共同富裕曾经做出明确而精准的阐释。他指出,共同富裕是全体人民共同富裕,是人民群众物质生活和精神生活都富裕,不是少数人的富裕,也不是整齐划一的平均主义。这里包含了三层意思:一是要避免对社会财富采取完全均分、整齐划一的分配方式,而要实现一种合理的、有差别的富裕;二是要避免社会财富分配差距过大,造成贫富不均的状况;三是既要分配物质财富也要兼顾精神财富,两者缺一不可。实现共同富裕不是采取简单再分配方式,而是在实现权利平等、机会均等的基础上,在人人参与共建共享发展的过程中达到富裕社会(李实,2021)。此外,理解共同富裕要避免两个误解:一是对富裕的误解,比如认为中国全面建成小康社会以后已经达到了很高的富裕程度,实现共同富裕更多的是需要共享已有的富裕成果;二是对共享的误解,比如将共享理解为平均主义,将实现共同富裕理解为简单的财富再分配过程(李实,2021)。从会计来看,助力实现共同富裕的主要内容应包括以下三个方面:

其一，会计要准确衡量收入分配情况。收入差距是收入分配政策合理与否的判断标准，是指在一个社会或经济体系中，不同层次、不同群体之间的收入差异。衡量收入差距的指标有很多，常用的包括基尼系数、首尾差距、人均收入、贫富比等，而这些指标的计算基础，或多或少都依赖于每个经济实体的基础性会计数据。虽然目前学术界对会计在收入分配中的作用研究较少，但会计作为专用于经济核算的管理学科以及现代经济社会运行的基础，在经济活动中占有重要位置，对收入分配理应具有某种影响机制（张成栋等，2022）。最近的研究就发现，会计核算职能提供的会计数据非常适合用于描绘收入分配情况，一方面历史数据翔实，成本低；另一方面从收入源头获取数据，真实度较高，可以在调节收入分配中发挥重要作用（张成栋 等，2022）。

其二，企业内部分配的优化。在企业中，业绩评价（performance evaluation，EA）通常是作为收入分配的基础，即业绩评价是收入分配的前提。建立科学、准确的业绩评价机制，就能带来合理的收入分配结果。而业绩评价恰恰是管理会计的一项重要内容，它是按照企业管理的需要设计评价指标体系，比照特定的评价标准，采用特定的评价方法，对企业目标的实现情况进行判断的活动（王化成、刘俊勇，2004）。张蕊（2001）认为，在全面开放与精细管理背景下，为实现企业战略经营目标服务，应把业绩评价工作纳入战略管理的全过程；要实现财务指标与非财务指标的有机结合，体现企业的长期发展能力；要重视创新业绩的评价，形成企业持续不断的核心竞争优势；要将知识与智力资本纳入评价指标体系，体现无形资产在业绩方面的重要作用。

其三，会计等式的变革——对资本逻辑的超越。在细分企业权益基础上将企业权益归类为经营者权益、劳动者权益和所有者权益。从现行会计等式即"资产＝负债+所有者权益"来看，企业剩余所有权均归于出资人即股东，体现的是"资本中心论"，而中国式现代化则必须坚持"人民中心论"的现代化指导思想，这就要求对企业剩余索取权益进行有机划分。从企业内部来看，出资人向企业提供资本要素，管理者向企业提供了经营管理能力或者管理要素，而劳动者则向企业提供了脑力或体力劳动，这三个要素提供者在企业存续和发展过程中互相依托、互相帮衬，缺一不可，其必须根据为企业经营发展所做的贡献，分享企业剩余索取权。在会计核算中，企业应将净资产（权益）按照这三个主体，依次划分为所有者权益（并不是之前的所有者权

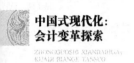

益）、经营者权益（不同于实施经营者股权激励后的部分，该部分应当划转到所有者权益）、劳动者权益（包括经营创新和科技创新为企业带来长期绩效后应量化为劳动者长期享有的部分）。

2.3.3　精神文明建设与会计

物质文明和精神文明是人类认识世界、改造世界全部成果的总括和结晶，中国式现代化必须保证物质文明和精神文明均衡发展、相互促进，让两个文明齐头并进。一般认为，会计是经济活动发展到一定水平的产物，必定伴随着物质文明的高度发达而发达。会计虽然存在于各种组织中，包括营利组织或非营利组织，但我们的主要着眼点还是放在营利组织即企业上，将其对象设定于资产、负债、所有者权益、收入、费用和利润等会计要素，设定于企业价值创造的过程和结果，也就是说，更偏重物质利益的获取与分配，更在乎物质文明的发展水平。在两个文明的关系中，显然物质文明制约与决定着精神文明，但我们不能忽视精神文明对物质文明的反作用。正如恩格斯曾指出的，物质生存方式虽然是始因，但是这并不排斥思想领域反过来对这些物质生存方式起作用。会计促进物质文明发展是显而易见的，但如何在精神文明建设中发挥作用呢？周守华、刘国强（2014）提出，会计的发展对上层建筑也会有积极影响。随着时代的发展，从演化的角度来看，会计功能正在从财富计量、价值创造和引导社会资源流动和分配的经济发展功能，进一步演化为促进精神文明等社会进步功能（周守华、吴春雷，2015）。会计在推进精神文明建设中可发挥的作用包括以下六个方面：

其一，奠定公众文明基础。人际关系和谐的基础是信任，在维系人与人之间信任的所有工具中，会计是极少数能够应用于所有组织，且不受规模、区域等空间限制的工具；它能够提供"硬化"、事后可核查的信任证据；设置、运行会计机构的成本相对有限，但能够产生的收益远高于成本（刘峰，2015）。因此，有效的会计方法必然能够促进人类文明更有序发展。保证人类社会经济活动具有基本的透明度、积极的记录与计量、体现自己提供的公共产品及其资源的性质，都是确保会计在促进公众文明方面发挥作用的主要表现。

其二，促进交易公平。市场经济有两个鲜明特征，一是公平，二是竞争。毫无疑问，前者是后者的基石，没有公平，竞争要么不存在，要么就会失去意义。《淮南子》"诠言训"有云："天下非无信士也，临货分财必探筹而定分，以为有心者之于平，不若无心者也。"意思是说，世上之人并不是都不诚信，但在分配财物金钱的时候，必须要用到筹码来计数，这是由于大家都会认为有心之人不如无心筹码（会计）来得公平。这充分说明了在市场交易过程中，会计的重要作用。在推进中国式现代化背景下，会计要公平地协调相关者的利益关系，对不同利弊要作权衡判断，全面做好员工关系管理、投资者关系管理、供应链关系管理、客户关系管理、社会责任管理，有针对性地公开各种不同用途的标准化会计信息（杨雄胜 等，2014）。

其三，提升文明素养。会计在记录经济活动、审核经济信息，确保财务信息的准确性和经济活动的合规性方面发挥着重要作用（周守华、吴春雷，2015）。随着计算机技术的发展和互联网的快速普及，财务管理的数字化转型和信息化建设把更多经济主体连在一起，大数据技术在会计领域的运用提升了会计工作效率，同时也提高了会计信息的质量，增强了财务信息的透明度，强化了社会主体经济活动整体的合规性。因此，会计的改革和发展是提升整个社会文明素养的基础条件、重要动力，会计在推进精神文明建设中发挥着不可或缺的作用。

其四，促进企业依法经营。会计信息的披露是资本市场的基础性要求，通过披露的会计信息，利益相关者可以了解企业经营现状、评估企业经营前景，同时也可以监督企业行为，促进企业依法经营；会计主体依法对企业会计业务进行监督，对企业经济活动进行约束，确保企业各项经济活动合法，规范企业行为，优化企业治理结构，为社会经济发展提供有力支持；会计制度的完善，能够增强企业依法经营的意识，使企业更加认识到依法经营是企业发展的基石，加强和规范企业内部财务管理工作，确保企业合法合规，依法经营，健康发展（张浩，2013）。

其五，完善廉洁政府机制。著名会计学家杨时展（1996）曾指出，"天下未乱计先乱，天下欲治计乃治"。从历史上看，不管哪个政权，会计审计管理有效，就会政治清明、官守廉洁，国家必定昌隆；会计审计管理低效或无效，就会贪污不治、贿赂公行，国家必定衰败。会计审计工作也只有在领导者决心不重蹈前朝覆辙，决心励精图治之时，才能够步入正轨。从某种意义上说，会计审计是反映政治文明建设成败的风向标和晴雨表（周守华、吴春雷，2015）。会计审计在健全廉政机制方面可以发挥许多积极作用，例如通过加强

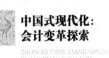

审计监督，强化对领导干部行使权力的制约和监督，就是行之有效的做法。

其六，促进公平正义。会计，借助其专有的记录方法，对每一个组织的财产变化进行记录，并报告给相关利益方，以最低成本实现对财产及其保管、使用情况的报告与说明，最大限度地维系组织内成员间的公平感，维系人与人之间的信任（刘峰，2015），进而为弘扬正义发挥基础性作用。显而易见的是，会计活动可以通过监督各类组织的财务与会计行为，保障这些行为的合法合规性，以促进社会公平正义。

2.3.4　推进生态文明与会计

周守华等（2018）在重新审视会计本质后提出，会计是社会经济资源实现有效率配置的基础。其基于这一判断认为，以往的会计立足于"企业所有者是物质资本的投入者"的企业理论，确定企业资源与财富增值的产权归属，忽视企业所生存的外部环境及与外部环境发生的各种利益关系，仅仅局限于计量财务资本的投入与增值，忽略了对生态环境资源的消耗与补偿的反映，具有很大的缺陷。在推进中国式现代化道路上，我们必须进行以下五个方面的会计变革：

其一，环境成本与会计后果。Lawrence 和 Cerf（1995）把环境会计的研究分为管理和成本会计的角度以及财务会计和报告的角度。二者的区别在于成本管理视角侧重于内部信息的使用和环境成本的控制；而对外环境财务报告则偏重对股东或公众的信息披露。我们应当重点关注前者即成本管理视角的环境会计。环境成本管理在发展初期并没有发挥其真正的作用，大部分数据被管理层留用，而不是披露给股东（周守华、陶春华，2012）。环境成本管理的目的在于提高企业的利润，而不是改善环境，不过仍然也能起到预防环境成本和损失的作用（Mylonakis & Tahinakis，2006）。环境成本管理是一种相对较新的环境管理工具，能用于追溯和跟踪环境成本和自然（物理）环境的流动。

其二，环境资源的确认与计量。按照美国财务会计准则委员会（1984）《财务会计概念框架第五号公告：企业财务报表的确认与计量》之规定，会计确认（含资产确认）必须满足四个标准：一是可定义性，二是可计量性，三是相关性，四是可靠性。国际会计准则理事会（2018）《财务报告概念框架》

第五章"确认与终止确认"提出的会计确认标准，基本上与前者相同，即在满足要素定义的前提下，具备相关性和如实反映特征。生态环境资源除了形式上满足相关性标准以外，在资产定义性、可计量性、可靠性（如实反映）等方面均难以满足上述标准。同时，生态环境资源大多具有消耗时补偿（有的甚至是消耗后、环境污染已发生时再补偿修复）的特征；因此，生态环境资源大多不具备以权责发生制事先确认为企业资产、再逐步消耗转化为成本费用的资产使用与价值转化的过程实质。从可计量性方面来看，由于相当部分生态环境资源缺乏交易制度安排，没有真实的或虚拟的交易价格可以参考，其价值计量也难以解决。从生态环境资源管理现状来看，由企业生态环境资源消耗与补偿标准引起的生态环境资源计量，更多地受到环境保护技术和环境保护政策的影响与制约。因此，未来生态环境资源的确认与计量，一方面依赖于各方对生态环境资源的资产属性的制度创新，比如从制度设计上能够明确确定企业的生态环境资源存量（如碳排放权的额度分配与交易制度设计），从而可靠地入账；另一方面依赖于如何拓展会计确认与计量理论（比如突破单纯的价值计量，采用多种计量模式），以满足生态环境资源的确认与计量要求（周守华 等，2018）。

其三，"双碳"会计问题。碳达峰是指二氧化碳排放量达到历史最高值，然后经历平台期进入持续下降的过程，是二氧化碳排放量由增转降的历史拐点，标志着碳排放与经济发展实现脱钩；碳中和是指企业、团体或个人测算在一定时间内直接或间接产生的二氧化碳气体排放总量，然后通过植树造林、节能减排等形式，抵消自身产生的二氧化碳排放量，实现二氧化碳"零排放"。随着我国积极推进全国碳排放权交易市场的建设以及企业的绿色低碳转型，全国碳市场建设及在重点排放行业企业大范围推广碳排放、碳排放权交易的核算和报告，需要配套会计核算制度。但从当前的碳会计发展来看，在理论建构和实务规范上，还存在一些基础性瓶颈亟待突破（涂建明 等，2019），诸如法定碳排放权配额的初始确认、初始计量和后续耗用，公允价值变动等问题，都是非常值得思考的。

其四，环境资源审计。2013年党的十八届三中全会明确提出要把"开展领导干部自然资源资产离任审计"作为一项重要改革任务和政治任务，国家审计机关就启动实施了资源环境专项（资金）审计和领导干部自然资源资产离任审计，同向发力、融会贯通（审计署自然资源和生态环境审计司青年理

论学习小组，2022）。我国会计未来发展方向，应强化以研究型审计为资源环境审计质量持续提高的内生动力、以提高数据使用效率和综合利用水平为技术导向。

其五，生态预算。20世纪70年代，公共经济学打破原有学科边界，融入生态经济学和环境经济学思想，寻找政府干预与市场机制的结合点，将政府干预环境外部效应内化推向财政管理的轨道（Daly et al.，1989），催生了生态预算。生态预算起初是单一货币化的资源预算，之后发展到融入单一非货币化的资源预算，再发展到生态环境资源综合管理的生态预算（徐莉萍、李姣妤，2012）。从我国实践来看，通过实地研究建立生态预算理论与方法，将生态预算从大财政预算中分离出来，形成从属或平行于财政预算的中央、各级地方政府生态预算，可能是比较好的选择。

2.3.5 和平发展与会计

习近平主席分别于2013年9月和10月提出建设"丝绸之路经济带"和"21世纪海上丝绸之路"的战略构想，它是高举和平发展旗帜，积极发展与合作伙伴的经济合作关系，共同打造政治互信、经济融合、文化包容的利益共同体、命运共同体和责任共同体的典范。作为共建"一带一路"倡议的重点建设领域，产业合作是中国和共建"一带一路"国家亮出的最重要的合作牌（于洪鉴 等，2016），而产业合作离不开会计这一商业语言。我们应重点关注四个方面：一是充分了解各国会计环境，经济发展水平直接决定会计准则的国际趋同程度，政治体系影响会计准则的基调，会计准则还受到法律环境、立法机构的影响。因此，只有充分了解东道国的会计环境，企业才能审慎制订"走出去"的战略计划，最大限度规避会计准则差异带来的风险；二是要更好地了解共建"一带一路"国家的税收政策和税收制度，在财务管理中做到心中有数，在避免重复征税的同时，有效降低企业的税收负担和税收风险；三要重视保税区企业会计财务管理问题，保税区企业通过引进特殊商品和服务，增强企业的竞争力，提高企业的利润率，可以轻松获得就业申请许可证和财政补贴，并充分利用多边贸易协议温和的进口关税等优惠政策，通过更低的关税通关，节约进口成本，也可以充分利用免税原则，减少或者减免对境外出口商品的报关手续和关税，保税区企业可以有效地控制税收外溢，运用税收鼓励政策，有效地提升企业的经济效益；四要加大满足共建"一带一路"需求的会计人才培养力度。

2.3.6 数字化与会计

党的二十大报告明确指出，要通过高质量发展方式全面推进中国式现代化，而高质量发展方式的一个重要代表形式，就是紧紧抓住以信息技术为主导的新一轮产业革命带来的契机，实现产业数字化、数字产业化。以"大智移云物区"为代表的信息技术革命对会计的影响巨大，涉及范围异常广泛。我们致力于通过智能体系与传统会计基础理论的对比分析，以揭示存在的差异或会计未来的发展方向。一是智能财务为受托责任的履行提供可靠的信息追溯，如通过大数据、云计算、人工智能与会计的深度融合，使信息的高效协同共享成为可能，并使得会计信息向事前预测、事后控制转变，强化会计信息的及时性与有用性，也为多元指标呈现提供了技术基础；二是非财务决策依据更具有时效性及真实性，从而实现企业利益相关者的决策更全面、更立体、更准确；三是智能财务可以缩短会计分期间隔，实现定时传递与实时传递相结合，客观反映企业经营活动规律；四是会计计量专注于业务发生过程中的资金运动和业务流向，是当前会计计量的新规则逻辑目标，业财融合使会计回归业务，融于业务，依照业务信息流、资金信息流的计量逻辑对会计的计量作进一步改变。

2.3.7 发展安全与会计

党的二十大报告指出，要"统筹发展和安全，全力战胜前进道路上各种困难和挑战，依靠顽强斗争打开事业发展新天地"。统筹发展与安全将贯穿党和国家工作的各方面、全过程，涉及政治、经济、军事、科技、文化、社会、外交等多个领域，对于公共机构和企业来说，应急管理可能是一个重要方面。应急管理是针对特重大事故灾害的危险问题提出的，它是指政府及其他公共机构在突发事件的事前预防、事发应对、事中处置和善后恢复过程中，通过建立必要的应对机制，采取一系列必要措施，应用科学、技术、规划与管理等手段，保障公众生命、健康和财产安全，促进社会和谐健康发展的有关活

动。危险包括人的危险、物的危险和责任危险三大类。首先，人的危险可分为生命危险和健康危险；物的危险指威胁财产安全的火灾、雷电、台风、洪水等危险；责任危险是产生于法律上的损害赔偿责任，一般又称为第三者责任险。其中，危险由意外事故、意外事故发生的可能性及蕴藏意外事故发生可能性的危险状态构成。事故应急管理的内容，包括预防、准备、响应和恢复四个阶段。尽管在实际情况中各个阶段往往是重叠的，但它们中的每一部分都有自己单独的目标，并且成为下个阶段内容的一部分。对于会计来说，应当由以下两个部分组成：

其一，应急管理会计。世界各国应急管理的总体发展趋势是倡导政府机构、私人部门和社会组织共同发挥作用（张海波、童星，2015）。上述主体紧急动员、调拨、分发、使用包括有形资产在内的各种资源，其是需要确认和计量的，资金和物质的交接、分配与使用，除了严格记录和监督之外，其使用效益也必须计算。这就涉及会计核算和监督的问题。

其二，突发公共事件审计。国家审计在应对突发公共事件中具有独立性、经济性、过程性、时效性、穿透性、贯通性和建设性特征，是应急治理体系中监督和反馈系统的重要组成部分，可助力克服突发公共事件应对中出现的信息不对称、资金物资供求不匹配、管控不力等问题，促进补齐应急治理体系和治理能力短板。开展应对突发公共事件专项资金和物资审计是国家审计发挥作用的基本方式，要从系统构建突发公共事件相关审计模式、健全完善应急审计管理体系、创新方式方法提高工作质效等方面进行探索。

（本章撰稿人：高严）

3

人口规模与会计变革

3.1 人口规模与会计

3.1.1 我国人口现状及特征

近些年来，我国的人口状况发生了许多变化，并呈现出一些新的特征。2020 年第七次全国人口普查结果的公布，让公众了解到全国及各地区人口数据及变化情况。下面我们根据第七次人口普查结果及《中国统计年鉴 2022》的数据，梳理我国人口的现状及特征。

（1）我国人口现状

①人口规模及其变动趋势

新中国成立以来，我国一直是全球人口最多的国家。根据 2020 年第七次全国人口普查数据来看，2020 年 11 月 1 日 0 时中国大陆 31 个省（自治区、直辖市）总人口为 141 178 万，较 2010 年人口普查数据增长了 7 206 万。从 1982 年第三次全国人口普查开始，虽然我国人口规模在不断增长，但我国人口增长率则出现大幅度下降（见表 3-1）。这是 20 世纪 70 年代初期开始普遍推行计划生育的结果。1982 年到 1990 年的八年间，我国人口增加了约 1.26 亿，增长率约为 12.5%，年平均增长率为 1.48%；1990 年到 2000 年的十年间，我国人口增加了约 1.32 亿，人口增长率约为 11.7%，年平均增长率下降到约 1.11%；从 2000 年到 2010 年的十年间，我国人口只增长了 7 389 万，增长率约为 5.8%，年平均增长率约为 0.57%；从 2010 年到 2020 年的这十年，我国人口增加了 7 206 万，年平均增长率与前一阶段比略有下降，只有约 0.53%。

以上数据变化意味着，中国长期、持续的人口增长即将终止，中国未来面对的将是长期、持续的人口负增长，以及与人口负增长相关的一系列新人口问题，包括生育率低、人口老龄化、出生性别比偏高、劳动力人口减少等，以及由此派生出的"一老一小"问题。表 3-1 为历次全国人口普查人数情况表。

表 3-1 历次全国人口普查情况

普查年份	1953	1964	1982	1990	2000	2010	2020
全国人口/万人	58 260	69 458	100 818	113 368	126 583	133 972	141 178

注: 全国人口数指包括中国人民解放军现役军人, 不包括香港特别行政区、澳门特别行政区、中国台湾的人口数, 下文同。

世界银行数据库的各国人口资料显示, 2021 年世界人口规模排名前十的国家分别为: 中国 (14.12 亿)、印度 (13.93 亿)、美国 (3.32 亿)、印度尼西亚 (2.76 亿)、巴基斯坦 (2.25 亿)、巴西 (2.14 亿)、尼日利亚 (2.11 亿)、孟加拉国 (1.66 亿)、俄罗斯 (1.43 亿)、墨西哥 (1.30 亿)。除印度外, 其他人口大国与中国的人口规模存在明显落差, 中国人口数甚至超过了世界人口数排名后七位共 7 个国家的总和。

近 20 年来, 我国人口规模从 2000 年的约 126 583 万到 2021 年的约 141 260 万, 增长了 14 677 万人, 增长率为 11.59%, 年平均增长率为 0.55%。分阶段来看, 2000 年到 2010 年人口增长率呈现缓慢下降趋势, 2010—2014 年人口增量较大, 处于一个增长高峰。2016 年随着国家 "全面二孩" 政策的实施, 2016 年、2017 年人口增长较多。随后几年人口增长率逐渐下降, 2019 年、2020 年、2021 年人口增长率分别为 0.33%、0.14%、0.03%。2021 年人口仅增长 48 万, 是近几十年来人口增长数量最少的一年。可见, 我国人口增长的速度已经逐步放缓, 人口规模处在高峰平台期。图 3-1 为 2000—2021 年我国人口规模及增长情况。图 3-2 为 2000—2021 年我国人口增长率情况。

图 3-1 2000—2021 年我国人口规模及增长情况

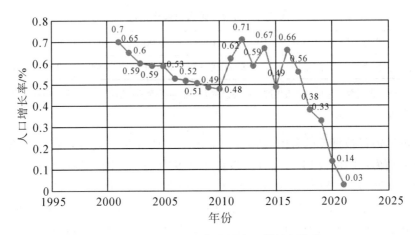

图 3-2　2000—2021 年我国人口增长率情况

注：数据来自《中国统计年鉴 2022》。

②人口自然变动情况

人口自然变动指人口出生数和死亡数引起的人口数量变化。由于国际人口迁移率较小，所以我国人口规模主要由人口自然变动决定，即人口出生率和死亡率决定。如图 3-3 所示，2021 年人口出生率为 7.52‰，约为 1 062 万人，是 1978 年以来的最低水平。死亡率近 10 年变化不大，处于 7.04‰～7.18‰。人口自然增长率在 2021 年仅为 0.34‰，出生率急速下降是人口自然增长率降低的主要原因。

2010—2013 年，受人口长波效应影响，我国出现了一个小的出生高峰，出生人口在 2012 年达到 1 973 万，出生率达到 14.57‰。随后，中国生育政策迎来三次重大调整，对这一时期人口出生率也产生了一定影响：2013 年开始实施的是独生子女的夫妇可生育两个孩子的政策（即"单独二孩"政策），在政策发生作用的 2014 年，出生人口为 1 897 万人，比 2013 年的 1 776 万人多出 121 万人，出生率达到 13.83‰，高出 2013 年 0.8 个千分点，"单独二孩"政策对出生率的提高产生了一定积极作用。2016 年 1 月，实施"全面二孩"政策，政策发生作用的 2016 年出生人口达到 1 883 万，相比 2015 年的 1 654 万人增加了 229 万人，出生率从 11.99‰上升到 13.57‰。然而，在此后的 2017—2020 年，出生人口和出生率均出现连续下降，出生人口数分别为 1 765 万、1 523 万、1 465 万、1 202 万，出生率分别为 12.64‰、10.86‰、10.41‰、8.52‰。

随着中国人口老龄化程度不断加深，死亡人口的年龄构成逐渐以老年人口为主，21 世纪的第二个 10 年（年均死亡率约为 7.09‰）比前一个 10 年（年均死亡率约为 6.70‰）人口死亡率提高了 0.39 个千分点。2010—2020 年，人口死亡率呈现起伏波动的态势，粗略死亡率维持在 7.04‰~7.18‰的低位区间。

我国人口规模在 2010—2016 年呈现起伏波动态势，如图 3-3 所示，自 2017 年开始逐年下降，且下降幅度越来越大。人口自然增长率也从 2017 年开始逐年下降，分别为 5.58‰、3.78‰、3.35‰、1.45‰、0.34‰。2022 年国家统计局公布的出生人口约为 956 万人，出生率约为 6.77‰，死亡人口约 1 041 万人，死亡率 7.37‰，自然增长率约为-0.60‰，首次出现负增长。

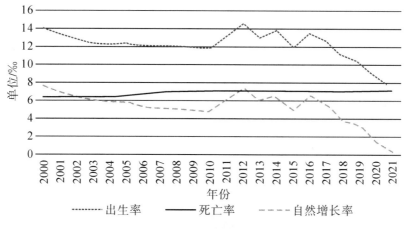

图 3-3 2000—2021 年我国人口自然增长率情况

③人口年龄金字塔

历次人口普查公布的中国人口年龄结构金字塔，可以展示中国人口年龄结构及变化趋势。人口年龄结构是我国过去几十年人口变动的结果。图 3-4 和图 3-5 是 2020 年我国第七次人口普查公布的人口年龄金字塔。与我国 2010 年人口年龄金字塔相比，2020 年我国人口年龄金字塔底部明显呈现收缩态势，表明近年来出生人口在逐年降低，这与前面的数据一致。根据 2020 年人口普查数据，2010 年普查时点少年儿童人口为 22 132 万，2020 年普查时点增加到 25 338 万，增长了 14.49%。老年人口则从 2010 年的 11 893 万增加到了 2020 年的 19 064 万，增长幅度达到 60.30%。适龄劳动人口则从 2010 年的 99 256

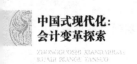

万下降到了 2020 年的 96 576 万。人口中位数在 2010 年为 34.9 岁，2020 年为
38.4 岁，整体年龄进一步提升。根据最近三次人口普查数据可以发现，我国
人口老龄化程度进一步加剧。

2000 年我国 60 岁及以上人口占总人口比例为 10.27%，65 岁人口占比为
6.97%。2010 年 60 岁以上人口占比为 13.26%，65 岁以上人口占比为 8.87%。
2020 年 60 岁以上人口占比为 18.70%，65 岁以上人口占比为 13.50%。近 10
年我国人口老龄化速度加快，2020 年 60 岁以上人口达到 26 402 万人。表 3-2
为最近三次人口普查我国人口老龄化情况。

表 3-2　2000、2010、2020 年我国人口老龄化情况

普查年份	60 岁及以上人口规模/万人	60 岁及以上人口占比/%	65 岁及以上人口规模/万人	65 岁及以上人口占比/%
2000	12 998	10.27	8 827	6.97
2010	17 765	13.26	11 883	8.87
2020	26 402	18.70	19 059	13.50

注：数据来自 2020 年人口普查资料。

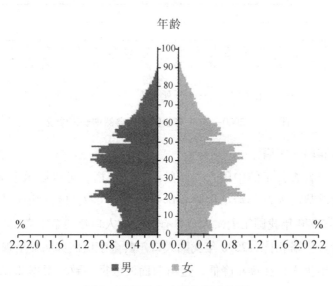

图 3-4　2010 年人口年龄金字塔

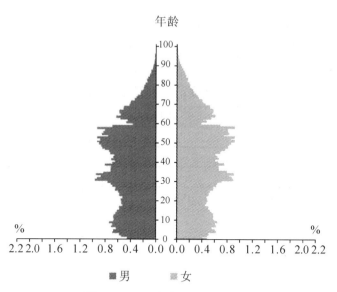

图 3-5　2020 年人口年龄金字塔

④人口受教育情况

人口普查数据显示，我国人口受教育水平明显提升。第七次全国人口普查数据显示（如图 3-6 所示），每 10 万人中具有大专及以上文凭的人数从 2000 年的 3 611 人上升到了 2020 年的 15 467 人，增长了约 3.28 倍。同时，文盲率逐年降低（如图 3-7 所示），从 1964 年的 33.58% 下降到 2020 年的 2.67%，这说明我国人口受教育程度得到大幅度提高，高层次人力资本大幅度增加。

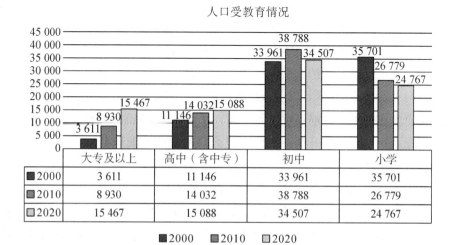

图 3-6　2000、2010、2020 年每 10 万人中不同受教育水平的人口数

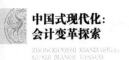

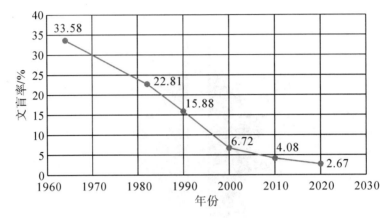

图 3-7　1964—2020 年我国文盲率

（2）我国人口呈现的特征

①人口规模巨大、增长速度减缓

我国人口规模的特征在新时代可以总结为三点：一是人口规模巨大。2020 年我国人口规模达到约 14.12 亿人，延续了 21 世纪以来人口规模的持续扩张态势。二是人口规模增长速度明显趋缓。相比于 2000—2010 年，2010 年以来中国人口规模增量显著降低，人口规模增长速度进入惯性收尾阶段。三是人口规模增加进入稳定的平台期，人口规模的增长幅度减小，人口增长逐渐进入零增长区间，人口规模处于一个相对平稳的高峰平台。

当前，我国人口自然变动所呈现的特点是由出生率和死亡率的发展变化共同决定的：在出生率方面，2010—2020 年，我国人口出生率呈波动下降的变化特点。其中，2010—2016 年，我国人口出生率呈现数次回升，而之后出生率开始呈现整体下降的态势。在死亡率方面，由于分年龄死亡率呈横躺的"J"形分布，随着 60 岁及以上人口规模增大，占比升高，总死亡人口会随着老龄化加重和老年人口规模增大而增加，从而导致 2010—2020 年我国人口死亡强度提高，总死亡率升高。由此形成人口的出生率曲线与死亡率曲线向交叉转换区间演进。

②人口年龄结构呈现"M"形、老龄化加速

相较于 2000—2010 年，2010—2020 年我国的少年儿童人口变动呈现出独有的特点：第一，少年儿童人口系数呈现小幅回升趋势，达到 17.97%；第二，少年儿童人口总量有较大增加，十年间增加了约 3 206 万人。

2010—2020 年，我国劳动年龄人口变动的特点为：第一，劳动年龄人口系数持续降低，十年间劳动年龄人口系数由 74.47% 降低到 68.50%，降低了 5.97 个百分点；第二，劳动力的少年儿童抚养比和老年抚养比不断提高，少年儿童抚养比与老年抚养比由 2010 年的 22.3% 和 11.9% 上升至 2020 年的 26.2% 和 19.7%；第三，从整体来看，劳动年龄人口总量处于高平台期，仍然处于劳动力资源丰富状态。

2010 年以来，我国老年人口变动有以下几个特征：第一，老年人口系数增速不断加快，人口老龄化程度不断加深，已经进入人口老龄化加速发展阶段；第二，老年人口规模已经开始超过少儿规模，老年人口规模巨大的局面已经呈现；第三，人口老龄化加速的趋势仍将持续，未来中国人口老龄化将进入高速发展阶段。

③人口素质提升、人力资本水平提高

从人口受教育水平特征来看：第一，低学历人口规模逐渐缩小，高学历人口规模逐步扩大，教育结构进一步优化。2000—2020 年，未上过学和小学学历人口比例均呈逐年下降趋势，高学历人口比例快速提升。教育结构由低学历向高学历转变，教育普及水平实现历史性跨越，高等教育进入大众化阶段。第二，人口教育素质提升，平均受教育年限不断增加。过去十年间，人口受教育水平从以初、高中文化程度为主跨越到以大学文化程度为主，受过高等教育（大学）人口比例持续、显著提高，全国各类高等教育的总规模不断扩大。2020 年，我国各种形式的高等教育在学总规模达 4 183 万人，高等教育毛入学率达 54.4%，在未来人口队列规模继替的推动下，我国人口教育素质仍会大幅提升。

随着我国教育水平的提升和"健康中国"战略的实施，我国人力资本水平逐步提高，主要表现为：第一，人力资本存量持续增加。教育事业的发展对人力资本存量增长的贡献愈加明显，接受过高等教育人口总量不断增长。2020 年，全国总人口中受过高等教育的人数达到 2 亿以上，以人均受教育水平提升为驱动力的人力资本水平得到极大提高。第二，国民健康水平显著提升，老年人力资本的开发不断深化，为新时代经济可持续发展提供动力。老年人综合素质稳步提升，受教育程度高的老年脑力劳动者的开发利用程度比老年体力劳动者的开发利用程度高，且新一代高素质的低龄老年人力资本能够为许多领域的技术和管理人才提供更有力的保障。第三，产业结构优化以

适应人力资本水平的发展，增强了产业与人力资本深化的匹配度，从而加速了人力资本的积累和技术的创新，人力资本发展已从过去的规模红利向如今的质量红利转变。第四，人力资本空间分布不均衡，区域人力资本差距仍然存在。人力资本综合水平在空间分布上呈现出由沿海向内陆逐渐降低，有经济欠发达地区向发达地区转移的特点，不同区域间人力资本结构存在明显的空间异质性，东部沿海地区人力资本结构优势较为显著，而西部地区人力资本结构尚存在着较大的优化空间。

3.1.2 人口规模巨大与现代化的关系

（1）人口与现代化

关于人口与现代化的关系，学术界曾提出过人口现代化、人的现代化、人类发展、人类革命等理论或主张。罗马俱乐部是典型的悲观派，其认为人口剧增、物质革命等现代化的变化会带来一系列问题，使人类陷入危机（佩西，1984）。但是这一危机并非不可避免，摆脱危机的途径是发起人类革命，提高人类的素质、能力和责任感，明智地运用各种资源，其中最主要的是人力资源。英格尔斯（1985）提出"人的现代化"，他认为人是国家现代化的基本因素，只有当国民从心理和行为上都转变为现代人，具有与现代化发展相适应的现代性，国家才可真正称为现代化的国家。如果只有现代的制度、管理方式和技术，而没有能够执行和运用它们的人，现代化也只能是空谈。联合国1990年《人类发展报告》第一章开头即指出："人是一个国家真正的财富"。人类发展就是释放人的能力，让每个人都能充分发挥潜力。人类发展不仅是一个目标，而且是在不确定的时代前进的一种手段。这提示我们，人虽然具有复杂性和多样性，但是归根结底人才是各国真正的财富。我国学者刘铮（1992）认为，在四个现代化以外，有必要提出人口现代化这一概念，包括人口再生产类型的现代化和人口素质的现代化，避免单纯追求物质建设而"忽略人类自身发展的现代化，忽略作为社会生产力最活跃的因素——人的现代化"。

这些概念虽然提出的时间、情境和角度不同，但却有着共同的价值取向，即充分发展和利用人的才能和力量解决问题，最终增进人类的福祉。正如《人类发展报告》所言，人类发展不仅是目标，也是实现目标的手段。对于我国来说，人口规模巨大既是压力，也蕴含着强大的力量，关键在于怎样使人人发挥才干，变人口负担为人力资源优势，团结 14 亿多人口共同为中国式现代化建设添砖加瓦。激发人口巨大潜能和力量，实现全体人口共同参与、共同发展与共同富裕。

（2）人口规模巨大与中国式现代化

我国的人口规模巨大与现代化进程密切相关。随着经济的发展和城市化进程的推进，我国大量的劳动力资源得到充分利用，为现代化建设提供了有力的支持。然而，人口规模巨大也给我国带来了许多社会和经济问题，如就业压力、资源紧张、环境污染等。

人口规模一直以来都是我国社会的一个重要因素。我国是全球人口最多的国家，拥有庞大的劳动力市场和消费市场。然而，这种人口规模也带来了一系列挑战和机遇，特别是在中国式现代化的进程中。

中国式现代化是指我国在经济、政治、社会和文化等方面迈向现代化的过程，具有中国特色和独特的发展道路。人口规模巨大为中国式现代化提供了劳动力资源，促进了经济的快速发展。庞大的劳动力队伍为中国制造业和服务业提供了源源不断的劳动力，推动了产业升级和经济结构的转变。

然而，人口规模巨大也给我国带来了一些压力和问题。庞大的劳动力队伍意味着就业压力巨大。虽然我国的经济增长相对较快，但仍然无法为所有劳动力提供稳定的就业机会。这导致了城市失业率的上升，社会稳定面临挑战。此外，人口规模巨大也给社会福利和公共服务带来了巨大压力，如教育、医疗、住房等领域。

为了应对这些挑战，我国政府采取了一系列措施。首先，我国政府实施了一系列的就业政策，鼓励创业和灵活就业，提供更多的就业机会；其次，加强了社会保障体系的建设，提高了基本公共服务水平，确保了人民的基本福利；最后，还通过改革家庭计划生育政策，调整人口结构，减缓了人口增长速度。

人口规模巨大也是中国式现代化的一个重要推动力。中国消费市场庞大的消费需求带动了经济的发展，吸引了国内外企业的投资。同时，中国庞大的科技人才队伍也为科技创新提供了坚实的支撑，推动了我国技术领域的发展。

综上所述，人口规模巨大是中国式现代化的一把双刃剑，虽然带来了一

系列的挑战和问题,但也为我国的经济发展和现代化进程提供了巨大的机遇。我国需要积极应对人口问题,并采取相应的政策措施,以确保人口规模巨大不成为现代化进程的阻碍。

3.1.3　人口规模巨大与会计变革

我国是世界上人口最多的国家,拥有庞大的劳动力资源和巨大的市场潜力。然而,这也带来了许多挑战,其中之一就是如何管理规模庞大的人口,并确保社会稳定和经济发展。改革开放以来,我国社会经济发展取得的很多成绩依赖于廉价的劳动力。未来中国经济升级迭代,要从劳动依托型向人力资本型转变(穆光宗,2023),随之也会出现人力资本会计问题。

随着我国经济的快速增长和全球化进程的深入推进,会计行业也面临着巨大的挑战和机遇。会计作为经济活动的记录者和信息提供者,必须适应我国人口规模的巨大变化,为经济的发展和监管提供支持。

首先,我国人口规模巨大意味着会计行业需要处理和分析更多的数据。企业的财务报表、税务申报和其他相关信息都需要进行准确的记录和分析,以便为政府和企业决策提供支持。因此,会计人员需要具备更强大的数据处理和分析能力,以应对庞大的数据量。

其次,人口规模巨大也促使我国会计行业进行技术创新和变革。随着科技的不断进步,人工智能、大数据、云计算等新兴技术正逐渐应用于会计领域。这些技术可以帮助会计职业更高效地进行数据处理和分析,减少人力成本,并提高准确性和可靠性。

最后,会计行业还需要适应我国人口结构的变化和社会成员需求的变化。随着老龄化进程的加速和城市化的推进,会计服务也需要面向不同的人群和市场。例如,个人所得税的征收和申报、养老保险的管理和支付、生育会计的构建以及失业会计的问题等都需要考虑年龄、职业和居住地的差异,随之可能产生相对应的社会保障会计等。

在人口规模巨大的背景下,我国的会计行业正面临重大的机遇和挑战。通过技术创新和改革,会计人员可以适应人口变化带来的需求变化,为我国的经济发展和社会稳定做出更大的贡献。同时,政府也需要采取措施,加强对会计行业的监管和规范,确保会计信息的准确性和可靠性,维护市场秩序和社会公平。

综上所述，人口规模巨大将推动人力资本会计、社会保障会计等一系列会计的发展，下面几节将分别从不同角度阐述人口规模巨大与会计变革的内在联系。

3.2　人力资本会计的建构与运行

人力资本会计构建与运行研究的是在新时代发展背景下，结合数字化工具和"人本位"思想，重新审视人力资本会计的核算范围和计量模式，思考如何将我国人口规模的特性和发展趋势融入现行的会计核算体系中，打造可视化的人力资源信息报告，以便向利益相关者传递特定时点或时间段的人力资本信息，使决策层能够合理制定人才培养方案和人力资源的战略规划，进而促进企业高质量发展。

3.2.1　人力资本会计的内涵及特征

（1）人力资本会计的含义

人力作为企业重要的战略资源，其开发与利用程度决定了企业发展的持久性。众所周知，企业的资本由人力资本和物资资本两部分构成，如果将企业资本比作疾驰的火车，人力资本就是火车前行的动力源，物资资本就是载物的平台，即人力资本的核心作用依托于物资资本发挥效用，物资资本的价值提升需要人力资本的高质量输出。因此，企业应客观地看待资本链条上的每一个环节，尤其是对人力资本的认识和量化处理。目前，关于人力资本是什么的研究已经有了很多论断，例如，《国富论》将人力资本看作一种知识回报所产生的资本；舒尔茨将人力资本定义为人才在培养和发展过程中所花费的成本，包括招聘、培训、进修、继续教育等各个方面；也有部分学者认为，人作为一种特殊的企业资本，不能简单地将企业投资在员工身上的所有成本都算作人力资本，因为人的劳动和创造力会帮助企业创造价值，所以，人力资本应该是企业投资在员工身上的成本与员工价值创造抵消后的剩余价值，

即除自我实现价值以外的资本投入，是一个定性问题。人力资本会计是管理会计发展到一定阶段的产物，它是顺应时代发展和人力资本核算需求而诞生的一个全新职业。具体而言，人力资本会计是以会计的核算思维和计量方法为基础，对企业所拥有的人力资本进行全面、系统的反映和核算的一种体系，它能将人力资本管理中的定性问题进行量化处理，进而提升企业人力资源管理水平，带动企业可持续发展。

（2）人力资本会计的前提及假设

传统的人力资本会计认为人力是企业财富雇佣的体现，服务于企业经营决策，反映的是一种单纯的雇佣关系，视人力为一项资产，对其所花费的成本一般进行费用化处理。新时代背景下的企业是一个注重数字化建设和知识型经济发展的和谐实体，更加注重人力与财富合作，提倡员工也是企业的所有者。因此，人力资本会计应反映人力资本的所有者，而不是人力资本的缔约者，将人力作为一项资本，将所花费的成本视作权益的一部分。也就是说，人力资本会计的前提应为：人力与财富共享剩余索取权。

人力资本会计的确认与核算应遵循以下几个方面的假设：

①在计量属性方面，人力资本会计应采用人力资本的现值进行计量核算，这与新时代人力资本所追求的"财富共享"和"人本位"思想是密不可分的。

②在价值计量范畴方面，企业应充分考虑人的主观能动性，将其历史业绩纳入考核范围，作为价值计量的基础，综合考虑其他影响业绩的因素，例如，身体状况、业务技能操作水准、专业知识的掌握程度等，科学合理地记录、确认、计量人力资本的价值。

③在折旧与权益分配方面，企业应摒弃旧有思维，将人力资本看作一项权益，而不单单是一项资产，即员工也要按照股东的标准进行核算。这种资本核算思维从本质上对人力资本进行了区分，其价值变化在一定程度上反映的是所有者的自身状况，因此，人力资本会计应按照权益资本进行核算与分配，不存在折旧和分摊的问题。

（3）人力资本会计的重要性

党的十八大以来，随着"人才强国"的战略部署和"为党育人，为国育才"的教育理念不断深化，我国的人才储备总量由 2012 年的 1.2 亿人增长到 2022 年的 2.2 亿人，其中专业技术人才从 5 550.4 万人增长到 7 839.8 万人，各类研发人员达到 480 万人，居世界首位。另外，人才储备的增加逐渐反哺了知识技能的创新成效。例如，我国全球创新指数排名由 2012 年的第 34 位上升到 2022 年的第 11 位。由此可见，我国的人才队伍建设已经具有大规模、高素质和作用突出的特点，预示着我国人才工作发展已经站在了新的历史起点上。但随之而来的问题是，人才储备的规模化在会计上应该怎样进行成本核算和价值计量？现行的会计信息体系并未考虑人力资本相关因素，只是沿袭传统会计的做法，将人力所花费的成本和形成的价值创造以职工工资和福利费用等形式体现，存在很大的缺陷，对人力资本的核算反映不够全面，既不能体现人的主观能动性，也不能很好地契合新时代中国特色社会主义的发展。例如，某奶牛场购置了一台价值 3 000 万 ~ 5 000 万元的数智化挤奶机，现在需要从企业外部匹配一名懂技术、资历深且熟悉生产流程的管理型经理。企业首先需要在各大媒体平台刊登招聘信息，其次组织对各候选人的面谈、测评、选拔，最后组织培训、外出深造和同行学习交流。在这一过程中所花费的投资额可能会有 200 万 ~ 500 万元。在传统的会计核算体系中，对于固定资产的投入会确认为一项资产投资，而对于寻找和培养对应人才所花费的成本只能作为一项费用，而非人力资本的投资，这显然是一种失误。企业花费大量人力、物力、财力所招聘和培养的"人才"就是一种人力资本，是一种可以在未来产出高额收益的资产，如果不对这一部分资产的成本和价值进行具体计量，企业就会在实际管理工作中陷入混乱。因此，进行人力资本会计的研究对于企业的生存和发展具有重要的理论价值和现实意义。

3.2.2 人力资源会计的确立与发展历程

随着大数据和"互联网+"时代的到来，技术变革和管理模式的革新是企业不得不面对的难题和痛点，而"人才"在变革中的作用也日益明显，那么企业应该如何核算人力成本和人力价值呢？也就是说，从会计角度看，企业应建立怎样的核算体系去确认和计量人力资本，以凸显人的价值，体现出"以人为本"的发展理念呢？要梳理清楚这一研究课题，首先需要搞清楚人力资本发展的来龙去脉，从历史和发展的角度去思考、探索、实践和总结。人力资本会计的诞生是在人力资源会计的基础上延伸出来的一个新概念、新学科分支。因此，本书将从人力资源会计发展历程的视角去追索和探究人力资本发展的渊源。

（1）人力资源会计的萌芽阶段

"人力资源会计"这一名词首次出现是在 1964 年，在当时的制度背景下，员工为企业创造了许多无形的价值，却不能被员工固定薪酬所衡量，并且财务报表也未全面反映人力资源的价值。因此，Hermanson 首次提出，企业在核算会计信息时，应充分考虑人力资源会计信息的有效性，对人力资源所转化的资本部分应充分报告和反映，要突出人在企业价值创造中的重要地位。然而他并没有对人力资源会计进行明确的界定，学术界和实务界仍然存在人力资源会计是什么，应该怎样确认和计量等一系列的问题。

（2）人力资源会计的快速形成阶段

自 Hermanson 提出人力资源会计的概念后，学术界对人力资源会计的研究遍地开花，人力资源会计成为热门话题之一。这一时期学术界在人力资源会计的核算基础、计量方法、确认项目和报告形式等方面形成了大量的研究成果，并在 1980 年前后达到了峰值，为人力资源会计的后续发展奠定了坚实的基础，也为人力资本会计的发展提供了理论支撑。人力资源会计理论层面的革新推动了实务界的思考与创新。1973 年美国会计学会高度认可并积极评价了人力资源会计的重要性，并对其未来应该怎样发展，建设什么样的人力资源会计体系提出建设性的意见。与此同时，在 1974 年和 1975 年先后问世的两部著作——《人力资源会计》和《人力资源会计：过去、现在和将来》，也表明当时人们针对人力资源会计的研究取得了丰硕的成果。

（3）人力资源会计的缓慢发展阶段

当事物发展到极致后，便会呈现一种疲软之势，人力资源会计体系构建的研究也不例外。1990 年前后，人力资源会计的研究陷入了停滞。究其原因，人力资源会计在实务界推行困难重重，这与时代背景是密不可分的。虽然理论界对人力资源会计的核算方式和计量基础做了大量研究，形成了初步的理论框架，但仍然存在许多实质性的问题没有解决，企业施行人力资源会计不仅会花费大量的成本，而且在短期内也不会给股东带来实效和收益，这与企业追求利益最大化的理念不符。并且 20 世纪 90 年代的国际市场欣欣向荣，企业对劳动生产率和高端人才的需求也不高，从而致使人力资源会计体系构建的价值被忽略，其发展进入了低谷期。

（4）人力资源会计的复苏与人力资本会计的兴起阶段

事物的发展总会遵循一定的规律，人力资源会计的发展也是如此。随着

21 世纪知识经济时代的到来，社会各界对人才的需求可谓是求贤若渴，并且这种趋势越来越明显。人力资源会计作为核算"人的价值"的一种方式，再次出现在了人们的视野当中。然而在人人讲求权益和社会步入数字化时代的背景下，人的知识和价值创造为企业带来的实效和收益日益凸显，员工与企业间的代理矛盾也不断升华，企业所有者权益的构成不再只是股东那么简单，而是加入了与企业有利益关联的所有方，包括企业的员工。传统人力资源会计的核算方式不能有效反映员工的价值创造和人力成本的核算，于是人力资本会计的概念就诞生了，人力资本会计是人力资源会计的延展。回顾人力资本会计研究的历史，Thomas A.（1997）客观地评价了知识创造是企业突破发展桎梏的关键，尤其是专家型人才在企业研发、生产和销售等业务流程中做出的贡献不容忽视。同时，他建议企业在披露人力资源信息时，将专家的创造力反映出来，进而凸显人力资本的重要性。Edvinsson L. 等（1997）从模型计量的角度，对企业无形资产的价值进行划分，认为人力资本也是企业无形资产的一部分，但没有明确具体的类型，即人力资本是否都能计入无形资产的问题没有解决。Lev B. 等（2001）进一步研究分析提出，人力资本可以在无形资产科目下反映，但要作明确的区别，不能混为一谈，即在报告无形资产时，应将人力资本作为单独项进行独立反映。关于人力资本会计核算和反映的话题虽然众口不一，但美国财务会计准则委员会（2001）发布的《企业和财务报告：来自于新经济的挑战》却是公认具有里程碑意义的特殊报告。该报告具有很强的实践性和指导性，概述性地阐述了知识经济时代人力资本会计发展的若干问题，被誉为是人力资源会计转向人力资本会计研究的重要转折点。Robin R.（2006）从会计成本核算和会计计量属性的视角，综合分析了企业职工是否可以纳入人力资本体系中，是否具有计量的可能性。该研究进一步扩充了人力资本核算的范围，将高端人才和普通员工都纳入人力资本核算。Mike T.（2007）通过调研和访谈的形式，将马来西亚 119 家公司的财务人员作为研究对象，分析了人力资本对企业财务指标和会计信息系统的影响程度。John C. 等（2007）从组织环境变革的视角，以案例分析的形式说明企业人力资本会计会随着环境的改变而有所不同。

综上所述，人力资本会计弥补了人力资源会计只偏重核算企业与员工等价交换部分这一短板，将员工的价值创造和"权益"融入核算体系，强调企业和员工互利共赢的理念，提倡将员工的招聘、培养、效能创造等全流程进

行量化，综合考量和报告人力资本的财务信息。结合中国式现代化发展的背景，沉心细思，不难发现，人力资本会计的发展和实践依然有其短板，例如，在我国人口规模巨大化和高尖端人才储备常规化的前提下，人力资本会计应怎样进行核算和反映，应该使用怎样的计量模式去准确反映人的价值。

3.2.3 人力资本的确认与计量

（1）人力资本的确认

关于怎么样去定义人力资本，这一问题一直是公众高度重视的核心议题。人力资本包括哪些要素，是否可以在会计方面进行确认，这一点在学术界存在两种不一样的看法。

①人力资本的"不可确认"论。持有这样观点的人认为：由于人力资本是一种无法证实的资产，因此不能简单地将其定义为资产。

首先，人力资本带来的收益存在着很大的不确定因素，因而并不能成为一种真实的资产。Kieso（2003）认为，虽然人力资本在公司中具有不可忽视的地位，但是，由于其与其他的资产评估流程存在差异，且很难证实其满足了一项资产的界定，因此不宜将其视为一种资产来加以计量。其次，目前我国还没有一种能够真正反映人力资本价值的手段，因为它的价格具有很大的不确定性，而且人们对它的未来利益也没有一个准确的评判标准，这就限制了它的应用。Mayo（2004）对Kieso的研究进行了深入的分析，他指出，人力资本的可计量性有两个基本问题：第一，从人力资本的角度，能否对其进行计量；第二，研究人员需要对其理论理念进行定量描述，并展示其与其他有关理论的一致性。若不能很好地回答上述两个问题，就很难对企业的人力资本价值做出本质的阐释。第三，由于人力资本的"物化"，势必导致"人"的价值走向"市场"，这与"人性"相违背。

②人力资本的"可确认"论。该观点是对以上论点的一个反驳，即：人力资本是可以被承认的，但是对于其确认的方法却存在着分歧。

第一种观点认为，虽然可以对人力资本进行会计核算，但是其不能归属于一项资产，那么到底应当将其列为什么科目呢？对此，学者们各有各的观点。第一，费用模型。Cascio（2000）认为，其缺陷是仅关注其投入而忽视其生产，因而否定了使用资本投入而使用成本模式。第二，负债模型。Herman

T.（2005）以全新的观点对人力资本进行了研究，他指出目前的人力资本核算方法是不正确的，我们在本书中提出了从负债的视角去分析人力资本，在这里我们可以把它分为"定期银行储蓄法"和"或有负债法"。之后 Herman T.（2008）考察了企业在现行或有负债条件下，人力资本负债信息的信息披露方式，考察该信息对公司的作用，进而探讨人力资本负债的度量方法。

第二种观点主张，我们要对人力资本进行会计核算，并将其视为一种有价值的资产进行核算。Robin R. 等（2006）则从劳动者的卫生状况出发，对我国的人力资本问题进行了较为系统的研究。在比较研究了各种构成因子的情况下，得出了以健康为第一位，以其他诸方面为依据的结论。所以，不能将人力资本（特别是其医疗费用）视为企业的一种成本，而应该将之视为一种有价值的资产。

因此，要理解人力资本的会计确认，就必须充分理解人力资本的根本，并把它和会计要素的特点有机地联系起来，从而建立起一套适合我国国情的人力资本的确认模式。

（2）人力资本的价值计量

基于以上分析，本书认为：对企业进行人力资本计量是一种新的认识。接下来本书将从三个角度讨论人力资本的度量问题。

①价值衡量的实践视角。将来收益折现法是金融市场上衡量价值最重要的一种方法思想，尤其是折现法，它被认为是目前使用最多的一种方法，如 Lev B. S.（1971）和 Eric G. F. 采用的"随机报酬折现法"，Aswath D. 采用的现金流量贴现法等。除此之外，还有 Roger H. H. 的"非购置商誉法"等其他具有较大影响力的方法。它们是公司价值评估最常用和最基本的方法，但由于它们都存在着一些不足而受到质疑。

②价值计量对象的视角。本书提出了一个新的视角——人力资本集体价值计量方法。从评估价值的目标视角来看，人力资本的价值评估可以分为两个主要类别：一是基于个体的人力资本价值评估方法，二是基于群体的人力资本价值评估方法。人力资本个体价值计量的基本思想是从个体层面上对人力资本进行衡量，即采用"投入—产出"或"收益—成本"两种方式来反映人力资本价值，进而计算出人力资本价值总额。人力资本群体价值计量法主张，组织内的人力资本实际上是个体价值的综合体现，我们在明确并量化个体价值之后，才能够确认并量化组织内的人力资本价值。第一，关于人力资

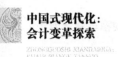

本内部价值计量方法。Kaplan R. S. 和 Norton D. P. 采用了平衡计分卡来进行企业人力资本的价值管理和评估。这种方法结合了财务和非财务的指标来衡量组织的绩效，为管理层提供了更为全面和详尽的人力资本方面的信息；Mayo W. J. 建议采用完全数量法来衡量和追踪公司内部单个员工的价值，包括员工在财务和非财务方面的额外贡献。这一研究视角是从"人力资本"概念出发对人力资本进行定义的。第二，关于人力资本群体的价值评估的办法。由于人力资本具有异质性，所以它难以被单独量化，只能与其他资本一起构成一个整体。这种看法主张，人力资本的价值实际上是指其在组织内部的重要性。作为组织内部的一个组成部分，人力资本在脱离组织的情况下是无法量化其价值的。因此，这种观点认为，人力资源价值会计应该更多地关注群体价值，而不是个体价值。

③企业战略视角。Craig S. (2006) 认为，对人力资本的度量，不仅仅要考虑到其能否提供有价值的商业策略，同时也要考虑到该策略是否符合企业的整体目的，从而为股东带来利益。Shraddha V. (2008) 采用问卷调查法对三种典型的主体——传统企业、新兴知识密集型企业和当地政府开展了调研，发现企业的人力资本度量需要企业的战略和组织的支撑。战略行为对企业的人力资本度量方法有非常重要的作用。这一流派认为，衡量方法的正确与否将直接关系到企业如何选取合适的人力资本度量标准。Chandra K. (2005) 认为，如果采用不准确的度量方式以及不完全的回报，那么企业的投资决策就有可能出现偏差。众多学者持有这样的观点：习惯的展现、个体的潜在能力与适应力、团队的合作状态以及工作环境等因素，并不能通过货币的计量方式来精确描述，因此，我们更倾向于使用"非货币"的方式来对这些因素进行评估和解释。

总而言之，人力资本会计确认与计量的前提是将人力资源视作一项会计资产，它的基本技术处理方法是以人力资源成本会计和人力资源价值会计为核心的，基于数理模式的价值衡量方法的确立，使得原本看上去很繁琐的价值计量成为可能。然而，我们也要注意到，很多计量手段还面临着难以克服的困难，主要表现为计量的准确性和计量指标的选取等。在此基础上，本书对我国上市公司的人力资本进行了深入的研究。

3.3 养老会计的建构与运行

3.3.1 我国养老保险体系

中国式现代化的精髓在于以人的全面发展为核心，全面推进现代化建设。健康、教育等领域的改善为老年人实现自身现代化和推动人口规模巨大的现代化创造了基础条件。随着我国医疗卫生水平的不断提高和居住条件的不断改善，人口寿命得到了延长。老年人的经济来源从过去主要依赖家庭成员逐渐转向退休金、养老金，为其生活质量的提高提供了有力支持。随着老龄人口规模的快速增长，老年人群体对老年相关的公共服务、公共福利和公共支出提出了更多需求（汪伟、姜振茂，2016）。老龄化问题也会对风险较大的可持续养老基金形成冲击。因此，建立健全基本养老保险全国统筹体系，发展多层次、多支柱养老保险体系显得尤为重要。为了应对老龄化带来的挑战，我国采取了一系列措施，例如，完善养老保险制度，提高养老金水平，推动养老服务业的发展等。此外，政府还鼓励社会力量参与养老服务体系建设，通过政策引导和资金支持等方式，促进养老服务市场的繁荣发展。

目前，我国已经基本构建了一个多层次、多支柱的养老保险制度框架。这个框架包含三个层次，第一个层次是政府主导的基本养老保险制度，如城镇职工基本养老保险（涵盖企业和机关事业单位）和城乡居民基本养老保险等。这些制度采用现收现付与个人账户相结合的筹资模式，截至2021年年底，我国基本养老保险参保人数达到10.29亿人，参保率稳定在95%以上。第二个层次是补充养老保险制度，由单位主办，市场化管理，主要包括机关事业单位职业年金和城镇企业职工职业年金两大支柱。截至2022年3月底，共有7 200万职工参加了企业年金和职业年金。此外，还有少部分第二层次养老保险采取团体养老等多元化形式。第三个层次是个人自愿的养老保险，包括养老储蓄、养老年金保险、养老目标基金、养老信托、养老理财、住房反向抵押贷款等多种能够起到保险保障作用的养老金融工具。目前，这一层次更多的是银行的养老储蓄产品，保险产品也有一定的发展，基金类推出不久，虽然有一个住房反向抵押的试点，但是并没有成功，而信托类和证券类几乎

是一片空白。第三层次尚未发展出覆盖面广、影响深远的养老支柱。总体来看，目前我国整个养老保险制度可以用"一级全覆盖、二级一小块、三级一点点"来形容。

3.3.2 养老会计核算的相关内容

我国目前的养老会计适用的制度为《社会保险基金会计制度》（财会〔2017〕28号）。该制度从会计法和社会保险法的角度出发，对不同类型的社保基金进行统一规定管理，实行统一化、标准化的会计制度；从会计理论角度来看，该制度在收付实现制的基础上引入权责发生制这一会计核算基础，从而有助于会计信息质量的提高；从会计实践角度来看，该制度对会计科目和会计核算方法、会计核算体系也进行了统一化和标准化的规定，为养老保险的进一步发展和进步提供了支撑，同时也为有可能发生的各项业务的会计处理提供了依据。

养老保险基金会计目标是让基金信息的使用者全面监督基金真实的运行情况，包括但不限于执行相关法律法规的情况、养老保险基金的投资构成情况、收益情况、保值增值及其结余等（陈岚，2020）。

养老保险基金会计假设为会计主体、持续经营、会计分期和货币计量。其中，会计主体为社保经办机构及其经办的养老保险基金；持续经营体现在养老保险基金的持续缴纳和使用上；会计分期是将会计期间划分为月度和年度，按月度和年度编制资产负债表、收支表和附注；货币计量是指以币值稳定的货币核算养老保险基金。

养老保险基金会计核算基础一般采用收付实现制，但基本养老保险基金委托投资等部分业务或者事项的会计核算采用权责发生制，即采用双核算制度。

养老保险基金会计要素按照《社会保险基金会计制度》中的界定，主要包括资产、负债、收入、支出和净资产。在会计科目设置方面，针对企业职工、城乡居民、机关事业单位基本养老保险基金设置"委托投资"专用科目，用以核算省级基金按规定及委托投资合同约定划拨给受托机构的委托投资资金本金，以及委托投资资金形成的投资收益或投资损失。具体会计报表项目情况如表3-3所示。

表 3-3 养老保险基金会计要素及报表项目

会计要素	报表项目	备注
资产类	库存现金、收入户存款、财政专户存款、支出户存款、国库存款、暂付款、债券投资、委托投资	1. 暂付款项目中的委托上级投资为企业职工、城乡居民、机关事业单位基本养老保险基金(非省级)资产负债表专用项目; 2. 委托投资为企业职工、城乡居民、机关事业单位基本养老保险基金（省级）资产负债表专用项目
负债类	暂收款、借入款项	暂收款项目中的下级归集委托投资为企业职工、城乡居民、机关事业单位基本养老保险基金资产负债表专用项目
收入类	社会保险费收入、财政补贴收入、利息收入、委托投资收益、转移收入、上级补助收入、下级上解收入、其他收入	—
支出类	社会保险待遇支出、转移支出、上解上级支出、补助下级支出、其他支出	社会保险待遇支出包括基础养老金、个人账户养老金（按月支付、一次性支付）、过渡性养老金、离休金、退休金、退职金、补贴

3.3.3 养老会计运行中存在的问题

（1）会计制度对养老保险基金的账务处理不够精确

①会计核算制度无法对欠费进行核算

根据现行的制度，养老会计核算基础为权责发生制和收付实现制并行。权责发生制是在不考虑收入是否真实收到或费用是否实际支出的情况下，以收入或费用是否应计入当期作为核算基础。而收付实现制则是根据实际收付金额的多少、收与不收、交与不交等因素进行计算。目前，养老保险基金的会计核算主要采用收付实现制，基金的收入或支出仅记录银行存款的实际收付情况，不包括应收未收和应付未付的情况。这导致其无法全面反映养老保险基金的债权债务情况。因此，在收付实现制下的会计核算会导致会计账目与实际情况不相符（金丽莹，2019）。这种核算方式无法真实反映基金收入的情况，也无法为之后的基金管理和监管决策提供最真实准确的依据。

②养老保险基金的负债情况无完整记录

在养老保险基金中，社会统筹基金和个人账户资金按照收付实现制度进行核算，这可能导致个人账户资金的真实负债情况无法得到准确记录。社会统筹基金是由社会保障基金征缴机构（如税务部门）依法征收、统一管理和统筹使用的，主要用于为退休人员发放基本养老金，即基本养老保险。个人账户基金则是以参保人员的身份证号码为标识，身故后依法继承的账户基金，由社保经办机构设立，属于参保个人的账户。

目前，养老保险业务系统对参保人的实际个人账户资金进行利益分配时，都是按照规定的利率对个人账户进行计息。然而，会计做账采用的账务基础是收付实现制，会计人员不会对个人账户上的利息进行记账。当参保人员达到退休年龄并开始领取养老金时，其个人账户养老金的计算是基于参保人的个人账户余额，其中包含了个人账户的利息。这种做法可能会导致个人账户基金收支的会计核算出现不规范的情况（姜燕，2017）。因此，会计系统与业务系统中的个人账户余额可能会存在不一致的情况。

（2）会计信息系统提取数据不够准确

目前，各类社保均由税务部门负责征收。一旦养老保险由税务部门征收，税务系统将显示该单位的养老保险款项已到账，并将此信息同步至社保系统。随后，养老保险基金会直接存入国库，用于支付养老金等相关费用。在每月月末，社保经办机构会根据社保系统中的单位到账信息进行会计处理，以确保各项社保基金的准确无误。然而，由于税务系统和社保系统的不完善，对于拥有大量员工的大型公司，其职工养老保险的税务系统和社保系统的到账数据可能会出现不一致的情况。这种情况可能会导致社保经办机构在进行会计处理时出现误差，从而影响到社保基金的使用和管理。为了解决这一问题，有关部门需要不断完善税务系统和社保系统，提高数据的准确性和实效性，确保社保基金的合理使用和有效管理。同时，大型公司也需要加强内部管理，确保员工养老保险的缴纳和到账情况与税务系统和社保系统的记录保持一致。

（3）信息披露不健全

在信息披露方面，财务报表无法真实反映应收应付养老保险基金。会计核算采用收付实现制，只对实际收到的征缴收入和发放的养老金进行核算，在编制月报、季报、年报时，对实际收到的征缴收支情况，只按会计凭证进行填列，无法通过报表反映本月、本季度和本年度应收未收以及应付未付养老保险基金，无法给未来基金结余估算和基金管理提供数据支持。

就养老保险基金财务报告披露质量而言，财务报告披露的信息存在利益相关者无法满足需求的情形。一是因反映农村养老保险基金货币资金周转情况和因投资活动、筹资等产生的资金变动情况等具体会计信息，仅提供财务报表格式方面的"资产负债表"和"收支平衡表"，尚无"现金流量表"，不能量化统计；二是对"重要项目"的主要构成、增减变动等内容，现有的披露信息仅在表外附注中提供了债券投资情况说明和委托投资情况说明，并无具体的指导原则和方法加以约束；三是对其他会计信息披露未提出具体要求或意见，如基金内部控制分析、基金结余增长变化等；四是由于社保核算系统对未来社会保险待遇支出的不确定性，财务报告难以满足会计信息使用者对未来预期的信息需求，未提供相应的精确度高的资产负债表等相关披露。

在信息披露的方式和方法上，目前基本养老保险的信息披露仍然停留在相关政策制度的宣传阶段，尚未充分利用新手段和新媒介来增进人民群众对基本养老保险基金实际运作过程的进一步了解。此外，基本养老保险基金仅披露了简单的各项财务指标，而并未对各项指标的详细含义、背景信息等进行解释和说明。因此，公众无法完全准确地了解基金运作的真实情况。

3.3.4　养老会计的建构

（1）扩大权责发生制的应用范围

养老保险基金核算应逐步实现财务核算和预算核算的统一衔接，扩大权责发生制在收入和支出业务中的运用范围。一是试行权责发生制核算，对"社会保险费收入""财政补贴收入""委托投资收益""利息收入"等影响社会养老基金会计信息质量较紧密的科目试行权责发生制核算，增强财务报表的真实性和可比性；二是针对预缴保费，为完善债务关系，在"暂收款"中增加"预缴社会保险费"明细科目；三是针对应缴未缴保费，在完善债权关系的"暂缴"中增加"未缴社会保险费"明细科目；四是具有法律属性的社会养老保险"社会保险待遇支出""转移支出"等科目，应按"规定时间"进行账务处理，无论当期是否实际缴费，一般不将事前支出列入"规定时间"的支出。即以权责发生制为基础划分为两种情况，即"正常缴纳"与"延期缴纳"。在负债类别中增加"应付社会保险待遇支出"科目，并下设真实反映

负债结构和责任的"基础养老金"和"个人账户养老金"明细科目，为资金合理安排和及时到位做出贡献。

（2）科学构建财务报表体系

为了有针对性地编制会计报表，全面系统地反映养老保险基金管理状况，应以真实账务处理为基础的会计科目编制会计报表。保持各项报表与账务处理的一致性，根据各部门的要求重点，设计出一套完整统一的报表，各部门均可使用。这样既避免了会计人员重复填写报表而降低工作效率，又使各部门能够更全面地了解养老保险基金的管理情况。

会计报表对于促进养老保险基金资源的优化配置具有重要意义，可以为基金征缴、使用效益的考核评价提供重要依据。报表内容还应包括本月、本季度和本年度应收未收以及应付未付养老保险基金数据，让报表使用者了解当期有多少未收的养老保险基金和未支付的养老保险待遇，为未来基金管理提供数据支持。

同时，对于一些无法通过报表表述清楚的内容，可以在报表附注中增加详细说明和解释，以帮助会计报表使用者充分了解报表内容。例如，可以增加会计确认依据、统筹账户与个人账户收支平衡明细表中的基金欠缴明细表和其他信息。通过这种方式，报表使用者可以更全面、准确地了解养老保险基金的管理状况，为决策提供有力支持。

（3）改进表外披露，增强信息披露效力

基本养老保险基金的会计信息具有较高的专业性，社会公众可能难以理解。因此，在信息披露时可以考虑增加一些易于理解的指标（丁鑫、王佳，2017），以便让会计信息使用者更直观地了解基金的情况。对于大众而言，这些改进后的理财信息将有助于他们更好地了解基金的投资状况；而对于监管部门和决策部门来说，他们可以对过去年度的基金运作情况进行总结，分析现行的基金管理情况，并对养老保险基金的隐形负债、精算信息等关键指标进行决策，还可以对养老保险基金可支持的月份以及收支走向进行预测和决策，从而推动基本养老保险基金会计核算信息质量的不断提高。

（4）完善养老会计信息披露和监管制度

保障会计信息公开工作的顺利推进，建立完善的内部监督和外部监督机制，确保城镇职工基本养老保险基金的有效稳定运行，是建立健全监督管理体系的关键。为了充分借鉴国际经验，社保经办机构应加强养老保险基金财务会计信息的披露工作，主动接受社会监督，确保社会公众对其养老基金有清晰的了解。各级社保经办机构还应设立举报投诉、反馈意见的渠道，通过网络、电话和意见本等方式，充分了解社会公众对养老保险基金会计信息披露的需求。

社保经办机构要建立内部控制制度，首先要根据内部控制制度安排，对社会保障基金收支及运行管理情况进行监督检查。对于熟悉各项政策规定的人员，要建立内部控制部门以确保制度的执行与监督。不仅是财务方面，业务科室也应有定期与非定期的监督检查，发现财务和业务存在的问题及风险点应记录在册，并督促整改。其次，引入第三方独立社会审计制度，在内部控制的基础上，聘请第三方审计机构进行审计监督，可以增强社保经办机构的公信力。通过法律对设立第三方审计机构的要求进行规定，增强其可靠性和公信力。审计机构可对养老保险基金会计核算和会计信息披露情况进行监督，对于违反法律法规的行为，可直接向上级部门反映并追踪结果。

此外，应建立法律法规形式的社会保险基金会计制度（刘静，2019），养老保险基金会计核算准则以及信息披露制度应囊括其中，让基金管理的各项工作都有法可依。同时，各地还可结合本地具体情况，为广大市民全面、详细了解基本养老保险基金使用情况，因地制宜、有针对性地制定本地区基本养老保险会计信息公开实施细则。

（5）构建社会保险基金会计信息现代化平台

养老保险基金的征缴工作涉及多个部门，包括社保经办机构、征缴部门、财政部门和中国人民银行等。征缴流程如下：社保经办机构生成当月的征缴计划，然后交由税务部门向参保企业、机关事业单位征缴。征缴的养老保险费直接进入国库，征缴数据会定时反馈给社保经办机构。这样的流程可能会有一定的滞后性。月末，财政部门将税务收到的养老保险基金收入从中国人民银行国库划转到同级社保经办机构基金收入户。社保经办机构再将基金收入上缴到省社保中心养老保险基金归集户并进行会计核算。

如果各部门的信息能够实时共享，单位和个人办理后续业务时不需要等待两三个工作日，就可以实时办理。这样既方便了单位和个人办理业务，也方便了社保经办机构缴纳保费收入。同时，养老保险基金也可以在社保经办机构进行收益金额实时查询，应交保费情况、实缴金额、国库收入金额和收入户余额等信息都可以在会计核算中查询到。

此外，如果养老保险系统能够与公安、教育、医院和银行等行业部门的信息数据互联，就能真正实现业务"一网通办"和"数据多跑路，群众少跑腿"，提高会计人员养老保险基金会计核算和财务管理的效率。通过多行业的信息共享，社保经办机构可以对参保人员和参保单位的欠缴情况进行催缴，从而减少养老保险基金收支缺口。目前，养老保险系统已与公安系统实现联网，可以实时核查参保群众的身份证信息，以避免家属死亡冒领的情况，保障基金安全。

3.4　生育会计的建构与运行

2013 年 12 月，中共中央、国务院印发《关于调整完善生育政策的意见》，意味着我国结束了 30 多年的"独生子女"政策，全面进入"单独两孩"时代。2021 年，中国启动"全面三孩"政策，将"积极应对人口老龄化"上升为国家战略，该政策的制定旨在积极应对人口老龄化问题，推动人口结构优化与均衡发展。图 3-8 为我国 2013—2022 年人口结构分布情况。

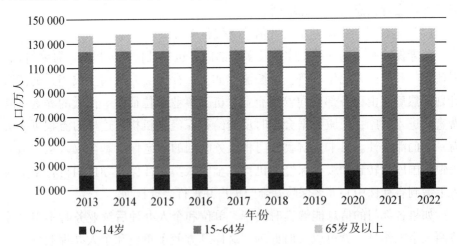

图 3-8　我国 2013—2022 年人口结构分布情况

纵观我国生育政策变迁历程，自 20 世纪 70 年代起，其先后经历了严控→宽松→包容的深刻转变。我国自 1979 年实施的"独生子女"政策带来了人口生育率的断崖式下跌，并长期保持在较低水平，人口老龄化加快。生育保险基金的完善，则是缓解人口老龄化、促进"全面三孩"政策落地的重要宏观调控手段之一。

我国的生育保险待遇主要有两个，一个是生育津贴，另外一个是生育医疗方面的补贴。完善生育保险制度，加强生育保险的规范性核算与监督，成为我国调整人口结构、缓解生育率低下、人口老龄化趋势的重要宏观调控手段之一。

3.4.1　生育保险基金会计的研究现状

生育保险基金会计的研究与生育保险基金的发展相一致，其发展方向及研究现状也成为生育保险基金会计发展的重要影响因素。

（1）国外研究现状

按照生育保险制度的不同设计，生育保险的主体通常是政府、企业、职工三方，各主体负担费用的比例也不一样。Gauri 咨询（2002）的研究显示，德国政府负担了超过70%的生育保险体系的经济开支。Hausermann（2006）指出，在巴基斯坦，政府是生育保险体系的主要规划者，规定生育保险的费用由企业和雇员共同分担。职工生育保险费用按一定比例按月缴纳，生育保险费用则由用人单位按职工工资总额的7%缴纳。Perusse（2003）和 Eugster（2011）认为，在北欧发达国家和部分东南亚国家，生育保险的费用通常由雇主全额负担。如瑞典规定，企业雇主按工资总额的11.08%每月缴纳生育保险费用，生育保险费用由企业全额负担；而在东南亚国家，印度尼西亚区分已婚员工和未婚员工的生育保险费用，已婚员工支付总薪酬的6%，未婚员工支付总薪酬的3%。

这些研究重点关注了政府方面的负担、补贴以及政策对情况的影响。据Johnson（2015）研究，医疗补助有望提高产前保健质素，降低早产率，减少早产现象，促进产后复诊，协助妇产科医师提供更高质素服务。Kumar（2014）的研究聚焦印度产科护理的提供，强调决策者应在改善基层医疗药物和设备供应方面投入额外资金。Fitzgerald（2014）和 Dunn（2015）通过文献回顾和数据分析总结了美国马萨诸塞州医疗保险改革中生育保险的经验，认为国家卫生保健应该进一步提高补贴水平和覆盖范围。Sundari‐Ravindran

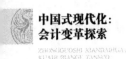

（2014）探讨了新自由主义全球化以及经济政策对生殖健康服务的影响，主张对抗新自由主义全球化。但生育保险制度对生育观念的影响，近年来研究得比较少。Boerleider（2015）和 Halperin（2014）对第一代和第二代犹太人与阿拉伯妇女的产前保健使用率和生育观念进行了比较研究。他们指出，虽然近十年产检率上升，但这两个人群产检差距明显。加大对公募基金的投入，或许能帮助这一难题的解决。

在生育保险基金的费用控制和可持续发展方面，大多数研究侧重于费用控制，并对成本、支出、自费支出、政策差异和经济差异等关键因素敏感。例如，Ntambue 等（2018）研究了导致刚果医疗机构在生育成本上产生巨大差异的决定性因素。他们建议刚果政府和资助者支持医保和风险池计划，为高质量医疗的广泛普及引入并实施制度化的免费母婴护理。Pradhan J. 和 Dwivedi（2017）对印度分娩护理中的自费支出的社会经济差异进行了研究，探讨了保险保障的作用，并对各种筹资来源进行了分析，对自费支出水平的调节作用进行了各种协变量的研究。他们总结说：虽然印度中央和州政府为减轻经济负担采取了各种措施，但大量家庭仍需要自费开支来承担。因此，在高水平的生育关怀中，急需重新审视保险保障范围和自费支出。Mocks（2014）分析了退伍军人事务部在 2008 年至 2012 年间使用女性老兵生育津贴的趋势，发现使用这一津贴的人数上升了 44%。考虑到这一显著增长，退伍军人事务部不得不加大看护怀孕退伍军人的力度。Agey（2014）建议减少产检成本，控制产检次数。Meltzer（2020）对美国早产付费组合模式对医疗补助方案的影响进行了分析，发现早产付费覆盖率最高的医疗补助方案一直稳定在 50% 左右。

（2）国内研究现状

我国生育保险制度研究的重点是制度变革与发展、改革与可持续发展两个方面的问题。

关于生育保险制度变迁和发展的历史，学界近年来进行了广泛的研究。马春华（2019）、赵姣（2015）、黄显官（2015）、王杰钊（2015）全面总结了我国孕妇、儿童保健和生育保险的发展历史和发展现状。刘咏芳（2012）认为，中国生育保险制度的变化，使妇女就业公平得到了保障。庄渝霞（2009）、高瑞（2015）从提高人口素质、保障妇女地位、促进企业公平竞争等方面对推行生育保险制度的必要性进行了社会学和经济学的探讨。

然而，生育保险制度在变化和发展过程中也有不足的地方。有学者认为，我国目前的生育保险制度只针对女性劳动者，保障范围有限，既没有覆盖全体女性，也没有对男性生育保险权益给予充分重视。梁洁（2014）指出，流动人口生育保障不足，生育保险制度的覆盖还不够全面。梁艳华（2012）认为，保障妇女权益需要生育保险在农村地区的发展。何文炯等（2014）提倡扩大生育保险制度覆盖面，为提高制度公平，最好实现全民参保。覃成菊（2011）认为，特别是在制度设计的科学性、基金运行的可持续性、监管执行的时效性等方面，作为生育保险制度设计主体的政府，责任有待进一步明确和加强。

目前研究的重点在于生育保险基金可持续发展调整策略的考虑——缴费率。谢岚等（2012）通过对历年北京市生育保险基金累计结存情况的统计分析发现，其一直维持在过高状态。他们进一步研究调整生育保险基金支付项目、支付档次等策略的效果。他们发现，不同方案下的调整率均高于5%，所以他们觉得对他们有帮助的是生育保险制度能够更有效率地运行，能够适当地进行一些调整。詹长春等（2018）以镇江市样本数据为基础，预测两险合并状态下生育保险基金的经营状况。调查结果显示，"全面两孩"政策对基金的可持续发展产生了较大影响，参保缴费人数、缴费水平等均出现了较大幅度的增长。按照收支平衡的思路，黄国武和俞央央（2017）测算，医保并轨后需要提高的给付比例约为0.4%。

综上所述，缴费率这一因素在现有研究中普遍提到。研究者们通过统计分析、预测模型和收支平衡等方法，探讨了不同因素对基金可持续性的影响，并提出了相应的调整方案和对策建议。这些研究对可持续发展生育保险制度提供了重要借鉴和指导。

3.4.2 现行生育保险基金会计制度的基本情况

（1）生育保险基金会计假设

会计假设即会计基本假设，是指单位会计人员根据客观、合理的原则，判断和规定影响会计主体财务状况和收支状况的不确定因素和环境，是开展会计实务工作的必备条件和操作依据。

生育保险基金记账制度是以各类生育保险基金为记账主体，客观、全面、及时地对各类基金的财务状况和收支状况进行核算和监督的一项专门制度。经过 2017—2018 年的修订完善，我国生育保险基金的财务管理和核算统一由财务制度、会计制度和会计办法规范，并按照我国《社会保险基金会计制度》（2019）要求执行。结合《中华人民共和国社会保险法》《中华人民共和国劳动法》《中华人民共和国预算法》等法律规章和规范性文件，我国生育保险基金核算假设如下：

会计科目：生育保险基金实行双向管理，应当成为社保基金财政专户的重要组成部分，保证收支专款专用。根据不同险种和相关制度的特点，应对基金进行分类建账、分类核算，并进行分别计息，以确保资金的专项管理和独立性。生育保险基金与其他基金之间不得进行资金上的挤占、调剂，也不得与一般公共预算进行相互平衡。因此，生育保险基金应作为一个独立的会计主体，设立单独账户进行资金管理和会计核算，并在期末形成独立的财务报表。

持续经营：预期持续存在并能够开展其相关经营活动的会计科目。除非掌握了充分的反面证明，否则会计主体通常被认为可以无限持续地运行。社会保险基金是为了保障一国范围内百姓基本民生，由中央政府统一发起设立，由国家、单位、个人共同参与筹资的社会制度，关系到社会和政治稳定，虽然具体政策可能随经济、社会发展发生变动，但是通常认为除非出现严重的政治、经济危机，否则该项制度将一直存在。而生育保险基金作为社会保险基金的组成部分，其认为会计制度同社会保险会计制度一样，将持续存在。

会计分期：为了及时确认和报告会计主体的财务状况和收支状况，为会计信息使用者提供决策所需的有用信息，在持续经营的前提下，人为地将会计主体的核算时间划分为不同的周期。按照《中华人民共和国预算法》的规定，我国的预算管理包括四大类，即通常所说的"四本账"，即一般公共预算管理、政府性基金预算管理、国有资本预算管理和社会保险基金预算管理。这种分类管理的目的是确保各种资金的专项管理和透明度，以保障公共财政的稳定和合理运行。中国生育保险基金会计分期与财政年度保持一致，即公历一年，实现预算编制全面、完整，预算执行结果同步、准确向人民代表大会报告，生育保险基金管理运行情况及时、客观地向社会反映。

货币计量：会计主体的经营状况，采用币值稳定的货币进行核算计量。会计核算采用的货币应具备唯一性和稳定性的特点。在我国生育保险基金中，以人民币作为货币计量单位。

（2）生育保险基金会计要素

生育保险基金的核算要素与社会保险基金的核算要素相同，按照我国社会保险基金会计制度的规定，社会保险基金核算要素包括反映财政状况的要素和反映收入与支出的要素两个部分。会计要素包括资产、负债、净资产、收入、支出五个项目。其中，反映财务状况的要素主要有三大类：资产类、负债类和净资产类；而反映收支状况的要素主要有两大类：一是收入类，二是支出类。

（3）生育保险基金会计的核算对象

生育津贴及生育医疗补助是我国生育保险基金会计的主要核算对象，其主要目的是缓解职业女性在怀孕及生产后因生育及养育子女带来的身体上及经济上的压力。

①产假工资

产假是指职业妇女在生产前后一段时间内享有的带薪假期，一方面是为了帮助受保妇女保持应有的身心健康、工作和个人生活能力，另一方面也是为了保障妇女能够有充足的时间对婴儿进行护理和哺育。

②生育津贴

生育津贴是指在妇女因生育中断工作，经济收入暂时丧失的情况下，为保障妇女和婴儿能够维持正常生活而及时提供的定期现金补助。这一概念最早在1919年被《保护生育公约》（第3号）所规制。生育津贴被明确列入与所得相关的社会保险制度，1952年的《保护生育公约》中规定生育津贴不少于原所得的2/3。2000年的《生育保护建议书》（191号），建议提高生育津贴，将生育津贴提高至妇女的全部原所得。生育津贴的支付金额按照一定的收入比例进行，各国可以根据自己的国情自行制定。

③医疗补助津贴

医疗服务是指妇女产后由医院等专业机构提供的医疗护理和住院治疗服务。定期对孕妇进行身体检查，并提供从怀孕到生产的一系列医疗服务，以了解孕妇的身体健康状况以及胎儿的成长状况，而医疗补助津贴是指相关补助的发放，生育妇女产假期间的工资和医疗费用由所在单位负担。

④男性生育保险

男职工配偶享受生育保险需符合三个条件：一是配偶最近6个月内不能

有用人单位；二是必须符合计划生育有关政策规定才能生育子女；三是男职工连续一年以上足额缴纳保费，必须按规定参加生育保险。符合上述三种条件的职工，可按各市生育医疗费用标准的50%享受生育医疗补助费，因实施计划生育手术、因生育并发症发生的医疗费用，经社保经办机构审核后据实报销。

（4）生育保险基金会计科目设置及报表列示

对于企业而言，企业为职工缴纳的"五险一金"，应当在职工在职期间，按照有关规定计算相应的计提基数和计提比例，在确认相关负债的同时，及时足额缴纳并计入当期损益或当期相关成本。

对于生育保险基金管理部门，经办机构按照社会保险基金核算制度，对生育保险基金单独建账，单独核算。具体涉及以下科目：

①生育保险基金当期总收入用"基金收益"反映。本条目应合并加总，按下列金额填列：社会保险费所得、财政补助金所得、利息所得、上级补助金所得、下级给付所得、其他所得等。

②"社会保险费收入"用于反映生育保险基金当期社会保险费总收入，该项目的填列值应为"社会保险费收入"科目本期净额。

③"财政补贴收入"用于反映生育保险基金当期获得财政补贴总额。

④"利息收入"用于反映包括购买国债获得的利息收入在内的生育保险基金本月通过各种方式获得的利息收入。

⑤上级部门在生育保险基金中收到的当期统筹补助资金数额，使用"上级补助收入"项目进行反映。项目中应填列"上级补助收入"科目的当期贷方发生额。

⑥"下浮收入"用于反映生育保险基金当期收到的下浮收入总额。

⑦生育保险基金当期取得的其他收入，全部用"其他所得"项目反映。

⑧"基金支出"用于反映生育保险基金当期应支出的各项费用合计情况。填列时，按照表格中"社会保险待遇支出""上级支出""下级补助支出""其他支出"等项目的金额加总，计算出"社会保险待遇支出"和"其他支出"。

⑨"社会保险待遇支出"反映生育保险基金当期按规定支付的社会保险待遇支出总额。

⑩"下级补助支出"用于反映生育保险基金当期向下级单位拨付的补贴支出总额。

⑪"其他支出"用于反映本期生育保险基金发生的其他支出总额。

⑫"生育保险基金当期结余"用于反映生育保险基金扣除基金支出后当月收入结余金额。

3.4.3　现行生育保险基金会计制度存在的问题

完善我国社会保险核算体系的重要内容之一就是构建完善的生育保险基金核算体系。这对于保证生育保险基金核算基础的科学性至关重要，有助于促进我国社会保险核算体系的不断发展和优化。生育保险基金主要有以下几个方面的问题需要在现行会计核算的基础上加以解决：

（1）会计核算归属不够清晰，缺乏统一的核算制度

现阶段，我国生育保险基金会计基础的主要法律依据是《社会保险基金会计制度》，该制度对各种保险基金的核算基础作了充分的说明，并在会计科目上明确规定了保险基金的各项明细核算，其中也包括生育保险基金，但各保险基金之间存在细微差别。在此过程中，将生育保险基金作为单独的社会保险基金核算，与其他社会保险基金的会计核算制度存在差异，记账方式也各不相同。这种差异导致生育保险基金会计在征缴、存储和核算生育保险基金等相关工作中，无法充分发挥其应有的作用，给保险基金的正常运作带来了许多障碍。

（2）不够全面准确的财务信息反映对基金风险的防范和控制不利

将即将产生的现金作为确认收入和支出的主要依据，并采用收付实现制进行核算，是目前我国采用的会计核算模式。然而，这种会计核算模式存在一定局限性，无法全面反映已发生但未采用现金支付方式的债务部分，仅能体现基金财务支出中的现金支付部分，这是收付实现制的共性，据此产生的债务被称为"隐性债务"，该问题也导致在会计核算过程中，无法对生育保险资金的活动情况进行全方位的反映，增加了财务风险。

在实际工作当中，一般是将个人及社会统筹账户的资金相互结合作为生育保险基金的核算基础，以此来保证生育保险基金资金使用的合理性。在这一过程中，个人账户采取实缴制，而统筹社会账户采取基金制，两者之间是相互协调的关系。虽然这种方式在一定程度上有利于保险缴费过程的开展，但由于收付实现制度存在反映财务信息不够全面准确的弊端，采用以上方式

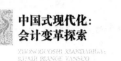

仅能反映当期基金账务现金实际发生部分，对已发生但并未进行支付的部分则无法准确反映。

（3）无法真实呈现生育保险基金的活动结果

生育保险基金的建立，一方面可以通过建立生育保险基金的方式提高新出生人口的生育能力，保障妇女生育的基本权益；另一方面也是缓解人口老龄化的重要手段，刺激新出生人口的上升。其基本原理是先对保险对象收取一定的基金，之后再返还到其手中，实现合理分配与使用。通常情况下，在实际入账时，收付实现制主要参考的是会计期间发生的收付款项，这样一来，如果收入实现额与收到款项的时间存在先后差异，那么生育保险基金的活动结果就很难通过会计记录所呈现的收入情况进行真实反映。

（4）社保基金的财务资料不具备足够的可比性

现实中，我国采用收付实现制作为生育保险基金的核算依据，其好处是由于采用了不同的核算方式，在资金流转过程中，资金的实际收支情况能够得到较为清晰的反映，但同时也造成了核算信息无法相互对照的问题。不利于对当期损益进行有效评估，这显然不利于生育保险基金管理账务的透明化，会对监督及稽查工作造成困难。

3.4.4 完善生育保险基金会计制度的建议

（1）适时将权责发生制引入会计核算

之所以强调适时推出权责发生制，是因为在实际过程中业务流程受到时间跨度的影响，无法同时对全部交易业务实施权责发生制。例如，有的单位会发生预收和多期未还、借方在收到单位预收款项时登记银行存款增加额、临时收款增加额贷款等情况，如果按照权责发生制处理，临时收款将在后续陆续到达。借方办理暂收减额登记，每期确认收入时办理保费增加费收入贷方登记。由于业务涉及单位和预付单位数量基数较大，因此建议暂收款仍采用以收付实现制为主的核算方式。

（2）积极协调解决生育保险业务与会计制度之间的矛盾

此问题首先应向社保相关管理机构提报需求明细，通过优化系统配置及业务流程来解决。例如跨期退款的问题，通过系统自动优化，区分当期与往期的退款金额，以便依照会计制度的要求对退款事项进行会计核算。如果业务程序的优化存在阻碍，应该联合财政部门共同协商解决办法，在遵循会计核算制度的原则上，灵活核算。

（3）科学构建财务报表体系

建立具有针对性的会计报表是提高生育保险基金管理效率的有效途径。基于实际会计核算的相关科目编制的报表，可以保持各项报表和账务处理的一致性，从而提高整体数据的准确性和可比性。一套完整、统一的报表，既能避免会计人员重复劳动，提高办事效率，又能使各科室对生育保险基金的管理有一个较为全面的认识。这有助于促进跨部门的信息共享和协同工作，为基金的筹集和使用提供更好的监控和评估依据。通过分析会计报表，相关部门可以及时发现问题、进行决策，并采取相应措施来改善基金的管理状况。因此，准确编制并有效利用会计报表对于生育保险基金的可持续运营至关重要。

生育保险基金当月数据、当季数据、当年数据中应交未交和应收未收生育保险等情况，应纳入报表内容。这些信息能够帮助报表使用者了解当前期间尚未收取的生育保险基金金额以及未支付的生育保险福利费用，为未来的基金管理提供数据支持。另外，在报表附注中还应增加详细描述，并对一些无法通过报表清晰表达的内容进行说明。这样做有助于报表使用者充分理解报表内容，进一步解释相关事项，提供更全面的财务信息。

（4）积极应对生育保险基金运行风险

基金收支不平衡问题，要从收支源头上解决。生育保险基金收入主要有五大块：缴费所得，转移支付所得，财政补贴所得，银行、基金利息所得，以及对外投资项目所得。其开支项目以生育津贴和医疗补助金为主。从扩大收入的角度而言，一是要保证生育保险费应收尽收，加大稽核及征缴管理力度，督促生育保险缴纳单位及时应缴。二是加大对外投资运营项目的管理力度，保证投资项目的收益率，促进基金项目保值增值。

积极运用社保精算工具，借助精算软件系统，对基金长期经营状况进行多种预测，是基金财务人员在扩大基金收益的过程中应做的工作，也是稳定基金开支的一个重要方面。他们可以提前制定相应的策略，通过对不同预测结果的分析，确保基金运作的安全性；要及时披露有关信息，把一系列基金运作的风险应对措施，以及这些措施所产生的效应披露给投保对象。这样做能让参保对象看到基金管理者的积极态度和有效举措，从而增加他们的信心。

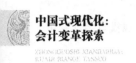

因此，基金财务人员应该注重及时披露基金运行方面的信息，包括已采取的风险控制措施、预测结果和实际成效等。这些信息可以通过报表附注、年度报告或其他形式的公开途径进行传达，以便参保对象充分了解基金管理方针和措施，并对基金的长期稳健运行产生信任和认可。

3.5　失业保险基金会计的建构与运行

长期以来，失业保险制度对维护社会稳定做出了重要的贡献，随着社会需求多样化，失业保险制度的功能也在不断拓展，以便更加全面地保障失业者的各项权益。

3.5.1　失业保险基金会计的研究现状

（1）国内研究现状

①失业保险基金支出影响因素研究

多种因素对失业保险基金的支出有着重要的影响，其中最为凸出的就是一个地区的失业率。张思锋和马伟（2010）对西安市的人口流动进行了测算，结果表明，随着人口的不断增长，失业率也呈上升趋势，这就导致了失业保险基金的支出也在持续上升。徐晓丽等（2012）对我国失业保险支出与城镇登记失业率间的关系进行了研究，发现失业保险基金支出与城镇登记失业率具有双向格兰杰因果关系，即两者会相互影响。同样，杜亚倩、林毓铭（2017）通过实证方法分析了二者的关系，发现城镇登记失业率的上升会导致失业保险基金支出的增加，城镇登记失业率每增加 1 个百分点，失业保险基金支出就会增加 2.1%。

姚译然和印家博（2019）的研究发现，合理调整失业保险基金的参保人数、领取到失业保险金的人数与失业保险基金支出之间的比例，可以有效提升我国大多数地区的失业保险资源的利用率。薛惠元、曹思远（2021）认为通过扩大失业保险基金的参保范围，参保人数增多会相应增加失业保险基金收入和支出，有助于缓解失业保险基金的收支压力。除此以外，俞淑娴

（2020）的研究表明失业保险基金过多的结余表明失业保险基金支出的功能并没有得到有效发挥。

②失业保险基金的支出结构研究

第一，失业保险基金保障基本生活支出研究。失业保险基金支出结构的合理性对失业保险制度的可持续发展至关重要，保障失业群体基本的物质生活对失业保险制度的整体运行效果也具有一定的影响。对于失业保险金的支出水平，杨翠迎、冯广刚（2014）认为较低水平的失业保险金忽视了对于失业者收入的保障，主要是为了避免失业者陷入贫困，弱化了失业保险基金的促进就业功能，可能会加剧失业者贫困。李颖（2016）认为个人家庭的实际赡养情况是一个重要影响因素，低水平的失业保险金不足以负担整个家庭的生活开支，没有更多的剩余资金用来寻找工作，因而难以脱离因失业致贫的处境。金双华、班福玉（2021）认为应当对低收入群体施行减免政策来提高这一群体的缴费积极性，并适当提高失业保险金的待遇，以此来发挥失业保险制度的再分配优势。

第二，失业保险基金促进就业、预防失业支出研究。我国失业保险基金支出结构复杂，缺乏明确的目标和统一的支付标准，使得资金重复投入，无法充分利用，从而阻碍了其促进就业和职业培训作用的发挥。因此，为了提升失业保险基金促进就业和预防失业的效果，应当加强对其支出结构的优化，以实现从消极的事后救助到积极的就业促进的转变。费伟、孙守纪和刘明婉（2021）认为，对于具有劳动能力但是失业的群体应当优先解决他们的就业问题，使其能够获得稳定的收入，再进行救济补贴。

③失业保险基金收支平衡研究

采用现收现付制的失业保险基金收入与支出之间存在巨大的差距，收支失衡严重，给社会带来了不利影响。在增加失业保险基金收入的同时也应该控制失业保险基金支出，只有这样才能够缓解失业保险基金收支不平衡的问题。曾玉竹（2016）认为当前应当"减收增支"，通过提高失业保险金的发放水平，以及将资金更多地用于促进就业和预防失业，以此来促进失业保险基金收支平衡。刘继同、刘晓东（2019）认为应当扩大失业保险的覆盖面，将灵活就业人员纳入制度保障范围，并根据经济发展水平和劳动力市场的变化适时调整费率，对不同的企业实行不同的缴费率，灵活确定缴费期限和缴费机制。郑岩（2020）认为在保持现有失业保险参保人数的基础上，扩大失

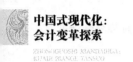

业保险基金的覆盖面会增加失业保险基金的支出，有助于促进失业保险基金长期稳定和可持续发展。吴世彤（2021）认为当前应当优化失业保险基金统筹层次及缴费主体，并将基金账户分为公共和个人账户，以此来改善失业保险基金的收支结构，促进失业保险基金收支平衡。

（2）国外研究现状

①失业保险基金支出影响因素研究

在不同的经济社会发展背景下，不同的国家设立了不同的失业保险体系，明确在不同的体系中失业保险基金的支出会受到哪些因素影响对于研究我国失业保险基金支出有借鉴意义。John T. A. 和 McKinley L. B.（2000）的研究表明就业人员的工资水平会对失业保险基金支出效率产生影响。John H. 和 José V. R.（2007）的研究表明国家间的地理流动性与失业保险金支出之间呈现负相关，而失业率与失业保险金支出呈现正相关。Julien A. 和 Xavier F.（2013）认为政府通过宏观经济发展状况来制定失业保险基金支付水平，并没有考虑到短期劳动力市场的发展特点，这就导致失业保险制度功效难以发挥。

②失业保险基金的支出结构研究

失业保险金不同的给付期也会对失业者的求职产生影响，Katz L. F. 和 Meyer B. D.（1990）通过分析得出若对失业人员潜在福利期限延长 1 周，将会使失业救济金领取者的失业期平均延长约 0.160 周这一结论。

③失业保险基金支出功能研究

失业保险基金是否能够促进就业，基于不同的社会背景以及模型理论，不同的学者得出了不同的观点，Dale T. M.（1977）认为失业保险一方面会产生促进就业的作用，另一方面还会阻碍再就业，而相对于参与失业保险的群体来说，没有参与失业保险的失业者会更快地投入就业之中。Burkhard 和 Heer（2003）认为增加失业保险基金的支出能够促进就业均衡发展，从而实现失业保险基金的最大化利用。

3.5.2 现行失业保险基金会计制度的基本情况

（1）失业保险基金会计制度的现状

自 1998 年起，我国就建立起一套全面的失业保险体系，并且不断改进和优化它的实施。总的来说，失业保险基金的支出呈现逐年攀升的趋势。自

1998 年以来，失业保险基金累积余额一直保持稳定增长，2018 年达到 5 817 亿元。然而，2019 年以来，我国的失业保险基金余额开始出现显著下滑，截至 2020 年年底，我国失业保险基金余额仅有 2 463 亿元，这表明，我国的失业保险基金支出已经远远高于当前的收益，且这种收支缺口正在进一步加剧。

受新型冠状病毒感染疫情（以下简称新冠疫情）影响，我国经济发展出现暂时性阻滞。2020 年我国 GDP 较上年同期仅增长 2.3%，其中第一季度同比下降 6.8%。大量企业受到疫情冲击，经营状况恶化，并且失业问题凸显。人社部等为此出台一系列援企稳岗、保生活促就业的阶段性"免、减、缓、返、补、扩"政策（以下简称系列政策）。由此，新冠疫情下的失业问题、系列政策等会同时作用于失业保险基金收支两端，进而缩减基金结余。《人力资源社会保障部 财政部关于扩大失业保险保障范围的通知》（人社部发〔2020〕40 号）、《人力资源社会保障部 财政部关于实施企业稳岗扩岗专项支持计划的通知》（人社部发〔2020〕30 号）等文件均指出，应加强对失业保险基金的监测，切实防范基金运行风险。

近年来，失业保险基金累计结余闲置问题严重。2000—2018 年，我国失业保险基金累计结余呈逐年上升趋势，2019 年出现首次下降。2020—2023 年，我国失业保险基金收入均在 750 亿元以上且呈逐年递增趋势，其中，2021 年增速最快，2021 年后增速逐渐下降。失业保险基金并非结余越多越好，作为大数法则最为典型的制度之一，失业保险基金收入与支出的平衡应该与经济周期密切关联，系列政策也应起到促进失业保险基金周期性平衡的作用。

（2）失业保险基金会计核算制度

现行社会保障会计核算制度是基于财政部、劳动和社会保障部（现为人力资源和社会保障部）1996 年 6 月联合颁布的《社会保险基金会计制度》建立起来的，它的主要内容包括：

①适用范围。凡是中华人民共和国境内社会保险经办机构经办的企业员工失业保险基金等社会保险基金的管理，都必须依照本制度严格执行。

②会计假设。遵循会计主体、持续经营、会计期间和货币计量四大假设。制度中明确规定了会计核算应当正确划分会计期间，分期结算账目和编制会计报表，会计年度自公历 1 月 1 日起至 12 月 31 日止。

③会计原则。包括真实性、相关性、一致性、可比性、及时性、明晰性、重要性等，制度中规定社会保险经办机构应当按照规定编制和提供合法、真

实和公允的社会保险基金财务会计报告，社会保险基金会计报表必须做到数据真实、内容完整、说明清楚、手续齐全、编报及时，社会保险基金的会计处理方法前后应当一致，会计指标应当口径一致、不得随意变更。如确有变更，应当将变更的情况、原因以及对收支情况的影响加以说明。

④会计确认的基础。社会保险基金核算以收付实现制为资产确认基础。

⑤会计记账方法。采用借贷复式记账法。

⑥会计科目体系。失业保险基金分别设置了资产类、负债类、基金类、收入类和支出类五类会计核算科目。

⑦会计报告体系。社会保险基金财务会计报告由会计报表、会计报表附注和财务情况说明书组成，其中会计报表包括资产负债表、基金收支表。此外，经办机构可以根据社会保险基金内部管理的实际需要，自行规定其他会计报表种类和形式。

⑧会计信息披露。制度中规定社会保险基金经办机构应定期编制和对外提供统一的会计报告。

（3）失业保险基金社会保障会计科目设置（见表3-4）

①失业保险基金的构成。失业保险基金包括：用人单位和职工缴纳的失业保险费，失业保险基金的利息，财政补贴，依法纳入失业保险基金的其他资金。

②失业保险基金会计科目的构成。对于企业而言，企业为职工缴纳的"五险一金"，应当在职工在职期间，根据相关规定，计算相应的计提基数及计提比例，并及时足额缴纳，同时确认相关负债，计入当期损益或当期相关成本。

表3-4　失业保险基金会计科目

失业保险基金	资产类	现金、收入户存款、支出户存款、财政专户存款、暂付款、债券投资
	负债类	临时借款、暂收款
	基金类	失业保险基金
	收入类	失业保险费收入、利息收入、财政补贴收入、上级补助收入、下级上解收入、其他收入
	支出类	失业保险金支出、医疗补助金支出、丧葬抚恤补助支出、职业培训和职业介绍补贴支出、基本生活保障补助支出、其他费用支出、补助下级支出、上解上级支出、其他支出

3.5.3　现行失业保险基金会计制度存在的问题

会计核算是失业保险基金的重要组成部分，其主要职责是通过对收入和支出的有效管理，以及客观地反映这一过程，来确保会计信息的准确性、可靠性和完整性，从而保证失业保险基金得到合理利用。通过运用失业保险基金会计方法，可以有效地实施失业保险基金的管理，包括但不限于：对基金的清查、编制核算表格、审核、评估、分析等，以及其他相关的操作步骤。这些技术方法的核心在于，它们可以帮助企业更好地实现财务目标，从而更有效地实现失业保险基金的有效运用。

（1）失业保险基金会计核算方法薄弱

随着《社会保险基金会计制度》的出台，我国的保险基金会计已经能够较好地管理和核算各类保险基金，尤其是失业保险基金，会计核算方式更加精细、准确，能够更好地符合国家的财务管理需求，从而更好地服务于经济发展，增加人民群众的福祉。由于失业保险基金的财务管理体系和传统的财务管理模式存在明显的区别，我国目前的失业保险基金会计核算方法还较薄弱，财务处理和管理能力还有待加强，导致收入、支付、财务管理和财务报告的准确性受到限制，从而影响到失业保险基金体系的正常运行。

（2）失业保险制度保障水平相对偏低

虽然目前我国失业保险制度的覆盖面正在不断扩大，但仍以城市居民为主，农村居民无法参与其中。这种情况导致了失业保险的受益面积较小，失业保险待遇的分配范围也相对较窄，导致了失业保险制度的保障水平较低。根据《失业保险条例》和《中华人民共和国社会保险法》有关失业保险制度覆盖范围的规定，可知当前失业保险制度的主要覆盖对象是城镇企业事业单位（用人单位）和职工。在市场经济快速发展的同期，也有各种企业类型和非企业组织机构的出现，但是对于除城镇企业事业单位以外的用工主体还没有明确纳入失业保险体系。

（3）有待更好地发挥促进就业的功能

随着经济的不断增长，我国的失业保险基金的收益主要来自不同的领域，包括企业和劳动力市场，而其支出则主要用于保障下岗工作者的日常生计。然而，由于缺乏足够的财政投入，失业保险基金对于提升就业率和改善社会福祉的作用受到了一定的限制。失业保险制度促进就业功能的发挥十分依赖

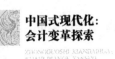

于职业技能培训补贴、职业技能鉴定补贴和创业补贴的政策的实施，从失业保险基金中列支出职业培训补贴、职业技能补贴和创业补贴等支出，同时分析促进就业支出占失业保险基金支出的比例是评估失业保险制度促进就业功能效果的重要衡量指标。

（4）失业保险制度自身问题

尽管我国在失业保险的实施上取得了一定的成效，但仍有许多改进的空间。目前，虽然失业保险的覆盖范围正在不断扩大，但是大多数受保障的人群仍然是城镇居民。这表明，地方农村群众仍未能获得足够的生活保障，因此，失业保险的覆盖范围还有待进一步拓宽。随着就业市场的变化，失业率在不断攀升，为了有效解决这一问题，我们必须建立健全失业保险体系，以确保人们的就业机会得到充分的保障，并增强他们的工作稳定性。此外，还应当结合其他制度，以期达到更好的、促进就业的目的。

3.5.4 完善失业保险基金会计制度的建议

（1）强化我国社会保障基金的管理

通过引入社保会计核算制度，特别是诚信条款，我们不仅可以更好地确定相关各方的责任和义务，而且还能够促使社保会计环境走向规范化、法治化，满足立法机构、政府以及全社会的对于社保会计诚信的需求。为了维护社会公平正义，我们应该加强对社保会计诚信的执行，并且明确各种违反这一原则的行为的后果。无论是谁，只要违反了这一准则，都必须承担法律责任，并受到适当的处罚。

确立正确的社保会计核算方案是至关重要的，因为它能够帮助企业更有效地避免重复纳税，并且能够帮助企业达到财务上的平衡。为了做到这一点，企业需要综合考虑自身的情况、固定资产的情况以及遵守当前的法律法规，并采取有效的措施来确保使用的会计核算方案能够满足自身的需求。

（2）调整失业保险基金支出结构

失业保险基金的支出结构依据失业保险的功能主要划分为三大部分，分别为保障基本生活支出、促进就业支出以及预防失业支出。自党的十八大以来，中央坚持把就业放到"六保""六稳"的核心地位，清楚认识到其重大意义。党的二十大进一步提出实行就业优先的发展战略，为那些处于贫困状态的人提供更多的援助，并对当前的失业保险费用结构进行适当调整。一方面，通过持续发放补贴来缓解企业压力，预防失业现象发生。近些年来政府不断通过减税降费政策来减轻企业压力，很多地区在 2014 年就开始对困难企业给予援企稳岗补贴，极大地缓解了企业的经济压力，在此基础上可以放宽不同企业的参与条件并加大补贴力度，例如对具有发展潜力、就业容量大的服务业企业，以及吸纳较多就业困难群体的企业给予更多的补贴，以这样的方式来对冲用工成本，缓解企业的经营压力。此外，根据失业保险基金累计结余变化情况，及时提高用于职业技能培训工作计提比率，将更多的失业保险基金累计结余资金用到促进就业方面，提高失业保险基金的利用率，尽可能地做到"费尽其用"。

（3）增强对失业保险基金支出的监督和管理

失业保险基金支出得到充分使用时，基金的结余就会减少，我们需要用好失业保险基金累计结余。适量的失业保险基金累计结余可以通过资金投资等方式实现基金增值，从而保障失业保险制度的可持续发展，过多的失业保险基金结余不仅反映出失业保险基金支出的低效率，也反映出在基金监管方面的不足。

为了实现失业保险基金长期稳定运营，我们需要依据经济发展水平调整失业保险基金收入，建立弹性费率机制，并结合失业保险基金累计结余情况来确定合理浮动范围。对具有低失业风险的企事业单位采取较低的缴费率，而对具有较高失业风险的私企和个体经营户等采取较高的缴费率，激发就业积极性。在建立弹性费率机制的同时，我们还需要建立配套的失业保险基金支出机制，确保失业保险金的按期足额发放。合理利用失业保险基金结余，通过探索基金投资方向及理念来实现失业保险基金的保值增值能够增强基金运行的活力，推动失业保险制度的长期可持续发展。

（4）提升失业保险待遇并建立动态调整机制

在多元化的社会背景下设定统一的失业保险基金标准不利于发挥失业保险制度的有效性，因此在提高失业保险待遇的同时，还应当考虑到不同人群所面对的具体问题，例如家庭状况、个人需求以及失业前工资水平等。针对以上问题和需要，在确定失业保险金待遇给付时，对失业群体依照不同的问题进行分类，建立动态调整机制，对不同种类的失业群体给予不同的保障待遇和给付期限，以此来提高失业保险基金支出的效用。

（本章撰稿人：王佳丽、武红波、吴晓琳、刘帅、孙云云）

4
共同富裕与会计变革

4.1 共同富裕的内涵

中国式现代化的本质要求是共同富裕。准确理解共同富裕的内在逻辑对于推进中国式现代化至关重要。共同富裕是一个典型的社会主义问题，与"中国式福利社会"等概念不太相关。从福利国家（社会）的历史演变、理论范式转变和政治经济学批判的角度来看，共同富裕和福利社会存在着内在的逻辑区别。在价值导向上，共同富裕是社会主义的本质要求，是我们党一以贯之的价值初衷，而福利社会则是资本主义社会"自我修复"的结果。在所有制基础上，共同富裕的根本保障是生产资料的公有制，而福利社会则是为了维护资本主义私有制，割裂了生产和分配。在保障手段上，共同富裕的目的是从生产端入手，优化初次分配格局，增强致富能力，真正让人民共享经济社会发展的成果，而福利社会则容易产生"福利刚性"和"福利陷阱"等问题。在理论上澄清共同富裕与福利社会的逻辑，不仅是避免陷入"福利主义"养懒汉的陷阱的内在前提，更是构建中国特色社会主义共同富裕理论体系、走中国特色社会主义共同富裕道路的应有之义。

习近平总书记在中国共产党第二十次全国代表大会上的报告中强调了"中国式现代化是全体人民共同富裕的现代化"。面向共同富裕，就是以人民为中心，在全体人民共同创造、共同治理、共同分享的导向下推进现代化发展。面向共同富裕的中国式现代化是中国新时期力争实现的全新阶段性目标，统筹高质量发展、共同治理、共同分享和可持续发展是中国式现代化发展的新理念，在实现过程中面临着一系列新的矛盾和挑战。要突破这些新挑战、贯彻新理念、实现新时期的新目标，中国比以往任何时候都更加需要创新。创新是《国民经济和社会发展第十四个五年规划和 2035 年远景目标纲要》中明确提出的第一发展理念，也是实现共同富裕的关键因素，是落实和研究共同富裕的重要议题。

4.1.1 共同富裕的核心要义

共同富裕是指经济发展成果应由全体人民共享，同时经济发展达到一定

水平，满足了人们日益增长的美好生活需要；不平衡不充分的发展逐渐转变为区域之间协同有效发展，具体表现为经济富裕、生活美好、文化丰富、生态良好并具有增长潜力。共同富裕是中国式现代化的重要特征。

习近平总书记在党的二十大报告中指出，"中国式现代化，是中国共产党领导的社会主义现代化，是人口规模巨大的现代化，是全体人民共同富裕的现代化，是物质文明和精神文明相协调的现代化，是人与自然和谐共生的现代化，是走和平发展道路的现代化"。从性质上来说，共同富裕展示了社会主义制度的优越性，是中国式现代化的原型和新形态。依靠力量方面，共同富裕依靠全体人民的主体性参与，发挥社会主义制度高效的政府协调功能，通过支持欠发达地区自主发展和发达地区带动帮扶相结合的方式来实现。正确理解共同富裕的理论内涵，既要从宏观角度把握共同富裕的历史维度，也要准确聚焦共同富裕在社会主义新发展阶段的时代定位。

4.1.2　共同富裕的发展基础

我国已经建立了相对完善的三次分配体系，注重激发人民创造财富的积极性，在关注分好"蛋糕"的同时为实现共同富裕奠定了良好基础。第三次分配以公益慈善事业为核心，是完善收入和财富调节机制、促进全体人民共同富裕的重要手段。党和国家高度重视第三次分配的作用，近年来更是赋予其更高的时代使命和战略定位。中共十九届四中全会提出重视发挥第三次分配的作用，发展社会公益事业，包括慈善事业；中共十九届五中全会进一步强调从共同富裕的角度发挥第三次分配的作用，发展慈善事业，改善收入和财富分配格局。2021年8月，中央财经委员会第十次会议明确提出要构建初次分配、再分配和第三次分配协调配套的基础性制度安排，使第三次分配成为我国基本分配制度体系的重要组成部分。

2022年10月，党的二十大进一步强调分配制度是促进共同富裕的基础性制度，要坚持按劳分配为主体、多种分配方式并存，构建初次分配、再分配和第三次分配协调配套的制度体系。目前我国的第三次分配状况无法满足基本分配制度的要求。从慈善捐赠总量来看，近20年来我国的捐赠总量占GDP的比重始终低于0.25%，与发达国家2%左右的捐赠规模相比存在较大差距，难以对收入分配格局产生明显影响。从慈善组织数量来看，我国慈善组织数量有限，每 10 万人拥有不到 1 个慈善组织，与美国每 10 万人拥有 450 个慈善组织的规模相比仍存在较大差距。从慈善组织的性质来看，我国慈善组织主要是政府背景的慈善会、红十字会等，民间慈善组织的发展尚不成熟。从慈善活动监管效能来看，慈善活动信息不透明，善款流失和不规范现象时有发生，慈善治理体系与治理能力的现代化程度还不够高。

4.1.3 共同富裕的时代定位

共同富裕作为新发展阶段的目标，超越了仅仅实现温饱的消除绝对贫困，但尚未达到实现绝对富裕的自由发展。它致力于消除社会在发展过程中产生的贫富差距，关乎经济发展与社会改革的平等正义和人们的自由幸福。改革开放以来，我国在反思计划经济体制弊病的过程中，创立了社会主义市场经济体制，并承认了资本在社会主义市场经济中的重要性。党的十四届三中全会首次正式使用了"资本"这个概念，确认了资本在社会主义社会的存在。随后，党的十五大将资本列为生产要素之一，承认资本与劳动力、技术一样是推动经济增长的重要力量，并提出了"公有资本"的概念，确立了公有资本在经济中的主导地位。党的十五届四中全会进一步将"国有资本"和"社会资本"纳入社会主义的资本范畴。党的十六届三中全会提出要大力发展包括"国有资本""集体资本"和"非公有资本"在内的混合所有制经济。至此，我国市场经济条件下的资本不仅包括民营资本和外国资本等非公有资本，也包括国有资本和集体资本等公有资本，同时还包括公有资本和非公有资本混合而得的混合资本。这一系列资本范畴统一于社会主义市场经济的资本运作机制之中，既实现了公平竞争，又相互补充促进，共同推动市场经济的持续健康运行，为我国经济社会的跨越式发展奠定了坚实基础。

在社会主义市场经济体制下，资本是带动各类生产要素集聚配置的重要纽带，它在发展生产力、创造社会财富、增进人民福祉等方面具有不可否认的历史进步性。因此，充分梳理当前社会主义市场经济体制下不同资本的特点和效用，明确各类资本在促进共同富裕进程中的关键任务，对于更好地发挥资本在促进共同富裕中的作用至关重要。

（1）公有资本：实现共同富裕的坚实保障

公有资本作为体现社会主义公有制生产关系特殊性的形式，在所有权归属于社会主义国家全体人民或集体的情况下存在。公有资本包括国有资本、集体资本以及混合资本中的国有成分和集体成分。虽然公有资本具备资本一般的属性，追求增值和利润是其逻辑和运行规律，但由于其本质体现了社会主义公有制生产关系，并具备独特的社会属性，因此其服务对象为全体人民。公有资本运动规律为社会主义市场经济再生产的客观规律，其功能价值在于追求共同富裕。因此，公有资本能够最大化克服资本一般的原生弊端，使对价值增值的追求不再是其最终目的，而成为谋福于民、促进共同富裕的重要手段。多年来，我国公有资本在推进共同富裕事业方面发挥了积极效用，主要表现在三个方面：

首先，公有资本的不断扩大为共同富裕奠定了坚实基础。代表社会主义公有制生产关系实质的公有资本，其增长和积累直接反映了公有制经济实力的增强，也标志着国民财富总量的增加。同时，公有资本作为社会主义市场经济的重要生产要素和推动生产力发展的主导力量，它的持续增长可以推动生产管理技术的优化和市场空间的拓展。凭借在集中使用资源方面的天然优势，公有资本在参与经济调控的过程中进一步改善经济结构，确保经济的健康可持续发展。此外，公有资本还能够与非公有资本相结合，通过混合所有制经济引导和驾驭非公有资本，科学规划资本投资方向，最大限度地激发非公有资本的投资积极性，促进国家经济的高速发展。这为实现共同富裕目标提供了坚实的物质支撑和强大的经济力量。公有资本的主体形式是国有资本。近年来，随着国有资本规模的不断扩张，国有资产增值幅度明显提高，缴纳税额大幅增加，许多国有企业跻身世界一流企业行列。《国务院关于2022年度国有资产管理情况的综合报告》显示，截至2022年，全国国有企业资产总额（不含金融企业）达到339.5万亿元，国有资本权益达到94.7万亿元，缴纳税额达到5.4万亿元，占全国财政收入的四分之一。这在推动国民经济发展方面起到了至关重要的作用。

同时，2023年进入世界500强榜单的142家中国企业中，97家为国有企业，46家为中央企业，分别占上榜总数的68.3%与32.4%，打造了我国公有资本在国际市场上的强大竞争力。在集体资本方面，根据2022年发布的《国家农民合作社示范社发展指数研究报告》，全国依法登记的农民合作社达221.9万家，农村集体产权制度改革阶段性任务基本完成，农村集体资产达7.7万亿元，为农民共同富裕步伐的持续迈进提供了坚实支撑。

其次，公有资本的公共特质充分夯实了共同富裕的"共同"属性。一方面，公有资本增值价值的全民共享性是其保障人民享有富裕生活的基本依托。公有资本由全体人民共同拥有，体现劳动者同生产资料直接结合的生产关系，其积累与增值均用以促进共同富裕，劳动者平等享有其剩余控制权、剩余索取权，具有实现剩余共享、相对公平分配的良好条件。在公有资本增值价值的分配中，首先应遵循按劳分配原则，在初次分配中以工资形式向劳动者提供直接价值补偿，剩余部分的价值则以企业再生产、福利基金与缴纳税款等形式保留，并随后在再次、三次分配中以各种形式向劳动者提供间接价值补偿，实现劳动价值向劳动者自身的回归。以初次分配为例，根据国家统计局发布的数据，2023 年全国国有单位就业人员平均工资 154 272 元，城镇集体单位就业人员平均工资 120 698 元，而城镇私营单位就业人员平均工资仅为 68 340 元，仅占国有单位与集体单位就业人员平均工资的 44.3% 和 56.6%，公有资本的全民所有权决定了公有单位的劳动者能够最大化获取价值补偿。另一方面，公有资本的公共性质决定了它具有服务社会公共利益的属性。在国家政策部署的总体框架之下运行的公有资本是民生战略的忠实支持者，在以往的脱贫攻坚工作中，为打造扶贫资本运作平台、凝聚多方合力扶贫做出了很大贡献。全国 832 个贫困县中，国资委与中央企业定点帮扶 248 个，前后累计投入帮扶资金近千亿元。其所设立的央企扶贫基金共完成投资决策项目 118 个、投资金额 307.07 亿元，累计引导撬动社会资本约 2 600 亿元。同时，公有资本对社会保障事业的稳定运行亦有所帮助。为弥补基本养老保险基金缺口，国有资本以国有股权 10% 的比例划转 1.68 万亿元充实社保基金，有效保障社保体系可持续性运转，促进社保基金保值增值。

最后，公有资本的先锋作用牢牢托住了共同富裕的稳定底盘。要推动经济发展，实现共同富裕，大局稳定是基础性前提。公有资本由于运动流向与规模受国家宏观调控与战略规划影响，具备高度服从性与引领性，身兼经济、政治、社会等多维度职责。2008 年，在国际金融危机的冲击之下，我国公有资本充分发挥了调控市场走向、稳定经济大盘的作用。2009 年，国有及国有控股单位完成固定资产投资 86 536 亿元，对我国克服金融危机影响、保障社会稳定运行、维持经济较快增长起到了关键效用。2020 年，新冠疫情暴发，公有资本不遗余力、不计成本地支持各地医院的专项建设改造项目，充分发挥自身优势为抗疫设备物资生产、疫苗研发等供给保障，同时积极引导与响

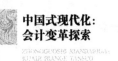

应各类减免优惠政策，大大降低社会运转成本，有效保障就业大局稳定，成功完成促进经济恢复多项任务，为我国脱贫攻坚目标的如期达成、共同富裕事业的稳定推进做出了重大贡献。

（2）非公有资本：促进共同富裕的重要力量

非公有资本是与公有资本相对应的一个经济范畴，是代表着具备生产者与生产资料相分离特征的私有制生产关系的特殊资本，外化形态为民营资本、外国资本及混合资本中的非公有成分。其产权具有私人所有性，服务对象为私人主体，微观上遵循私人剩余价值规律，致力于追求私人资本的无止境增值与盲目扩张。由于非公有资本存在于社会主义制度之下，在公有资本的主导之下运行，必然受到社会主义国家宏观政策的约束与公有资本的引导与影响，故而其总体运动规律亦具备社会主义属性，在追求价值增值的同时，需要与社会主义生产的根本目的相适应。这决定了社会主义国家的非公有资本同资本主义国家的私人资本存在根本性区别，其能够成为解放和发展生产力、推动共同富裕的重要力量之一。

社会主义国家的强大引导力量与公有资本的强势主体地位使得非公有资本能够具有服务经济社会发展大局、为实现共同富裕提供多元化力量的积极特性。

首先，非公有资本作为经济增长的重要动力源，能够为国民经济谋求跨越式发展。非公有资本具有无限追求增值的天然本性，为在市场上获取竞争优势，其往往致力于优化资源配置、推进技术创新、提升生产效率，加之其兼具投入低、利润高、效益强、增长快、运行活等多项优势，能够最大限度解放生产力、优化产业结构、增加国民财富，多年来为国民经济发展的增量作出了重要贡献。从工业领域这一国民经济的主导产业来看，《中国统计年鉴2023》显示，2022年，私营工业企业和港澳台商企业及外商投资企业资产总值达 739 710.2 亿元，利润总和为 45 646.7 亿元，分别占我国全部工业企业资产总和的 46.2% 与利润总和的 54.2%。作为国民经济的半壁江山，非公有资本为全体人民共同富裕征程的推进奠定了雄厚的物质基础。

其次，非公有资本作为国家政策的必要遵循者，能够为人民群众谋求共同之福祉。非公有资本在国家的科学引导与统一调控之下，能够适应社会主义的发展要求，秉持与公有资本一致的运行目标，承担起相应的工具性职责，服务国计民生战略的规划，积极参与人民美好生活的创造。在脱贫攻坚期间，我国进入"万企帮万村"精准扶贫行动台账管理的民营企业有 12.7 万家，精准帮扶 13.91 万个村；产业投入 1 105.9 亿元，公益投入 168.64 亿元，安置就业 90.04 万人，共带动和惠及 1 803.85 万建档立卡贫困人口。在慈善捐赠方面，2020 年，我国内地接受款物捐赠共计 2 086.13 亿元，其中，民营企业的贡献占比 51.79%。诸多勇于承担社会责任的非公有资本为广大人民得以充分共享经济社会的发展成果做出了伟大贡献。同时，非公有资本的发展创造了大批就业岗位，满足人们多类型的就业需求，扩大社会就业再就业，为广大群众勤劳致富提供了更多机会。

（3）双轮驱动：以资本运行凝聚共富力量

共同富裕的实现绝非一蹴而就，亦非国家、社会、个人单向度努力就能够轻易促成的。共同富裕在打牢"富裕"基础的同时更要把握好"共同"的原则，既需要做大"蛋糕"，亦需要分好"蛋糕"。公有资本能够带头筑牢共同富裕的物质底盘，同时保障其"共同"属性，起到把方向、稳大局的作用；非公有资本则是国民经济的助推引擎，在引导之下能够成为分好"蛋糕"的补充力量。当前，我国各类资本形成合力促进共同富裕的实现，乃是新发展阶段的一项重大理论和实践任务。

一方面，各类资本承担着不断为做大共同富裕"蛋糕"积聚力量的任务。就公有资本而言，其应当充分发挥对经济建设的主导作用。公有资本在发展生产力方面具备统领性的历史使命，理应在投入高、回报慢的基础民生、公共设施、高科技创新等项目上担负起重要职责，以资本投入撬动民间投资，同时在自身保值增值过程中充分发挥优势，积极推进自身所在领域的技术、制度、管理创新，持续促动生产效率提升，以社会先进生产力引领者之身份为广大人民供给高质量的产品和服务，牢牢夯实共同富裕的物质基础。就非公有资本而言，应当更好发挥对经济发展的助推器效用。在新发展阶段，非公有资本理应享有在更为健全的市场体制、更为公正的法治环境之下健康发展的良好条件，通过破除现实发展中面临的要素流动不顺、经营支持不足等壁垒，实现自身的进一步发展壮大，从而更高效地推动经济快速发展，更好地履行创造共同富裕物质财富的重大职责。另一方面，各类资本承担着为分好共同富裕"蛋糕"各尽其责的任务。中国特色社会主义制度之下的资本，时刻不能忘记其发展初衷，即保障发展的普惠性、分配的公平性与成果的共享性，坚定不移地擎好全体人民共同富裕的大旗。就公有资本而言，要主动

做好共同富裕的"排头兵"。公有资本应当继续做好维护劳动人民合法权益的工作，在推动社会公平、保障和改善民生方面进一步作出表率；同时，要充分发挥自身的主导力与影响力，借由混合所有制、股份制等渠道引导非公有资本的发展方向，促使其合法运行、规范分配、服务于社会主义大局，从根本上矫正收入分配格局的发展航标，协调好各类利益主体间的分配关系，打造各阶层公平共享的社会格局。非公有资本要对标当好共同富裕的生力军。当前，非公有资本的任务在于将自身逐利冲动限制于契合社会主义价值的构架之内，遵照共同富裕的整体方向，在有效引导和监管之下担负起共同富裕职责，及时解决内部发展过程中出现的劳资矛盾、无序竞争等乱象，追求经济效益同社会效益相耦合的健康发展，强化收入分配的垂直流动性，促使刺激贫富分化的运作逻辑转化为服务共同富裕的运作逻辑。

4.2　会计要准确衡量收入差距

4.2.1　收入分配概述

收入分配是指社会在一定时期内创造的生产成果，按照一定的规律在社会群体或成员之间分配的经济活动。收入分配包含：初次分配、再次分配、三次分配。在社会主义市场经济时期，初级分配是按照市场效率原则，按照劳动、资本、土地、知识、技术、管理、数据等生产要素在生产过程中的贡献进行分配，即所谓的初次分配。这是市场经济的主要分配形式。初次分配坚持市场配置机制不动摇，目的在于提高效率。然而站在缩小收入差距、实现共同富裕的角度来看，仅按照效率原则，依照生产要素进行的收入分配，即初次分配显然是不够的，需要政府加强调控和引导。国家需要根据公平与效率平衡的原则，通过税收、社会保障支出等进行再分配，并通过个人自愿捐赠进行分配，即由道德力量驱动的三次分配。再分配和三次分配主要通过税收调节、转移支付、社会保障或慈善等社会公益事业的方式调节过高收入者的收入、增加低收入者的收入，实现社会公平公正。人们普遍认为，初次分配是以效率为导向的，似乎很难在公平和效率两者之间取得平衡。再分配和三次分配讲究的是公平，似乎也难以兼顾效率。从理论上讲，实现社会公平公正的收入分配方式应是全体人民期望的收入分配方式，这种收入分配方式能够调动全民的积极性、主动性和创造性，实现生产要素活力和创造力的激发，实现高效分配。

全体人民共同富裕表现在两个方面，分别是财富占有上的共同富裕和收入占有上的共同富裕。在社会主义市场经济条件下，所有公民都会实现共同富裕。全体人民是先有财富占有上的共同富裕，还是先有收入占有上的共同富裕呢？显然是先有收入占有上的共同富裕，才有可能使全体人民通过商品交换实现财富占有上的共同富裕。唯有在财富占有上达到了共同富裕，才能满足所有人日益增长的美好生活需要。因此，收入是衡量社会经济发展和居民生活水平的基础标准之一，也是衡量共同富裕的基础标准之一。

实现中国式现代化和共同富裕，首先要提高中低收入个人和家庭的可支配收入。传统的经济增长理论认为，只要提高生产力水平，促进国民总财富的增长，就可以消除低收入现象，提高全体人民的收入水平。但是国内和国外的实际情况和研究都表明，经济增长只是消除贫困和提高全体人民普遍生活水平的必要条件，但不是充分条件，其与提升全体国民整体生活水平之间并非简单的线性关系。国民总财富的增加是提高全民生活水平的物质基础，居民可支配收入是对国民总财富进行分配后形成的，对提高所有人的总体生活水平更有参考意义。因此，实现中国式现代化和共同富裕需要推进收入分配制度改革，实现收入占有角度的共同富裕。只有真正维护和保障好中国式现代化本质要求的全体人民共同富裕，才能实现这一目标。

从理论上讲，实现社会公平公正的收入分配方式应是全体人民期望的收入分配方式，这种收入分配方式能够激发生产要素的活力和创造力，能够调动全民的积极性、主动性和创造性。因此，有必要对收入分配制度如何兼顾公平和效率的问题进行研究。然而，目前以生产要素所有权的权益及其完整性、排他性的产权逻辑探索收入分配制度改革的合理性还未确定，公平和效率之间的关系还未厘清，尤其与中国式现代化本质要求的实现高质量发展、发展全过程人民民主和实现全体人民共同富裕相结合的理论还未形成。基于此，从理论上考察收入分配制度改革中产权逻辑与共同富裕的关系，并剖析会计如何准确衡量收入差距在促进收入分配公平中发挥的作用有重大的理论价值和现实意义。

（1）初次分配的产权逻辑与共同富裕

生产要素由生产要素的所有者提供，劳动、知识、技术、管理、数据等生产要素分别来自体力工作者、知识工作者、技术工人、管理工作者、数据工作者的劳动；资本要素则是由资本所有者提供。提供劳动、知识、技术、管理和数据等要素的劳动者和提供资本要素的资本所有者构成全体人民这一主体。在社会主义市场经济条件下，资本所有者利用资本购买劳动、知识、技术、管理、材料等生产要素，并将它们与资本有机地联系起来，通过生产和出售商品，获得商品价值转化的收入。收入是从商品价值换算而来的，用于支付劳动、知识、技术、管理和数据等生产要素的价格，剩余部分的收益（剩余价值转化）是资本占有的收益。此乃社会主义市场经济的初次分配，或称市场分配。社会主义市场经济之所以要由市场进行初次分配，是因为市场可以实现生产要素的有效配置。如果生产要素可以自由流动，价格可以灵活调整，竞争公正有序，生产要素将从边际生产率低因而收入低的公司或部门流向边际生产率高因而收入高的公司或部门，进而使生产力的整体水平提高，生产要素得到有效配置。因此《中共中央 国务院关于构建更加完善的要素市场化配置体制机制的意见》提出"深化要素市场化配置改革，促进要素自主有序流动，提高要素配置效率，进一步激发全社会创造力和市场活力，推动经济发展质量变革、效率变革、动力变革"。

无论是哪一种类型的劳动者，都是通过他们的劳动力使用——劳动生产出不同形式和不同复杂程度的生产要素，并通过把生产要素作为商品与资本所有者交换获得劳动力再生产需要的收入。劳动者让渡的是劳动力的使用价值，劳动力的所有权属于劳动者。劳动力的使用价值并不仅仅是生产劳动力的价值，剩余价值也是生产出来的。马克思在《资本论》中说过："劳动力维护一天只费半个工作日，而劳动力却能发挥作用或劳动一整天，因此，劳动力使用一天所创造的价值比劳动力自身一天的价值大一倍。"半个工作日生产的价值是劳动力价值，另外半个工作日生产的价值就是剩余价值。资本所有者看重的正是劳动力这个独特的使用价值。劳动所有权是一个完整的概念，是占有、使用、收益和处置劳动的权利的有机统一，缺一不可。劳动力的使用价值被资本所有者用于生产商品，生产的剩余价值被资本所有者占有，劳动力财产的权利和利益溢出到资本所有者的收入中，使劳动力所有权的权利和利益及其完整性和排他性失效。劳动、资本、土地、知识、技术、管理和数据等生产要素的市场贡献的估值决定了初始市场分布机制，不同要素的价格与价值不一定总是相符，很难保证工人财产的权益及其完整性和排他性不会受到损害。劳动收入和资本收入不断拉大，正是由劳动力所有权的权益及其完整性、排他性失效而使得劳动力所有权权益外溢为资本所有者的收益造成的。

由市场来配置作为商品的劳动、资本、土地、知识、技术、管理、资料等生产要素，有利于激发生产要素的活力和创造力，推动生产力的发展，促进财富的增加，从而能够提供全民共同富裕的财富支撑。然而，生产要素只是作为商品，而劳动力所有权的权益及其完整性、排他性，则很难得到维护，也很难得到保证，劳动者的收入水平和社会共同富裕程度也会受到一定影响。劳动者在收入占有上难以实现共同富裕，也就无法在财富占有上通过商品交换实现共同富裕，这违背了中国式现代化的本质要求。党的十九大提出"坚持在经济增长的同时实现居民收入同步增长、在劳动生产率提高的同时实现劳动报酬同步提高"（简称两个"同步"），目的就是要在收入占有上促进全体人民共同富裕，然后在财富占有上实现共同富裕。问题在于不同类型的生产要素作为商品，企业付出的货币价格取决于生产要素的供需关系。即使生产要素价格会随经济增长和劳动生产率提高而相应提高，但也并不完全是由两个"同步"所决定。因此，当劳动者出卖劳动力的使用价值时，他们只能从劳动价值的转化中获得价格收入，而劳动价值的转化只能维持劳动力的再生产，很难形成财产性收入的渠道。因此，要实现劳动者收入的共同富裕，保持中国式现代化的精髓，还需要探索理论上依据充分、操作上切实可行的收入分配制度安排。

生产要素作为商品，人们非常重视由市场进行初次分配，认为这样可以实现市场化配置，有利于提高效率的作用；但忽视了生产要素还具有资本属性，由所有制形式决定初次分配，可以参与剩余价值转化的收入分配，有利于实现社会公平的作用。无论是体力劳动力，还是知识劳动力、技术劳动力、管理劳动力或数据劳动力，他们的劳动既能生产自身价值，又能生产增值价值。马克思对劳动力在生产过程中能够实现自身价值和价值增值的作用有过

十分明确的论述。不同类型的劳动力具有资本属性的理论依据充分。如果劳动力具有资本属性，就可以通过所有制实现形式的革新，成为劳动者的资本；劳动者通过持有劳动力资本，就可以参与由剩余价值转化而来的利润分红。也就能够提高收入水平，实现共同富裕。由劳动生产的剩余价值转化而来的收益，可以为劳动力的拥有者——劳动者所占有，可以保障劳动力所有权的权益及其完整性和排他性。

（2）再分配的产权逻辑与共同富裕

为了发展社会主义市场经济生产力，生产要素必须有效地分配给市场，以激发它们的活力和创造力，因此在初次分配中也就需要充分运用由市场评价生产要素的贡献、按贡献决定生产要素报酬的市场初次分配机制。如果市场运行机制完善的话，由市场进行的初次分配的确有实现收入均衡化的作用。也就是说，由市场进行的初次分配，在提高效率的同时，也有利于实现公平。认为市场进行的初次分配只是注重效率、难以兼顾公平的观点有失偏颇。不过，市场运行机制不太可能是完善的，特别是在发展社会主义市场经济的初期。生产要素流动性差，竞争的公平有序程度不高，技术垄断、市场垄断或行政垄断导致生产要素的价格难以灵活反应，就会影响市场的初次分配，影响市场发挥推动收入均衡化的作用，因而出现不同企业或部门收入差距不断拉大的问题。由生产资料所有制形式决定的初次分配，因为资本所有者占有劳动生产的剩余价值转化的收入，也会出现资本收入和劳动收入差距不断拉大的问题。为缩小收入差距，实现社会公平公正，需要由再分配和三次分配对收入进行调节。

再分配是调节收入差距的一种重要手段，是政府调节生产要素收益的一个重要过程。再分配从税收、转移性支付、社会保障等方面着手，弥补初次分配的不足，为市场弱势群体保驾护航，从而在缩小收入差距，实现共同富裕。我国居民可支配收入由工资性净收入、经营性净收入、财产性净收入和转移性净收入四部分构成。前三类属于初次分配范畴，转移性净收入则属于再分配范畴。对无劳动能力的群体而言，转移性净收入几乎是其可支配收入的全部来源，无劳动能力者将成为最后一部分低收入困难群体的主体。因此，再分配是缩小收入差距，实现共同富裕的一个重要途径。

为了实现社会公平，再分配的通行做法是政府作为调节主体，运用强制性的税收调节方式，对过高收入者（包括企业、部门或个人）征收所得税或者遗产税，然后通过转移支付的方式或者社会福利的方式惠及过低收入者。再分配把过高收入者的部分收入转移支付给过低收入者的做法，具有缩小收入差距、实现社会公平和推进全体人民共同富裕的积极作用。由于再分配制度的存在，低收入人群的收入水平和生活水平有所提高，有利于调动他们的积极性、主动性和创造性。再分配在实现所有人共享繁荣方面的作用不容忽视。不过，再分配的力度难以把握，如果税收调节的力度过大，它会对资本所有权和不同类型劳动所有权的权益以及其完整性和排他性产生更大的影响。税收调节资本对劳动生产富余价值所转化的占有行为，不形成对资本所有权的权益及其完整性、排他性的不利影响，但如果税收调节资本收入的力度过大，扩大到资本发挥作用的超额剩余价值转化的收入范围，则可能对资本所有权及其完整性、排他性的权益造成损害。税收调节资本对超额剩余价值所转化的占有，会对资本发挥将新方法、新技术应用于生产进而发展生产力和增加财富生产的作用产生一定的消极影响，不利于实现高质量发展。从资本所有权的权益及其完整性、排他性的物权逻辑意义上来说，再分配面临实现社会公平和全体人民共同富裕与实现社会高质量发展的两难选择问题。

再分配对不同类型劳动力所有权的权益及其完整性、排他性也会产生类似的影响。劳动所得税收调节的力度太大了，有可能影响劳动者的消费水平甚至影响劳动力的再生产。消费是引领生产的推动力，消费水平降低，不利于扩大再生产，影响社会高质量发展。劳动力再生产水平降低，影响劳动者的劳动热情、主动性、创造性，也不利于社会高质量发展。对低收入者转移支付的力度过大，虽然能够增加他们的劳动力所有权的权益，有利于劳动力的再生产，但也有可能强化人的惰性。一个人不需要付出多少劳动，就能过上跟付出较多劳动的人一样好的生活，只会使更多的人少付出劳动而享受转移支付的社会福利，影响生产效率，不利于社会高质量发展。从劳动力所有权的权益及其完整性、排他性的产权逻辑意义上讲，再分配也会面临实现社会公平和全体人民共同富裕与实现社会高质量发展的两难选择问题。

要实现全体人民共同富裕，需要科学把握再分配的力度。要科学把握再分配的力度，又需要区分劳动收入与资本收入，以及资本收入中占有劳动生产的剩余价值转化的收入和资本发挥作用的超额剩余价值转化的收入。从理论上讲，劳动收入一般是用来满足劳动力的再生产和劳动者的美好生活需要，劳动收入的差距也就只是体现为劳动技能差异和由满足劳动技能差异决定的

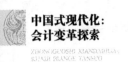
社会需求差异。劳动技能高的劳动收入也高，满足劳动力再生产和美好生活需要的收入也高；但不能因为劳动收入高而对劳动技能高者进行税收调节。一般来说，过高收入不可能是源于劳动收入，而是源于资本收入。对过高收入征税应该不是针对劳动收入，而是针对资本收入。资本收入又区分为劳动生产的剩余价值转化的收入和资本发挥作用的超额剩余价值转化的收入。对劳动生产剩余价值转化所得的税收调节，不影响资本所有制的权益及其完整性和排他性，因为劳动生产的剩余价值转化的收入不属于资本所有权权益的范畴。如果再分配对资本收入调节的力度大到影响资本发挥作用的超额剩余价值转化的收入范围，则可能对资本所有权及其完整性、排他性的权益造成影响，从而影响资本将新方法、新技术应用于生产，进而影响资本发展生产力和增加财富的积极性和主动性。再分配因为对劳动收入和资本收入以及资本收入中的劳动生产的剩余价值转化的收入和资本发挥作用的超额剩余价值转化的收入理论认识不够，而未能采用区别对待的调节方式和调节力度，不仅影响了劳动者工作的积极性、主动性、创造性，也可能会影响资本将新方法、新技术应用于生产的积极性和主动性，从而不利于实现全体人民共同富裕。

（3）三次分配的产权逻辑与共同富裕

三次分配是在初次分配和再分配的基础上进行的。三次分配是指自然人、法人或社会团体自愿捐赠部分收益，通过筹款、捐赠、赠款和其他慈善公共服务来分配社会财富，是对初次分配和再分配的有益补充。无论是对公益组织还是对高校、科研机构的捐赠，无论是直接捐赠给个体还是捐赠给组织、机构，都属于三次分配。虽然再分配是对初次分配的补充，可解决市场失灵问题，但是政府主导的再分配要兼顾各阶层和群体的利益，容易忽视具体地区和群体的需要。三次分配是在市场和政府都失灵的情况下再分配人民的财富。在以社会捐赠为主要内容的三次分配中，很大一部分资金直接投资于公益和慈善事业。慈善机构被称为不同于市场和政府的第三部门，对包括低收入家庭在内的弱势群体有着与生俱来的关注和关怀，并且敏感而灵活，能够在初级分配失灵的领域发挥更大的作用。

三次分配是社会团体或个人以发展慈善等社会公益事业的方式进行的收入再分配，不同于政府主导的以强制性的税收调节和转移支付方式进行的收入再分配。前者是以社会道德为基础的，是一种自觉自愿的行为；后者是以社会法治为基础的，是一种强制行为。基于社会道德和自觉自愿的三次分配不会使人感觉到他的财产所有权权益及其完整性、排他性有所损失，而基于法治和强制行为的再分配则有可能使人感觉到他的财产所有权权益及其完整性、排他性有所损失。扶贫济困者乐于三次分配，会更有积极性和主动性发展生产力和增加财富，增强他的扶贫济困能力，有利于实现社会高质量发展。贫困者也乐于接受三次分配，因为能够提高他们的收入水平和富裕程度，它有利于实现社会共同富裕。中国式现代化建设的本质，需要高质量发展、全民共同富裕，也就内在需要形成促进三次分配的良好社会风气。

4.2.3　会计衡量收入差距

（1）我国收入差距现状

基尼系数在国际上通常被用来作为参考指标来衡量某个国家或地区的收入差距程度。基尼系数有两种，分别是收入基尼系数和财富基尼系数，其区别仅在于收入基尼系数的数据来自某地区的家庭收入统计，财富基尼系数的数据来自某地区的家庭总资产统计。它们表示收入分配差距和财富分配差距的方式是数字的大小，基尼系数最大是 1，最小是 0。基尼系数越小、越趋近于 0，表明社会上的收入分配越公平。各国、各地区的情况不尽相同，但通常认为，基尼系数小于 0.2 表明居民收入过于平均，此时由于缺少竞争等因素，社会财富的增长会受到限制；而当基尼系数在 0.4~0.5 时，表明收入分配差距过大；基尼系数大于 0.5 时，表明收入分配差距悬殊，此时会滋生较为严重的社会问题；基尼系数在 0.2~0.3 时，表明收入分配比较平均；基尼系数在 0.3~0.4 时，表明收入分配差距比较合理。

世界主要发达国家的基尼系数一般在 0.24~0.36。我国近 20 年来，基尼系数持续高于 0.45，处于较高水平，而世界上只有 10% 左右的国家超过 0.5，因此可以认为我国收入差距较大。

2020 年全球 162 个国家或地区的数据统计结果显示，基尼系数的平均值为 0.39，美国和新加坡的基尼系数较高，但也低于中国 0.45 的水平；欧洲大多数国家的基尼系数低于 0.35；只有巴西、南非、巴拿马和秘鲁的基尼系数高于中国，如果仅观察亚洲国家，则中国的基尼系数是最高的。同时，也有学者经过研究后提出，我国在收入分配上存在收入分配差距过大、收入分配结构不合理、收入分配秩序失衡、收入分配格局不完善等问题。因此，认为

我国收入差距比较大的观点是有一定依据的。无论是国内角度还是国际角度、行业之间还是城乡之间，各阶层的收入分配存在较大差距，收入分配存在一定的不合理性。

（2）传统收入分配差距衡量指标

传统的收入分配差距衡量可以用到基尼系数、阿鲁瓦利亚指数、库兹涅茨指数、不良指数、财富集中度等指标。本书仅介绍部分代表性指标。

①基尼系数

基尼系数是衡量收入或财富分配不平等程度的指标，它的计算方式如下：首先，按收入从低到高排序人口（或家庭）。其次，计算累积收入百分比与累积人口（或家庭）百分比之间的关系。这些百分比是指每个累积的阶段所占总收入或总人口的百分比。再次，通过绘制累积收入分布曲线来表示这种关系。曲线的横轴是累积人口（或家庭）百分比，从0%到100%，纵轴是累积收入百分比，也是从0%到100%。最后，计算基尼系数。基尼系数是累积收入分布曲线与完全平等分配曲线之间的面积比例。完全平等分配曲线是45度线，表示每个人口（或家庭）获得相同的收入。

基尼系数是国际上用于综合考察居民内部收入分配差异状况的重要分析指标，其取值范围在0至1之间。数值越向0靠拢，说明收入分布越趋向均等；数值越接近1，表示收入分配越不平等。国际惯例把0.2以下视为收入绝对平均，0.2~0.3视为收入比较平均，0.3~0.4视为收入相对合理，0.4~0.5视为收入差距较大，当基尼系数达到0.5以上时，就表示收入悬殊。

需要注意的是，基尼系数不能说明具体的收入水平，而是用于衡量收入分配不均的程度。较低的基尼系数意味着较为均等的收入分配，而基尼系数高则意味着收入分配出现较大差距。

基尼系数的优点：第一，直观性。基尼系数是一个比例，它的大小直接体现了收入分配不均等的程度，不需要进行复杂的计算或者理解复杂的经济学概念。第二，可比性。基尼系数可比性较强，可以用来比较不同地区、不同国家甚至是相同国家或地区不同时期之间的收入分配情况。第三，定量性。基尼系数是一个具体的数值，可以定量地描述收入分配的不平等程度，从而可以较为准确地反映收益分配情况。

基尼系数的缺点：第一，不能反映收入水平。基尼系数只能反映收入分配的不对等程度，而不能反映出每个人的具体收入水平。因此，虽然两国基尼系数相同，但是它们的整体收入水平可能完全不同。第二，不能反映非收入因素。基尼系数反映的主要是收入分配条件，而无法反映出如教育、医疗等非收入因素的影响。基尼系数的计算依赖于洛伦兹曲线，洛伦兹曲线可能出现相交的情况。这意味着，就算两国基尼系数相同，它们的收入分配情况也可能完全不一样。

通过上面的讨论可以发现，基尼系数通常是在宏观经济层面上用来衡量社会收入不平等的指标。然而，会计学主要关注企业或微观主体的财务数据和信息。即便如此，会计学仍然可以在一定程度上对测算基尼系数发挥作用或提供一定帮助。

第一，提供财务数据和信息，企业或微观主体的财务数据和信息是计算基尼系数所需的数据之一。这些数据和信息可以通过会计学的财务报表和财务比率等手段进行收集和分析，从而为基尼系数的计算提供必要的数据保障。第二，帮助确定收入分配状况。在会计学中，可以通过对企业的收入和支出进行分类和记录，帮助确定高收入和低收入人群的范围，从而为计算基尼系数提供依据。第三，帮助确定资产和负债，会计学中的资产和负债概念可以帮助确定收入分配中的资产和负债因素，从而对收入分配的不平等程度进行更好的分析。

虽然会计学可以在一定程度上对测算基尼系数发挥作用或提供帮助，但主要是在数据收集和分析方面，而在实际的政策制定和应用方面，还需要经济学、社会学等其他学科的参与和支持。

②阿鲁瓦利亚指数

阿鲁瓦利亚指数是指收入最低的40%人口的总收入，占全体人口总收入的份额。阿鲁瓦利亚指数在多个领域都有应用，特别是在收入分配和贫困研究方面。

在贫困研究方面，阿鲁瓦利亚指数被用来衡量一个国家或地区的收入或财富分配差距。该指数可以用来比较不同国家或地区的收入分配状况，帮助政策制定者了解当地的贫困程度和收入不平等状况。阿鲁瓦利亚指数还可以用来研究一个国家的收入流动性。通过比较不同年份的阿鲁瓦利亚指数，可以了解一个国家收入分配的动态变化情况。另外，阿鲁瓦利亚指数还可以用来评估一个国家的反贫困政策效果。如果一个国家的阿鲁瓦利亚指数降低，说明该国采取的反贫困政策措施有效，有助于缩小收入差距。

除了在贫困研究和收入分配方面的应用，阿鲁瓦利亚指数还可以应用于以下领域：第一，社会福利研究。阿鲁瓦利亚指数可以用来评估一个国家的社会福利状况。如果一个国家的阿鲁瓦利亚指数较高，说明收入分配较为平等，社会福利状况可能较好；反之，则表明收入分配存在较大的差额，社会福利状况可能较差。第二，经济发展研究。阿鲁瓦利亚指数可以用来研究一个国家的经济发展状况。如果一个国家的阿鲁瓦利亚指数随着时间的推移而下降，说明该国经济发展较快，收入分配差距在缩小；反之，则表明收入分配差距越来越大，经济发展可能较为缓慢。第三，金融市场研究。阿鲁瓦利亚指数可以用来评估一个金融市场的稳定性。如果一个金融市场的阿鲁瓦利亚指数长期较高，说明市场波动较小，投资者情绪较为稳定；反之，则说明市场波动较大，投资者情绪可能较为不稳定。

阿鲁瓦利亚指数的优点：第一，简单易用。阿鲁瓦利亚指数计算简单，易于理解和使用，不需要复杂的数学模型和计算公式。第二，可比性强。阿鲁瓦利亚指数可以用来比较不同国家或地区的收入分配状况，使得各地差距较为明显。第三，直观性强。阿鲁瓦利亚指数以百分比的形式表示，易于理解和解释，能够直观地反映收入分配的平等程度。

阿鲁瓦利亚指数的缺点：对样本代表性要求较高，阿鲁瓦利亚指数的计算是基于样本数据得出的，所以需要样本的代表性较好。如果样本的选择存在偏差，将会影响计算结果的准确性。

与基尼系数类似，阿鲁瓦利亚指数也是一种宏观经济上的指数，而会计则主要针对微观经济体进行研究，但是会计手段同样可以在阿鲁瓦利亚指数的测算和研究上发挥一定作用。发挥作用的途径和原理与上文提到的会计学对测算基尼系数如何发挥作用是类似的，故此处不再赘述。

③其他指标

库兹涅茨指数是指收入最高的20%人口所占有的收入份额。不良指数是指全体居民中20%最富裕人口的平均收入水平与20%最贫困人口的平均收入水平的比值。

由此可以看出，这些指标的原理都是一样或类似的，即通过计算各类人群收入占社会总收入的占比来描述收入分配差距。故它们都可以归为"洛伦兹曲线"指标族，这些指标的共同优点是它们的描述非常浅显易懂，而又非常准确。这些指标的共同缺点，即对数据来源的可靠性和精确性要求较高，用以分析的数据质量和数量难以保证最终得到的收入差距指标的真实性。

在国内，很多居民出于对个人隐私的保护，以及对收入数据的敏感性，不愿意透露自己的真实收入情况，有些人出于财不外露的想法故意隐瞒收入，有些人出于个人虚荣心理故意虚增收入。也有一些企业主或资产持有者收入来源广泛或复杂，难以界定和计量其真实收入水平。并且我国国土面积广阔，不同区域、不同产业之间的差异很大，数据调查难以大范围长久进行。因此，国内目前只能得到关于收入或财富的不完全信息，只能尝试研究不完全信息下如何更好地估算收入或财富基尼系数。

（3）会计数据衡量收入差距

①理论依据

会计数据可以补齐洛伦兹曲线指标中的数据短板，可以用来衡量收入分配差距。

会计作为经济社会通用的记录工具，任何经济主体都必须按照会计规则准确核算其经济活动。复式记账法产生后，会计既能清晰反映会计主体资源的来源，也能清晰反映资源的去向，其中就包括各类生产要素的收入分配情况。例如，职工薪酬反映了劳动力要素的收入分配情况，利息和利润反映了资本要素的收入分配情况，房租和土地出让金反映了土地要素的收入分配情况。通过对要素收入分配情况继续细分，又能分析出要素内部是如何再进行收入分配的，例如，职工薪酬收入分配情况可以按照不同行业、不同职位继续细化分析。因此，会计数据包括了详细的收入分配数据，这是会计间接促进社会财富公平分配的主要渠道。例如，从企业的财务报表中可以分析出表4-1中的内容：

表4-1　财务报表中的会计信息

要素收入分配	对应会计内容
初次收入分配	
劳动要素 其中：一般劳动者 关键技术型劳动者 管理层 合计	应付职工薪酬 付给职工的工资及为职工支付的现金

表4-1(续)

要素收入分配	对应会计内容
资本要素 其中：债权资本 股权资本 合计	利息 股息红利
土地要素 其中：房租 土地出让金 合计	各类租金
收入再分配	—
税费	各类税费支出
社会保险费用	职工社保支出

②会计数据衡量收入差距的优势

会计承担着三种类型分配中按照既定规则进行分配的责任，保障初次分配高效有序进行，包括三个步骤：确定分配总量，有秩序地进行分配，及时明确地显现分配状态。

首先，会计能够记录分配路径，并帮助发现隐性分配。统计数据只能观察到最终的分配结果，而会计数据链条持续而完整，分配路径记录清晰，每一个居民的收入分配都会详细地呈现在会计数据中，对研究者和监管者摸清实际分配情况、深挖分配规律有很大帮助。由于各项法律法规的要求，各个单位经年累月的会计数据都会得到完整的记录和保存，整个社会已经积累了海量优质的会计数据，方便调查者从年份、行业、地区、群体、职权、岗位等多重维度展开定位清晰、针对性强、精准透彻的收入分配差距调查。这些数据也可以作为洛伦兹曲线指标中的数据补充。

此外，会计数据不仅可以用流量数据来衡量收入差距，还可以使用存量数据。贫富差距实际上表现为两个方面的差异：一是收入差距，表现为流量；二是财产差距，表现为存量。因此，研究者和监管者可以分析在任意一个时间点或时间区间内的各要素的收入分配情况（或称社会财富初次分配情况），从而高效快捷地在初次分配领域中衡量收入差距。

在二次分配中调节收入差距，税收和社保是最主要的手段。税务部门通过对不同会计主体的会计数据进行比对，使得应纳税主体和应纳税额清晰明白、有据可查，可以有效发现逃税行为，个税调节收入分配的效能明显增强，而相对于个税调节收入分配的力度而言，许多财产税可以直接调节财富存量，更为有效地调节社会财富分配。征收财产税的前提是可以准确核算个人财富，这就需要会计数据做支撑。

因此，会计除了可以保障洛伦兹曲线指标族的作用得到充分发挥，从而在整体上描述收入分配差距外，会计信息也有助于研究者精准识别需要进行收入分配调节的对象，并评估税收和社会保障在调节收入不平等方面发挥的作用，助力使用税收和社会保障的方式调节收入分配。

③会计数据衡量收入差距的劣势

广泛的中小微企业和个体经营者在会计信息的提供上存在困难，并且税务等部门无法进行有针对性的具体调查。

2012—2021年，我国民营企业数量从1 085.7万户增至4 457.5万户，10年间翻了两番，在稳增长、促创新、增就业、惠民生等方面发挥了重要作用，成为推动经济社会发展的重要力量。中小微企业在最近十年间迅猛增长。数据显示，截至2021年年底，全国企业达到4 842万家，其中99%以上是中小企业。截至2021年年末，我国中小微企业法人单位数量占全部规模企业法人单位的99.8%，吸纳就业人数占全部企业吸纳就业人数的79.4%。中小企业既提供了大量物质产品和服务，又成为吸纳和调节就业的"蓄水池"。2021年，中国私营个体就业人员总数达到4亿人，较2012年增加2亿多人。民营企业，尤其是中小企业，是中国最大的外贸参与者，2021年其对外贸增长的贡献率超过58.2%。

从以上数据可以看出，我国社会主义市场经济的发展和人口结构在很大程度上依靠中小微企业和个体工商户。然而，这些小微企业和个体工商户的会计信息处理和保存能力不足，一些个体工商户或个体经营者甚至没有相应的会计信息和固定的经营场所，调查人员未必能够获取所需要的信息；企业对有关收入分配的会计信息公布存在障碍，有些企业的会计数据中不一定包含研究者想要获取的数据，譬如部分小微企业所吸纳的就业人口的相关数据不一定在会计数据中有所显示，而企业隐瞒或缺失这些数据可能是合理合法的，但是对研究者精准衡量收入差距和识别需要进行收入分配调节的对象造成一定困难；数量众多、种类复杂的小微企业和个体工商户会给调查人员增

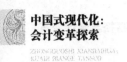

加过多工作量，开展全面调查的工作难度较大。

会计核算只是相对准确，实务中依然存在着大量核算不规范的情况，并且监管机构收到的报表中存在不同程度的弄虚作假、伪造会计账簿、虚构经济业务、滥用会计准则等会计违法违规现象。2021 年中国证监会共处理 163 起虚假陈述案件，其中财务造假案件 75 起，占比高达 46.01%，同比增长 8%。此外，证监会向公安机关移送 32 起涉嫌犯罪的虚假陈述案件，同比增长 50%。违法手段演变升级，刻意利用新业态、新模式掩盖造假，整体上呈现涉及金额大、周期长、市场影响较差等特征。这说明我国的会计信息的记录以及相关从业人员仍然不能做到公正透明，上市公司都会出现比较严重的财务造假情况，大量的非上市公司和小微企业的情况更加不容乐观。如果采用造假的数据分析居民收入分配差距，只会得到偏离实际情况的结果。

对过于宏观的信息的研究容易将信息简化，导致研判有误差；而对过于细分的信息的研究，工作量又过大。同时，如何用社会中不同行业、区域、会计信息填补洛伦兹指标族中不宜获取的部分，仍然是值得研究和实践的问题。目前有学者提出可以用"资本侵蚀劳动所得的程度"来衡量企业之中收入分配的公平性，但其研究选取的数据仅限于上市企业，对于数量众多的非上市公司仅有一定的参考价值，不能准确测算出收入分配不公平的具体程度。对众多不同行业上市公司的劳资分配进行分析得出的收入差距公平程度数据，如何衡量社会整体的收入差距公平程度，仍然有待研究。

4.3 企业分配的会计优化

4.3.1 业绩评价制度的优化

在经济迅速发展的现代社会，我国在追求经济增长的同时，引发了一系列资源和环境问题，逐渐受到公众的广泛关注。因此，我国提出了生态文明建设的理念，旨在引导企业在追求经济利益的同时，积极履行其社会责任，实现可持续发展。为了推动环境保护，政府制定了许多产业政策，引导企业关注环保，注重经济效益、社会效益和环境效益的平衡。

在企业综合绩效评价中，环境保护成为不容忽视的关键环节。本书主要探讨如何解决绩效考核的难题，建立一个全面评估企业综合绩效的体系。该体系将企业经济、社会和环境三方面的表现相结合，确保评估结果更准确地评估公司的整体发展状况。

企业作为一种经济主体，应关注经济利益以推动持续增长，经济利益是企业的基本追求；企业作为社会成员，要积极承担相应的社会责任，企业的环保行为对社会、对自然环境表现出一种责任；企业和环境是相互影响的，企业的经营活动和生产活动对环境是有影响的，而环境给企业提供了生存和发展的条件。"三重底线"理论[①]为我们提供了理解企业的新角度。在评估企业综合表现时，我们应将经济、社会和环境三方面结合起来，建立相应的指标体系，约束并引导企业行为。

（1）经济层面

在评估公司可持续发展能力的过程中，经济层面的考量无疑占据了极其重要的地位。对于众多企业而言，除了常见的财务指标等可以量化的数据，其他诸如顾客满意度等无法量化但却对公司经济状况有重要影响的数据同样不容忽视。

财务指标是评估公司经济表现的重要依据，这些指标能够通过具体的数字直观地反映出公司的盈利能力、债务风险和现金流状况。例如，净利润率是衡量公司盈利能力的一个重要指标，而资产负债率则可以对公司的负债风险进行揭示。这些数据不仅可以帮助投资者作出明智的投资决策，而且也有利于公司管理层了解公司的运营状况并制定相应的经济策略。

然而，公司的经济状况并不能完全依靠单纯的财务指标来体现。很多时候，对于公司的长远发展来说，非财务指标同样举足轻重。例如，顾客满意度是衡量公司竞争力的重要因素之一，它能够帮助公司了解顾客的需求和期望，从而有针对性地调整产品和服务以满足市场需求。此外，员工的工作满意度和员工流失率等人力资源方面的指标也是反映公司经济状况和未来发展潜力的重要参数。

综上所述，评估公司经济表现时，必须同时考虑财务指标和非财务指标。

---

① "三重底线"理论由英国学者约翰·埃尔金顿提出，他认为一个企业能实现持续发展，立足不败之地，要始终坚持三重底线原则，或称作三重盈余，即企业盈利、社会责任、环境责任的统一。

只有将这两方面的数据进行综合分析，才能更全面地了解公司的经济状况，从而制定出更为有效的经济策略。

（2）社会层面

作为市场经济的主力军，具有法人资格的企业在经济运作中扮演着举足轻重的角色，同时也对社会的和谐与稳定产生着深远的影响。因此，这些企业有责任遵守更高的道德标准，并将这些标准融入日常经营活动之中。通过积极履行社会责任，企业不仅可以实现自身的可持续发展目标，还可以改善同各方的合作关系，并塑造出良好的企业形象。

企业履行社会责任，可以从多个层面予以推动。一方面，企业应当保障员工的权益。员工是企业最重要的资产之一，只有让员工满意并拥有良好的工作环境和待遇，企业才能建立稳定的员工队伍并提高工作效率。另一方面，政府为企业提供了良好的发展环境，因此企业应当遵守政府的各项政策和法规，并积极配合政府的各项行动，以实现社会的共同发展。

此外，企业还应对消费者负责。消费者是企业服务的最终对象，只有在消费者需求和权益得到保障时，企业才能获得生存和发展。商业合作伙伴是企业发展的重要支持者，因此企业应当遵循公平竞争的原则，抵制不正当行为，如商业贿赂等，与合作伙伴共同发展。

除了以上提到的方面外，企业在积极投身社会公益事业的同时，也要承担起企业应尽的社会责任。这样不仅可以帮助社会弱势群体，还可以提升企业竞争力，提升企业的社会形象和信誉。因此，企业应充分认识到社会责任的重要性，积极履行好这一职责，是实现可持续发展目标所必需的。

（3）环境层面

在评估一个企业的整体表现时，我们不仅需要考量其传统的财务指标，更需要充分考虑它对环境的影响，这包括资源利用的效率、能源的使用情况以及环境保护等关键性指标。这些与环保相关的表现直接反映了企业的可持续性和未来发展潜力。

为了实现对企业表现的全面评估，我们应该运用"三重底线"理论，从经济、社会和环境三个层面来综合评估企业的表现。这一理论要求我们在评价企业对社会所作贡献的同时，也必须关注企业的经济效益，还必须评价企业对环境所造成的影响。企业应该采取环保优先策略，在企业综合绩效考核中增加环保考核所占的比重。环保优先战略要求企业将环保放在企业表现评估的首位，并更加关注企业的环保和可持续发展能力。

"三重底线"的绩效平衡模型既分析评价企业财务指标，也评价非财务指标，其综合考虑了经济、社会和环境三方面因素。"三重底线"平衡模式可以更加全面地考核企业的表现，这种全面评估结果能够为企业提供决策指引，使其在追求经济效益的同时，兼顾社会和环境因素。

综上所述，"三重底线"绩效平衡模型通过对财务和非财务指标的综合分析，能够为利益相关方提供全面的企业评价信息，使其在进行投资决策时能够有的放矢。同时，通过对企业环境绩效的考核，了解企业在经营过程中对环境的影响程度，可以理性评估企业在经营发展中是否符合国家政策要求。因此，为了加强环境保护，我们需要构建一个涵盖经济、社会、生态环境等各个方面的综合绩效评价模型。

4.3.2 基于"三重底线"理论的企业综合业绩评价体系构建

（1）基本原则

在设计考核制度时，我们需要秉持严谨的原则，进行综合考虑，并量力而行。为了解决以下四个核心问题，我们需要构建合理的考核指标体系。

首先，为了确保评估体系的科学性，我们需要明确评价对象、范围和方法。为此，我们需要以能够全面、准确反映考核对象实际情况的科学原则为基础来设计评选考核指标，同时要保证整个考核制度框架合理。

其次，在指标设计过程中，我们需要充分考虑指标的层级结构，从宏观到微观，从整体到局部，确保各级指标之间的逻辑关系清晰明确。这就需要我们建立一个条理分明的分层指标体系，以便于后续的评价和分析。

再次，为了能够比较不同企业间的实际情况，我们需要关注指标在不同企业间的适用性和可比性。为此，我们需要确保所选用的指标计算方法和衡量标准统一，以便后续的比较和分析。同时，还需考虑指标在不同时间节点上的可对比性，以便更好地反映企业和行业的发展趋势。

最后，除了上述三个问题外，还需要考虑指标的可行性。在指标的选择上，我们需要关注数据的易取性和可操作性，以避免出现指标数据无法获得或评估无法有效展开的情况。因此，我们需要选择那些易于获取、易于计算且具有可操作性的指标，以确保评价工作的顺利进行和有效实施。

（2）特殊性原则

企业基于"三重底线"理论进行绩效考核，旨在实现经济、社会和环境三个方面的均衡发展，避免片面追求经济利益而忽视对社会和环境影响。因此，在考核过程中，绩效评价体系必须全面、客观、公正地评估企业在经济、社会和环境方面的表现，以促进企业的可持续发展。同时，这种考核方式还有助于企业更好地了解自身在三个方面的实际表现，及时发现不足并采取改进措施。

为确保企业社会和环境效益评估的准确性，所收集的数据必须真实可信，并能够准确反映企业的实际情况。这些数据需要具有可量化性，以便进行比较和评估。在选择非财务指标时，必须注重客观真实，避免选择与实际关联度小的指标。选择指标的初衷应该在于能够客观真实地反映企业的综合表现，而不是追求量化而量化。因此，在选择指标时，需要充分考虑其与实际情况的相关性和可操作性，以确保其能够客观真实地反映企业的综合绩效评估结果。

总之，以"三重底线"理论为依据、以促进企业可持续发展为目标的考核方法，需要注重数据的可得性和可量化性，选择客观真实的财务指标和非财务指标进行考核，确保考核结果能够全面、客观、公正地体现企业综合业绩。

（3）指标选择

我们建立了综合绩效评价体系，该体系以三大核心指标为主要内容，即企业经济绩效考核、社会绩效考核和环境绩效考核。其中，经济绩效评价指标主要包括企业产值在同行业市场中的占比及新增客源率的变化情况。通常，如果企业新增客户的变化幅度为正数，则可认为该企业在市场中保持了较好的竞争地位。此外，顾客消费比例与高单价商品比例之间具有一定的关联性，企业业绩表现越好，高单价商品占比越高。

关于新人力资本因素，员工的满意度和留存率是两个重要的评估标准。员工对公司的满意程度通常以百分比的形式表示，而企业的员工留存率则是指企业目前员工在招聘员工总数中所占的比例。一般情况下，员工满意度和留存率越高，表明企业在人力资源管理和员工满意度方面的表现越好，进而影响企业的整体业绩。

在企业运营方面，产品改进时间的长短以及废品率的高低也是重要的评估因素。产品改进周期越短，以及废品率越低，代表着企业的生产效率和产品质量越高。此外，产品制造费用占企业总收入的比重，即产品成本率，也是衡量企业内部运营效率的重要指标。通常情况下，售后维修产品所占的比重越低，代表企业的生产效率和质量控制能力越强。

在财务指标方面，投资回报率和经济增加值（EVA）是两个重要的评估标准。投资回报率是指公司的投资回报在所有投资中所占的比例，而经济增加值是指企业经营利润减去负债和权益成本后的税后数值。同时，企业的应收账款周转速度快慢也是体现企业经营效益的重要指标。更高的应收账款周转率代表企业拥有更强的资金流动性和更强的回款能力，这也反过来表明企业的运作效率更高。

在环保领域，我们主要依赖两个关键因素来评估企业的环保表现，分别是环保系统的认证和产品的环保性能。一个企业获得环保系统认证的产品数量越多，通常表明其在环保方面的努力和投入越多，因此其环保表现也就更加优秀。这些认证包括 ISO 14001 等环境管理体系认证和各类产品的环保性能认证，如 RoHS、REACH 等。这些认证不仅要求企业具备相应的环保管理体系，还要求其产品的环保性能达到严格标准。

除了获得环保系统认证的产品数量，废料处理率也是评估企业环保表现的重要指标之一。废料处理率是指企业在废料生产总量中处理废料所占比重的大小。一个能够高效处理废料的企业，不仅减少了环境污染，也表现出其拥有可持续发展的意识。这一指标具有客观性，能够真实反映企业在环保方面的努力程度。

废料处理基金在利润总额中所占比例是指企业在废料处理上的支出占企业利润的比例。如果一个企业能够在保持经济发展的同时，加大对废料处理的投入，那么它就能够在追求经济利益的同时，积极履行社会责任。这一指标具有可衡量性，能够直观地反映出企业对环保和经济效益的平衡态度。

在社会绩效考核时，常用的指标有企业诚信度。公众评价企业的诚信度高低一般是参照商业银行对企业的信用评级来评价企业在社会上的诚信度。信用评级是商业银行根据企业的财务状况、经营表现以及历史信用记录等因素对其进行评估，并赋予其相应的信用等级。资信等级越高的企业，资信程度越高，企业的诚信度也会相应提高。这一指标具有权威性，能够为公众提供客观、公正的企业信用评级参考。

除了上述因素外，企业品牌知名度也是评价其业绩的重要指标之一。企业知名度的高低直接反映了其在市场中的地位和影响力，也进一步体现了企业业绩的优劣。品牌知名度的衡量标准可以通过市场占有率、消费者口碑、网络搜索量等多个维度来综合评估。

在评估企业业绩时，客户投诉率也是一个重要的因素。企业对客户投诉的反馈速度往往可以反映企业的服务质量和反应速度。一个企业在面对客户投诉时能够迅速响应并积极解决，这不仅可以维护良好的客户关系，也有利于提升企业的品牌形象。

在人力资源方面，员工人均收入的增长幅度和雇员年培训时间也是衡量企业业绩的重要指标。员工人均收入增长幅度越大，往往表明企业为了提高员工的工作积极性和工作满意度，会投入更多的精力和资源在员工福利待遇上。而雇员年培训时间的长度则反映了企业对员工培训的重视程度，以及员工个人素质和技能的提升程度。

文化环境建设费用率和文化环境建设目标达标率也是评价企业文化建设效果的关键指标。文化环境建设费用率越高，说明企业在文化建设上的投入越大，同时也意味着员工对企业的认同感、归属感越强。而文化环境建设目标达标率则反映了企业实现其文化建设目标的程度和效果，也是衡量企业文化建设成果的重要依据。

4.3.3 工资和企业利润挂钩与新时代共同富裕的实现路径

（1）文献综述

国企职工薪酬与企业利润挂钩的制度，充分体现了劳动者在社会主义经济中的地位，同时也激发了职工的积极性。这一制度不仅反映了国企职工作为劳动者的中心思想，也与国家政策要求、企业盈利以及市场竞争中的问题密切相关。在集体所有制企业中，这种挂钩形式更为自然和直接，因为股权由全体职工共有，每个成员既是职工又是企业的股东。

为了进一步完善国企薪酬与企业利润挂钩的制度，我国需要从以下几个方面入手：

首先，建立科学的评价体系，对企业利润进行客观、全面的评估。这包括对企业的经营状况、市场环境、竞争状况、行业特点等因素进行全面分析，以确保对企业利润的准确评估。同时，还需要加强对企业财务的监管和审计，防止出现财务造假或舞弊行为。

其次，合理确定薪酬与企业利润挂钩的比例和方式，确保员工收入与企业的收益紧密相连。这需要综合考虑员工的个人能力、工作表现、市场薪资水平等因素，制定合理的薪酬分配方案。同时，绩效评价体系还需要根据企业的实际情况，对不同岗位的价值进行评估，制定差异化的薪酬标准，以更好地体现员工的劳动价值。

最后，加强监管和监督，确保制度的公正性和透明度。这需要建立健全的监管机制和监督体系，对企业的经营行为和薪酬分配进行全面监督和管理。同时，还需要加强对员工的宣传和教育，增强员工的法律意识和维权意识，确保员工的合法权益得到保障。

总之，国企职工薪酬与企业利润挂钩的制度是一种科学、合理的收入分配方式，它既体现了劳动者的主人翁地位，又适应了社会主义市场经济的发展要求。只有不断完善这一制度，才能更好地调动员工的积极性和创造力，推动企业的可持续发展。

关于工资分配制度与企业利润挂钩的问题，我们将从三个方面进行深入探讨：首先，这种公有制企业的工资分配制度是否与市场竞争相适应，是否会影响企业的经济效益？这是大家普遍关心的问题。其次，公有制企业在推进共同富裕的过程中，收入分配制度是否与之相关？这个问题将探讨该制度是否能在初次分配中提高全民收入，并在关键阶段同步提高社会效率。最后，私有制企业在社会主义市场经济体制内实行这一制度，在社会生产力水平和劳动复杂程度达到一定高度的情况下，其市场竞争力和社会效率是否会提高或降低，并产生公有制因素？这个问题从更广泛的角度考虑了这种分配制度对社会经济的影响。

国内外对于工资与企业利润挂钩的分配制度的研究一直存在争议。在国内，20世纪80年代后期至90年代的工资制度改革成为研究的重点，其中一项研究将员工表现与薪酬挂钩，并把企业盈利作为研究的核心。然而，这些研究主要集中在对我国国企工资制度改革的实践意义的分析上，而在理论上对经济社会的普遍性意义的探讨则相对较少。

在西方国家，20世纪80年代开始，私营企业开始采用员工工资与企业盈利挂钩的薪酬分配制度，这也成了西方薪酬激励体系的一个重要方面。这种

制度在公有制企业和私有制企业中的区别在于，公有制企业以生产资料所有制为要求，以工资与企业利润挂钩的分配制度来构建；而私有制企业在构建分配制度时并不要求将工资与企业利润挂钩。

然而，学术界对于该制度对员工努力程度的具体影响仍存在争议。一些学者认为财务分成方案（如工资与企业盈利挂钩）会提升员工的努力程度，而另一些学者则持不同观点。此外，对于职工固定工资受利润分成制度的影响，学者们也是各执己见。虽然存在这些争议，但一些实证研究显示，推行利益分享制可能会提高雇员的劳动生产力。

总体来看，学术界关于工资与企业利润相联系的分配体系的研究仍存在许多争议和分歧。为了更好地了解这一分配制度的实际影响，需要开展更加深入和系统的研究工作。

在工资与企业利润挂钩的分配制度方面，国外的研究文献从各个角度进行了广泛探讨，然而，这些研究结论并非毫无争议。造成这种现象的主要原因在于：第一，过去的调研往往在忽视挂钩制度有效前提的情况下，过度关注挂钩制度的实际效果。然而，对于决定挂钩制度效果的因素，如社会生产力水平、社会失业状况、生产资料所有制、生存工资与效益工资的构成等，仍存在理论认识上的不足。第二，以往的研究倾向于采用以统计调查数据为基础的分析方法，但这种简单的工资与企业利润挂钩制度对劳动者收入的影响、对企业效益的影响、对社会效率的影响，往往由于数据缺乏针对性而无法准确评估。虽然有些文献采用了专门的调查问卷，但对收入分配制度的社会作用分析并不全面，只关注员工对偷懒的意愿。

自21世纪以来，在建设中国特色社会主义市场经济的进程中，我们取得了显著的成就，同时也面临诸多问题。在社会初次分配阶段，实现平衡增长和共同富裕显得越来越重要。随着生产力的进步和社会财富的增加，随着经济的发展，员工工资与企业利润挂钩等与共同富裕相联系的工资分配制度也日益受到各界的关注。程恩富教授的研究成果在学术界具有很高的评价，具有很强的代表性。他主张政府必须迅速建立合理的工资增长机制，并建议将工资与企业劳动生产率、企业纯利润、企业高管的收入以及物价水平挂钩。此外，程恩富和白红丽（2018）进一步将私企金融分享方案分成三种类型，并提出如何推进收入分配改革，为民营企业献计献策。程恩富、白红丽（2019）提出的"以工人为中心"的企业共享理论，奠定了工人参与企业共享的理论基础。

另外，程言君（2006）、李惠斌（2004）基于马克思劳动产权理论，为劳动者提供了坚实的理论基础，使他们能够参与企业的利润分享。李鹤然（2022）的研究则以员工持有虚拟股权的收入分配形式为核心，使企业在所有制结构上呈现出一定的集体所有制和合作制的特征和发展趋势。对于华为全员持股方案的详细案例，他们进行了深入剖析。值得注意的是，程言君、李惠斌等人的上述研究与十八大以来我国新时期社会主义经济发展中对收入分配的要求高度契合，为相关研究提供了坚实的基础，也从理论上阐明了这三个问题的答案与我国新时代社会主义经济发展中对收入分配的要求完全一致。

（2）政策建议

在社会主义市场经济体制下，公有制企业积极追求共同富裕的目标，并主动适应社会生产力发展的要求。为实现这一目标，公有制企业采取了一种独特的薪酬制度，即将员工工资与企业利润挂钩。这种制度的实施，有效地增强了员工的工作积极性，提高了员工的工作效率，同时也有利于企业的可持续发展。

虽然公有制企业在效率方面受到了一些西方经济学家的质疑和批评，但我们必须认识到，这些批评中包含了对社会主义所有制基础的恶意攻击。我们不能因为存在一些问题就否定公有制企业的积极作用和贡献，而是应该坚定信心、坚守所有制基础，并积极解决这些问题。

总之，公有制企业实行的工资与企业利润挂钩的薪酬制度，是一种积极有效的方式，有利于实现共同富裕和社会公平，提高劳动生产率和劳动效率。我们应该坚定信心、再接再厉，为实现共同富裕的奋斗目标多作贡献、多做贡献。

在市场经济环境下，劳动力市场供需双方的需求通过挂钩制度得到了满足。该制度有效地改善了企业和员工的收入状况，公有制企业在实现共同富裕的过程中得到了发展。在社会主义市场经济的特定阶段，可以选择私有制企业，推行工资制度、劳动持股等与企业利润挂钩的财政分享制，然后逐步向集体所有制企业过渡。这是一种有效的途径，可以促进私有制企业提高生产力，并推动新时代中国特色社会主义共同富裕。这种制度既能增加劳动者的收入，也能增加社会财富和私营企业主的收入，同时，还能激发员工的工作热情和整体表现，提高劳动者的报酬。

根据国务院 2018 年 5 月 28 日发布的《关于改革国有企业工资决策机制的意见》的指导精神，全国各级国有企业应该逐步实行员工工资与企业利润挂钩的工资分配制度。这一重要举措不仅有利于增强国有企业职工的主人翁意识，让他们更加关注企业的经营状况，更能增强国有企业的整体实力，使其在激烈的市场竞争中更具活力和竞争力。

实施这种制度，可以有效地激发国有企业职工的工作积极性，解决固定工资激励力度不足的问题，推动企业职工主动参与固定工资激励。习近平总书记所倡导的"撸起袖子加油干"，正是在强调企业应确保"多劳多得"的公平理念贯穿企业日常经营和决策，使其转化为企业员工实际遵循的行为规范。

这种行为规范不仅表现为员工的工作态度更加认真、负责，更体现在员工对企业的责任感和归属感的提升上。他们不再只是为了获得固定的工资而工作，而是更加关注企业的整体发展和经营状况。实行工资与企业利润相挂钩的收入分配制度，既体现了"以人为本"的发展观，也使得共享发展理念在国有企业收入分配中得到真正体现。

在推动农村经济发展方面，应着重鼓励以集体所有制企业为基础，采取企业合作、全员持股的生产模式，以促进农村振兴事业进入新的发展阶段。虽然家庭联产承包责任制对于现代农业生产的规模化经营来说并不完全适用，但也不应将土地私有化作为唯一的解决方案。因此，我们需要探索更多可行的途径，例如在土地利用方式和农业生产组织形式上进行改进。

农村集体化发展的核心在于采取合作化的生产组织形式，同时坚持集体所有制。这种形式可以有效地提高农业生产效率，增加农民收入，推动农村经济发展。同时，由于集体所有制的可行性和优越性，它可以激发劳动者的主人翁意识，激励他们在集体工作中更加努力。与民营企业的员工持股和生产资料私有化的现实矛盾不同，我国农村已经实行集体经济，只需要通过改革家庭联产承包责任制，采取集体所有的方式，并让家庭分享收益，就可以将集体经济转化为企业化的生产方式。

市场的力量可以促使民营经济走上集体化的道路，从而达到私营企业老板共同富裕的目的。在分配制度改革方面，应鼓励民营企业执行员工工资与本企业利润挂钩的工资分配制度，并采用虚拟员工持股、全员劳资持股等方式来激励劳动者。这种改革可以在提高私营企业老板收入的同时，提高劳动者的收入，增强其工作积极性。

对于固定工资的支付，企业不应随意减免执行与本企业利润挂钩的工资分配制度。虽然理财分享计划可以带来正向激励，但降低员工的固定工资可能会导致员工的不满和消极怠工，进而损害企业的长期利益。因此，我们应充分认识到固定工资的风险防范和生活保健功能，不应轻易削减或改变其支付方式和标准。

4.4   会计等式变革——对资本逻辑的超越

4.4.1   会计等式变革的背景与发展趋势

会计等式诞生至今已历经了一百多年的发展，在这一百多年世界格局动荡变迁的历史期间，世界经济发生了天翻地覆的变化，政治、文化、社会制度、教育等许多方面的发展都推动着会计等式的变革。

在 12 至 13 世纪，"借贷等同主权"的观点已经在借贷活动频繁的意大利威尼斯出现，随着它的引入，会计的思维方式也开始变革。在那个时候，会计是按照"借债者"和"贷款者"来设置账户的，以"（借债者）现钞 =（贷款者）资产"的记账方法流传。随后，会计的应用范围从经济事务扩展到了财物资产，逐渐出现了"拟人说"等各种学说。直到 15 世纪末，意大利数学家、现代会计学的创始人卢卡斯·帕乔利基于"借贷等同主权"和"拟人说"的理念，将两者相结合，增添了资产、资本、开支、收支等账户，并在复式记账法原理的基础上，构建了现代西式双录会计的基本公式——也就是"一个人所拥有的财产等于其人拥有的权益总和"，这一公式被西方会计界视为会计记账的基本准则。

19 世纪末产业革命的洪流冲刷着世界各国的社会结构和经济结构，此时出现了一种思想，认为人的关系不能代表一切，反对"拟人说"并提出了"静态学说"，此后"静态学说"理论被不断完善，并在会计界处于主导地位。20 世纪 20 年代，美国学者威廉·安德鲁·佩顿和罗伊·伯纳德·凯斯特等人借鉴借贷对照表说的理论，提出了"等式说"，其核心思想是"资产之形态＝资产之来源"，并基于此进一步提出了"资产＝负债+资本"的会计等式理论，此后，这一会计等式就成了西方国家借贷复式簿记的理论基础。

中华人民共和国成立后，我国会计制度的建设伴随着国家经济建设环境的变化，走过了一条曲折的发展道路。马克思的三卷著作《资本论》在1867年、1885年和1894年分别出版，其对资本的流通和交换的见解在会计界乃至社会各界掀起了广泛的争论，"动态学说"随之产生。我国经验丰富的会计专家受此启发，提出了"资金流动学说"，并据此建立了"资金运用等于资金来源"的会计平衡公式。1979年，邓小平同志打破"现代化＝西方化"的迷信思想，首次提出"中国式的现代化"，该理论的提出打破了以资本为中心、两极分化、物质主义滥用、对外侵略的西方现代化思维模式。20世纪70年代末，中国开始了改革开放的新篇章，党的十一届三中全会标志着我国改革开放的起点，党中央领导层明确表示，社会主义经济建设将成为党工作的焦点，并将"对外开放、对内搞活"作为基本政策，对会计制度进行了一系列的重大改革。对此，为了满足国营企业变革和经济增长的要求，财政部在1985年与1988年就《国营工业企业会计制度》的会计科目和财务报告进行了一些调整。同时，为了满足在中国经营的外商独资企业、合资企业和中外合作企业等外资企业的会计规则需求，财政部在1985年颁布了《中外合资经营企业会计制度》。这一政策的实施被认为是寻找中国特色市场经济的会计导向，也被认为是我国会计制度逐步向国际惯例靠拢的标志。而我国会计改革与社会主义市场经济同步发展最根本的标志是确定国际通行的"资产＝负债+所有者权益"的平衡等式和相应的会计报表体系，这使我国的会计制度能够与国际会计领域对接。直至2006年，《企业会计准则》的颁布真正标志着我国的会计准则与国际报告准则实现了完全的趋同，是我国会计改革完全走向国际化的标志，但当时的会计等式并没有体现出劳动者的相关权益。

近几年，资本的无序扩张和过度金融化，使大量资本投向金融领域进行投机和套利活动。资本运作的逻辑由工业资本时代的"G—W—G"演变为金融资本时代的"G—G"，"钱生钱"的游戏尽显现代金融资本的掠夺本性。与产业资本不同，金融资本不再需要"生产"，也不再需要传统意义上的"勤劳和努力"等美德了，它的"美德"是"机会主义"，资本无限度地扩张和过度金融化，使资本消解一切价值的本性暴露无遗。在资本宰制、盘剥劳动的条件下，劳动只不过是资本增殖的手段，本身并没有自主性价值，劳动收入远不如资本收益，由此导致贫富分化严重、就业难、看病难、资源共享难等一系列社会问题。为此，2020 年 12 月，中共中央政治局会议强调"防止资本无序扩张"，防范和规制资本，是中国式现代化的必然要求，驾驭资本，就是使"资本社会主义化"，即调整资本的运作基础，使资本为劳动服务，坚持多劳多得，鼓励勤劳致富，促进社会公平，弘扬习近平的劳动观。由此，会计等式也应当从原来的"资产＝负债＋所有权益"转变为"资产＝债权人权益＋所有者权益＋管理者权益＋劳动者权益"，这一转变一方面体现了那些与企业赖以存在和发展的相关者的权益，另一方面也充分肯定了以劳动为中心、以劳动者为主体的中国式现代化的价值诉求。

4.4.2　会计等式变革的现实意义

"两个一百年"奋斗目标交汇于新时代这一重要历史节点，中国特色社会主义也进入了一个新的时期。在以习近平同志为核心的党中央坚强领导下，全党全国各族人民团结奋斗，以前所未有的政治勇气和智慧，把我们党和国家事业建设推向了一个新的高度，实现了历史性的变革。中华民族从站起来、富起来，到如今的强起来，实现了伟大的飞跃，实现中华民族的伟大复兴已进入不可逆转的历史进程。当前，"两个一百年"奋斗目标交汇于中国式现代化这一重大命题。中国式现代化展现了其独特的优势和活力，作为新的人类文明形态，为世界现代化的发展提供了全新的选择。

中国式现代化坚持"人民中心论"的指导思想，彰显的是对资本逻辑的超越和向人本逻辑的回归。中国式现代化的实践之所以取得令世界瞩目的成就，很重要的因素是认识到人民的主体地位，认识到人民是推进现代化建设的决定力量。如果说资本逻辑是西方现代化的内在本质，那么"中国式现代化是全体人民共同富裕的现代化"。只有充分认识并保障人民的主体地位，切实调动人民的广泛参与，切实回应人民所需所求，切实保障人民共享现代化成果，这样的现代化之路才能经受住历史的检验，在人类文明的延续、更迭与创新中迸发出持久的生命力。

2021 年，我国宣布现行标准下的贫困人口实现全部脱贫，脱贫攻坚工作取得了历史性的胜利，在共同富裕的征程上也迈出了关键性的一步。习近平总书记在庆祝中国共产党成立 100 周年大会上强调，要"推动人的全面发展、

全体人民共同富裕取得更为明显的实质性进展"，充分表明了党中央和全体中国人民对实现共同富裕的坚定信念。要准确地理解和掌握共同富裕的战略目标与实践路径，就必须在全民的努力下使这个"蛋糕"变得更大、更稳固的基础上，用科学的制度安排使这个"蛋糕"更好地被分割开来。为了达到共同富裕的目标，让发展成果更好地为全体人民所共享，我们要充分发挥按劳分配在共同富裕中的主导性作用。

会计等式的变革不仅是基于新技术的简单形式变革，更是基于中国式现代化共同富裕要求下内在逻辑的变革。坚持公有制为主体、按劳分配为主体是实现共同富裕的前提和保障。邓小平曾经说过："如果走资本主义道路，可以使中国百分之几的人富裕起来，但是绝对解决不了百分之九十几的人的生活富裕的问题。而坚持社会主义，实行按劳分配的原则，就不会产生贫富过大的差距。"共同富裕是社会主义本质和优越性的体现。资本主义无法达到，社会主义却能达到，其根本原因就是根本的经济制度不同。原有"资产＝负债＋资本"这一会计等式是以西方国家资本运行逻辑为理论基础构建的，虽然我国依据社会主义经济制度将会计基本等式重新表述为"资产＝负债＋所有者权益"，而在中国式现代化进程持续飞跃的当下，原先的会计等式早已无法兼顾利益相关者的核算和分配属性。

兼顾利益相关者的会计要体现按劳分配的核心诉求，表达出中国式现代化是全体人民共同富裕的现代化的思想内涵。中国式现代化对资本逻辑的超越可以从习近平的劳动观的角度进行分解和阐释。在研究中国式现代化时，劳动是一个无法回避的话题，中国式现代化是"围绕着劳动这个太阳运转"的现代化，是以劳动为中心、以劳动者为主体的现代化。中国式的现代化，以"劳动"的逻辑兼顾各方利益相关者，主张消除城乡、行业和企业内部的收入差距，突破了"现代化＝西方化"的误区，实现了对"资本逻辑"注重财富累积的超越，延伸出守正创新的中国模式和中国方案，这是一种有别于西方的现代化。

细分企业权益并将其分属经营者、劳动者和所有者。现行会计认为企业剩余所有权均归于出资人，即股东，体现的是"资本中心论"，而中国式现代化必须坚持"人民中心论"的指导思想，则要求对企业剩余索取权益进行有机划分。从企业内部看，出资人向企业提供资本要素，管理者向企业提供经营管理能力或者管理要素，而劳动者则向企业提供了劳动要素，三种要素提供者在企业存续和发展过程中是互相依托、互相帮衬、缺一不可的，必须根据提供的贡献，分享企业剩余索取权。在会计中应考虑将净资产（权益）按照这三个主体，依次划分为所有者权益（并不是之前的所有者权益）、经营者权益、劳动者权益。

因此，中国式现代化的目标是实现全体人民共同富裕，需要以资本的内在否定性为反思对象。在这一过程中，需要将资本批判作为前提而非目标，以全面推进会计变革。会计变革应该规避把出资人视为企业剩余收益的唯一所有者。相反，应该兼顾出资人、经营者、员工甚至供应商/客户等多个利益相关者的利益，并提倡相关者利益最大化的会计和财务目标。基于这一理念，提出兼顾利益相关者的会计等式，以促进社会效益的公平和可持续发展。变革后的会计等式如下：

资产=债权人权益+所有者权益+管理者权益+劳动者权益

该兼顾利益相关者的会计等式将不仅关注资本所有者的权益，还包括经营者、员工、供应商/客户以及企业对社会的责任。通过平衡各个利益相关者的权益，可以实现更加公正和可持续的企业发展，为中国式现代化进程作出积极贡献。

需要注意的是，这只是一个示例等式，具体的兼顾利益相关者的会计等式可以根据实际情况进行调整和完善。重要的是通过这个理念，可以在会计和财务领域更好地实现多方利益的有效整合，推动中国式现代化的可持续发展。

4.4.3 会计等式变革的合理性和优越性

1993 年会计改革期间，中国运用了西方的财务模型——"资产=负债+所有者权益"。此公式突出了"资本"与"所有者权益"或"股东权益"的观念，以适应西方资本主义的需求。资产阶级作为统治阶级，把自身特殊利益上升为人民普遍利益，其特征就在于以剥削为内核、以民主自由为外壳，没有真正的自由。中国式现代化是全体人民共同富裕的现代化，是社会主义性质的现代化。党的二十大报告既重申了党关于收入分配的基本方针、政策，又回应了民生期盼，创造性地提出"规范财富积累机制"、强调"机会公平"，突出"增加低收入者收入"等论述，为推进共同富裕创造了良好的物质

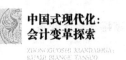

基础和社会条件。当前已经到了扎实推进共同富裕的历史阶段,既要从"富裕"中体现效率,又要在"共同"中体现公平。即中国式现代化的"人民性"特质,彰显的是对资本逻辑的超越和向人本逻辑的回归,体现出以人民为中心的发展思想。

由此,在现代社会多边契约关系总和的前提下,兼顾利益相关者的会计等式的提出有利于社会长期稳定发展,股东向企业提供资本,管理者向企业提供经营管理服务,而劳动者作为企业可持续发展的基石,为企业的经营发展提供了劳动,三者的共同努力为企业的发展提供了依托和保障,体现了合作共赢的价值理念。会计等式从"资产=负债+所有者权益"变革为兼顾利益相关者的会计等式"资产=债权人权益+所有者权益+管理者权益+劳动者权益",将提供社会管理和治理环境的政府、贡献经营能力的经营者、付出脑力和体力劳动的员工、满足交易条件的供应商和客户等企业赖以存在和发展的相关者都纳入考量范围,可以更全面地反映企业的财务状况和利益分配情况。该等式既体现了利益相关者的科学逻辑,提供了真实、可靠的会计信息,具有变革的合理性;也符合当前中国式现代化的客观实际,具有变革的优越性。

会计等式变革的合理性在于,传统的会计等式只考虑了债权人和所有者的权益,而忽略了管理者和劳动者的权益。管理者权益反映了管理层对企业决策和运营的贡献,这包括管理团队的津贴、奖金和股权激励等。管理者在企业中扮演着重要角色,他们的智慧和决策对企业的长期发展和盈利能力有着直接影响。因此,通过考虑管理者权益,我们能更准确地反映企业的经营效益和管理水平。劳动者权益则代表了员工对企业创造价值的贡献,如工资、福利、奖金等。员工是企业最宝贵的资源,他们的辛勤工作和智慧为企业的生产和创新带来动力。因此,将劳动者权益纳入会计等式中,能够准确衡量企业的人力资本投入和劳动力贡献。管理者和劳动者都是企业运营和创造财富的重要参与者,通过在会计等式中增加管理者权益和劳动者权益,能够更准确地反映企业的财务状况,同时也能够更好地实现各方利益的平衡。

会计等式变革的优越性在于,新的会计等式有助于提升财务报表的透明度,同时也能够更好地体现企业的社会责任和员工权益保护。通过纳入管理者权益和劳动者权益,财务报表将更准确地反映企业的财务状况和利益分配情况,使外部利益相关者能够更清晰地了解企业的财务状况和运营表现。这有助于增加投资者、债权人和其他利益相关者对企业的信任和决策的准确性。

此外，变革会计等式也能更好地体现企业的社会责任和员工权益保护。员工是企业价值创造的重要参与者，他们的权益应被充分考虑和保护。在会计等式中纳入劳动者权益，能够准确地反映员工对企业价值的贡献，使企业更加注重员工权益的保护和福利待遇的公正性。同样，纳入管理者权益也能够更好地体现管理层的贡献和责任，推动企业进行良好的治理和实现可持续发展。会计等式的变革符合中国式现代化下的共同富裕的必然要求，为企业创造长期的可持续发展和更广泛的社会认可。

（本章撰稿人：李凯悦、周通、郭迎迎、孙蕾、冯珂珂、宋爽、郭宜淳）

5

精神文明与会计变革

　　会计伴随人类文明产生而产生，随着人类文明进步而发展。古往今来，社会经济发展、政治格局变动，以及科学技术的日新月异，都与会计的发展存在直接或者间接的关系，并对会计的发展产生深远影响。长期以来，会计主要在物质文明进步中发挥职能，对精神文明发展的贡献度不足。精神萎靡是西方现代化进程的主要表现，中国的现代化进程在精神层面上的丰富程度超过了西方文明的发展，因为中国现代化发展的精神内涵是实现人的全面发展，是物质文明与精神文明协调发展的现代化。因此，推进中国式现代化，必须实现物质文明和精神文明的全面发展。对会计制度这一人类文明制度来说，其既要履行国家治理的经济文明职能，也要履行推动社会公平正义、构建社会主义和谐社会、提升社会政治文明水平的精神文明职能。

5.1 会计与文明

精神文明进步可以促进会计变革。随着人们对诚信、公正、责任等价值观念的重视，会计行业也逐渐向着更加透明、公正、规范的方向发展。同时，信息技术的发展也为会计变革提供了机遇，如会计信息系统、数据挖掘等技术的应用，提高了会计工作的效率和准确性。会计是社会管理和公共事务的重要组成部分，必须遵循法律法规和规范标准，以确保会计信息的真实性、合法性和透明度。因此，会计行业需要加强职业道德建设，提高会计从业人员的素质和专业技能，以更好地履行其职责和使命。

5.1.1 会计发展与物质文明的关系

在人类社会的发展中，会计作为一种职业和技术手段，其发展促进了物质文明的进步，并对物质文明建设起着重要作用，会计发展和物质文明之间存在着密切的联系。

（1）会计发展成果的基本表现是物质文明。物质文明在会计发展过程中的体现，就是会计信息成果产生和使用的相关理论、制度和方式等的具体呈现，还有其他涉及物质性的事物等。这些元素相互依存、相互融合，不断促进会计的成长和发展，即始终通过确认、记录、计量、报告和披露等手段和适当的媒介，来展示和形成健全和规范的"工艺设计流程""生产管理体制"以及良好的内部和外部环境，形成公开、合法、性价比合理、质量效率合适的信息等文明产品和成果。主要表现以下三个方面：

其一，经济发展与会计。会计在记录和分析财务信息方面发挥着关键作用，这有助于组织更好地管理其资源和资金。因此，会计的发展可以支持经济的增长和物质财富的积累。

其二，透明度和信任。良好的会计实践可以提高财务透明度，增强企业和政府的信誉。这可能会吸引更多的投资和资源，有助于社会的繁荣和物质文明的提高。

其三，资源配置和效率。通过会计，组织可以更好地分配资源，提高生

产效率，从而支持物质文明的发展。

（2）会计记录反映了会计发展历史。会计学是一个历史悠久并产生深远影响的学科领域。会计学不仅影响了社会发展，还塑造了一种意识形态，而且这种影响和塑造还将持续。"会计"理念首次在奴隶社会的黄金时代独立出现，迄今已有 3 000 多年的历史。初期的会计主要是用于记录财产和资源，以确保各种物资的实效和数量的准确性。1494 年起源于意大利的复式簿记如疾风般吹遍整个欧洲，然后扩散至美洲，最后在 20 世纪初传入亚洲，对全球会计产生了深远影响，为现代会计理论提供了坚实的基础。会计发展的历史就是各国相互学习、共同前进的历程。会计理论体系的完善对进一步优化会计学科体系也有着积极的推进作用。在会计发展过程中，人们致力于改造会计系统以解决由于市场环境的动荡、人类有限的理性和机会主义驱动、信息不对称等因素导致的会计信息在生成、传递、存储和使用等环节中的错误和无效问题。因为会计系统的修正和改良，无论主动还是被动，都在记录和反映某一个特定时期的经济社会发展的特征，所以会计发展历程与物质文明的发展互相推动，密切相关。会计为物质文明的构建和扩展提供了信息支持和决策援助。

（3）会计发展与物质文明共生共融。会计发展离不开会计生态中需求者、供给者、管理者和介质等各方的积极参与，他们共同在推进会计信息和服务的产生、需求、供给及管理等所有环节体现出积极的参与精神和创新理念。政府作为会计生态的管理者，在会计系统变化的路径选择、推进过程的优先级和制度变迁等事项上起着决定性作用，扮演"政策制定者"的角色。另外，受经济发展、知识和技术的更新、思维理念的改变等因素的影响，会计准则必须持续发展和完善。在任何国家或地区的发展中，总会有主导因素通过完善的威慑制度、激励与补偿并存的监管制度等工具和手段形成会计准则执行的特定阶段性特征，并逐步强化其准则的有效制定和执行。诸如规范经济运行的惯例、行业联盟组织的集体规则、法庭裁决及其解释，乃至政府法律规章，均是会计制度成就的表现。这些成就不仅满足了当时的会计需求，同时也塑造了一种实质性的文明，产生长期的影响和作用，刺激并推动了会计的发展和演变。

以物质文明为主的会计强调对实际物质资产和资源的管理，以及与之相关的成本、效率和可持续性问题。主要表现在以下五个方面：

（1）注重资产核算：以物质文明为主的会计注重对物质财富的积累和利用，这导致会计十分重视对各类资产的核算，包括固定资产、存货、应收账款等。会计报表中会有详细的资产项目列示，以便于企业对资产的掌控和管理。以物质文明为指导思想的会计注重资产核算是因为物质财富在现代社会中具有重要的影响力。企业管理者通过会计核算职能准确掌握企业的财务状况和运营效率，为企业科学决策提供重要依据。其中，资产核算可以帮助企业管理者有效地掌握企业的经济基础和财务风险，从而制定相应的战略和措施。此外，资产核算也有助于保护企业的财产权益，防止财务风险的发生。因此，在物质文明的背景下，会计注重资产核算对于促进企业发展和提高经济效益具有重要意义。

（2）重视利润与效益：以物质文明为主的会计追求经济效益的最大化，会计中对利润的核算和分析非常重要。会计报表中会有净利润等项目的列示，以便于企业和投资者了解企业的盈利能力。

（3）推动金融产品创新：随着物质文明的进步，企业需要大规模的资本运作和融资途径，因此以物质文明为主的会计需要对各种金融产品进行估算，包括股票、债券、期权等，从而推动公司进行筹资和理财活动。

（4）强调成本控制：以物质文明为主的会计注重资源的有效利用和成本控制，因此会计中会有成本的核算和分析，会计报表中会有成本项目的列示，以便于企业了解生产经营活动的成本状况。

（5）重视风险管理：物质文明的发展过程中伴随着各种风险，会计在风险管理中发挥着重要的作用。会计中会有对风险和损失的分析和核算，以便于企业根据风险情况作出决策。

总之，以物质文明为主的会计特征主要体现在对资产、利润、成本等方面的核算和分析，以及对金融工具和风险的管理，这些特征在物质文明的发展中起到重要支撑和指导作用。

5.1.3　物质文明会计的局限性

（1）忽视非物质价值。以物质文明为主的会计重视物质财富的积累和计量，但往往忽视了非物质价值，如环境价值、社会价值和精神文化价值等。这使得会计无法准确反映非物质财富的价值增减。

（2）狭隘的衡量标准。以物质文明为主的会计更多地关注经济效益和利润，以货币为核心的会计指标，如资产、负债、收入和成本等。会计通过资本来反映经济活动，而对"非资本化"的价值表现和行为的衡量和评价难以准确表达，使其在推动经济发展和社会文明进步方面的贡献有限，会计对公司文化、创新能力、环境保护意识与行为、社会责任等内容的核算和监督较少，导致会计报告的信息不够全面。

（3）环境适应性差。物质文明会计方法往往会忽视环境问题。传统会计只关注企业的经济效益，对环境经济的影响和资源消耗常常被忽视。这导致企业会计报表中无法反映出企业对自然环境和资源的消耗和破坏，使得企业在环境保护和可持续发展方面缺乏积极性。

（4）缺乏社会公平性。物质文明会计方法往往偏向于营利性企业，而对非营利组织和社会公共利益的会计处理相对不足。这使得会计指标在评估和比较不同类型组织的绩效时存在偏颇，难以体现社会公平性和公益性。

（5）存在伦理风险。物质文明会计过分注重利润最大化，导致企业可能在道德和伦理方面面临风险。例如，企业可能通过对财务报表进行虚假陈述和隐瞒事实来获得经济利益，或者违反道德原则来追求股东利益最大化。这种伦理风险对于以物质文明为主导的会计来说是一个不可忽视的问题。

总体而言，以物质文明为主的会计限制了会计信息的准确度和全面性。为了应对未来社会的多元化需求，需要探索和发展更加综合和全面的会计方法，更好地反映和衡量非物质价值和社会效益。

5.1.4　物质文明和精神文明融合的会计

中华民族有着五千年的历史，其中蕴含并传承了种类繁多的文化精华，这些文化精华形成了我们国家的基石与精髓。中华文明历经千年，其内含的价值观念具有无可比拟的独特性，在建立中国特色社会主义会计文化的过程中，首要任务是继承和发扬中国传统会计文化。中华优秀传统文化已深入骨髓，对会计价值的挖掘和文化的传承产生了深远影响。当下的会计制度必须充分吸取这种独特性，否则将会失去活力和影响力。

（1）会计与精神文明的关系

多维度多视角理解精神文明就会得到不同形式和内容的精神文明。会计精神文明的内涵可根据会计的职业属性，代表的某种事物、学科或专业角度等方面来界定。总体来看，会计发展与精神文明的相互融合及共生关系可以从三个维度进行阐释。

①会计理论演进中的精神文明。对会计理论的理解，学者们的认识和观点各异，笔者认为它应当始于对会计实践的理性认识，并指导会计实践。通常来说，人们经过一定过程并用一系列程序和方法，将会计从感性认识上升为理性认识，并体现为对事物规律性的认识，也就是回答了会计的本质。会计理论的持续演变和逐渐完善，既是由经济发展的紧迫需要、会计职业的进步、会计学科的发展、会计学术的交流、会计标准的建立、会计改革的进展等因素驱动，同时也依赖于会计生态需求主体对会计信息和服务的需求与满意度，供应主体对有价值会计信息的提供和责任的履行等因素。总之，会计理论的发展表明，新的会计理论取代旧的会计理论的过程，事实上是在复杂多变的会计环境影响下，研究架构和系统理论不断优化的过程，同时也是所有会计生态参与者持续对会计进行再思考和提出新理论的过程，甚至还是会计专业精神和会计文化塑造和丰富的过程。众多领域的会计实践催生了新会计理论。

②会计意识与精神文明。会计意识与精神文明之间存在着密切的关系。会计意识是个体或组织对会计知识、会计职责和会计伦理等的认知和了解。精神文明则是一种社会文明发展的内在要求，它包括道德观念、价值观念、文化修养等方面的提升。在现代社会中，会计工作不仅需要专业知识和技能而且需要高度的职业道德和社会责任。

会计人员应该具备高度的职业道德，包括诚实、守信、保密等。这些都是精神文明中的重要价值观念，也是会计意识的体现。会计人员在履行职责的过程中，要有社会责任感，对社会、对企业、对投资者负责，这种责任感是对精神文明的践行。会计信息应该是公平、公正、真实的，会计人员需要遵循公允性原则，确保财务报表的真实性和准确性，这是精神文明中公平和公正观念的体现。会计人员应该具备不断学习和创新的精神。这种持续进取的观念推动了会计理论和实践的不断发展。会计人员在工作中需要对自己的职责和工作负责，对错误和失误负起应有的责任，这是精神文明中责任与担当的表现。会计人员需要具备一定的文化素养，包括对历史、文学、艺术等多个领域的了解。这种文化素养有助于提高会计人员的综合素质，也是精神文明的一部分。

近年来，国内外会计行业曝出了诸如"会计丑闻""打假风暴"等事件。这些事件不仅展示了全球公众和机构对会计的重视、对会计质量的要求，以及保持会计生态平衡的意识，同时也显现出了会计觉醒的必要性和重要性。此外，这些事件更进一步揭示了会计管理质量、信息质量、专业素质、职业道德等方面存在着严重的生态失衡和不规范行为。无论是会计生态中的各个主体的非理性行为，还是各客体的不规范行为，甚至是环境变化带来的负面影响，都需要通过进一步强化会计意识，以推动会计行业乃至整个会计生态持续向着现代化方向发展，从而促进会计健康和持续发展。

综上所述，会计意识与精神文明相辅相成，相互影响。具有良好会计意识的人员往往也具备较高的精神文明修养，而精神文明的提升也会促使会计人员更加注重职业道德、社会责任和个人修养的培养。

③会计理念创新的会计精神文明。随着环境的不断发展变化，会计执业者的观念和行为也需要相应地转变和创新。会计行业日益成熟和规范，会计职业化和法规化成为确保会计信息质量和提高会计服务水平的重要保障，因此，职业化与法规化是现代会计发展的重要方向，会计执业者需要不断加强自身的专业素养和法律意识，遵守会计法规和职业道德规范，不断提高职业判断能力和职业道德水平；在遵循统一会计标准的前提下，会计实践也需要具备一定的弹性，以便更好地满足不同企业和经济业务的特殊需求，因此，统一性与弹性也是会计发展的重要方面，会计执业者需要掌握会计准则和制度的基本框架和要求，同时具备灵活应对实际业务的能力。在会计实践中，稳健主义与乐观主义是两种不同的哲学观。稳健主义强调谨慎性原则，避免夸大收益和资产，而乐观主义则倾向于积极推动企业发展，对收益和资产进行相对积极的评估。在实践中，会计执业者需要在两者之间取得平衡，既要保持谨慎的态度，又要积极推动企业的发展。另外，诚实守信、坚持操守、不做假账的会计荣辱观是会计精神文明的重要组成部分，这些价值观和道德

规范是保障会计信息真实、可靠、透明的关键。会计执业者需要时刻牢记这些价值观和道德规范，做到诚实守信、坚持操守、不做假账，以树立良好的行业形象和社会信誉。

在实践中，会计执业者需要不断转变和创新观念，以适应不断变化的世界和会计行业的发展趋势，提高自身的专业素养和服务水平，为经济和社会的发展做出更大的贡献。

（2）会计与精神文明建设

①社会治理与会计改革发展的关系。"天下未乱计先乱，天下未治计乃治"（杨时展，1996），党的十八届三中全会对各个领域提出了全面深化改革的任务，会计领域也不例外。在这个背景下，会计行业的发展有了新的目标，即推动国家治理能力的现代化。如何在会计领域进行改革，进一步加快改革进程，成为会计学者的使命。社会治理的目的是通过合理的资源配置、有效的公共事务管理和优质的社会公共服务，促进社会和谐稳定和人民幸福安康。社会治理需要依托社会资源配置的现状，针对当前存在的问题，制定相应的政策和措施，做好加强基础设施建设、提高公共服务水平、加强社会保障体系建设等方面的工作，从而完善社会治理。同时，政府还需要鼓励引导社会组织和公众参与，发挥社会力量在社会治理中的重要作用，形成多方参与、共同治理的新格局。

②会计在社会治理方面的重要性。会计作为一种管理工具，同时又是会计信息的提供者，在社会治理方面发挥着重要作用。会计的社会治理角色可以从两个维度进行理解。

从会计信息提供者角度看，会计提供的相关信息可以被政府和监管机构用来监控和管理经济活动。通过提升会计信息的透明度和严格信息披露的要求，会计可以帮助政府和监管机构更好地了解和监督企业的财务状况、经营情况和遵纪守法情况，保障市场秩序和公众利益。

医疗卫生和基础教育领域的会计信息对于保障社会公共利益、提高公共服务水平至关重要。首先，医疗卫生和基础教育是社会公益事业的重要组成部分，其资金主要来自政府投入和社会捐赠。会计信息的准确性和完整性可以帮助政府监督资金流向，确保资金使用透明公开，避免浪费和滥用。其次，会计信息还可以为医疗卫生和基础教育提供合理的财务分析和评估，以便政府和社会更好地了解公共服务的运营状况和效果，进而制定更加科学、合理

的政策和措施。最后，医疗卫生和基础教育的会计信息还可以为投资者提供决策支持，促进社会资源的优化配置。

会计信息披露质量是影响会计社会治理水平的重要因素。会计信息披露质量越高，越有助于解决交易双方的信息不对称问题，从而提高社会治理效率。首先，会计信息披露可以促进政府监管和治理能力的提高。政府通过获取企业会计信息，可以更好地了解企业的经营状况和财务状况，进而制定更加科学、合理的政策和措施，促进企业发展和社会进步，增强政府的透明度和公信力，提高政府治理效能。其次，会计信息披露可以促进企业的自我约束，增强其社会责任感，提高企业社会声誉。最后，会计信息的公开和透明可以增强社会公众的监督和参与能力，促进社会群体自我管理和自我约束，促进企业健康发展和社会和谐稳定。

会计信息对于投资者和金融机构来说也具有重要意义。投资者依赖于会计信息来做出投资决策，判断企业的盈利能力和风险程度，从而保护自己的权益。金融机构则依赖于会计信息来评估企业的信用风险，决定是否给予贷款和融资支持。会计信息的准确性和可靠性对于投资者和金融机构的信任和决策具有至关重要的影响。会计还可以为企业提供决策支持。通过对企业的财务数据进行分析和报告，会计可以帮助企业管理者更好地了解企业的财务状况，制定合理的财务战略和决策，提高企业的经营效率和竞争力。会计在防范和打击经济犯罪方面也发挥着重要作用。会计可以通过对财务数据的核查和分析，及时发现和防止企业内部的财务舞弊和欺诈活动，保护企业和社会的利益。同时，会计还可以为司法机关提供调查证据支持，帮助其打击经济犯罪行为，维护社会的法治和公平。

综上所述，会计在社会治理方面的作用至关重要。通过提供准确、可靠的会计信息，会计可以帮助政府、监管机构、投资者和金融机构更好地监督和管理经济活动，保护市场秩序和公众利益。同时，会计还可以为企业提供决策支持，提高经营效率和竞争力，并在防范和打击经济犯罪方面发挥着重要作用。因此，在物质文明背景下，会计的重要性和责任更加凸显。

（3）会计与政治文明的关系

政治文明是人类发展取得的政治成果的总和。经济是政治的基础，政治则是经济的上层建筑。经济和政治相互影响、相互作用、相互制约。会计是经济发展的重要工具，也是经济发展的必然产物。在中国五千年的文明历史中，会计扮演了重要角色。在中国古代，会计不仅承担管理和记录国家财政支出和税款征收的任务，还承担着官员考核、奖惩、升迁等职责，同时，会计也是政府制度建设的重要内容。在汉代，官府设立了专门机构来管理财政收支——户部。同时，皇帝还设置了专门的会计机构来负责核算财政收支情况——"度支"，这些机构的设立为古代会计工作提供了重要保障。

①中国古代政治文明与会计的关系。秦始皇统一六国后，实行了严格的财政管理制度，设立了专门的会计机构来管理国家财政收支。先秦时期会计逐渐成为国家管理的重要组成部分。这一时期的会计工作主要为国家财政服务，同时也为官员的考核和升迁提供重要依据。随着政治体制的演变，会计也得到了发展，出现了进行全国范围的户口调查和土地丈量等会计实践活动，会计经历了多次改革和调整，其主要目的是满足国家管理的需要。现代社会，会计已经逐渐从政治中分离出来，成为一门独立的学科。然而，会计仍然与政治和经济密切相关。政治体制和经济形势的变化会对会计产生重大影响，而会计也会对政治和经济产生影响。例如，政府的财政政策和税收政策需要会计数据的支持，而企业的财务管理和投资决策也需要考虑政治和经济因素。杨雄胜等（2014）指出，中国在历史上曾长期领先于世界，比如说盛唐时期，近五百年来中国的落后与现代会计的发展缓慢息息相关。因此，会计发展是政治文明发展的重要组成部分，政治文明的发展需要会计工作的支持和推动，而会计工作也需要政治文明的引导和保障，会计发展与政治文明之间的关系密不可分。

②中国近现代政治文明与会计的关系。从世界范围来看，会计发展与地域繁荣密切相关。荷兰、意大利等国家是现代会计制度的发源地之一。在这些国家，会计制度最初是为了满足商业和贸易活动的需要而发展起来的。随着商业和贸易的繁荣，这些国家的会计制度也逐渐成熟和规范化。例如，荷兰的会计制度在17世纪就已经非常发达，成为当时欧洲最先进的会计体系之一。而意大利的威尼斯则是世界上最早出现审计制度的地区之一。英国会计制度受到了荷兰、意大利等国家的影响，而美国的会计制度则是在英国的影响下发展起来的，但美国会计制度的发展也受到了美国特有的政治、经济和文化等因素的影响。会计制度自古以来都是治国理政的重要手段之一。在古罗马，会计制度也是为了维护政治统治而发展起来的。在古印度和古埃及，虽然会计制度的发展相对滞后，但这些国家的政治文明也在不断发展。

在欧美国家，会计的发展主要靠会计职业界来推动，经过一系列事件之后，政府才开始介入。这和中国与欧美的政治差异巨大有密切的关系。中国会计是为政治文明服务的，会计制度通常作为国家治理的手段之一，为国家政治和经济发展提供服务和支持。而欧美的政治文明是为会计而服务的，这两种观点截然相反，但是也说明我国会计与政治文明的关系和西方会计与政治文明的关系有所不同。改革开放以来，中国的经济体制发生了深刻的变化，反腐倡廉工作得到了大力推进，同时会计也得到了长足的发展。随着中国近代政治文明的飞跃，中国现代会计也迎来了快速发展的时期，现代会计在理论和实践上都有了很大突破，逐渐形成了具有中国特色的会计体系，这与中国政治文明的进步是分不开的。同时，会计发展为中国政治文明的发展提供了重要的支持和保障，为政府决策提供了更加准确、客观、透明的财务信息，推动了政府治理的现代化。

③会计对国家财政管理的重要性。第一，会计对国家财政管理的重要性体现在其对财政决策提供支持。会计可以提供准确、可靠的财务数据和信息，帮助政府了解国家财政状况和经济运行情况。政府可以根据这些数据制定合适的财政政策和经济措施，实现财政收入的稳定增长、支出的合理配置和债务的可持续性。第二，会计对国家财政管理的重要性还体现在其对财政流程的监督和审计。会计作为财政流程的记录和监督者，可以帮助政府预防和发现财务违规和腐败行为。这样可以维护政府的廉洁自律、加强财政管理部门的内部控制，并且提高财政资源的使用效率。第三，会计对国家财政管理的重要性还体现在其对财政收支的分析和预测。会计可以通过财政数据的分析，帮助政府评估和预测各项财政收入和支出的情况，为政府制定长期的财政规划和预算提供依据，使政府在财政管理上采取有针对性的措施，实现财政收支的平衡和可持续发展。第四，会计对国家财政管理的重要性还体现在其对财政风险的管理。会计可以通过对财政风险的评估和分析，对政府财政状况的健康程度进行监督和预警，帮助政府及时发现和应对可能出现的财政危机，保障国家财政的稳定和可持续发展。

综上所述，会计对国家财政管理的重要性不可低估。通过财务数据的记录、分析和报告，会计为政府提供了重要的决策和管理支持，帮助政府实现财政收入的增长、支出的合理配置和债务的可持续性。同时，会计的审计和监督功能可以防止和及时发现财务违规和腐败行为，维护政府的廉洁自律，确保财政资源的有效利用。因此，我们应该重视会计工作的重要性，并尊重和支持会计专业人才培养，以推动国家财政管理的健康发展。

④会计对政府决策的重要性。第一，会计是政府决策的理论基础和实践基础。会计对政府决策的重要性不仅有理论上的支持，而且有实践上的证明。从理论上来看，会计作为一门学科和工具，有其自身的逻辑和方法。会计理论体系和方法论为会计提供了对经济活动和财务信息的分析和处理框架。通过会计的核算和报表，政府能够获取经济活动和财务信息的全貌和本质，为决策提供全面、准确和可靠的数据和信息。比如：政府通过会计信息来决定如何分配资源和编制预算。会计对税收和开支的清晰洞察能帮助政府决定支出领域，帮助政府统计税款、控制财政赤字或实现财政盈余。会计还包括了财务管理，财务管理的目标是实现财务资源的效用效率和经济效益的最大化，为政府决策提供明确、系统和科学的指导。从实践上来看，会计在政府决策中的应用已经取得了显著的成果。各国政府在财政管理和决策制定中广泛运用会计工具和方法。例如，政府会计制度的建立和实施，标准化了政府财务的核算和报告，提高了政府财务管理的透明度和规范度。政府预算的编制和执行，依赖于会计信息的支持和反馈，来实现财政收支的平衡和财政资源的合理配置。政府投资项目的决策和管理，通过会计的核算和分析，来确保投资效益和风险控制。此外，政府还广泛运用会计信息对政策效果进行评估和监测，为政策的调整和优化提供科学的依据。会计信息提高了财政透明度，政府财务报告公开透明，使公众和利益相关者能够了解政府如何使用纳税人的钱，确保公共资金的有效使用。第二，会计对决策制定的重要性。在现代社会中，决策制定对于政府来说尤为重要。由于政府的决策往往涉及国家或地区的政治、经济和社会发展等各个方面，因此决策的科学性和合理性需要得到保证。决策制定是政府职能的核心内容之一，也是政府行为的基础，而会计作为决策制定的信息系统，为政府提供了重要的支持。

首先，会计提供了决策分析的依据。政府通过会计的核算和报表能够获取与决策有关的各项数据和信息，进行数据分析和信息研究，从而掌握决策问题的实质。其次，会计提供了决策制定的指导。通过对会计信息的分析和解读，政府能够对决策问题进行系统思考和综合判断，从而制定出科学而合理的决策方案。会计信息的客观性和可靠性有助于政府做出正确的决策，进一步推动经济社会发展。最后，会计提供了对决策效果的评估。通过会计的

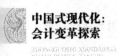
监测和报告，政府能够及时评估决策的执行效果，并在必要时对决策进行修正和优化。会计信息的精确性和全面性有助于政府及时发现决策中存在的问题和风险，并采取相应的措施来调整，以确保决策的有效实施并达到预期目标。因此，会计作为决策制定的重要工具，为政府提供了信息支持和决策指导，对政府的决策能力和决策效果起到了积极的促进作用。

总之，会计作为决策制定的信息系统，对政府的决策制定具有重要作用。然而，在面对日益复杂多样的决策问题时，会计还需要进一步完善和发展，与其他决策支持系统相结合，提高信息的准确性和可靠性，发挥更加及时和全面的决策效果评估作用，同时注重信息公开和透明度，提高决策的合法性和公正性。只有这样，会计才能更好地为政府的决策制定提供支持，推动经济社会的发展。

⑤会计对政府反腐败的重要性。随着社会经济的发展和进步，政府腐败现象日益严重，严重损害了政府的形象，对经济发展和社会稳定产生了负面影响。会计作为一种核算和控制经济活动的方法和工具，在政府反腐败中扮演着重要的角色。

一是会计信息的披露和透明是反腐败的基础。政府通过完善会计制度和规范会计核算和报告，及时公开相关的财务信息和经济活动情况，保证政府的决策过程和资金使用流程的透明度，防止腐败行为发生。二是会计监督机制可以对政府的财务活动进行监督和检查，确保财务信息的真实性和准确性。审计机构可以对政府的财务报表进行审计，及时发现腐败行为和财务违规行为，提出改进和纠正措施。三是会计信息用来评估政府风险和预警腐败行为，通过分析财务信息和经济活动情况，可以识别政府可能存在的腐败行为和财务风险，并及时采取相应的预防和控制措施，避免腐败行为的发生。四是会计信息用来评估政府的资源配置和利用效率，通过分析财政收入和支出等会计信息，可以评估政府的资源配置是否合理，减少腐败行为。

5.2　会计与文明素养

随着经济社会的发展，会计正进一步演化出推动政治文明和生态建设的社会进步职能，从财富计量、价值创造、引导社会资源流动和分配的经济发展职能发展出社会进步职能，该职能需要通过助力社会治理创新来实现。落实创新社会治理体制，是党的十八届三中全会提出的以分配社会利益、协调社会关系、规范社会行为为本质内容，以实现社会发展的利益和谐、稳定繁荣为目标的伟大战略。会计职能必须从传统的集中于经济层面扩展到社会发展的其他各个层面。

5.2.1　奠定公众文明基础

人口的持续增长是人类社会面临众多问题的根源。随着人口数量的逐渐增加，社会开始出现各种各样的问题，其中最核心的问题主要集中在物质资源的获取、生产和分配上。人类消费的规模与物质资源的总量之间的差距在某种程度上间接导致了人们的各种冲突，同时也间接塑造了善与恶的概念。随着资源和人口之间的矛盾变得越来越尖锐，人们的冲突也变得越来越激烈。因此，如何在有限的时间、资源和无限的人类需求之间找到平衡，已经变成了人类社会文明发展的关键议题。

（1）遵守法律和道德准则

在行为经济学家看来，制度是对不确定性的反应。规定共同的道德基础和职业道德规范，财务与会计专业人员在面临道德困境时就没有那么重的负担，这些共同的道德基础和职业道德规范为其提供了 个可以参照的行为规范。会计职业要求会计师遵从法律和道德准则的职业伦理和行为准则，通过遵守这些准则，会计师确保了自己的行为符合公众的期望，从而奠定了公众对会计行业的信任和尊重。会计作为提供对经济决策有用信息的职业，在商业活动多元化、经济主体多元化、利益关系复杂化的时代，维护会计职业的诚信形象显得尤为重要。总之，诚信是会计职业的灵魂，是社会发展必不可少的要素。虚假会计信息的泛滥会直接动摇社会公众对会计职业的信任和信

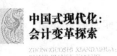

心。因此，提高会计人员的职业道德修养，从源头上把好关，引导和规范会计人员遵循正确的价值取向和行为准则已成为当前理论界和实务界的当务之急。会计职业操守的基本特点有：第一，它具有一定的强制性，是一种思想立法，会计法律制度中包含了很多会计职业道德方面的内容；第二，关注公共利益，会计职业的特殊性要求会计人员客观公正，在会计职业活动中，当道德冲突发生时，应坚守准则，将公众利益置于首位。

（2）传播会计文化

会计的历史源远流长，会计从我国西周时期出现到现在已发展出逐渐成熟的框架体系，是社会进步的直接体现。随着我国在会计领域的不断进步，会计文化也逐步融入社会文明体系中，它不仅反映了当下的社会现象，更是会计发展过程中产生的创新成果。在社会的不断进步和发展中，会计的管理职责发挥了举足轻重的作用，它可以更直接地洞察社会发展的全貌，这对于社会的治理和进步都是非常有益的。

随着全球经济一体化的步伐逐渐加速，会计文化在社会大众文明建设中的重要性也越来越明显。会计文化作为一个相对独立的领域已被越来越多的学者和企业管理者所重视，并成为现代经济学研究的新热点之一。会计文化是会计专业人士在长时间的社会实践中创造、总结和积累的各种形式的规范、管理制度和价值观，其本质是一种管理文化，这种文化是随着企业文化的产生而产生的。会计文化作为企业文化建设和发展过程中产生的新事物，推动了现代企业制度建设。会计文化是一个包括人力、财力、物力等多个相互关联元素的综合性系统，对提高会计信息质量和维护市场经济秩序有着积极作用。

会计文化的建立是顺应时代进步的必然选择，其核心理念是始终坚守"以人为中心"的原则，旨在提升会计业务的整体质量。会计文化建设可以丰富会计理论，促进会计改革创新，推动企业可持续发展。在其建设过程中，需要关注会计的物质、精神、政治和社会文明的和谐发展。基于对人的全面管理，会计文化建设需要将个体和集体的目标统一起来，充分激发每个人的积极性、主动性和创造力，为会计行业的整体进步提供强大的精神支撑。会计文化建设的核心在于对会计工作中存在的问题进行剖析并寻求解决方法，从而实现会计工作的健康发展。因此，加强会计文化的建设具有十分重大而深远的意义，我们必须深入了解会计文化建设的战略价值，强化会计文化的建设，完善会计法律体系，提高会计人员的专业技能，借鉴和吸纳优秀的文化成果。

（3）提供透明、可信的财务信息

会计提供透明的财务信息，使公众对组织的财务状况、绩效等情况有所了解，让公众建立对组织的信任，也让公众更多地认同组织的文明行为。会计准则和会计规范是为了保证财务信息的一致性和可比性，制定和规范会计处理和报告的标准。会计准则要求会计人员能够按照一定的原则和规则处理账务，在确保财务信息准确可信的前提下进行核算。记账和报告的过程需要遵循严格的审计和核查程序，以确保财务信息的可信度。会计核算要求企业必须保证财务信息的透明性，做到应公开尽公开。透明度是指企业要向利益相关方提供准确、全面、及时的财务信息，使其对企业的财务状况、经营业绩等情况了如指掌、心中有数。会计制度要求企业公开披露重要的财务信息，包括财务报表、会计政策、会计估计和相关方交易等，以增加财务信息的可信度。审计是为了确定其准确性和可靠性，对财务资料进行独立的评估和验证。审计机构对企业的财务报表进行审查，确保其符合会计准则和规范，并提供独立的意见。内部控制是为了保证财务信息的准确性和可信度，在企业内部建立的一系列控制措施。

综上所述，会计通过遵循会计准则和规范、正确记账和报告、进行审计和内部控制，以及提高财务信息透明度来提供真实、准确、可信的财务信息。这些做法保证了金融信息的准确可靠和可比性，从而使利益相关方能够接受具有公信力的决策依据。

（4）防止欺诈和腐败

会计的核心职责之一是发现和预防欺诈和腐败行为。会计师通过审计和内部控制等手段，确保财务信息的准确性和可靠性，防止潜在的欺诈行为，维护公众的利益和权益。内控包括为防止舞弊和腐败行为的发生而制定的一系列制度、政策和程序。例如，分离职责原则要求不同的人员负责会计记录、授权和核查，以减少潜在的欺诈风险。审计是为了确定财务资料的准确性和可靠性，对其进行独立的评估和验证。审计机构通过审查企业的财务报表、内部控制和相关文件，发现潜在的欺诈和腐败迹象。审计程序为抽样查验财务记录，对交易真实、完整情况进行核实。企业可以进行内部审查，以评估内部控制的有效性，并发现可能存在的舞弊和腐败问题。此外，外部审查机

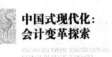

构如税务机关、监管机构和独立审计师也可以对企业进行审查，确保其遵守法律和规定，防止欺诈和腐败行为。会计人员必须遵守包括会计准则、职业道德规范在内的法律和道德规范，保持诚实、诚信和专业的行为，不参与任何欺诈或腐败活动。此外，会计人员还应对任何可疑造假行为进行举报，做到以举报促透明，以举报促诚信。会计人员需要接受相关的培训和教育，了解欺诈和腐败的风险，并学习如何识别和防止这些行为。培训可以提高会计人员的意识和敏感性，使其能够更好地履行职责，防止欺诈和腐败的发生。这些措施有助于确保财务信息准确、可靠，并有利于保证利益相关方对企业信誉的信任。

（5）促进经济稳定和可持续发展

会计成就经济发展。会计提供了对经济状况和业务运营的准确评估，为公众和政策制定者提供了重要的决策依据。这对促进经济稳定和可持续发展有很大的帮助，也有利于为公众创造更好的生活条件。社会主义市场经济的三大核心任务：第一，建立公正严明的市场经济体制；第二，宏观调控要有一个强有力的体系；第三，建立现代企业体系，所以加强会计人员的职业道德刻不容缓。在市场经济和企业管理当中，会计工作者的地位非常高，而伴随我国市场经济的推进和持续发展，会计人员也由过去记账员的简单角色逐渐转向财务管理的角色，会计工作的内容越来越丰富。会计人员提供的会计相关信息，为企业决策提供了相应的依据和参考，从而有效地规避风险。因此，就一定程度而言，在激烈的市场竞争形势下，企业会计信息的真实性和企业发展间具有密不可分的关系（王博瑶，2023）。

会计的财富计量功能是经济发展的客观需要和生动体现，如相继颁布和修订了《企业会计准则第 39 号——公允价值计量》等一系列新准则；会计全面参与企业经济业务，使价值链整体增值，发挥价值创造功能，其专业活动包括记录、检查、审计、计划、预算、预测、分析和决策支持等；会计信息披露的理论和实践不断创新，发挥了引导资源流动和分配的功能，有力地促进了国际国内要素的有序自由流动、资源的高效配置和市场的深度融合，会计信息披露的理论和实践不断创新，会计信息披露工作取得了较好的成绩。在新制度背景下，无论是国家、政企事业单位还是民营企业，企业内部的财务管理模式都在不断地进行改变与完善，尤其是财务数据核算方式、核算内容等，相较于传统的会计记账方式都有了一定程度的提升。财务管理是企业发展的基础，也是会计工作的核心，对单位的稳定发展具有重要而突出的作用，由于社会经济不断发展进步，会计工作也要顺应时代的发展变化，坚持执行会计准则的条款和内容，确保企业持续健康发展。国家为了能够让会计管理工作更好地助力企业的发展，也在根据市场经济发展的规律对会计准则和会计制度做出调整，新的会计制度要充分结合国家经济发展的实际情况、经济全球化的发展趋势，根据市场所需进行会计准则的优化。此外，在新会计体制改革的背景下，会计工作除了做财务核算之外还增加了一些新的会计概念，例如收入预算、结余等会计科目，从更多的层面确保财务数据的精确性（扈永琪，2023）。

（6）注重教育和培训

会计教育和培训不仅提供了专业知识和技能，还强调道德和职业操守的重要性。会计教育和培训有助于培养具备良好道德和职业素养的会计专业人员，有助于塑造公众对会计行业的正面形象和文明行为的期望。企业会计职业道德建设需要从外部营造一个良好的诚信环境，会计人员应以严谨负责的态度完成自己的本职工作，应该有高度的责任感和使命感。唯有如此，会计信息质量才符合企业利益相关者的需求，才能打造出更加诚信的经营环境。会计教育包括理论知识和实践技能的培养，会计教育可以使会计人员具备正确的会计观念和职业道德，为公众提供准确可靠的会计服务。会计职业培训包括更新的会计准则和法规、技术工具的应用、沟通和领导能力的培养等。通过会计职业培训，会计人员能够紧跟行业的发展和变化，提供更好的会计服务。财会机构、行业协会注重财会人员职业操守的培养。会计职业操守包括廉洁的要求、保密的要求，以及独立性方面的要求。会计机构和行业协会开展公众教育活动，以提高公众对会计的认识和理解。这些活动既有会计知识的普及，也有财务管理的培训，更有投资理财的指导。通过公众教育，会计机构能够提高公众对会计的认知水平，促进公众对会计信息的正确理解和使用。会计机构和会计人员积极参与社会责任活动，回馈社会，这些活动既有爱心捐助，也有义务服务，同时也将环保事业纳入其中。通过社会责任活动，会计机构和会计人员展示了良好的社会公民意识和行为，为公众树立了榜样。

综上所述，会计通过建立完善的法律体系和道德准则，传播会计文化，提供透明、可信的财务信息，防止欺诈和腐败，促进经济稳定和可持续发展，注重教育和培训等措施为公众文明的奠基做出贡献。这些措施有助于培养专业的会计人才，提高会计人员的专业能力和素质，增强公众对会计的认知和理解，促进公众文明的发展。

5.2.2　促进交易公平

社会持续向前发展，公允价值的诞生标志着会计领域已经步入了一个全新的发展时期。公允价值作为一种全新的计量属性被广泛地运用到会计领域中，在《国际会计准则》和我国相关准则中均有所体现。市场的公允价值计量精确地揭示了资产和负债的当前实际价值，这对于确保市场交易的公正性具有决定性的影响。在当前市场经济发展的社会背景下，我们必须积极参与国际问题的研究和全球市场规则的制定，努力推动经济的可持续发展和交易的持久性公平。

（1）提供准确的财务信息

会计通过记录和报告财务信息，确保交易各方都能获得准确的数据。这有助于消除信息不对称，使交易更加公平。会计的职能（功能）反映了会计最基本的特点，即会计信息一定要反映一个组织经济的真实情况。企业财务报表的编制，包括资产负债表、利润表、现金流量表等，这些报表准确全面地反映了企业的财务状况、经营业绩等。通过准确编制财务报表，会计确保了交易各方能够基于真实和可靠的信息进行决策，从而促进了交易的公平性。审计机构以独立的方式对财务信息的准确性和可靠性进行评估和验证，负责对企业财务报表进行审计。审计是对财务资料进行独立评估，有助于发现潜在的问题和风险。通过独立审计，审计机构提供了对财务信息的独立保证，增强了交易的公平性和可信度。

（2）遵守会计准则和规范

会计准则和规范为财务报告提供了一套统一的标准，确保交易各方在信息披露方面都遵循相同的规则，这有助于确保交易公平，并提供可对比的财务信息。会计人员必须遵守法律和道德准则，包括会计准则、职业道德规范，诚实守信，不参与任何违法、违规或腐败活动。通过遵守法律和道德准则，会计人员确保了交易的公平性和诚信性。在当今社会，会计行业和会计人员中，失信者、践踏信用者等时有出现，会计信息质量不高、假凭证、假账户、假报表等问题较突出。因此，会计人员首先应认识到从事会计事务的社会价值，树立正确的职业道德观；其次，会计人员在热爱本职工作的基础上，保持乐观向上的心理状态，以饱满激昂的斗志承担自身的义务；最后，每一位会计人员在会计工作中，不计较个人利益得失，坚持原则，客观公正，文明服务，珍惜会计工作，努力维护会计工作的声誉和形象。

（3）揭示潜在风险和不确定性

会计报告应当揭示企业潜在的风险和不确定性，使交易各方能够全面了解交易的潜在风险。这有助于确保交易的公平性，避免信息不对称导致的不公平交易。会计在编制财务报表时需要进行一些重要的会计估计，例如资产减值准备等。这些估计涉及一定的不确定性，会计需要揭示这些估计的基础、假设和敏感性分析，使利益相关方了解这些估计可能对财务报表产生的影响。财务报表附注是财务报表的一部分，用于提供额外的信息和解释，以揭示企业潜在风险和不确定性。附注通常包括对会计政策的说明、重要会计估计的披露、业务风险的描述等。会计通过附注可以向利益相关方提供更全面的财务信息，使其了解企业面临的潜在风险和不确定性。一些企业会编制风险管理报告，这些报告通常包括对企业面临的各种风险的描述、风险管理策略和措施的说明，以及对风险的评估和监控。通过风险管理报告，会计可以向利益相关方提供更详细的风险信息，帮助他们了解企业的风险状况。通过对财务指标、趋势和比率的分析，会计可以发现企业业务运营中的潜在问题。此外，会计还可以进行敏感性分析和场景分析，以评估不同情况下的财务影响和不确定性。会计可以进行内部控制评估，内部控制评估包括对企业内部控制系统的评估和测试，以确定其有效性和缺陷。

（4）发挥审计和监管的作用

会计师事务所的审计工作和监管机构的监督，有助于确保财务报告的准确性和可靠性。这种独立的审计和监管机制可以提高交易的公平性，保护交易各方的利益。会计机构负责对企业的财务报表进行审计，以独立的方式评估和验证财务信息的准确性和可靠性。审计师通过审查企业的财务记录、内部控制和相关文件，以及进行实地调查和核实，确保财务报表的真实性和合规性。会计机构和相关监管机构负责监督和管理会计行业的运作。监管机构制定和执行相关法规和准则，确保会计行业的合规性和规范性。通过监管，会计机构和会计人员受到监督和约束，从而提高交易的公平性和透明度。会

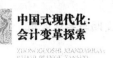

计机构和监管机构制定披露要求，要求企业向利益相关方披露财务信息。这些披露要求包括财务报表、年度报告、中期报告等。会计机构通过这些披露要求确保企业向公众提供准确、全面和及时的财务信息，增强交易的公平性和透明度。会计机构和监管机构要求企业进行外部审计，由独立的审计师对财务报表进行审查和验证。外部审计是对财务信息的独立评估，有助于发现潜在的问题和风险。会计机构和监管机构对违反会计准则和规范的行为进行处罚和制裁。这些处罚和制裁包括罚款、吊销执照、追究法律责任等。会计机构和监管机构通过处罚和制裁维护了会计行业的规范和公平，促进了交易的公平和诚信。

（5）确保透明度和可追溯性

会计记录的透明度和可追溯性使交易各方能够追踪和核实交易的发生和结果，这有助于确保交易的公平性，并提供证据以解决争议。会计负责确保财务信息的透明度，即财务信息清晰和易于理解。透明度意味着将财务信息明确、准确和全面地呈现给利益相关方。通过提供完善的财务信息，会计确保交易各方能够了解企业的财务状况和经营绩效，从而在交易中获得公平的机会。会计负责确保财务信息的可追溯性，即能够追踪和验证财务信息的来源和准确性。通过建立完善的会计记录和审计轨迹，会计可以确保财务信息的可追溯性，使交易各方能够验证财务信息的真实性和可靠性，从而增强交易的公平性。审计机构负责对企业的财务报表进行审计，以独立的方式评估和验证财务信息的准确性和可靠性。审计是对财务信息的独立评估，有助于发现潜在的问题。内部控制是指组织内部的制度和措施，用于保护资产，确保财务信息的准确性和可靠性。风险管理是指识别、评估和管理潜在的风险。会计人员确保财务数据透明、可追溯，通过内部控制和风险管理等手段，为交易各方提供公平的环境。

5.2.3 提升文明素养

在当今复杂多变的经济环境中，会计人员作为经济活动的重要参与者，其文明素养不仅关系到个人的职业发展，更对企业的稳定运行和社会经济的健康发展有着至关重要的影响。会计文明素养涵盖多个方面。职业道德是会计文明素养的核心，会计人员应秉持诚实守信、客观公正、保守秘密的原则。

只有具备良好的职业道德，会计人员才能赢得企业和社会的信任。专业技能是会计文明素养的重要组成部分。随着经济的发展和科技的进步，会计领域不断涌现新的理论和方法。会计人员需要不断学习和更新知识，掌握先进的会计软件和信息技术，提高自己的专业水平。只有具备扎实的专业技能，会计人员才能高效地完成工作任务，为企业创造更大的价值。企业应重视会计人员的文明素养建设，建立健全的内部控制制度，加强对会计人员的监督和管理，确保财务工作的规范和有序；同时，为会计人员提供良好的职业发展空间和培训机会，激励他们不断提升自己的文明素养。企业还可以通过开展职业道德教育活动、组织会计专业技能竞赛等方式，营造良好的企业文化氛围，促进会计人员文明素养的提高。

（1）提供决策支持

会计通过收集、整理和分析财务数据，为企业的战略决策提供关键信息。这些信息不仅反映了企业的财务状况、盈利能力和偿债能力，还为企业管理层预测未来趋势、评估潜在风险提供了基础。在决策过程中，会计提供的财务报表和比率分析能够揭示企业运营中的优势和不足，帮助管理层识别改进方向。例如，通过现金流量分析，企业管理层可以评估企业资金周转情况和现金储备能力，从而制定合理的投资策略和资金规划。此外，会计决策支持系统的发展也为企业提供了更加高效和智能的决策工具。这些系统能够整合内外部数据，提供定制化的分析报告，帮助管理层快速响应市场变化。因此，企业应重视会计在决策支持中的作用，不断优化和提升会计决策支持系统的功能。

（2）促进监督和审计独立性

在现代经济社会中，监督和审计的独立性至关重要，它已逐渐成为企业运营管理的核心支撑。在传统观念中，会计常被视为财务数据的记录者和审核者，主要职能是确保财务信息的准确性和合规性。然而，会计的真正价值在于其对企业经济活动的全面参与和深入分析。会计通过编制财务报表和进行财务分析，为企业的战略规划和日常运营提供关键数据支持。这些数据不仅反映了企业的财务状况，还揭示了经营效率、成本控制和盈利能力等关键指标。同时，会计在维护审计独立性方面发挥着重要作用，会计监督和审计有助于确保财务报告的公正性和透明度，增强投资者和利益相关者对企业的信任，为企业的可持续发展奠定坚实基础。会计师事务所作为独立审计工作

的专业监管机构，有助于确保财务报告的准确性和可靠性，增强会计信息的透明度和合规性，对会计文化素养的形成和提高发挥着积极的作用。因此，会计人员必须遵守法律和道德准则，包括会计准则、职业道德规范等，助力社会道德建设，促进会计文明进步。

（3）促进财务信息透明度和问责制

会计提供透明的财务信息，使公众和利益相关者能够了解组织的财务状况和业绩。这种透明度促进了社会治理的问责制，使组织更加负责任，财务更加公开透明。会计通过遵守会计准则和规范，披露重要的财务信息，如财务报表、会计政策、会计估计和相关方交易等，来增加财务信息的透明度。在内部控制和审计方面，会计负责建立和维护内部控制系统并进行审计。内部控制系统有助于确保财务信息的准确性和可靠性，防止欺诈和错误的发生。通过内部控制和审计，会计促进了财务信息的透明度强化问责制。独立审计机构和审计委员会的存在也有助于增加透明度和强化问责制。独立审计机构对企业的财务报表进行审查，提供独立的意见和保证。

（4）增强会计信息质量

与其他行业相比，会计工作的独特之处就在于会计的每一项工作都必须严格按照会计准则进行，一旦偏离会计准则的标准，就很有可能触及法律，因此强化会计人员的法律意识和法制观念是会计工作人员的首要任务。随着市场经济体系的不断完善，会计工作也迎来了新的挑战。为了实现社会治理的目标，每一位社会公民都需要具备一定的法律知识，财务会计工作人员更应该注重强化自身的法制观念，在工作中积极贯彻落实国家层面、地方政府层面所推行的法律法规、经济制度，为提升自身的综合能力而努力。除了法制观念之外，财务从业者还需要提升自身的专业知识水平，掌握基础的会计理论知识与会计技能，为会计管理工作奠定基础的同时，培养更多优秀的会计工作者，为企业的经营和发展做贡献。

（5）推进财务管理数字化转型

随着信息化时代的到来，传统的财务会计等工作面临着新的机遇和挑战。计算机技术和互联网的快速发展，使得全球经济正在融合为一个整体，通过大数据的传递和云计算等方式，我们可以引入国外先进的会计工作方式和监督管理方法，从而为我国企业的发展和财务会计工作提供宝贵的经验。为了提高企业内部管理水平，促进企业健康持续发展，我们需要对财务会计工作进行改革创新。随着财务信息和财务工作的日益智能化，企业需要提升信息化管理的水平，会计工作人员也需要具备财务信息化的工作能力，这对于企业和员工个人来说都是一个全新的挑战。为适应信息化时代的发展趋势，企业应加强财务管理的信息化建设，积极引进先进的信息化设备和系统，并要求员工不断提升自身的工作能力和水平，学习会计管理信息技术和互联网的知识，以适应快速变化的信息化管理环境，从而制定出更适合企业发展的经营战略和方针。

（6）提高社会责任报告质量

近年来，国家越来越重视企业社会责任（corporate social responsibility, CSR），会计师事务所作为第三方独立审计单位，向社会公众披露企业的社会和环境影响，有助于提高社会治理的质量，推动会计文明素养的进一步提升。

会计还可以通过收集利益相关方的反馈意见，不断改进和完善企业社会责任报告和企业的社会责任表现，最终实现提高社会责任报告质量的目标，为提升会计文明素养提供实践支持。

总之，会计通过提供决策支持、促进监督和审计独立性、增强财务信息透明度和问责制、增强会计信息质量、推进财务管理数字化转型、提高社会责任报告质量等方式，增强了企业承担社会责任的意识，维护了社会的公平和正义，进一步推动了会计文明素养的发展与完善。

5.3　会计与道德建设

思想道德建设是社会主义精神文明建设的灵魂，决定着精神文明建设的性质和方向，对社会的政治、经济发展有巨大的推动作用。2014 年 2 月 24 日，习近平在中共中央政治局第十三次集体学习时的讲话中指出"把培育和弘扬社会主义核心价值观作为凝魂聚气、强基固本的基础工程，继承和发扬中华优秀传统文化和传统美德，广泛开展社会主义核心价值观宣传教育，积极引导人们讲道德、尊道德、守道德，追求高尚的道德理想，不断夯实中国特色社会主义的思想道德基础"。思想道德建设乃精神文明大厦之基石与灵魂，它不仅深刻塑造着精神文明建设的本质与航向，还以其强大的驱动力，

对社会的政治生态与经济发展产生积极影响。其核心在于解决精神文明建设中最本质、最基础的问题，为社会的全面进步奠定坚实的道德伦理基础。

本章聚焦于思想道德建设的多维度深化，旨在通过完善依法经营体系、强化廉政机制建设、大力弘扬公平正义等关键举措，构建一个既符合时代要求又深植于民众心中的思想道德框架。我们致力于营造一个法治严明、清正廉洁、公平正义的社会环境，以此激发社会正能量，促进社会政治生态的持续优化与经济的稳健发展。这一系列规划不仅是对思想道德建设本身的加强，更是对社会整体进步与和谐发展的有力推动。

5.3.1 促进企业依法经营

（1）现代化背景下依法经营的重要性

①顺应全球化发展背景。合规风险管理是由巴塞尔银行监管委员会于1998年首次提出并在金融机构实施的一种办法，即通过建立一套有效的合规风险管理机制来避免违规事件的发生，主动采取相应的纠正和惩戒措施，对合规风险进行有效的识别、监测、评估和报告，实现风险持续管理的动态过程。2018年11月2日，国务院国有资产监督管理委员会印发《中央企业合规管理指引》，各省国有资产监督管理委员会也相继印发了省属企业合规管理指引，明确了国有企业依法合规经营管理的重点任务，确保国有企业持续健康发展。

②中国特色社会主义市场经济的必然要求。中国特色社会主义市场经济要想在竞争日益激烈的市场中取胜，就必须坚持走法治经济的道路，因为市场经济的发展必然要依靠法治，选择依法治企已经成为时代发展的必然。在市场经济中，市场经济在某种意义上就是法治经济，法律起到引导、规范、保障安全的作用。在市场经济环境下，市场对资源分配起着决定性的作用，各种经济主体必须遵循公平的市场规则，通过公正的市场竞争来求得生存和发展。企业必须知法、守法，在合法的范围内经营业务，才能在激烈的市场竞争中立足。此外，要实现企业的发展目标，还需要不断加大依法治企力度，以维护企业自身在市场中的形象。

③实现"两个一百年"奋斗目标的必然要求。国家现代化的重要衡量指标是法治程度，我国实现中华民族的伟大复兴和"两个一百年"奋斗目标需

要法治保驾护航。企业作为社会主义市场经济中的重要组成部分，是实现现代化的关键要素，是党依法治国和构建现代化治理体系的关键力量，因此国有企业贯彻全面依法治国的首要任务是促进全面依法治理企业。近年来中国政府出台了一系列适用于中央企业的合规规定，旨在推动中央企业治理现代化的变革。目前，这些规定已基本构建了中央企业合规经营领域的重要制度框架。各级地方国有资产监督管理委员会、发展和改革委员会以及国有企业应根据时代演变不断适应变化形势，结合本地区的特点，持续构建独具特色的制度体系。

（2）会计对于企业依法经营的重要意义

①会计增加企业信息透明度，有效监督企业合法经营。会计对于信息的披露是资本市场中的关键要素，也是连接资本市场各方的重要桥梁。提高会计信息的透明度可以提高利益相关者获得信息的效率，降低获取成本。当企业会计信息透明度较高时，外部信息使用者能够更加准确地评估企业当前的价值和未来的经营前景，企业从事违法行为的可能性将被更好地评估出来，企业进行违法盈余管理的动机就相对减少。企业会计信息的透明度增高可以降低筹资方和投资方的信息不对称，一方面使得投资方更愿意付出，另一方面也能够提升股东和管理者对失败的容忍度，降低管理者的职业风险和减少短视行为，提高信息透明度有利于监督资金用途，确保资金流向合规合法。

②会计能有效促进我国企业改进经营治理结构。一个合理有效的企业治理结构应确保企业高效运作，推动企业价值的不断增长，并保障满足各方参与者的利益和需求。会计主体根据法律法规对会计业务进行监督，能够有效提升公司运作效率、增加公司价值，并促进经济效益的提升。此外，会计主体还积极保护各方参与者的利益，在我国完善企业治理结构中扮演着重要角色，为我国经济发展长远目标的实现提供了有力支持。

③会计是依法经营的重要保证。制定会计制度时，必须以国家有关法律法规为前提，确保各项经济活动在法治基础上进行，遵守法律并保持合法运营。会计可以对企业经济活动进行约束，揭露企业违法行为、严肃财经纪律，以及建立良好的生产秩序，推动经济活动的合法经营，提升我国法治建设水平，进而规范市场经济的法制化建设。

（3）会计规范和法律制度的建立

坚持依法经营是企业经营管理中的一项重要理念，它要求企业在经营活动中严格遵守国家法律法规，确保企业的合法合规。将依法经营提升至确保企业健康发展的生命线的高度，意味着企业必须要深刻理解依法经营的意义，以及依法经营对于企业长远发展的重要性，并且要将依法经营作为企业发展最基础的核心和发展的基石。会计是企业经营管理中极为关键的组成部分，它涉及企业的资金筹集、使用、管理和监控等方面。加强和规范财务管理工作对于推动和巩固企业依法经营具有重大意义。一方面，财务管理的规范化能够帮助企业实现资源的合理配置，有效地降低企业经营的风险并且进一步提高企业的经济效益；另一方面，严格的财务管理可以有效防止企业内部的腐败和违规行为，维护企业的合法权益。除此之外，规范化的财务管理体系还有利于提升企业自身的形象，提升企业自身的信誉等级，助力企业赢得更多的市场。

①进一步强化依法经营意识，发挥内部审计监督作用。企业要有效率地提高管理层以及财务人员的依法经营意识，加强和规范企业内部的规章制度和内部审计监督工作，控制财务管理流程，建立良好的财务管理体系。为了控制财务流程并建立良好的财务制度，我们需要确保财务管理工作流程的规范性和制度的健全性。规范化的财务管理工作是依法经营的进一步体现。当前，我国许多企业在财务管理方面还存在着流程不够清楚、过程不够规范等问题，有些企业财务制度仍然不够健全，不同的基层单位之间的财务管理效果存在较大的差异。对基层单位财务管理流程进行清理和规范，有助于整合资源和规范管理，同时也有助于及时发现不切实际的流程和制度问题。通过与基层财务部门和单位内部进行交流和座谈，我们可以实现对基层财务管理流程的优化和规范；通过对企业系统财务管理进行统一的指导，可以建立规范的管理流程和完善的制度，从而提高企业整体的财务管理水平。

加强和规范会计基础工作，能够推动财务管理水平的不断提升。会计基础工作的加强和规范是会计工作的基础环节，部分公司分支机构为加强财务管理，已经实现了会计电算化管理模式，尽管如此，企业仍需继续抓好会计基础工作。财政部门要从最基础的环节入手，不断督促会计人员一丝不苟、务求实效。

我国要加快建设更高水平的社会主义市场经济体制，实现高质量发展，就需要发挥审计在对各类主体进行监督方面的作用。审计师是一种第三方主体，他们通过接受企业的委托并签订业务委托书，对被审计单位及其环境进行全面了解。审计师需要准确识别各种风险，并实施进一步的审计程序。基于这些工作，审计师最终会得出审计结论，并发出相应的审计报告，以促使企业提供高质量的会计信息报告。

提高企业会计信息透明度对于提高审计效率具有重要意义。通过提高企业会计信息的透明度，审计师可以更快地评估企业的财务风险、编制审计报告、减少挖掘企业潜在重大错报的时间和精力，更专心于审计报告的编制，这有助于提高审计质量，维护企业和投资者的利益。

②加强会计诚信建设。法治的本质是善政和善治。中国特色社会主义法治道路的一个显著特征是坚持将依法治国与以德治国相结合，同时抓好法治和德治。在一定程度上，法律是成文的道德，道德是内在的法律。法律的有效实施需要得到道德的支持，道德的践行需要法律作为后续保障。会计人员需要秉持初心，以诚信作为自己职业的准则。然而近年来，企业财务信息在披露时出现失真等问题屡见不鲜，扰乱了现有的市场，对现有的经济秩序造成了较为严重的影响，许多"守门人"失职事件也常有发生，违反了《中华人民共和国会计法》和《中华人民共和国注册会计师法》等法律法规，也违背了财务与审计人员的初心。因此，在会计行业建立诚信还有很长的路要走。会计领域目前还未形成完善科学的信用体系，导致会计信用信息无法有效传递到市场。如果对违法行为的处罚不够严厉，执法力度不强，那么相关法律的威慑效果将减弱，无法有效遏制信用失效的行为。我们需要进一步强化财务与审计人员对会计理论知识的学习，加强会计职业道德建设，使得自我约束与外部约束共同发挥作用，提高会计行业的信用水平，加强会计诚信建设。

5.3.2　完善廉洁政府机制

廉政兴邦，腐败误国。党的二十大报告指出，要坚决打赢反腐败斗争攻坚战持久战。会计人员掌管着单位的重要收支，单位经济活动需要财务工作进行法定监督，会计在单位廉政建设中起着关键作用，因此会计人员应该意识到自己在单位经济管理中的重要地位和作用，自觉遵守财经纪律，同时适应形势变化，时刻保持崇高的使命感，勇担重任，切实保护好大众的利益，使财务管理工作在讲政治的高度上实现新跨越。

建立会计诚信制度是国家反腐倡廉建设的重要基础性工作之一。腐败是建立在不公平的社会分配基础上的，会计工作在人类历史的演变过程中，恰恰扮演着记录和揭示不公平的角色。部分地区、行业会计资料失真，有组织造假，对经济社会基础数据传导的精确性造成直接影响，使资源配置扭曲、社会效率降低、社会公平受到影响，也使得腐败滋生和泛滥。建设和弘扬社会主义核心价值观成为反腐大捷后治本的重要举措之一。在社会诚信体系中，建设会计人员的职业操守是不可或缺的一部分，其地位之重要和意义之重大已经得到广泛认同。客观公正是会计工作的灵魂，遵循道德底线、诚信为本、捍卫职业操守的基本准则是新时代会计人员要共同坚守的底线，也是当代构建诚信社会的基石。加强新时代财会人员职业道德是会计工作的重要内容，也是建立"不敢腐、不能腐、不想腐"的制度体系的重要环节。

（1）会计廉政文化

会计工作的相对独立性使其在组织文化的框架中具备独特的文化特征。会计文化包括凭证、账簿等会计物质文化；会计行为文化，如工作特殊要求等；会计制度文化，主要指会计法律制度体系；会计精神文化，如会计职业道德等。会计文化的核心要求是确保会计行业良性有序运行，促进会计从业人员职业道德水平和综合业务素质的提高，规范会计管理活动。会计文化建设目标与廉政文化建设的要求存在多种相似之处，如果能够把两者结合起来，对于推进廉政文化建设和反腐倡廉工作都有重要意义。

（2）会计文化与反腐倡廉

①会计工作中常见的腐败现象。第一，会计人员的腐败。会计人员本身就是腐败高发群体，他们可以使用各种手段进行违法犯罪活动，如虚报冒领、伪造单据、重复支出、不记账等，从而挪用、贪污、虚增成本、缩减收入，并将钱存入私人"小金库"等。第二，违规私建"小金库"。法律的边界终究是道德的限制，一些单位违规擅自设立账目，将本应列入账的日常收取的罚没款和其他款项私自截留，以私人名义存入银行或挂到往来账户上，这给企业单位带来了不可估量的损失，并且这方面很容易滋生腐败。第三，"白条"抵账。"白条"结算不符合财务制度规定的支出，除非无法获得正式凭证和使用内部统一的单据入账，否则不能使用"白条"抵账。部分企业单位对于这一规定并不遵守，导致实际业务费支出时，白条入账的情况时有发生。第四，回扣不入账。在实际业务开展时，常常会遇到合理的回扣，本应记录在单位账目中，但有时却被私自侵吞，转入个人钱包。

②会计廉政文化在反腐倡廉中的独特作用

第一，预防作用。设计严密的会计内部控制，例如岗位分离控制制度、可靠性控制制度、人员素质控制制度、财产安全控制制度等，这些严密的控制手段成为防止腐败的有效机制。预算管理是财务领域的一项重要管理措施，对单位经济活动的安排与审批，可以有效管控各类经费的支出，防止不合理支出的发生，提高资金的使用效率，并在源头上就有效控制腐败问题的发生。

第二，遏止作用。会计工作中确定、计算、记录等环节，都必须对经营活动的真实性和合法性作出识别和判断，如此做能有效地遏制腐败现象的产生。首先，会计人员需要判断会计主体的各种经营活动产生的财务数据是否适用于会计核算范围。其次，凡是可以用会计核算解决的问题，都要按照会计准则进行计算，同时计量应当保证真实、公平和准确。按照计算结果进行会计记录时，应当保证记录的准确度、真实性、系统性和清晰性。最后，会计人员对这些数据加以管理后，发布相关数据。一旦在这个过程中发生了不实际、不合法的状况，会计人员将不予处理。不准确、不完整的数据，需要更正、补充。非法规定的数据，坚决不得办理。这样保证了会计数据和信息的完整性和真实性，并有效避免了腐败现象产生。

第三，证据作用。会计记录的基本要求是必须有原始凭证作为记录依据，因此各单位、企业都保留着大量真实、准确的会计记录，在进行审计检查时，这些材料会成为揭露腐败的重要证据材料。此外，为了确保管理者能够依法开展活动，有效实施反腐倡廉机制，保障公共财产处于安全状态，企事业单位应定期对其财务资产进行盘点。

第四，惩戒作用。不断完善的会计法律法规制度体系成为严厉打击贿赂行为的有力措施。目前的会计法规制度规范了会计人员的标准化业务流程，强化了内部监督管理工作，并明晰了会计人员的权力与职责。若企业人员对会计实施任何干扰或者有意破坏会计核算资料，根据情况将会追究其责任，情节严重的还可能承担刑事责任。

③从会计文化角度分析腐败产生的原因

第一，从业人员自身职业道德素质不高。一些单位的负责人和会计人员缺乏良好的职业道德和专业素养，忽视了世界观和价值观的锤炼，疏忽了党风廉政建设，对国家的财经法规不加重视，将国家企业授予的权力滥用于个人牟利。

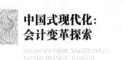

第二，会计制度体系不够完善。一些单位的领导喜欢独断专行，将财务制度视为虚设，甚至把会计人员当作自己的下属，对言听计从的会计人员进行提拔，对不配合的会计人员调离岗位，导致预算编制成为形式主义，资金支出随意，整个会计过程不透明，而在会计制度体系中对这一情形也并未有相关惩罚措施，使得一些违反职业道德的财务人员铤而走险，加重了腐败等不良问题的滋生。

③会计的监督效应被严重弱化。会计在经济高速发展中起到越来越重要的作用，尤其是在监督方面，会计的监督作用比其他监督手段更加直接有效，只有严格控制这个关键节点，才能有效地预防腐败问题的发生。相反地，如果会计人员在账册之外另立收入，对不符要求的账务继续处理，不监督不合理、不合法的支出，必然会给不法分子以可乘之机，导致国家、企业和个人资产的损失。

第四，会计违法的成本较低影响了会计廉政文化的养成。在实际工作中，对于发现的财务问题，通常存在重说教、轻处罚，重检查、轻整顿的现象。现行财务制度虽明确规定了惩罚措施，但当单位发生问题时，往往并不严格执行这些规定，常常将大问题淡化为小问题，或者以经济处罚取代行政甚至刑事处罚，很少能对单位的主要责任人产生实质性影响。不严肃且权威性不足的执法导致违法乱纪行为难以根本消除，同时也妨碍了会计廉政文化的培养。

（3）会计廉政文化建设机制

①文化建设关键靠人，注重加强职业道德教育。会计人员不仅要受到专业性考核的要求，还要不断加强自身职业道德水平，在廉政文化建设过程中，会计人员起到非常重要的作用。与其他管理岗位相比，会计工作还存在着岗位职业道德建设问题。在会计高等教育，尤其是在入岗培训和继续教育时，必须建立以诚信为基础的科学完善的职业道德培训制度，力求将每一个会计人员都塑造成道德高尚的专业人才，并逐步形成坚持求真务实、反对弄虚作假的社会共同意识。在经济领域中，会计人员应该勇于与各种不正之风和违法乱纪行为作斗争，这是会计廉政文化建设的题中之义。

②外在的法律制度是会计文化建设的保障，注重完善会计法律体系。会计文化的发展需要依靠法律制度的支持和保障。经济社会不断发展，需要及时调整会计管理制度，特别是解决实践中出现的新问题，认真研究并跟进步伐，对相关法律制度进行调整和完善，以适应新形势的发展，通过创新制度

设计来推动会计文化的进步。

③优化会计廉政文化发展环境，建立职责明确的会计监督体系。理想的会计监督体系应该由各个层次的机构领导、会计人员、审计员等联合构成，各个主体协调运转，各司其职，相互制衡，以保证体系的稳定与有效。一是企业的主管必须清楚自身作为企业整个会计体系的职责主体，需要增强会计体系对企业的重要作用，增强企业的"免疫能力"。二是要处理好会计工作，尤其是会计程序。会计人员必须严格执行标准和规范，以保证信息能够准时、正确、全面、真实的发布。三是保持内部审计工作的独立性，在合理设置好工作人员的基础上，注重对会计工作的再监管，发挥其在业务推动、预防保障与评估方面的关键作用。四是要尽快健全相应的监督检举程序，使得会计人员在出现问题后能够迅速作出检举。

④深化会计法治教育是推进会计廉政文化建设的关键。深化会计法治教育对于推进当前会计廉政文化起到了巨大的推动作用。一是政府有关部门需要积极引导，结合实际确立会计法治教育目标，制订相应计划，完善制度，将法制教育置于会计教育的重要位置。二是组织负责人必须重视并带头加强会计法治教育。在当前全面深化改革的重要方面，财税改革正在进行，财税法律法规也在不断更新，只有建立良好的会计廉政文化氛围，才能推动会计从业人员加强法律学习，增强法治观念，自觉遵守法治要求，真正将法治观念内化于心，外化于行动，养成依法办事的良好习惯。

会计从业者的职业操守建设是一项紧迫且长期的重要任务。在这个过程中，会计从业者必须加强自我修养、遵守行业规范和财经法律。在倡导道德行为的同时，政策法规制定者也必须同步推进保护会计人员合法权益的制度和法律，对于那些要求、强迫或唆使会计人员做假账的行为，必须严格惩罚。

5.3.3　促进公平公正

（1）中国式现代化的公平性和必要性

公平公正是现代创造不可或缺的价值方向。中国式现代化建构的社会关系、人人享有的合理分配格局、共同体生产活动与和平发展现代化道路，都体现了公平正义的价值底蕴，这是对资本主义现代化反思的结果。

资本主义国家集结成多个理性组织被普遍视为世界进入现代化的标志，

资本主义的现代化进程被认为是社会合理化甚至是理性化的扩张进程。马克斯·韦伯认为，现代社会和理性之间存在着紧密的联系，制度的理性化是资本主义现代化过程中的重要评判标准，并以理性为基础描绘了现代社会的制度网络。马克斯·韦伯在思考现代化时发现，工具理性渗透到资本主义现代化的各个社会行动和领域中，成为社会制度和政治经济文化发展的一个合理基础之一。

事实上，公平正义的价值观是现代化观念中不可忽视的要素，其中包括了经济资源和财富分配的平等。公平正义特别是经济平等问题是推动现代化的重要机制，中国式现代化不仅是经济发展，还更加注重现代化本身的合理性和公正性，更加强调在现代化过程中对各方角色、责任、权利和价值的公平分配和维护，建立一个具有高度公平正义水平的现代化。

（2）中国式现代化背景下的公平正义

中国追求现代化既注重国家的经济实力，又强调构建一种综合的、共同的文化价值理想，因此，"中国式现代化观"被视为一种信念式主张，并带有一种强调价值诉求的应然态度。这种观点认为，中国的现代化不仅是追求物质富足，还追求包括平等、公平正义、共同富裕、精神文明和生态文明等价值在内的综合发展。中国式现代化与资本主义现代化不同，它更加注重社会财富的公平分配。

现代社会追求公平正义，即每个人或民族在推动社会发展和国家繁荣中都能获得应有的进步。中国式现代化的重要伦理理念是公平正义，它是中国式现代化前行的原则。中国式现代化建设的可持续发展依赖国家治理的现代化，该现代化要以公平正义作为制度安排的价值考虑。此外，现代化建设主体也要以公平正义作为权力规范和权利保障的价值准则。同时，实现现代化建设需要统筹兼顾效率和公平之间的重要关系。公平正义的价值理念和价值追求蕴含着理性思维和开创潜能，对中国式现代化具有非常重要的促进作用，是社会主义现代化朝着正确方向前进的重要依托和保障。中国式现代化是全球理论和实践的创新，中国式现代化所体现的公平与正义是全球现代化建设理论和实践的创新，将推动人类文明的进步。

（3）会计变革促进公平公正

①实现共同财富

在现代化进程中，中国高度重视全民的共同富裕，而实现共同富裕正是中国特色社会主义的核心理念。党的二十大报告明确指出，解决"三农"问题是构建社会主义现代化国家任务中最为艰巨和繁重的一项。会计在促进农村进步和助力乡村振兴的过程中应当发挥其作用。现代会计的核心思想在于明确区分所有权与经营权，资产负债表显示企业的债务和所有者权益，揭示了资产是由债权人或投资人提供的，即所有权来源，同时资产反映了经营权。农村土地三权分置改革对土地经营权进行了创新设置，与传统企业经营权存在一些差异。三权分置对现代企业的两权分离格局产生了影响，同时也对现代会计理论构成了挑战。长期以来，会计过于关注资本这一生产要素的呈现，而对土地、劳动力、技术和数据等其他资源要素的反映不够充分。土地要素的三权分置打破了资本要素的两权分离，这就需要会计界通过改革完善调控机制。

会计财富再分配的作用由来已久。人类会计的起源可以追溯到原始部落的生活方式，原始部落的人们通过刻画符号和绘图来记录和安排生活资料的采集、储备、分配和消费。这个系统保证了部落的存续和人类生产生活的正常进行，从而成为会计历史的起点。企业财务报告中的资产负债表的"应付职工薪酬"以及现金流量表的"支付给职工以及为职工支付的现金"项目，能够部分表现企业劳动力要素劳动报酬在利益分配中所占的比重。利润表中的"财务费用"与资产负债表中的负债项目相结合，资产负债表中的"股本""资本公积"与利润表中的"净利润"相结合，同时现金流量表中的"分配股利利润和偿付利息所支付的现金"项目可以展示资本要素在企业利益分配中的比例。会计应该更好地反映劳动报酬和要素收入，将包括数据在内的新要素纳入财务报告中，以促进会计对财富分配进行更充分的反映，为实现共同富裕提供支持。

再分配和第三次分配相对于初次分配更能体现公平，再分配利用税收、津贴补贴、转移支付等方式来促进公平分配，而第三次分配则通过捐赠和慈善等手段来促进公平分配。财务会计在应对慈善捐赠方面还缺乏适当的规范，而宏观的管理会计更应该提供制度引导、方法和工具示范，以引导微观主体通过公司治理来提升慈善行为的透明度和影响力，从而建立良好的企业声誉，激励和引导高收入人群和企业投身慈善事业。

②促进公平竞争

要使数字经济保持健康发展，我国需要在宏观层面上通过反垄断和反不

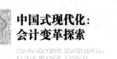

正当竞争来阻止资本无序扩张和无序竞争。随着数字经济的迅猛发展，数字化企业中出现了一些新型的不公平竞争现象。比如，一些大型互联网企业利用资本优势长期以低于成本价的方式压缩中小企业的生存空间，或者通过"扼杀式并购"收购具有竞争威胁的初创中小企业，甚至还有强制平台中的企业进行"二选一"的行为。数字平台垄断和无序扩张不仅对市场环境与秩序造成破坏，还会进一步抑制市场创新，阻碍数字市场健康发展。在数字经济背景下，反垄断和打击不公平的竞争行为给传统的实体竞争监管方式带来了考验，因为在数字经济中，垄断的手段往往更为隐秘。2022 年 8 月修订的《中华人民共和国反垄断法》明确规定，经营者在进行商业活动时，不能滥用数据、算法、技术、资本优势和平台规则等，以实现妨碍公平竞争的目的。这一法律规定有可能带来管理会计制度的创新，通过使用数字化工具来分析竞争对手的定价、市场份额、产品特点等信息，从而更好地了解市场情况并制定合适的市场竞争策略，以防止企业被恶意收购，并为管理层提供有用的决策信息。

③管理基础设施

公共基础设施在国家建设、社会进步和提高民众幸福感等方面起着至关重要的作用，它是经济发展和居民生活的关键保障设施，有利于国家实现公平分配。在基于收付实现制构建的原行政事业单位会计制度下，公共基础设施一直未被包括在财务报表体系中，实物资产的会计核算一直缺失，给实物资产的规范管理带来了重大的不利影响。在过去，公共基础设施建设的成本直接被列支，没有作为资产进行单独核算和披露。而在新《政府会计准则》下，公共基础设施成为"表上"资产，这种创新解决了公共基础设施界定不清、核算不明，以及未被纳入财务管理的问题。科学的度量方法是核算工作的基础。公共设施被细分为交通、能源、环境等领域，这种细分使得交通、环境改善和能源利用等方面得到了精细管理，以更好地为政府决策服务，满足社会公众的知情权。

（4）会计变革促进完善公平公正机制

①建立良好的会计数据统计机制

健全的会计数据统计机制可以弥补现有衡量工具的缺陷，推动收入分配公平，并最大化会计在收入分配中的作用。会计数据统计机制的有效运行是为了进一步加工数据，寻找和分析收入分配问题的根源，并提出应对措施。税务部门有很多基础信息，比如企业每个时期报送的财务报表、经济数据，以及个人所得税和社会保险数据。建议税务部门统筹建立收入差距的统计机制，并推动相关立法。建议银行、工商和海关共享数据，以确保数据的真实性和可靠性。在处理和运用数据时，肯定会面临数据隐私和安全问题，必须提前做好安全防护，保护好个人隐私。

②进一步完善会计制度，充分发挥其在收入分配体系中的作用

当前的研究主要关注收入分配公平，其主要集中在国家层面，从宏观的视角来评估国家的收入分配是否公正。在研究时，宏观数据提供的信息容易被简化，从而造成研判偏离原本的情况，用有偏差的研究和判断来支持政策会产生负面影响。我国不同地区情况各异，居民、企业和行业所面临的环境各不相同，不同群体对收入和资产差异的敏感程度也不同，而且在不同的经济发展阶段，人们对收入分配差距的忍受程度也有所不同。因此，仅从国家层面研究收入分配无法满足实际需求。建议重视会计的作用，利用会计数据关注收入分配的公平程度，从而采取精细的政策措施来调节收入分配，实现公平公正。

③加强数字会计的发展，提高会计核算和信息反馈的准确性

会计核算虽然相对准确，但在实际操作中仍然存在许多不规范的情况。监管机构收到的报表中存在不同程度的欺骗行为。数字化会计作为会计领域向信息化方向演进的结果，能够有效地提升会计信息的质量，进而提高分析收入分配的精准度。

一方面，数据源更宽，精度更高。数字化会计是基于大数据、人工智能、云计算和物联网等新技术的发展而兴起的，它可以减少基础数据的错误和丢失，提高公司会计部门的核算效率和内部控制的有效性，从而提升会计报表的准确性。另一方面，指标更准确，更具指示性。数字化会计的发展使得数据的维度得到极大的提升，可以将地区、行业、性别特征等信息纳入会计信息的附属部分，以实现全面的分析。会计数据的提质增效可以增加基尼系数、不良指数等指标的可信度和有效性。

④提高会计信息透明度，促进三重分配

提高会计信息的透明度有助于增强企业的社会责任感，让企业更加重视

外部利益相关方的利益，进而增强企业进行捐赠的意愿。企业社会责任相关的信息公开程度也随着会计信息透明度的提高而提高，这使得投资者对企业社会责任的履行情况有了更多的了解。捐赠行为相对于其他社会责任行为而言，是企业履行社会责任更容易被利益相关方察觉的重要表现形式。捐款意愿越强烈的企业，其捐款级别也相应越高。企业捐款作为体现企业社会责任的行为，是有经济基础和选择性的，模仿此类行为要付出一些成本。选择性是指企业捐赠行为不受外部强制力的制约，而是否捐赠完全由企业自主决定。企业捐款的行为可以传递一个信号，比如受惠于经济基本面的作用，企业目前现金流状况良好等。

（本章撰稿人：郭红、曹莉媛、王晓菁、王丽君、杨婷、刘晓娜）

6

生态文明与会计变革

6.1 环境资源与会计

　　"生态文明"是中国共产党通过对工业文明带来的不良影响的深刻反思，认识到了自然环境在经济和社会发展中的重要作用，从而对人与自然的关系做出的一种创新的重建。从中华人民共和国成立初的一穷二白到一跃成为全球第二大经济体，我们付出了数十年的艰苦努力，然而，在经济高速增长的同时，我国出现了严峻的环境问题。在对这一现实有了深刻的认识后，党的十八大以来，国家开始深入反思传统发展方式的弊端，并对生态文明建设作出了一系列的重大部署，以达到环境保护与经济发展的双赢。会计作为企业和社会管理的重要工具，在生态文明建设中具有重要作用。然而，当前会计领域对环境资源的关注度不足，使得会计在生态文明建设中的作用未能充分发挥。

6.1.1 环境会计与生态会计

　　环境资源是指地球上存在的各种可供人类利用的物质和能量，这些资源是经济社会发展的重要基础，在过去的工业文明发展过程中，环境资源遭受了严重破坏。近年来，国内外学者针对环境资源与会计的关系进行了广泛研究，这些研究主要集中在环境会计理论、环境信息披露和环境绩效评价等方面，尽管取得了一定的成果，但仍存在研究不深入、实用性不强等问题。

　　环境资源与会计之间存在密切的联系。第一，环境资源是会计对象的重要组成部分。在传统会计中，环境资源被视为企业资产的一部分，需要进行核算和披露。第二，会计在环境资源管理中具有重要作用。通过制定相应的会计准则和制度，会计可以规范企业环境资源信息的披露和核算，为环境资源管理提供可靠的信息支持。随着环境会计理论和实践的发展，越来越多的企业开始关注环保绩效，这有助于促进生态文明建设。

　　环境会计是促进经济、社会、环境的和谐与可持续发展的重要手段。以1971年比蒙斯的"控制污染的社会成本转换研究"和1973年马林的"污染的会计问题"为代表，国际环境会计研究逐渐展开。随着经济和文化的快速发展，发达国家的环境保护意识不断提高，企业会计对环境事项的核算也显著增加。1987 年，联合国环境发展委员会发布了具有重要影响力的报告——《我们的共同未来》，进一步引起了人们对环境问题的广泛关注。1992 年，联合国环境与发展会议（通常被称为"地球峰会"）在巴西里约热内卢召开，这是一次具有里程碑意义的全球性会议。会议的主题是"我们共同的未来"，旨在解决全球环境问题，特别是气候变化、生物多样性丧失和可持续发展等问题。这次会议的召开，不仅提高了全球对环境问题的认识，也为国际社会提供了一个共同行动的平台。在会议上，各国领导人签署了《里约环境与发展宣言》和《21 世纪议程》两个重要文件，明确提出了环境保护和可持续发展的目标和原则。这些文件为后来的环境政策制定和实施提供了重要的指导。1998 年，联合国国际会计和报告标准政府间专家工作组会议在日内瓦召开。会议的主要议题是环境会计和财务报告。会议通过了《环境会计和财务报告的立场公告》（通常被称为"绿色报告"），这是国际上第一个关于环境会计报告系统的指南。这个立场公告为加速环境会计的发展、提高环境报告质量、协调环境会计工作提供了比较全面的指导。它强调了环境会计的重要性，提出了环境会计的基本概念和方法，包括环境成本和收益的识别、测量和报告，以及环境绩效的评价等。此外，这个公告还提出了一些具体的建议，如企业应该建立和完善环境会计系统，定期发布环境报告，以便公众和其他利益相关者了解其环境绩效。这些建议对于推动企业实施环保措施，提高其环境绩效，以及增强其社会责任意识都起到了积极的推动作用。随后，一系列指导性文件，如《环境成本和负债的会计与财务报告》以及《企业环境业绩与财务业绩指标的结合》等已经发布并实施，这些文件对各国的环境会计理论研究和实际操作产生了积极而深远的影响。

然而，由于环境会计的基本准则尚未确立，各国在环境会计发展方面的侧重点存在差异，实际推进工作也处于不同的层次。在欧洲、北美等发达地区，环境会计得到了更为深入和系统的研究。美国会计准则委员会已经制定了一系列与环境会计相关的准则和公告，加拿大特许会计师协会的研究成果也对环境会计的发展做出了贡献。在亚洲地区，日本在环境会计领域的发展中处于全球领先地位。2001 年，日本环境省发布了《环境报告书准则（2000年度版）——环境报告书制作手册》，并提供了"环境会计指南"和"环境会计帮助系统"等软件，以推动企业的环境会计工作。2002 年，亚洲会计学

会第三届年会在日本名古屋大学举行，会议主要围绕环境会计、目标成本以及亚洲会计实务等议题展开研讨。环境会计是一项备受关注的全球性议题，同时也是一个具有巨大发展潜力的研究领域。通过不断加强国际合作和经验交流，各国可以共同推动环境会计的发展，为实现经济、社会和环境的和谐发展做出更大的贡献。

1992 年，中国会计学界迎来了一个重要的时刻。葛家澍和李若山两位杰出的学者在《会计研究》这一权威期刊上发表了一篇名为《九十年代西方会计理论的一个新思潮——绿色会计理论》的文章。葛家澍和李若山的这篇文章详细介绍了绿色会计理论的起源、发展及其在西方国家的应用情况。文章指出，绿色会计是一种将环境保护与企业经营相结合的会计方法，旨在通过量化企业对环境的影响，为企业提供有关环境保护成本和效益的信息；从而促使企业在追求经济效益的同时，关注环境保护和可持续发展。这篇文章的发表将"环境会计"的概念首次引入中国，为中国会计学界带来了全新的研究领域和视角。许多学者开始关注环境会计的理论体系、方法和实践应用，探讨如何将绿色会计理念引入中国的会计实务。此外，政府部门和相关机构也开始重视环境会计的研究和应用，制定了一系列政策和措施，推动企业实施绿色会计，提高企业的环保意识和社会责任感。随后，徐泓于 1998 年出版了《环境会计理论与实务的研究》一书。该书对环境会计的基础理论和实务框架进行了全面而深入的概括和总结，为后来的环境会计研究奠定了坚实的基础。在该书中，徐泓提出了环境资产、环境费用、环境成本核算的基本模式，为环境会计理论研究和实务发展做出了卓越贡献。这些模式不仅为环境会计的实践提供了指导，也为环境会计的理论发展提供了新的视角。1999 年，孟凡利的《环境会计研究》一文对环境会计信息系统的构建、环境问题的财务影响以及环境绩效等方面进行了详尽的论述。这篇文章进一步推动了环境会计的发展，为环境会计的研究提供了新的思路。随着全球环境保护浪潮的推进，中国也将环境会计研究工作纳入了日程。2001 年，中国会计学会成立了环境会计专业委员会，这是中国环境会计研究的一个重要里程碑。该委员会的成立标志着中国环境会计研究进入了一个新的阶段。2002 年，中国会计学会出版了《环境会计专题》一书。该书汇集了中国环境会计研究的精华，为环境会计的研究提供了丰富的资源。2003 年，财政部会计准则委员会秘书处翻译了《企业环境业绩与财务业绩指标的结合——生态效率指标标准化的方法》。这本书的翻译对于推动中国环境会计的发展具有重要意义。2004 年，肖序主持了国家社会科学基金课题"我国环境会计制度构建研究"，这个课题的研究对于完善中国的环境会计制度具有重要的指导意义。此后，魏素艳等编著了《环境会计：相关理论与实务》（2006）、李永臣撰写了《企业环境会计研究》（2005）、张英撰写了《构建我国环境会计体系的研究》（2006）。这些专著对环境会计问题进行了更深层次的探索与研究，推动了环境会计的发展。然而，迄今为止，我国尚未建立起一套完整的环境会计信息披露体系，也没有制定出一套切实可行的环境会计标准，这导致企业对环境信息的披露不够全面、有深度，也不具有可比性，影响了利益相关者对环境信息的利用。

环境会计的主要目标是帮助企业实现自我管理，减轻其对环境的负面影响。它通过记录和报告企业的环境活动，如能源使用、废物排放、水资源管理等，来评估企业的环保绩效。同时，环境会计也可以帮助企业识别和实施改进环境性能的策略。环境会计的研究领域包括环境成本会计、环境管理会计、环境审计和环境报告等。其中，环境成本会计是环境会计的核心，它主要研究如何将环境成本纳入企业的财务报表，以便投资者和其他利益相关者能够了解企业的环境影响。环境管理会计则是研究如何利用会计信息来改进企业的环境保护和管理活动。这包括了如何制定和实施环保政策，如何提高资源利用效率，以及如何减少环境污染等。环境审计是对企业的环保行为进行独立、客观的审查，以确保企业遵守环保法规和标准，可以帮助企业发现和纠正环保问题，从而提高其环保绩效。环境报告则是企业向外界公开其环保信息的方式。通过环境报告，企业可以展示其环保成果，提高其在公众和利益相关者中的信誉。总的来说，环境会计是企业社会责任的重要组成部分，它有助于推动企业实现可持续发展。

鉴于生态系统的特性以及生态产品所呈现的"市场失灵"现象，企业有必要对其实施会计信息披露。生态效益外部性的会计信息披露目标应聚焦于生态系统的可持续发展和生态效益外部性的适度内在化。然而，要实现生态效益外部性的适度内化，就必须有具有价值性的信息，以增强其说服力和可操作性。由于缺乏生态会计的理论和方法，目前这一目标无法实现。因此，在当前阶段，以事件法与价值法为基础的生态收益外部性会计信息披露模式就成了一种现实的选择。随着相关理论、方法以及人们的理念的持续发展和创新，价值法对生态收益外部性的会计信息的覆盖范围也在逐步地扩展，而

生态会计信息披露也将成为一种有效的手段，可以有效地解决生态系统生态收益的市场失灵和政府失灵问题。

党的十八届三中全会赋予了生态文明建设重要的地位，这一理念的实现，离不开会计及其信息的有力支持。当前生态会计的研究时机已经成熟，在"绿色环保""生态经济"和"可持续发展"的大背景下，人们急需构建一套能全面反映经济、社会和生态综合运行状况的新型信息体系，而这一信息需求的产生也促使了生态会计的出现。目前关于生态会计的研究大部分集中在两方面：一是生态会计理论背景、概念及模型的研究，如 Frank B.（1997）认为生态会计是基于生态理念和经济价值观萌芽发展，Birkin 和 Ranghieri 则在欧盟资助项目"可持续发展旅游业的环境保护系统"中开发了一个名为"立交桥模型"的生态会计系统模型；二是生态会计具体到某个层面的研究，如 Ferng 和 Hoekstra 基于评价层面分别提出能量足迹与水足迹概念。也有一些学者提出了框架构想，但不够系统与深入。本书试图从生态会计研究发展的演变逻辑入手分析，对已有生态会计理论展开综述，并结合资源会计、环境会计已成熟的理论研究，提出生态会计框架体系，为生态会计未来发展的方向作出努力。

人类对自然资源愈发无节制地开采利用，导致其对资源、环境以及生态系统的影响日甚，环境会计已无法全面衡量人类活动的外部影响，开始有学者提出生态会计的构想。生态会计一词源自英文中的 ecological accounting，是继社会责任会计和环境会计之后，又一个从国外引入的会计概念。相较于传统会计，或者新分支会计如环境会计的发展，生态会计是一个全新的学科领域。无论是社会会计、社会责任会计，还是资源会计、环境会计，都与生态会计存在着天然的内在关联。相对而言，生态会计的研究视角更为开阔，不局限于环境污染末端，而是综合考虑了资源、环境与经济绩效的综合协调关系。虽然现行会计在企业发展及应用中存在着诸多缺点和不足，但相关原理和方法仍是生态会计研究的重要理论支撑。

随着会计理论的进一步发展，一些学者注意到，现行会计系统在可持续发展方面存在缺陷，故生态会计被提出是一个合乎逻辑的结果。王漾（2010）指出，由于现有会计理论与实践无法满足可持续发展目标，因此，实施生态会计是经济社会与企业可持续发展的必然要求。张亚连、张卫枚（2011）指出，正是因为存在政府、经济利益相关者和环境利益相关者对生态会计信息的需求，才使得生态会计的出现成为可能。另外，一些学者站在国家宏观战略角度阐述了生态会计产生的可能性与必要性。于玉林（2014）从生态文明的启示出发，强调了生态文明建设需要建立生态会计的必要性，并提出了可以借鉴环境会计实践经验来构建生态会计的观点。沈洪涛、廖菁华（2014）则指出，在生态文明制度建设中，政府、企业和社会三个层面对会计提出了新的要求和挑战。由此可见，生态会计作为特定条件下的理论产物，与现行会计理论发展紧密相关，更离不开具体时代背景的支撑。目前国内有关生态会计的研究还停留在概念界定的初步构想阶段，并未有实质性的突破。根据耿建新（2005）的观点，生态会计不仅是一个反映会计主体与自然环境之间物质和能量交换的信息系统，更是一个满足会计系统信息需求的子系统。王中坚（2007）、曹光亮等（2007）基于Birkin提出的负担—基础模型，将生态会计分为宏观和微观两个层面。其中，负担—基础模型中的环境影响会计与递耗资产会计构成微观生态会计，环境容量会计与物质流量会计、传统经济统计组成宏观生态会计。还有学者从生态会计的目标、要素、假设、内容、计量方法出发，提出生态会计框架。

6.1.2　生态文明建设对会计的特殊要求

（1）自然资源资产负债表

自20世纪80年代以来，全球资源环境问题日益严峻，国际社会开始探索将反映社会可持续发展的资源和环境因素纳入国民经济核算体系。目前，国际上已普遍采用资源核算（resource accounting，RA）和环境核算（environmental accounting，EA）的方法，将资源和环境纳入国民经济核算体系以推动社会可持续发展。有关资源和环境核算的研究主要有两种思路：一种是以资源核算为主，兼顾环境核算；另一种是以环境核算为主，兼顾资源核算。美国世界资源研究所（World Resources Institute，WRI）、中国、印度尼西亚等采用的是资源核算方法，而联合国统计署（United Nations Statistics Division，UNSD）、世界银行（World Bank，WB）、经济合作与发展组织（Organization for Economic Co-operation and Development，OECD）、德国、法国等所做的环境卫星账户和环境与经济综合核算体系（environment and economic accounting，EEA）属于环境核算方法。各国根据自身资源与环境问题的突出程度，选择不同的核算方法。资源和环境之间存在密切联系，资源核算和环境核算的最终目标应保持一致。当前，资源枯竭和环境污染问题严重，需要同时考虑资源消耗和经济活动对环境的影响，形成资源环境核算（resource and environmental accounting，REA）或环境资源核算（environment and resource accounting，ERA）的完整体系，并逐步将其纳入国民经济核算体系。在 2013 年召开的十八届三中全会上，我国提出了在生态文明建设过程中对领导干部实行自然资源资产离任审计的重要决策。然而，现有的资源环境核算体系尚不能完全满足自然资源资产离任审计的需求，这为我国探索性编制自然资源资产负债表提供了重要的机遇。因此，对各地区的资源、环境因素进行深入的统计和会计处理，成为制定自然资源资产负债表的一项重要基础工作。

自然资源与环境核算的研究在我国日益受到重视。这一领域的研究主要从三个方面展开：资源核算、环境污染损失核算和资源环境综合核算。这些方面的研究旨在更好地了解和管理中国的自然资源和环境状况，为政策制定者提供科学依据。早在 20 世纪 80 年代初，中国学者们就对资源价格与资源价值严重偏离的不合理状况进行了质疑和讨论。他们认为，资源的价值不仅体现在市场价格上，还应该包括其生态价值、社会价值等。然而，当时我国尚未达到对资源进行系统核算的水平，因此这一问题并未得到广泛关注和解决。1987 年，李金昌等翻译了卢佩托的《关于自然资源核算与折旧问题》《挪威的自然资源核算与分析》，以及洛伦兹的《自然资源核算与分析》等研究报告。这些报告详细介绍了国际上关于自然资源核算的理论和方法，引发了国内相关人士对资源核算的关注。自此，中国学者开始积极参与自然资源与环境核算的研究工作，逐渐形成了一套较为完善的理论体系和方法论。在资源核算方面，中国学者关注资源的存量、流量和变动情况，以及资源的可持续利用问题。他们通过建立资源账户，对各类资源的开采、消耗、再生和替代等过程进行量化分析，以期为资源管理提供科学依据。环境污染损失核算是另一个重要的研究领域。学者们关注环境污染对经济、社会和生态系统的影响，以及污染治理的成本和效益，通过对环境污染损失的定量评估，为政府制定环境保护政策和措施提供参考。资源环境综合核算试图将资源核算和环境污染损失核算相结合，全面评估资源开发利用和环境保护的经济、社会和生态效益。这一领域的研究有助于实现资源的可持续利用和环境的可持续发展。总之，中国在自然资源与环境核算方面的研究取得了显著成果。这些研究成果不仅丰富了国际学术界的理论体系，也为中国政府制定相关政策提供了有力支持。随着中国经济的快速发展和环境保护意识的不断提高，学界对自然资源与环境核算的研究将继续深入，为实现绿色发展和生态文明建设作出更大贡献。在 1988 年，国务院发展研究中心与世界资源研究所联合开展了一项名为"自然资源及其纳入国民经济核算体系"的研究课题。该课题主要探讨了资源定价、资源折旧、资源分类和综合核算以及自然资源纳入国民经济核算体系等方面的问题，并取得了丰硕的研究成果。此后，随着联合国环境经济核算体系（system of environmental-economic accounting，SEEA）的发布，中国对资源核算的研究逐渐受到重视。1998 年，国家环保总局与世界银行合作，在烟台市和三明市开展了真实储蓄率（genius savings，GS）试点工作。2003 年，国家统计局出版的《中国国民经济核算体系 2002》中设立了实物量自然资源核算表作为卫星账户，并制定了核算方案，编制了 2000 年全国土地、森林、矿产、水资源实物量表。基于此，国家统计局对上述四种资源的价值进行了核算。同时，该机构还翻译了联合国的《综合环境经济核算 SEEA 2003》并与中国国家林业局合作开展了森林资源的核算工作。

自然资源资产作为习近平总书记"绿水青山就是金山银山"重要论断的体现，对中国推进生态文明建设和绿色发展意义重大。该概念的提出，是对人类经济发展与自然要素相互作用关系的重新审视。将自然要素纳入国家资产体系，有助于衡量地球的生命力，反映资源本底，体现资源环境的变化。这一概念为人类活动对资源环境的正负效应提供了判断依据和比较标准，有助于推动绿色发展和生态文明建设，实现"绿水青山"向"金山银山"的转变。自 2013 年中国正式提出自然资源资产概念以来，这一领域引起了社会各界的广泛关注和研究。为了深入理解和解决自然资源资产的众多理论问题和认识分歧，有必要对相关文献进行深入研究。《中共中央关于全面深化改革若干重大问题的决定》《中共中央 国务院关于加快推进生态文明建设的意见》以及《生态文明体制改革总体方案》等重要文件，都对自然资源资产进行了深入探讨，为我国生态文明建设提供了理论指导和政策支持。在这一进程中，自然资源资产成为社会各界关注的热点，对于推动我国绿色发展和可持续发展具有重大意义。

为了全面深化改革和实现国家治理现代化，我国在 2013 年提出了编制全国和地方资产负债表以及探索编制自然资源资产负债表等新型资产负债表。

这些尝试利用资产负债表的理念，为中国解决经济、生态等全球共性问题提供了独特的方案。

自然资源资产负债表是中国首次提出的（史丹，2015），而中国的国家资产负债表也是新兴经济体中的佼佼者（张晓晶和刘磊，2017）。2015年，国务院办公厅发布了自然资源资产负债表的试点方案。2017年，中央深化改革组审议通过了全国和地方资产负债表的编制工作方案（以下统称"两方案"）。国务院批复了中国国民经济核算体系（2016），将国家资产负债表和自然资源资产核算融入国民经济核算体系。这两个方案的主要目标是探索编制自然资源资产负债表和国家资产负债表的可复制、可推广的经验，重点在于摸清相关"家底"并明确相关"责任"，为国家宏观经济调控和自然资源管理提供方法和工具，为实现国家治理现代化服务。这些措施旨在通过建立和完善资产负债表制度来促进中国经济的可持续发展，它们不仅有助于提高政府对经济运行情况的了解，还能够为政府制定更加科学、合理的政策提供依据。此外，这些措施还有助于促进资源的有效配置和利用，保护生态环境，实现经济、社会和环境的协调发展。

中国自然资源资产负债表作为一种创新性的制度，在自然资源资产负债表的基础上进行了大量的调查和分析，对其功能、方法、框架、数据库建设和模型等问题进行了深入的研究。自然资源资产负债表的作用有两个：第一，它可以用来了解自然资源资产的数量和变化，从而对生态环境进行评价；第二，它揭示了各个经济实体在自然资源资产中的占有、利用、消耗、恢复和增值等方面的活动，为离任审计做好准备。目前，自然资源资产负债表的编制尚处于初级阶段，其功能相对有限。然而，随着自然资源资产负债表的进一步完善和应用的不断深入，其功能将逐步拓展，涵盖信息基础提供、监测预警与决策支持以及政策调整等多个方面。

尽管在国际层面，相关文件并未明确提及自然资源资产负债表的概念，但是关于自然资源核算体系的研究还是可以追溯到较早的时期。在理论层面，20世纪早期，Morehous率先提出了对自然资源进行资产化管理的观点；1946年，英国学者首次将资源与经济发展相结合，并提出了绿色GDP的理念；1953年，联合国发布了国民核算体系（1953年SNA），并于1963年对其进行了修订，形成了1963年国民核算体系（1963年SNA）。基于诸多理论成果和实践研究，1993年联合国提出了建立综合环境与经济核算体系（system of integrated environmental and economic accounting，SEEA），经过不断的探索和修改，最终形成了 SEEA2003。2012 年，联合国对 SEEA2003 进行了进一步的完善，公布了 SEEA2012。在实践方面，1978 年，挪威统计局首次开始对自然资源的核算进行探索，并取得了一定的成果。随后，他们发布了《挪威自然资源核算》文件，明确指出森林、水以及土地等都应作为自然资源的核算对象，并首次公布了有关自然资源核算数据。1985 年，芬兰统计局参考了挪威等国的研究结果，结合本国自然资源的特点，建立了自然资源核算体系。此后，美国、日本、澳大利亚等国家也借鉴了各国的经验，对自然资源核算进行了深入研究，并取得了阶段性的进展。

从国内视角来看，自 20 世纪 80 年代末期以来，我国在自然资源核算领域展开了系统性的探索。在这一过程中，我国积极借鉴国外先进理论成果，并不断进行实践尝试，推动在自然资源资产负债表研究方面取得了一定成效。

①自然资源资产负债表的核算要素

自然资源资产。自然资源资产的核算方法在学术界主要存在两种主流观点：一种以企业会计核算为主，另一种则以国民经济核算为主。从企业会计等微观核算层面来看，界定企业资产的核心要素包括是否拥有或控制以及能否以货币计量。在国民经济等宏观核算层面，资产的确定要素在于是否拥有所有权、能否有效控制以及是否具有经济价值。因此，无论是从企业会计等微观核算层面还是从国民经济等宏观核算层面来看，自然资源资产负债表所核算的资产范围（价值量）都只包括其经济价值。然而，自然资源资产除了具有经济价值外，还具有生态价值和社会价值。如果只计量其经济价值，可能会导致使用者过度利用未纳入核算范围的自然资源。

自然资源负债。自然资源负债是一个尚未在学术界达成共识的概念。在我国的国民经济核算体系和联合国推荐的国民账户体系中，尚未明确提及有关自然资源负债的概念。然而，学者们普遍认为，自然资源负债应涵盖资源过度耗减、环境破坏与生态损坏等方面。然而，在现有研究中，对于这三方面的界定并不明确，尚未形成能够进行核算的方法体系。因此，对于资源过耗的问题，目前尚无法进行具体的核算。

自然资源净资产。关于设立自然资源所有者权益账户的必要性和可行性，在我国学术界存在较大的争议。一些学者基于会计学的观点，认为其应该与传统的资产负债表相吻合，应将"资产净值"改为"所有者权益"。但也有一些学者主张，除了股东权益之外，还应该对各种经济主体进行细化。在现有研究中，由于产权划分不明确，而自然资源会计处理相对繁琐，采用资产与负债之差计入自然资源资产净值更能满足实际需要。通过分析企业初始净资产的变动，可以更好地反映领导干部对自然资源资产的经营情况，从而对企业的生态效益做出评价。

②自然资源资产负债表核算方法

实物量核算。实物量核算是记录一段时间内自然资源的流量和存量及其变化情况的一种会计账户，侧重于反映自然资源的物质属性。实物量核算是根据各类资源的属性，按照一定的实物计量单位，采用不同的统计方法对其进行核算。这一过程为进一步的价值量核算提供了数据基础。我国在实物量核算领域的研究已经取得了基本成果，对自然资源实物量核算方法进行了比较系统的论述。学术界普遍认同的观点是应根据自然资源的特性，采用不同的度量方法。

价值量核算。价值量核算是一种基于自然资源本质属性的量化方法，旨在完善自然资源核算体系。然而，这种方法在编制报表方面存在困难和关键问题。目前，各领域尚未达成关于自然资源价值量的核算方法的共识，对此，国内外学者的研究还在继续。常用的评估方法有市场价值法、成本法、支付意愿法和影子价格法等。对于土地资源价值的测算，建议采用市场价格法进行计算。

我国的自然资源产权制度与西方发达国家存在较大差异。在自然资源实现其经济价值和促进经济发展的过程中，权益主体不断变化，并因其所扮演角色的不同而具有不同的权重。此外，目前我国自然资源资产产权保护中还存在产权界定不清、维护周期较短、损害后修复与补偿机制不健全等问题。这就造成了部分用户对资源的盲目追逐，对资源的过度利用，却没有对其所带来的生态损害和经济后果负责。

关于自然资源负债和资源耗减程度的界定问题，目前尚无明确的文献和指南对其进行明确阐述。学术界对此仍有很大争议，主要体现在：第一，没有明确区分资源使用中的合理损耗和不合理损耗，从而难以对资产减值和资源负债进行精确的区分。这为自然资源负债账户的建立带来了困难。第二，由于缺少对某些自然资源的合理开发标准，超限开采的后果很难预测。这一问题同样影响了自然资源负债账户的设置。第三，单纯以环境污染为基础，不能与资产核算形成有效的联系。这对于自然资源负债账户的完整性和准确性构成了挑战。目前，国内学者在负债界定问题上尚未形成统一意见，这无疑增加了在探索设置自然资源负债账户方面的困难。为了解决这一问题，我国有必要加强相关领域的研究，制定更为科学、合理的自然资源负债和资源耗减程度界定标准，以促进自然资源保护和可持续发展。

目前，国内学者在自然资源实物量研究方面已基本达成共识，但在价值量研究方面，各领域学者尚需深入探讨。在我国，资源价值的定义是不明确的。一方面，自然资源资产有别于传统的财产，它除了拥有传统财产的经济价值外，还可能同时拥有生态价值、社会价值等多种价值；另一方面，由于市场的不成熟，在评价方法上存在着很大的灵活性，因此得到的评价结果之间也没有比较。在我国生态文明建设不断深入的背景下，对其价值内涵的理解不断深化，这无疑增加了其计量的困难。

（2）生态环境成本补偿

生态环境成本是反映经济发展成本的一个重要指标，也是我国生态补偿制度建立的重要基础。要实现可持续发展，就需要对开发造成的生态环境成本进行补偿。虽然关于环境成本的概念在国内外尚未形成统一的共识，但各方普遍认可生态环境成本是与经济发展紧密相关的环境代价。

学者们从不同学科角度对环境成本的概念进行了阐述。Vaughn 等从经济、环境等视角界定了生态环境成本是指经济活动中所消耗的环境产品和服务的价值，也即由于经济活动而导致的物质损失或潜在损失。胡芬基于生态经济学的视角，将当前的生态环境成本分为三大类：一是保护环境的新型劳动开支，二是在无社会福利的情况下的虚拟环境成本，三是在实际生产活动中没有实现的价值的虚拟环境成本。何忠谱基于传统环境成本理论的不足，从会计、生态等角度出发，结合会计、生态等方面的需求，构建了一种新的、能准确测度生态成本和环境成本的成本体系。

一些学者从宏观和微观两个层面探讨了生态环境成本问题。在宏观层面，他们关注社会经济活动对整体社会经济资源造成的损失，强调生态环境成本的"外部性"。曲闻宇等人根据国家环境标准体系的要求，将生态环境成本定义为自然资源的社会经济成本以及社会经济系统的社会经济补偿。王京芳等人认为，生态环境成本是生态环境为实现经济可持续发展所付出的代价。在微观层面，研究的重点在于生产过程中的生态环境成本，凸显了生态环境成本的内在特性。郑晓青将生态环境成本定义为企业在生产经营过程中为防治环境污染而发生或承担的各种费用以及所承担的各种损失。Huang 等认为，生态环境成本是企业为了履行环保责任、遵守国家有关环境法律法规以及防止对自然环境造成不利影响而采取的环保措施的成本。从宏观和微观两个方面来看，梅怡等人认为，生态环境成本是在可持续发展过程中，经济活动和环境目标的实现对环境造成的不利影响。此外，还有一些学者从不同行业的角度概括了生态环境成本。林积泉等人指出，区域产业发展的生态环境成本包括环境污染损失和资源消耗成本，即区域产业发展所带来的环境成本或环境损失。张应龙将粮食生产的生态环境成本定义为生态破坏成本与环境破坏成本之和。宋敏提出，耕地资源的生态环境成本主要是由于集约农业的发展和耕地集约利用水平的不断提高对环境造成的面源污染和生态破坏所引起的。

为使生态环境成本与生态补偿的研究内容相契合，本书所指的生态环境成本主要涵盖经济发展对环境的破坏所产生的治理费用以及环境破坏所带来的经济损失。生态补偿标准是一个备受关注的议题。目前的研究揭示了三种不同的补偿标准。首先，存在一种以生态建设和保护成本为下限的补偿标准，涵盖了直接和间接成本。其次，还有一种以生态系统服务价值为上限的补偿标准。《联合国千年生态系统评估》将生态系统服务划分为生产、文化、调节和支持四个功能组。因此，这种补偿标准往往较高，超出预期范围，仅作为理论上限。最后，可以综合考虑生态建设和保护的成本、生态系统服务功能的价值、相关主体的支付能力和支付意愿，以制定适当的补偿标准，这将确保各方能积极参与其中。

（3）环境会计信息披露

环境会计隶属于传统会计学分支，核算内容相对比较丰富，但都与环境有关，核算内容为环境资产、费用、效益等，由于生态环境问题越来越多，人们逐渐将自己的关注点由关注利益转变为关注对环境的消极影响，最后慢慢出现了环境会计一词。环境会计是一种经济活动，主要是从社会利益相关者的角度进行分析，对企业事业单位在经营过程中产生的与环境相关的环境要素进行确认、计量、核算和报告。环境会计是会计学和环境学交叉的成果，以货币为主要计量方式，以《中华人民共和国会计法》《中华人民共和国注册会计师法》以及《中华人民共和国环境保护法》等为依据，整理出企业事业单位的披露情况，以环境会计披露指标去评价环境活动对于企业经营状况和财务成果的影响，从而为利益相关者提供更加准确的环境信息。

环境会计信息披露是指企业运用某种手段，向信息使用者公开环境信息的过程。披露方式主要是通过年报、社会责任报告等途径披露，如果企业的规模大或者企业属于重污染企业，会发布环境报告以及招股说明书，有些企业还会披露可持续发展报告。从宏观角度来看，环境会计信息披露是指政府对会计主体披露的环境会计信息数据进行汇总，然后获得整体的、社会上的环境信息，制定相对应的法律法规去监督各个会计主体的行为。从微观角度来看，企业通过良好的环境会计信息披露，可以找出自己在披露环境会计信息时的不足，及时发现自己的环境会计行为存在的缺点，通过信息披露实现经济、环境效益的互助互补，企业管理层可以通过环境报告了解企业的环境状况，提出合理的关于环境会计的解决方案，提高企业内在价值和外部形象。企业的外部投资者也可以从企业披露的环境会计报告中了解企业的环境披露情况以及环境保护履行情况，对企业未来发展趋势进行预判，得到有用的投资信息。

6.1.3　生态文明建设带来会计根本观念的变革

会计作为一种专门针对特定主体的财富计量工具，通过对该主体投入与产出的量化分析，以衡量其财富增长情况，从而评估其在经济资源利用效率和经济效益方面的表现。在传统会计观念中，存在两个明显的特点：第一，探讨投入的概念。传统观念中，"经济资源"仅限于物质方面，如货币和实物。然而，在过去的半个世纪里，随着知识和技术在生产过程中的重要性日益凸显，人们开始认识到"资源"的概念需要拓展，包括人力资源（人的能力）和技术资源（知识）。尽管如此，这个概念仍然存在一定的不完整性。第二，关注产出或增加值。传统会计将财富增长定义为物质资本的增值，并将其视为企业的资本收益。这一概念基于一个企业理论，即企业所有者是物质资本的投资者，拥有企业资源和财富增长的财产所有权。然而，它忽略了企业所处的外部环境以及与外部环境相关的各种利益关系。

在生态文明建设中，过分强调"物质资本的增值""经济效益"等概念，会引起一系列的社会问题，这是一个值得深思的问题。在微观层面，企业以追求利润（经济效益）最大化为核心目标，可能导致其忽视生态环境资源消

耗、企业可持续发展等关键社会利益。微观企业的这种"唯利是图"的倾向，不可避免地会传导到宏观层面，反映在国家或地区的经济发展中。具体表现为各级政府部门为了追求 GDP 增长和经济利益最大化，容忍、纵容甚至主动支持高污染企业对生态环境资源等的破坏与践踏。

当前，中国等发展中国家普遍存在着一种情况，在工业化时代的英国和美国也曾面临类似的问题：环境破坏导致人居环境恶化，对人类生存构成严重威胁。2015 年第 21 届联合国气候变化大会通过的《巴黎协定》强调，各国应履行温室气体减排义务，控制全球平均气温上升，加强环境保护。这正是生态文明建设的核心要义。根据生态文明建设的要求，会计必须从根本上改变和拓展资源投入与耗费、财富增值的观念。从传统的、狭隘的"物质资本财富最大化"观念转变为更加宽泛、更加全面完整的"物质资本财富与生态环境财富并重"的利益相关者财富最大化观念。这就要求会计确认与计量不能仅仅局限于物质资源的使用效率与物质财富的增值，还需要同时计量生态环境保护的成本与效益，追求物质资本财富与生态环境财富的平衡，争取利益相关者财富的最大化。

6.1.4 会计根本观念变化带来的会计基本理论问题

当前，我国在环境会计基础理论、环境信息披露、碳排放权交易会计以及环境成本管理等领域的研究还处于起步阶段。特定主体财富观念的变化给传统会计理论带来了新的挑战，尤其是基于具体对象的物质资本价值增长而建立的理论体系。主要有以下三点：

一是企业所有者（投资者）所面临的问题。在传统会计理论中，企业被视为一个大型餐厅，仅关注食材的投入和消耗。然而，现实情况已经发生了变化，企业现在不仅需要关注食材，还需要关注空气、淡水、土地等生态环境资源。因此，企业不仅是物质资源的管理者，还是生态环境资源的守护者。为了更全面地展示企业的经营状况，企业不仅需要关注食材的投入和消耗，还需要关注生态环境资源的消耗和补偿。

二是会计主体及其所拥有或控制的生态环境资源的边界问题。在传统会计理论中，会计被视为一个小圈子，仅关注报告主体拥有或控制的物质资源。然而，随着企业所有者（投资者）的认知范围扩大，企业资源的范围和边界也会随之扩大。在现代会计实践中，会计不仅要核算和反映物质资源的投入和消耗，还要核算和反映生态环境资源的投入与消耗；不仅要关注物质资本财富的增值，还要关注生态环境资源投入在内的利益相关者的利益；从而确定完全资源消耗下企业利益相关者的财富增值。

三是生态环境资源投入和产出的确认和计量。传统会计对物质资源的确认和计量已经形成了一套成熟的思想和方法。对于传统物质资源的确认，会计主体通常按照"所有权或控制权"原则进行确认，即基于权利的取得或转移。在物质资源的计量方面，传统会计采用"真实交易观"或"价值观"作为计量基础。无论是基于历史成本还是基于当前公允价值，都是基于真实交易或"虚拟交易"中的当前市场价格，因此交易价格总是可以找到的。然而，对于大多数生态环境资源的投入和产出，往往缺乏实际交易或"虚拟交易"，这对传统的会计确认和计量理论提出了新的挑战。

虽然会计在环境资源管理方面发挥了一定的作用，但其在生态文明建设中的作用仍存在缺失。一是环境信息披露不足。尽管部分企业开始关注环保信息披露，但总体上仍存在披露不充分、信息质量不高的问题。这主要是由于缺乏强制性的政策约束和统一的标准体系。二是缺乏环境绩效评价体系。当前大部分企业尚未建立完善的环境绩效评价体系，导致环保投入与产出的关系难以衡量，缺乏科学的评价体系，限制了会计在生态文明建设中的作用。三是缺乏专业人才。环境会计涉及多个学科领域，需要具备专业的知识和技能。然而，目前从事环境会计工作的人员往往缺乏足够的专业素养，影响了会计在生态文明建设中的效果。生态环境会计旨在为我们提供一种更有效的方法来保护环境，推动生态文明建设。然而，我们不能仅仅将生态文明建设视为环保问题，而应该将其视为一个更为宏观的概念。这需要与自然和谐共生，追求可持续发展，并将生态恢复置于同等重要的位置。此外，经济发展、资源利用和污染防治也是建设生态义明的核心要素，因此，建立一套完整的制度体系以支持这些目标至关重要。

6.2 环境成本与会计后果

6.2.1 环境成本核算模式构建

《孟子梁惠王上》："不违农时，谷不可胜食也；数罟不入洿池，鱼鳖不可胜食也；斧斤以时入山林，材木不可胜用也。"这一观念，简而言之，即"留得青山在，不愁没柴烧"，其中蕴含着顺应自然的智慧。

在古代中国的政治体系中，儒家学派强调礼仪和王权的重要性。他们认为："普天之下，莫非王土；率土之滨，莫非王臣。"根据《周礼》的记载，天官系列中设有"司会"，负责朝廷财政管理。司会下设"司书""职内""职岁"和"职币"等职位。司书负责核算，职内负责税收收入，职岁负责朝廷支出，职币负责官方货币结算及收支平衡。司书在古代周礼体系中扮演着承上启下的关键角色，负责对职内、职岁和职币进行调控和管理。其职责包括厘清国家领土内的自然资源，并明确各方的责权关系（《周礼·天官》）。

地官系列则设有掌管山林川泽的官员。根据山脉、丘陵、平原的大小差异，分别设立不同的山虞、泽虞。同时，根据职责的不同，设立了林衡和川衡。林衡负责管理山林，而川衡则负责管理川泽（《周礼·地官》）。虞官负责执行政令，而衡官则负责巡视和督查工作。

这些观点强调了人类与自然、与社会的和谐，以及可持续发展的重要性。在现代社会中，我们需要尊重自然、保护环境、促进社会和谐与发展，这些都是可持续发展的重要内容。同时，我们也需要认识到，人类的发展需要遵循自然规律和社会发展规律，不能违背天道和人道。只有在满足这一先决条件的情况下，人类与自然才能实现和谐共生，进而推动社会的可持续发展。

当前我国生态环境的主要矛盾在于自然资源、生态产品和制度供给的不充分、不平衡。以水资源为主体媒介的流域作为我国优质生态系统服务和环境产品的重要产出区域，存在着水资源生态产品与生态服务价值时空分布不均衡的问题。此外，无序开发流域资源、围湖造田等人为活动导致水土流失、水体富营养化等环境问题时有发生，进一步恶化了流域生态环境，严重影响了流域的可持续发展。生态补偿机制作为一种有效手段，旨在协调利益相关者关系，促进流域水资源的可持续利用。这一机制得到了党和政府以及社会各界的高度关注。在党的十九大报告中，我国对生态文明建设作出了重要部署，明确提出了建立市场化、多元化的生态补偿机制的目标。随后，2021 年5 月，中共中央办公厅、国务院办公厅发布的《关于深化生态保护补偿制度改革的意见》进一步强调了与"碳达峰"和"碳中和"目标任务的衔接，以推进生态保护补偿制度的建设，并发挥其政策导向作用。党的二十大报告提出：必须牢固树立和践行绿水青山就是金山银山的理念，站在人与自然和谐共生的高度谋划发展。要统筹产业结构调整、污染治理、生态保护、应对气候变化，协同推进降碳、减污、扩绿、增长，推进生态优先、节约集约、绿色低碳发展。

在当前背景下，我们必须高度关注流域生态环境保护，采取有效措施解决水资源生态产品和服务时空分布不均衡的问题，同时加强生态保护补偿制度的建设，以实现流域可持续发展。

建立生态补偿机制的核心在于制定一个公平、合理、统一的生态补偿标准。这个标准不仅是科学和合理地确定生态补偿的方法，还是衡量环境损害方承担环境外部经济成本的公平标准。它在一定程度上是流域经济带高质量发展的重要保障和流域地区共同与均衡发展的前提。自中国共产党第十九次全国代表大会以来，国家一直强调构建流域保护与发展的生态命运共同体，形成"共抓大保护"的局面。特别是沿长江经济带、黄河和淮河流域的生态环境保护尤为重要。各级政府应共同落实生态补偿制度，树立"绿水青山就是金山银山"的理念，促进流域生态环境保护修复，推动流域上中下经济社会高质量协调发展。

国内学者对流域生态补偿和补偿标准的研究仍处于起步阶段，然而近 20年来，研究方法已从定性研究逐渐转向定量研究（刘桂环 等，2021）。具体表现在：在补偿视角上，学者主要关注区域特征（吴晓青，2003）、公平性（钱水苗，2005）、水质水量（刘桂环，2011）以及市场交易和生态系统特征（胡海川，2018）等方面。在补偿方法上，学者们采用了多种方法进行研究。其中，机会成本法（杨丽疆，2010）、支付意愿法（张落成，2011）、生态足迹法（卢新海，2016）、生态系统服务价值法（赖敏，2015）、生态系统会计计量方法理性分析（袁广达，2014；沈洪涛，2014；胡海川，2018），以及模型测算（徐大伟，2008；李政通，2017）等方法被广泛采用。此外，有些学

者尝试用多种方法来计算流域生态补偿标准，比如生态保护成本（黄炜，2013）、水污染治理成本（禹雪中，2011；孔凡斌，2013）、机会成本、水资源保护成本（张立杰，2016）、重置成本（耿翔燕 等，2018）等。毕茜和于连超（2016）通过预算发现，每年全球只要拿出国内生产总值的1%来投入，就可以避免将来每年5%~20%的国内生产总值的经济损失，从而减少环保投资带来的损失。然而目前，从宏观会计角度对环境成本进行量化分析的研究相对较少。此外，环境成本的基本理论呈现碎片化，难以形成完整的体系，而相关的量化模型也较为罕见。（杨世忠和曹梅梅，2010；于玉林，2012）。

会计作为一种管理活动，其核心在于对价值运动的量化管理。会计信息系统不仅是企业信息交流的重要渠道，它更像是一种量化语言，用来描述人与自然之间物质能量的交换。会计量化是会计功能的核心和最显著的特点，这使它与其他学科有所区别。生态补偿是一种融合了环境活动的经济活动，本质上仍然是经济活动。因此，会计可以通过计量经济活动来实现生态治理和环境保护的目标。该技术可广泛应用于不同层次、不同污染特征和流域功能的跨界流域，并可作为碳排放污染补偿的参考借鉴。

环境会计作为一种专业会计方法，起源于对人类社会生存环境因素的深入考虑，它专注于对自然与生态进行价值管理，并具有显著的成本管理属性。

6.2.2 环境财务报告模式构建

随着公众对企业在环境变化中的作用认识逐渐加深，一系列利益相关者开始关注企业的环境责任。许多企业因加剧气候变化和自然资源枯竭、废物排放和滞后的环境责任等问题而受到批评。全球范围内，企业责任投资的增长表明，资本提供者和其他利益相关者正在敦促企业对其决策和活动对环境的影响承担更大的责任，并推动它们更加重视可持续发展。环境立法和市场导向的排放交易计划的发展，都鼓励企业对温室气体排放和废物排放等环境问题承担更多责任。这些发展与公司发布环境报告或可持续性报告的趋势增加有关。在这些报告中，公司自愿披露了关于温室气体排放、废物排放、能源和水资源消耗等环境相关的各种信息。然而，这些披露的水平和性质在不同公司之间存在很大差异（毕马威，2013；Hahn & Khnen，2013）。公司可以发布公司环境报告，向股东传递信号，表明他们是相对良好的环境执行者，并认真对待可持续发展。

经济学的信息披露理论，即自愿披露理论和信号理论认为，在信息分配不对称的情况下，只要感知到的利益超过专有和其他相关成本，公司就会自愿披露信息以区别于其他公司（Verrecchia，1983；Healy & Palepu，2001）。当公司是相对良好的环境执行者时，它们可能希望通过披露积极的环境绩效相关的信息来表明这一点，以获得竞争优势，如提高企业声誉和降低资本成本（Mahoney et al.，2013；Luo、Tang，2014；Lys et al.，2015）。根据信号理论的观点，为了将自己与表现不佳的企业区分开来，优秀的环境绩效者可能会提供不容易被表现不佳的企业复制的可信信息。自愿披露理论预测，优秀的环境绩效者将采用更客观、可验证、难以模仿的环境绩效指标，以说服投资者和其他利益相关者相信其自愿环境披露的可信度和准确性（Clarkson et al.，2008；Clarkson et al.，2011；Meng et al.，2014）。合法性理论预测，对于面临更大合法性威胁和公众压力的公司，即高污染企业，公开客观且可验证的环境绩效指标可能是有益的。

有选择性地披露环境绩效指标有助于提高企业在环境责任实践方面的精确性和可信度，从而树立公众信心并增强合法性。然而，在面临强烈公众监督的情况下，环境绩效较差的企业披露硬性绩效指标可能会带来风险，因为利益相关方可能会发现公司的环境绩效管理是为了掩盖其不佳的环境表现。这种做法可能会损害公司的声誉和诚信，降低其合法性，并增加外部干预的可能性。对于优秀的环境绩效者来说，企业环境报告可能是获得竞争优势的信号（Dhaliwal et al.，2011）。然而，在难以根据披露的信息区分优秀环境绩效者和劣等环境绩效者的制度设置中，劣等环境绩效者也可能从企业环境报告中受益。更具体地说，在缺乏治理结构的、不受管制的环境中，人们很难区分这两种类型的公司，因为很难观察到一家公司是否传达了对其环境绩效的真实和公平的信息，或者是否提供了可能无法指示公司实际环境绩效的误导性陈述。因此，环境表现较差的公司认为，可能经历合法性威胁的国家，可以使用广泛的 CER 作为风险管理工具，以减少公众压力并防止干预。主动报告与可持续发展相关的活动有助于这些公司转移注意力，并积极塑造社会对其可持续价值观承诺的看法，从而降低合法性风险。有选择性地披露客观、可验证的绩效指标，可以表明其所发布的信息是可靠和准确的，这有助于投资者和其他利益相关者相信公司的企业环境报告做法是值得信赖的，并建立

积极的企业声誉。

从经济学角度来看，在缺乏有效治理结构的不受监管的环境中，高污染公司的广泛且可信的企业环境报告预期净效益可能高于那些环境表现优秀的公司。在难以准确评估优质环境和劣质环境之间的责任质量差异的制度环境中，环境责任实践的预期收益更有可能超过优质环境企业的成本。因此，面临公众压力和合法性威胁的高污染公司，相较于同样表现但环保水平较高的公司，更倾向于主动增加自由裁量的环境信息披露数量，并更加依赖严格的、可核查的绩效指标来传递信息。因此，环保表现较差的高污染公司更倾向于自愿披露更多的环保信息，同时也更多地依赖于硬性披露来传递这些信息，而非优质环保企业。无论企业的环保表现和规模如何，企业对其业务活动对环境造成的影响所承担的责任程度仍然有限。合法性理论可以解释这一现象，认为自由裁量的责任有助于最大限度地降低较差环保绩效对企业环保合法性和声誉的潜在负面影响，而非揭示其实际环保表现。此外，环保表现较差的高污染公司会主动披露更多客观且可由外部验证的环境信息，以提高其环保报告中披露信息的可信度和可靠性。尽管事实上可持续发展报告"越来越被视为一个重要的推动力和工具，使公司参与和报告可持续发展的努力变得更加可持续"（Lozano & Huisingh，2011），但这些报告中提供的环保信息未必能准确反映公司的实际环保绩效。

6.2.3　环境财务评价模式构建

当前，环境保护已成为社会发展的重要议题。构建资源节约型、环境友好型社会已成为全社会的共识。党的十七大明确提出了建设资源节约型、环境友好型社会的战略目标，旨在确保人民能够在良好的生态环境中进行生产和生活，并实现经济社会的可持续发展。在企业财务评价层次上需要有一套反映资源利用和环境业绩的财务指标体系。目前，中国企业财务评价体系中较为全面且具有权威性的是《企业效绩评价操作细则（修订）》。然而，该指标体系未能从资源利用视角评价企业的可持续发展能力，无法衡量企业的经营活动对资源利用和环境治理的影响。因此，企业现行的财务评价体系已不能适应建设资源节约型、环境友好型社会的需要，无法正确、公允、全面地评价企业经营绩效。为了建立一套符合环境保护要求的中国企业绩效评价体系，我们需要探索一些原则，并创新内容架构，以便全面综合地评估企业的经济效益、社会效益和环境效益。

（1）评价主体

在我国基于环境保护的企业绩效评价体系中，评价主体涵盖了企业经营管理者、投资者、债权人、供应商、企业客户、政府部门以及社会公众。然而，这些评价主体对企业绿色财务评价的关注程度存在显著差异。政府部门，特别是环境管理部门，是国家自然资源的总管，它们有责任对环境造成的影响的企业进行管理，并希望改进传统的财务评价体系，加入环境绩效考核指标。在国家实施环保法规的情况下，企业的行为会受到法规的限制。投资者和债权人希望降低投资和贷款风险，因此更加关注并参与包含环境因素的财务评价过程。

（2）评价客体

我国企业绩效评价体系以环境保护为核心，将企业法人作为评价对象，旨在全面评估企业的财务状况、经营成果和现金流量。同时，该体系还将关注企业对环境的外部影响，并通过内部化的方式进行评估。

（3）评价指标

评价指标是企业绩效评价内容的核心，也是其外在表现。在选择评价指标时，应兼顾定量和定性两个方面：既包括财务性指标，也包括非财务性指标。当前，我国对环境会计的研究还不够成熟和系统，想要创立一套全新的、独立的企业环境与财务评价体系确实有点难度。不过，我们可以在现有的企业财务评价体系基础上，加入一些基于环境会计理论的分析评价指标，让它们和现有的财务评价指标并存，然后进行综合分析，实际操作相对简便一些。

企业绩效评价体系在环境保护方面应采用定量和定性相结合的方法。通过定量分析可计量因素，同时以定性方式对其他难以计量的因素进行评估和描述，以全面反映企业在经营活动中对自然环境的各种影响。

①财务评价指标：财务评价指标的设定可以参考1999年发布的《国有资本金效绩评价规则》中的定量指标设定。这些指标从财务效益、资产运营、偿债能力和发展能力四个方面对企业的财务状况进行综合评价。鉴于获取现金能力的指标具有特殊重要性，建议增加评价企业获取现金能力的指标，如销售现金比率和全部资产现金回收率等。

②环境评价指标：在参考国外发达国家环境指标设置经验的基础上，结

合我国具体情况，环境评价指标包括以下几个方面：第一是环境法规的执行情况；第二是环境质量情况；第三是环境治理和污染物利用情况；第四是内部环境管理；第五是外部环境沟通。环境评价指标的具体内容见表6-1。

表6-1　环境评价指标的具体内容

主要指标	定量指标	定性指标
环境法规的执行情况	适用环境法规执行率，例如：危险固体废弃物处置率等	排污费交纳情况；新建、改建、扩建项目的环境保护手续完备性；排污许可证的合法性；禁用品的杜绝
环境质量情况	主要污染物排放总量；主要环境质量指标的达标率；环境资源耗用量，厂区绿化率；百万产值排污量；单位产品能耗量；循环用水率	有毒有害材料物品的使用和保管情况，发生的污染事故情况。具体可包括：电磁辐射、职业病件数、环境事故发生件数、环境事故赔偿金额等
环境治理和污染物利用情况	污染治理项目完成数；企业环保技术成果取得数；污染物回收利用总量；环保项目计划完成率	从事环境治理、检测、研究的机构和人员情况；企业内部环境管理制度和体系情况
内部环境管理	环境教育培训人时数；环保投资比例	环境管理系统的构建状况
外部环境沟通	相关投诉件数；用户认同度；社会美誉度	资助社会环保活动资金；环境报告的发布等

6.2.4　环境责任审计识别模式构建

资源环境是实现人类可持续发展的基础要素。当前，全球范围内面临着资源约束日益紧张、环境污染严重以及生态系统退化等严峻挑战，而我国在这方面的问题尤为突出。为了应对资源环境问题，人类不断创造和发明各种应对机制，这些机制被统称为生态文明治理体系。中国共产党十八届三中全会确立了生态文明制度体系，并提出了开展领导干部自然资源资产离任审计的重要举措。自此以后，领导干部资源环境责任审计成为生态文明制度体系的重要组成部分。

自2007年中国共产党第十七次全国代表大会提出"建设生态文明"和"在全社会牢固树立生态文明观念"的新任务以来，生态文明建设逐渐成为国家、政府、社会和公民各层面持续关注的焦点。特别是在党的十八大会议上，中国特色社会主义事业的总体布局从"四位一体"扩展为"五位一体"，即经济建设、政治建设、文化建设、社会建设和生态文明建设。这一战略部署将生态文明建设置于现代化建设的突出地位，明确了加快、大力、全面落实和全面推进生态文明建设的战略目标和任务。同时，科学阐述了生态文明社会与"五型社会"① 的关系、生态文明建设与"五大建设"的关系。

党的十九大报告进一步强调了"加快生态文明体制改革，建设美丽中国"的重要性。报告提出了构建政府为主导、企业为主体、社会组织和公众共同参与的环境治理体系，以实现生态文明建设的目标。

政府在环境治理体系中的地位被准确界定为"主导"。在中国面临艰巨的环境治理任务时，政府在领导、组织和协调生态文明建设方面发挥着至关重要且不可替代的作用。审计与问责被视为追究政府环境责任的有效途径。通过政府环境责任审计来推动政府环境责任问责的落实，以及建立政府环境责任审计与问责机制，可以倒逼生态文明制度建设与实践的拓展。因此，我们有理由相信，生态文明建设的美好图景将很快实现。

政府环境审计是政府管理活动的一个重要组成部分，也是审计工作的重要内容。随着人们对经济社会发展与生态环境关系认识的不断深化，以及公众对良好生态环境要求的不断提高，我国环境审计理论研究和实践也取得了一定的进展。在政府环境审计领域，学者们普遍认为其应涵盖环境管理部门的财政财务收支审计、环境专项资金审计、环境管理系统审计以及环境责任审计等多个方面。政府环境责任审计作为环境审计的一个子集，同时也是经济责任审计关注的重要议题。具体而言，政府环境责任审计是由国家审计机关负责执行的一项审计任务，这项审计工作通过经济决策和经济活动的方式，根据特定标准，对各级党委政府主要领导、国有和国有控股企业负责人以及环境管理有关部门主要负责人（以下简称领导干部）在经济活动中履行环境责任的情况进行审计，评估其真实性、合法性和绩效情况，并提出改进政府环境行为的建议。在必要时，还会提出对相关领导干部个人进行责任追究的意见。这里所指的政府环境行为，是指领导干部在使用国家资金（资产或资源）或相关经济活动中，做出的所有能够对生态环境保护、修复、破坏产生

---

① 五型社会，即和谐社会、生态文明社会、环境友好型社会、资源节约型社会和循环经济型社会。

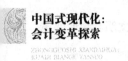

影响的政府行为。

（1）政府环境责任审计是一种管理工具

环境审计是审计学和环境管理学的交叉学科，它既有审计的属性，也有环境管理的属性。在环境管理中，它一直被当作一种管理工具来使用。国际商会对环境审计的定义是：环境审计是一种管理工具，用于对环境组织、环境管理和仪器设备的有效性进行系统性、文件化、定期性和客观性的评价。政府环境责任审计作为环境审计的一部分，也是一种管理工具。政府环境责任审计的产生动因源于环境责任人在履行环境责任时所面临的道德风险。领导干部的责任是多维度的，不仅包括环境责任，还涵盖经济责任、社会责任和政治责任等。在有限职权和公共资源条件下，这些责任的履行存在潜在的冲突，尤其是经济发展与生态环境保护之间存在着诸多矛盾，导致领导干部的各种责任难以同时得到充分履行。在此背景下，部分领导干部可能出于追求政绩的目的，有意忽视或放弃履行环境责任。政府环境责任审计旨在通过对相关领导干部的环境责任进行评价、鉴定和追究，以监督和推动他们更加积极地履行环境责任，从而实现维护国家生态环境安全的目标。在这一过程中，政府环境责任审计作为一种管理工具，旨在实现国家环境管理的目标。

（2）政府环境责任审计客体的内容是政府环境行为

审计对象包括实体和内容两个层面。政府环境责任审计对象的实体是拥有环境管理决策权和管理权的各级党政领导、国有企业以及环境管理部门主要负责人，他们承担着履行环境责任的义务。审计对象的实体通过实施专项政府环境行为（如专项环境污染治理），或在其他政府行为中附带政府环境行为（如在大型工程项目决策中充分考虑其对生态环境的影响，并采取降低影响的措施）来履行环境责任。政府环境行为是政府环境责任审计对象的内容，它是实体履行环境责任的表现形式和载体。对审计对象进行政府环境责任审计，必须具体到审计对象的内容上，即审计对象的实体所实施的各项政府环境行为。

（3）政府环境责任审计的主要职能是控制和创新

管理的基本职能包括计划、决策、组织、领导、控制和创新。政府环境责任审计主要发挥了控制和创新的职能。政府环境责任审计产生之初，旨在对领导干部的政府环境行为进行控制，以实现环境管理目标，减少经济社会发展对生态环境的不利影响，降低环境风险。然而，随着审计领域的不断发展，政府环境责任审计的创新功能逐渐显现。刘家义曾提出，审计是保障国家经济和社会健康运行的"免疫系统"，这一观点突出强调了审计的建设性功能，即管理中的创新功能。政府环境责任审计不仅对领导干部的政府环境行为进行纠正，以实现控制作用，还对环境管理系统的建立与运行、相关环境法律法规和政策的制定与完善等政府环境行为提出优化建议。通过这些措施，优化领导干部在行政环境中作出政府环境行为的决策，使其更加符合环境管理要求。控制功能具有被动性、事后性和防御性的特点，主要关注解决问题的具体事项。创新功能具备主动性、前瞻性和建设性的特点，通过完善体制机制、法律法规政策，在更高层次、更广范围内发挥作用。政府环境责任审计发展至今，创新功能已与控制功能同等重要。

综上所述，政府环境责任审计本质上是一种管理工具，旨在对领导干部的政府环境行为进行控制和创新。

6.3   环境资源的确认与计量

6.3.1   环境资源资产的确认

根据《环境成本和负债的会计与财务报告》的定义，环境资源是指包括水、空气、土地、动植物、矿产等自然资源及其组合的各种状态，是人类生存和发展的物质基础。然而，环境资产的定义并未包括环境资源，这使得其不够完整。根据美国财务会计准则委员会（FASB）的确认标准和约束条件，环境资源应被确认为环境资产，具备可定义性、可计量性、相关性和可靠性，并且其重要性和效益应大于成本。

在我国，企业对环境资源资产的确认可以根据预期实现经济利益的方式进行划分，主要包括水资产、森林资产、土地资产、煤炭资产、石油与天然气资产等类别。这样的划分有助于与宏观环境资源核算体系协调一致，相互借鉴，提高其可理解性和效益性。对于补偿环境资源资产所发生的环境成本，一般与被补偿的环境资源资产直接相关，应将其资本化为该环境资源资产的组成部分，而不是单独确认；如果与多个环境资源资产相关，则应将资本化

金额分配到各相关环境资源资产的价值中。此外，还需要对与环境资源资产相关的一些确认进行调整。例如，目前被确认为无形资产的土地使用权，应根据实质重于形式原则，确认为土地资产。

6.3.2　环境资源资产的计量

（1）补偿费用法

补偿费用法是根据马克思的再生产补偿理论，计算环境资源的价值量。根据该方法，环境资源的价值量等于经济活动中所消耗的环境资源的再生产补偿成本。通过计算已耗环境资源的单位成本，并将其与资源的存量和耗量相乘，可以得出资源存量成本和消耗成本。根据再生产补偿理论，环境资源资产的价值等于对已耗资源的再生产补偿成本，据此建立的计量模型为：$Vt_1 = (Ct/\Delta Qt) \cdot Qt$；$Vt_2 = (Ct/\Delta Qt) \cdot \sum Qt$，式中：$\Delta Qt$、$Ct$、$Qt$、$\sum Qt$、$Q$、$Vt_1$、$Vt_2$ 分别为第 t 期的资源补偿数量、补偿所耗的活劳动与物化劳动成本、资源消耗数量、资源存量、资源消耗成本、资源存量成本。适用时，历史成本计量属性可以用来确定补偿资源所耗的活劳动与物化劳动成本。这个方法在资源各期的补偿数量、消耗数量与存量较为准确时比较可靠，而且适用于对尚无交易价格的资源进行计量。补偿费用法主要适用于耗竭较快、补偿价值较大的短期环境资源资产，以及企业主要拥有或控制补偿价值的长期环境资源资产的计量。

（2）机会成本法

当环境资源的使用存在多种互斥备选方案时，选择一种使用机会就将放弃其他使用机会，也就不能从其他方案中获得经济效益。因此，我们可以将从其他使用方案中获得的最大经济效益作为所选方案的机会成本。

（3）恢复费用法

这种方法将恢复一种资源或防护一种资源不受污染所需的费用作为环境资源被破坏所产生的经济损失的最低估计。其中影子工程法是恢复费用法的一种特殊形式。其基本出发点为：在环境资源被破坏后，若需人工建造或恢复一项工程来替代原来的生态环境功能，可用此工程的投资作为环境资源被破坏后的经济损失。水资源污染损失、毁林损失等可以用影子工程法计量。

6.4 "双碳"环境会计问题

6.4.1 "双碳"目标与企业会计变革

（1）践行 ESG 理念对我国的影响

随着资本市场的不断发展，传统公司法理论中股东利益至上的理论受到众多批评，公司的负外部性影响特别是环境方面的影响越来越被投资者等主体关注，因此西方从投资的角度兴起了以社会责任投资（socially responsible investing，SRI）为代表的责任型投资。联合国 2004 年报告"Who Cares Wins"对社会责任投资进行了修正，首次提出环境、社会及公司治理（environment，social and corporate governance，ESG）投资，即将环境、社会以及公司治理因素纳入投资决策，相较于传统的财务表现驱动的投资策略，ESG 表现更好的公司，可持续发展能力更强，长期来看有更好的投资收益。ESG 投资策略能够为投资者带去长期较为稳定的经济利益，同时也能为可持续发展作出贡献，使每个市场参与者获益。为满足资本市场投资方一侧对企业 ESG 相关信息的需求，发达资本市场上市公司逐步推出了披露环境、社会及公司治理方面信息的 ESG 报告，以此作为传统财务报表的补充。

随着我国在 2020 年 9 月正式提出 2030 年碳达峰、2060 年碳中和的"双碳"目标，推动绿色发展已成为我国今后很长一段时间内的政策趋向，而造成投资者利益受损的虚假陈述、操纵市场等违法犯罪也由企业内部治理失效所致。另外，自 2019 年以来，新冠疫情对全球产生了重大影响，遵循 ESG 发展理念的企业具有更高的抵御风险的能力，ESG 理念得到了投资者的普遍重视，并已成为全球经济复苏的重点。

2021 年 12 月 24 日发布的《中华人民共和国公司法（修订草案）》第十九条明确指出：公司在依法履行自己的职责的同时，也要考虑其他利害关系人的利益，如公司员工、消费者等，同时也要考虑其他社会公众的利益，比如环保。《中华人民共和国公司法》中引入了"股东利益相关者"这一概念。然而从《中华人民共和国证券法》的视角来看，当前关于上市公司 ESG 信息披露的法律规范多是以交易所文件为基础，法律层次不高，且多是自愿披露，

ESG 信息披露也面临着披露质量不高、没有统一标准等问题。

（2）环境会计信息与 ESG 之间的关系

环境会计信息披露主要依赖于可持续发展理论、社会责任理论、委托代理理论和利益相关者理论，其与 ESG 体系中的环境、社会和治理对应关系见图 6-1。

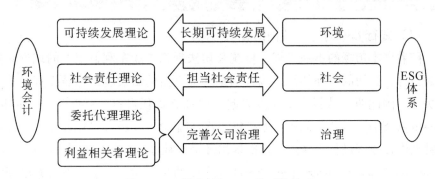

图 6-1　环境会计与 ESG 体系的关系

社会责任制度和环境会计是相互补充的，两者的终极目的是一致的，都是为企业的可持续发展服务。企业在发展进程中，将 ESG 理念融入企业的发展中，注重环保与社会责任，既能完善公司治理，又能对企业的非财务信息进行监管，从而推动我国环境会计信息披露水平的提高。

（3）ESG 对财务报告的影响

"十四五"以来，随着我国碳达峰、碳中和国家战略的推进，倡导可持续发展的社会责任和环境责任意识已经悄然出现。在我国，由于我国对 ESG 评价制度的不断完善以及对其信息披露的要求日趋严格，使得其评价指标体系更加完备，公信力和影响力也得到了进一步的提升。进入 21 世纪后，中国科技企业的数量与所占比重持续上升，已由十几年前的 4.9 万家上升至 2021 年的 33 万家。5G、云计算等新兴技术大规模普及与应用，带来了用电急剧增长、温室气体排放、信息安全保护等问题，引起了社会各界的广泛关注，而这也是 ESG 评级系统评估的核心内容。这促使我们探索 ESG 评级与科技型企业财务绩效之间的关系。

学者们对 ESG 展开了大量的理论与实证研究。在 ESG 表现与企业绩效的实证关系研究中，Friede（2015）等将 2 200 篇 ESG 与财务绩效论文作为研究对象，发现约 90% 的研究结果表明 ESG 与企业财务绩效之间呈非负相关关系。

与国外学者相比，国内学者对于 ESG 的实证研究较为缺乏，王贺佳（2021）、任紫娴（2021）等在 ESG 对企业绩效的影响研究综述中也说明了这一点。赵斯彤（2021）、仝佳（2021）从投资的角度实证研究了 ESG 对企业价值产生正向的影响。安国俊、华超等（2022）基于国内不同行业 ESG 体系对资本市场的影响研究，得出金融行业、制造业、能源及大宗商品行业与企业财务绩效呈显著正相关。屈洪旭（2022）、李戴玉（2019）也分别对商业银行、电力企业 ESG 与企业财务绩效的关系进行分析，得出显著正相关的结论。

已有研究多从环境、社会和公司治理三个因素中的一个或两个因素来探讨公司财务绩效的作用，很少有文献将这三个因素结合起来进行研究，尤其是在细分市场上。本书选取 2016—2021 年中国 A 股上市科技型企业作为样本，以华证 ESG 评级作为解释变量、净资产收益率（ROE）作为被解释变量，研究 ESG 评级对科技型企业财务绩效的影响，并且进行异质性分析，研究 ESG 评级对科技型企业的影响在国有性质企业和非国有性质企业中的区别，旨在进一步丰富相关研究内容，并根据研究结果提出建议。

环境信用等级对高科技上市公司的财务业绩有显著的正向影响；与国有上市公司相比，上市公司的社会责任等级越高，上市公司的财务业绩越好。在此基础上，本书给出了如下几点建议：第一，科技型上市公司应当主动提升其社会责任绩效，提升其社会责任等级。通过以上的分析，我们可以发现，科技企业的 ESG 得分总体上处于中等，还有很多需要改进的地方。同时，取得高的 ESG 评级也有助于科技企业的财务业绩得到提高。因此，公司在生产和运营中，应该主动承担起环境和社会责任，强化公司治理。第二，由于高质量的社会责任等级能够提高公司的财务业绩，因此，非国有企业应当加强对社会责任的投入，将高质量的社会责任意识转变为公司的竞争优势，进而提高公司的财务业绩。第三，企业各利益相关方应正确运用 ESG 评价指标做出相关决策。参考本书研究结论，ESG 评级与科技型企业财务绩效呈显著正相关，因此投资者可以依据 ESG 评级进行投资决策，消费者可以根据 ESG 评级选择合适的企业购买商品，政府和监管部门应通过制度建设规范 ESG 评级标准，促进科技型企业实现良好的 ESG 表现，从而提升财务绩效，实现企业健康、可持续发展。

6.4.2 "双碳"背景下我国企业环境会计的运用

（1）环境会计与"双碳"之间的内在联系

"双碳"目标是我国政府提出的一种理念和建议，号召企业以节能减排为手段，达到低碳、环保的目的。碳管理会计则是被号召的有关公司根据自己的排放信息，根据国家对二氧化碳排放的有关规定，采取的一种主动的安排，以协助企业更好地响应国家号召，实现节能减排，二者之间有着本质的联系。企业通过完善企业的碳管理会计制度，增强企业的碳管理会计责任，有助于调动企业积极性，构建低碳环保的企业文化。这种文化不仅表现在企业的生产经营中，也表现在企业员工的生活中，能增强员工对"双碳"目标的认识，提高全民的绿色低碳生活理念，从而在有限的资源环境下建立起一套完善的可持续发展的监管制度，让公司在"双碳"的大背景下抢占发展的主动，从而达到企业的经济效益与社会发展的双赢，从而实现"双碳"目标。

（2）企业环境会计体系的构建

碳决策：企业碳排放决策作为一种能反映企业自身能力的指标，在"双碳"环境下日益凸显。公司的碳排放决策不是一个单一的问题，它还涉及企业和社会的发展，企业要站在更高的位置上，对碳排放的改进和生态治理进行思考，把最优的碳减排工作融入企业管理的各个方面和全过程，把保护好人与自然的生命线当作一项重要的历史使命和企业职责。同时，根据统筹发展的理念，用清洁能源替代原有的能源供应，以发展低碳技术为核心，降低碳减排所带来的效益的不确定性。在此基础上，通过成本-效益分析，筛选出最优的碳减排方案，加速低碳设施建设，建设符合低碳化标准的新型工厂和生产线，探讨企业与生态文明的协调发展，提升碳减排水平和治理水平。

碳成本控制：碳成本是指在低碳绿色发展过渡阶段内与碳排放或者碳减排相关的企业经济利益的流出。要想实现绿色低碳的目标，就必须从碳排放权的支出开始，公司建立一个碳排放责任中心和一个碳交易责任中心，使其与绿色低碳的循环工业体系有机地结合起来，通过对自然环境的最大限度的保护，使生态文明的成就能够得到更多的体现，从而让人民群众切实感受到绿色低碳的利益和水资源可持续利用给社会带来的利益。

碳预算：在"双碳"目标下，要实现低碳、绿色发展，就要在经济发展过程中，避免一味地以牺牲环境为代价，我国需要采取更科学、更合理的方式，对企业的碳排放行为进行规划和预测。合理使用碳交易预算、碳排放责任中心预算和碳排放预算，能够为生态文明的建设提供有力的支持，推动绿色低碳的循环发展。在制定碳预算时，要考虑到市场的现实情况，确保其既能反映碳排放的支出和减排效应，又能最大限度地发挥企业的内控约束功能。

碳绩效管理：碳绩效管理包括两个方面：一是碳绩效评估，二是激励机制。其中，绩效评估是运用平衡记分卡，从多个方面来界定企业的绩效指数，对企业的碳管理会计进行定量和评估，可以很好地促进财务和非财务指标之间的均衡，同时也能有效地弥补传统业绩评估方法的不足。

6.4.3 "双碳"目标下我国环境会计核算改进建议

（1）会计处理原则及账务处理现行规定

重点排污单位应当设立"碳权资产"账户，以有偿购买的方式取得的排放权，于取得当日的实际交易成本予以确认；由政府无偿发放的定额不用记账。会计核算的具体步骤是：

①在从市场上购买碳排放权时，根据其实际付款或应支付的价格，借记"碳排放权资产"，贷记"银行存款""其他应付款"等。

②如果采用碳排放限额或购买碳排放权，借记"营业外支出"，贷记"碳排放权资产"。

③在销售碳排放权时，对已支付价款的，借记"银行存款""其他应收款"等，根据销售定额的账面结余，贷记"碳排放权资产"，根据它们之间的差异，计入营业外收支。对无偿取得的碳排放权，借记"银行存款""其他应收款"等，贷记"营业外收入"。

④当因有偿购买而产生的碳排放量自愿核销时，借记"营业外支出"，贷记"碳排放权资产"。对于无偿取得的碳排放权产生的碳排放量不做会计处理。

（2）存在问题

以历史成本为基础的净值法有许多自相矛盾的地方：

①从初始计量角度来看，不管是有偿取得还是无偿取得，将来都有可能给企业带来经济利益，两者都满足了资产界定；但采取了不同的核算方法，这与会计信息的一致性原则不符，同时也造成了资产负债表信息的失真。

②在以后的会计计量中，如果在配额持有过程中，市场价格发生了很大的变化，那么就不能用历史成本来体现其真正的价值，这与比较原则不符；企业将无偿获得的碳排放权作为营业外收入，而没有相应的取得费用，这样会使收入过高，与利润计算的比例原则不符。

③对于"先排后购"和"超排"的企业，不应认定为"先排后购"或"超排"，仅在利用"配额"和"购买"两种情况下，仅将其作为"经营外支出"而非"非生产成本"，从而削弱了对企业节能减排的刚性约束，阻碍了"双碳"目标的实现；还会造成收益与费用的跨期匹配，与收益核算的根本原理不符。

④《碳排放权交易有关会计处理暂行规定》中"无偿取得的碳排放权不予会计处理"和"出售无偿碳排放权确认收入"不符合收益核算的配比原则。

（3）会计核算方法的改进建议

适用范围。本书将根据《碳排放权交易管理暂行办法》，将环境会计核算方法从我国已经实施了碳交易的关键企业，逐步推广至其他参与碳排放权交易和使用的企业。这涉及碳排放权拥有者、使用者、经销商和交易中介。

账户设置。①建立碳排放资产账户。本书认为，不管是由企业出资，还是由国家无偿提供，碳排放权都应该被视为一种资产，但如果是用于生产自用，或者是为了交易目的而短期持有，或者是长期持有，则应按照"其他流动资产—碳排放权""交易性金融资产—碳排放权投资"等科目进行明细核算。其中，将短期持有因转让而取得利益的碳排放权归属于"交易性金融资产"有待进一步研究。按照现行会计制度，交易性金融资产是指以公允价值为基础，其变动记录在期间收益和损失中的金融资产。金融资产就是合约上的现金收集权，而当前的碳排放权资产能否拥有这样的权利还有待讨论。本书认为，将用于交易的碳排放权划分为交易性金融资产具有一定的合理性与可行性：首先，随着"双碳"战略的实施，中国的碳排放交易也越来越活跃，用于交易的碳资产所占份额不断增加，因此，通过在交易过程中设立单独的核算账户来进行碳资产的计量和信息披露，这一点已经得到了充分的体现；其次，本书从公允价值角度出发，对交易性碳资产的最终价值变动进行计量，并将其确认为损益，使之符合交易性金融资产的计量条件；最后，我国已建成规范、活跃的碳交易市场，若企业将碳配额用于其他用途而非自用，则等于向企业提供了一份现金收益，而且这种权利只有在交易结束后才能实现。

基于以上分析，本书提出了将碳排放权列入交易性金融资产账户的观点。②与政府建立一个对应的账户，以无偿的方式分配碳限额资产。目前，我国采用的是净价值法，没有把国家无偿提供的碳配额视为一种资产。尽管目前国际上通行的是将其记入"碳配额资产"的总额法，但在不同国家的会计准则中，对应计入的贷记项存在争议，若将其作为收益而未有取得成本，则不符合收益核算的配比原则，也不符合会计的审慎原则。本书认为，企业在获得了国家无偿配给的份额后，也要承担履约责任，把它定性为负债较为妥当。因此，本书提出，企业在获取国家无偿授予的碳配额时按市价贷记，将其确认、计量和会计处理列为碳配额负债。

会计核算方法及账务处理。初始确认，计量及会计核算。对于以购买形式取得的碳排放权，按照其持有用途，企业于取得当日的实际交易成本借记，贷记"银行存款""其他应付款项"等账户；对于政府无偿发放的碳配额，应于取得之日以市场公平价格借记，并认列于碳配额负债。

（4）财务报表列示和披露

在会计期末，按照总额法的核算口径，不管是从政府部门无偿获得的碳配额还是有偿购买的碳配额，都按照各自的持有用途，在资产负债表资产一方的"交易性金融资产""其他流动资产""长期投资"，贷方"碳负债""碳交易"科目列示，并在损益表中列出与碳交易有关的收益和费用，并将各指标资产的具体来源，包括碳减排策略、减排机制特点、减排途径和减排措施等，在财务报表附注中予以披露。

6.5　中国式现代化下的资源环境审计问题

6.5.1　中国式现代化下审计在生态文明建设中作用缺失

（1）生态文明审计在生态文明建设中的特殊作用

生态文明审计，简而言之就是以审计方式为生态文明建设提供服务，通过运用现代审计理论与方法，对生态文明建设的过程及其成果进行审计监督和评价。在审计实践中，通过对生态循环系统的认知，生态文明审计被明确

地融入自然生态与人类活动相互作用的过程中。这样，可以满足对生态文明建设实时全景式的审计查错或纠偏，以及对相关责任人在一定程度上的审计问责（王爱国，2021）。

2012 年中国共产党第十八次全国代表大会提出了"生态文明"这一新的理念，生态文明审计体现出了"五位一体"协调发展观，符合国家审计在新时代的发展要求。随着我国资源环境审计的不断深入发展，2013 年，党的十八届三中全会通过的《中共中央关于全面深化改革若干重大问题的决定》强调了探索编制自然资源资产负债表，对领导干部实行自然资源资产离任审计，建立生态环境损害责任终身追究制。这一决定体现了我国政府对生态文明建设和环境保护的高度重视。为了贯彻落实这一决定，我国陆续出台了《关于开展领导干部自然资源资产离任审计的试点方案》《生态文明体制改革总体方案》《党政领导干部生态环境损坏责任追究办法（试点）》等政策文件。这些文件旨在加强对领导干部的自然资源资产管理和生态环境保护责任的监督，推动生态文明建设和绿色发展，开始将重点放在自然资源资产审计领域。

在中国经济社会发展过程中，生态文明审计可以发挥重要作用，如在环境治理整治方面，生态文明审计可以充分发挥预防、揭示、抵御的功能，既能够改善地方环境绩效，也有助于推动企业履行环境责任信息披露义务（蔡春 等，2019）。具体有如下三个方面的作用：

①对生态文明建设机体发挥"未病先防"的作用。生态文明审计在生态文明建设中具有预防功能、揭示功能和抵御功能。首先，生态文明审计可以在生态文明建设的论证设计规划阶段介入，通过实时审计重大环境问题、重大生态项目、重大资金的投入，以便及时发现并遏制问题的苗头，防止问题扩散和恶化，实现"未病先防"。为达到这一目标，我们可以采取优化审计机制、改良审计组织、搭建审计网络平台、充实审计队伍、强化审计文化、增加审计科技投入等措施。

②对生态文明建设机体发挥"既病防变"的作用。生态文明审计能够在生态文明建设机体发生问题时及时启动预警机制，阻断或控制问题的发展，防止问题加重、恶化或进一步蔓延，实现"既病防变"。为此，我们可以采取择优审计指标、重构审计模型、创新审计方式、提高审计效率、建立反应处置机制等措施来防止问题扩散或复发。

③对生态文明建设的机制发挥修正和预防复发的作用。在生态文明审计

领域，通过公告审计结果和一定程度的审计问责，可以揭示并查处生态文明建设项目实施过程中的不足之处，借助生态文明审计评价机制，及时纠正问题并防止其再次发生、多次审查或反复审查，从而实现"修正防复"的目标。为此，我们建议采取公开审计信息、扩大沟通渠道、消除数据障碍等措施，以强化审计调查权、检查权和问责权，从而减少问题的发生。

（2）审计在生态文明建设中乏力的主要表现

①在审计机构和职责权限方面，生态文明建设的重要性还没有得到足够的重视。过去，资源环境审计项目和农业审计项目被长时间混合在一起，现在这两个领域的审计任务由两个不同的部门分别负责。由于目前还处于初级阶段，这种做法不仅降低了审计项目的监督力度，也增加了重复劳动和资源浪费，还未能充分体现新时期生态文明建设的重要性。

②审计人才队伍建设和审计能力建设有待提高。生态文明审计需要专业的审计人员具备深厚的生态环境知识和审计技能，能够准确判断生态文明建设过程中存在的问题，并提出有效的改进措施。因此，应该加强对审计人才的引进和培养，提高他们的专业素养和综合能力。同时，还需要加强审计机构的组织管理，建立科学的绩效评价体系，激励和吸引更多的优秀人才从事生态文明审计工作。

③在环境审计方面，需要加强生态文明审计的法律法规建设，包括工作程序和评价标准等方面的规范。目前，我国已经出台了一系列与生态环境保护相关的法律法规，但在生态文明审计方面还存在一些不足之处。我国应该进一步完善相关法律法规，明确生态文明审计的职责和权限，为审计人员提供法律依据和操作指南，确保审计工作的合法性和有效性。

④各地党政机关主要负责人对地方各级审计机关在环境审计的能动性、持续性的力度和成果有一定的影响。党政机关主要负责人对地方各级审计单位的影响，会导致审计机关对生态文明建设领域的审计工作就会流于表面，势必影响审计工作进一步深入地、系统地持续进行下去。

6.5.2　中国式现代化对生态文明审计的特殊要求

我国在建设社会主义现代化的过程中，展现出了诸多显著特征。其中，最为重要的一点便是我国现代化的推进方式，即人与自然和谐共生的现代化。

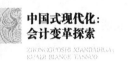

在这一过程中，我国不仅注重物质文明建设，同时也高度重视生态文明建设，两者同步推进，相辅相成，走既守护好绿水青山又发展好金山银山的可持续、高质量发展道路，辩证把握释放生产能力的同时，保护发展潜力，强调同步推进物质文明建设和生态文明建设。实践证明，在现代化进程中，审计探索出一条对人与自然关系问题起到引领示范作用的道路，实现了对传统现代化"征服自然、改造自然"道路的超越。中国式现代化对生态文明审计工作提出了一些要求，这些要求有助于确保生态文明审计能够全面、科学、可持续地评估社会经济发展中的资源利用和环境影响，为生态文明建设提供了科学支撑。生态文明建设就是从保护环境、促进人与自然和谐共处开始的。这些年，我国的生态环境审计工作取得了一定的成果，与此同时，生态文明建设对审计工作也提出了更高的新要求：

（1）揭示生态文明建设矛盾和风险隐患，维护国家生态安全

生态文明建设领域存在一些较为突出的矛盾和风险隐患。为了增强对存在问题的预见性以便及时处理，我们需要密切关注生态文明建设过程中出现的突出矛盾，并及时预测各种风险。同时，我们要及时反馈发现的苗头性、倾向性问题，为了有效遏制生态环境的恶化趋势，在生态文明建设中，应重点关注违规圈占农民集体土地，土地资源利用粗放、石漠化、荒漠化整治和水土流失综合治理进展缓慢等问题。此外，我们还需关注节能减排责任制和问责制落实不到位、生态环保综合管理体制不协调、生态文明建设项目绩效水平低、政府环境责任定位不清晰等问题。

（2）顺应生态文明建设的价值取向，完善生态文明建设体制机制

我们将以生态文明理念为基础，通过协调经济、政治、文化、社会等方面的建设与生态文明建设之间的关系，为建设美丽中国作出积极贡献。我们将增强审计建议意见的总体性和针对性，促使生态文明建设体制机制更加完善，在反映各类问题的基础上，通过系统性研究和审计，发现与问题有关联的各种报表、数据、资料，运用审计手段和方法揭示问题的规律性，使审计建议在实际工作中具有建设性和可操作性，通过审计手段"倒逼"生态文明各项制度的完善。

（3）促进生态文明建设重大政策实施，力促政府环境责任落实

审计工作密切关注国家在生态文明建设中实施的重要政策，这些政策应被纳入审计工作发展规划项目计划和工作方案。在各个专业审计领域，从审

计立项、准备、实施到终结的各个阶段，都应将各地区和部门落实的生态文明建设重大政策措施的执行进度及效果纳入审计范畴，作为审计重点，并及时发现违背生态文明建设重大政策的行为，确保政策落地生根；准确界定政府在环境责任方面界限，有力推动政府履行环境责任；关注环境保护政策、规划的制定过程和实施效果，监督、检查和评价这些环保政策的科学性、时效性和决策程序的规范性，评估负责生态环境保护的人的工作表现，依据法律法规反映不作为的问题，实现责任和权力的统一，促进政府环境信息公开机制和目标责任机制的建设；建立公众参与机制，促进跨区域环境事件中相关地方政府环境责任的进一步明确，通过明确地方政府责任来激发生态文明建设的积极性。

（4）讲好中国环境故事，传播优秀资源环境审计经验

中国资源环境审计已有近30年的发展历程，资源环境审计在维护资源环境安全，促进人与自然和谐共生，推动经济、社会、环境协调发展等方面发挥了很大作用。领导干部自然资源离任审计模式已成为具有中国特色的审计模式，在大数据分析的支持下，我们实践了政府资源环境审计，并确立了自然资源环境审计全覆盖的科学理念。我们坚信，通过审计制度的建立和实施，我们可以更好地管理和保护我们的自然资源和环境。我们不仅要学习国外先进资源环境审计经验，还要实事求是，做好我国政府资源环境审计工作，讲好我国政府资源环境审计故事，促进国内外资源环境审计的交流互动，传播优秀经验，展示大国审计形象。

6.5.3　中国式现代化下生态文明审计变革

生态文明建设作为一项复杂且系统性的工程，具有原创性、全局性、国际性、长期性和战略性的特点。在推进生态文明建设的过程中，我们面临着诸多挑战，如难度大、投入多、见效慢等。因此，我们需要坚定信念，执着追求，以实现生态文明审计服务的目标。生态文明审计服务需要对理论知识和方法进行重新构建，系统回答"为何要审""谁来审计""审计什么""审计依据""如何审计"和"为谁而审"等问题。

与当前环境审计实践相比，审计工作在推动生态文明建设方面的作用越来越重要。环境审计的主要目标是促进环境立法的完善，提升各级政府环保

部门的环境执法能力，完善监督执行体系。在生态文明建设中，审计机关发挥着重要作用，旨在促进我国走新型工业化道路，推动空间格局变化、产业结构调整以及生产生活方式更加符合生态文明理念。在审计内容方面，环境审计主要关注环境保护项目的实施和资金的规范使用。审计机关在主体功能区战略实施、国土空间开发优化、经济发展方式转变以及生态文明体制机制创新等方面发挥着关键作用。为了进一步提升国家审计工作，我们应在环境审计经验的基础上，对审计目标和内容进行优化，以更好地发挥环境审计在生态文明建设中的积极作用。

（1）中国式现代化下生态文明审计根本观念变革

中国式现代化是人与自然和谐共生的现代化，突破了资本主义旧生态文明范式的窠臼，其本质要求是在生态建设中实现人与自然和谐发展的"生态文明"。尽管生态文明观念已经发生了一定程度的变化，但这种转变尚未完全实现。树立生态环境保护理念，首先需要明确生态保护与经济发展之间的关系，这并非意味着放弃经济发展，而是要摒弃低质量、高消耗、破坏生态环境的过度发展模式。

（2）中国式现代化下生态文明审计目标变革

环境资源审计的目标是对受托者在环境责任方面的表现进行全面审查和评估。我们要确保他们的行动合法、合规，并且能产生良好的效果。我们希望通过这种方式，为自然资源的合理利用和生态环境的更好保护提供一些有用的建议。（谢志华 等，2016）。中国式现代化遵循马克思主义原理，一直践行绿色发展理念，走出了既保护环境又可持续、高质量发展道路，物质文明建设和生态文明建设同步推进。

在环境审计领域，我们不仅要遵循现代审计的基本目标要求，更应着眼于与中国式现代化进程相匹配的目标，逐步构建一套符合中国国情的资源环境审计目标，我们长期的目标是实现从工业文明到生态文明的成功转型，短期的目标是为推进生态文明建设服务，包括促进生态系统的优化、环境的美化、生态系统的稳定和生态财富的增长。

（3）中国式现代化下生态文明审计内容体系变革

生态文明审计应以生态文明建设为核心，全面系统地回答"为何要审""审计什么"以及"如何审计"等问题，该审计涵盖生态文明建设管理系统、制度体系、项目资金、行为作业及业绩成效等多个方面，以及"审计要求"

等问题，不断优化和更新资源环境审计服务，以支持生态文明建设。

在生态文明建设进程中，对领导干部实施自然资源资产离任审计是在十八届三中全会上提出的，目的是完善生态文明制度体系建设，以促进人与自然和谐共生。推进生态文明建设的审计制度这一战略决定，准确把握了中国特色社会主义法治建设需要和新时代制度建设的需要，是中国式现代化在审计领域的体现，有效加强了我国生态文明制度体系，补齐了监督制度短板。作为一种独具特色的资源环境审计制度，自然资源资产离任（任中）审计在推动生态文明制度体系方面发挥着关键作用。通过从审计广度、审计力度和审计频度等方面对生态文明建设与经济增长之间的平衡关系进行微调，这个制度很好地解决了资源环境领域里公共性和外部性带来的各种问题。"十四五"时期，高质量发展与"双碳"战略目标是生态文明建设的新标准，许多地区都面临着生态环境治理与产业转型的双重任务，我们必须在不牺牲经济增长的同时走低碳之路、绿色之路。自然资源的合理利用成为"绿水青山就是金山银山"理论的具体实践，对于推动绿色发展和生态文明建设意义十分重大。全国审计机关从 2018 年开始审计试点到全面推开，对离任审计重点的确定、审计评价指标的建立及审计结果运用等方面，进行广泛而有意义的探索，领导干部自然资源（资产）离任（任中）审计制度是国家治理体系治理能力现代化中有关审计制度的一种创新。该制度是对领导干部受托责任的一种评价，可以终身问责官员，帮助各级政府领导干部算好"生态账"，打好"生态牌"，是污染防治治理、建设现代环境治理体系的有力抓手，成为中国特色社会主义审计制度的重要组成部分。未来我们应强化以研究型审计为资源环境审计质量持续提高的内生动力、以提高数据使用效率和综合利用水平为其技术导向。

（4）中国式现代化下生态文明审计方法变革

在审计服务生态文明建设中，我们需要采用多种方法来进行审查。这些方法包括传统的计算机审计、现场审计和财务审计，以及采访、文件审查、实地考察和问卷调查等特殊审计方法。同时，我们应积极吸收现代信息技术手段，如人工智能、大数据、移动互联网和云计算等，结合"两统筹"方式进行大数据审计，实施网络审计、数字审计、可视化审计和全时审计。此外，我们应尽力消除专业分工的障碍，整合内部和外部审计资源，协同其他监督机构，特别是加强与自然资源、生态环境、测绘机构、精神文明建设、国际组织和其他经济监督及政治监督等部门的审计联动与合作，着力推进联合审计、协作审计、平行审计和国际审计。

6.6 生态预算

6.6.1 生态预算的概念及特点

生态预算是将环境管理纳入会计领域的一种预算手段，是环境目标和环境策略以营运方案表示的一种管理措施；是经济组织对生产、经营、管理活动规划中涉及环境问题的因素，依据预算的一般原则和方法，加以货币计量，并编制相应的财务预算；是经济组织运用财务资源，获取预期的环境成果，实现预定的环境目标的管理措施。

（1）关注环境问题

生态预算是一种财务管理工具，旨在支持可持续发展和环境保护，关注环境问题是做好生态预算的关键因素。它通过将环境成本纳入企业和政府的财务预算中，以促进资源的可持续利用和生态系统的保护。

在生态预算中，环境成本通常包括：资源使用成本，如能源、水和其他自然资源的消耗成本；污染治理成本，如废物处理、污水处理、空气污染控制等环保措施的成本；生态保护成本，如自然保护区建设、野生动植物保护、森林防火等生态保护措施的成本；环境修复成本，如土地修复、水体修复、海洋保护等环境修复措施的成本。

生态预算的实施可以帮助企业和政府更好地管理和控制环境成本，促进可持续发展和环境保护。同时，它也可以提高公众对环境问题的重视程度，推动全社会共同参与环境保护。

（2）强调预算的可持续性

预算的可持续性是指预算在经济、社会和环境等方面展现出的长期稳定性。强调预算的可持续性意味着在制定和执行预算时，要考虑到资源的合理利用、环境保护和社会公平。实现预算的可持续性对于政府、企业和个人来说都具有重要意义，因为它有助于确保资源的长期可用性，促进社会的和谐发展，提高人民的生活水平。通过以下内容可以实现预算的可持续性：

第一，设定明确的预算目标。预算应明确反映政府或组织的战略目标和优先事项，以确保资源的有效分配。这包括对各项支出进行优先级排序，确保关键领域（如教育、医疗、基础设施建设等）得到足够的资金支持。同时，预算目标应具有可衡量性和可实现性，以便评估实际执行情况。

第二，制订详细的预算计划。预算计划应包括预期的收入和支出、投资和政策变化等因素，以便在未来几年内进行有效的财务管理。这需要政府部门和企业充分调查和分析市场、行业和经济发展趋势，以便预测收入和支出的变化。此外，预算计划还应考虑不确定性因素，如政策调整、自然灾害等，以确保预算的灵活性和稳定性。

第三，优先考虑可持续发展。在制定预算时，应优先考虑环境保护、社会公平和经济发展等方面的需求，以确保资源的可持续利用。这意味着政府和企业应在预算分配中加大对清洁能源、节能减排、环境保护等领域的支持力度，同时关注弱势群体的利益，保障社会福利和公共服务的供给。

第四，强化绩效管理。通过建立有效的绩效管理体系，定期评估预算执行情况，确保预算目标的实现。这包括设立专门的绩效评估机构，对政府部门和企业的业绩进行定期审查，以便及时发现问题并采取相应措施。此外，绩效管理还应鼓励创新和改进，以提高预算执行的效率和效果。

第五，提高透明度和公众参与度。公开预算信息，接受公众监督，有助于增强预算的可持续性和公信力。政府和企业应主动披露预算信息，接受社会各界的监督和评价。同时，政府还应加强与公众的沟通和互动，听取民意，了解民生需求，以便更好地制定和实施预算。

第六，加强国际合作。通过与其他国家和国际组织的合作，共享经验和资源，提高预算管理的可持续性。在全球化背景下，各国政府和企业应加强合作，共同应对全球性挑战，如气候变化、金融危机等。通过国际合作，各国可以共享经验和教训，提高预算管理水平。

第七，加强培训和教育。加强对政府部门和社会组织的预算管理培训和教育，提高它们的预算编制和执行能力。这包括定期举办培训班、研讨会等活动，邀请专家进行授课和指导，以便提高相关人员的专业素质和技能水平。

第八，创新财政手段。通过引入绿色税收、生态补偿等财政手段，鼓励企业和个人采取环保行动，促进可持续发展。这包括对污染企业征收环保税，对绿色产品给予税收优惠，以及设立生态补偿基金等。这些措施既可以弥补政府在环保领域的投入不足，又可以引导企业和个人积极参与环保行动。

第九，优化资源配置。通过合理的税收政策、社会保障制度等手段，引导资源向可持续发展领域流动。这包括降低对高污染、高能耗产业的税收优惠，加大对绿色产业的支持力度；完善社会保障制度，保障弱势群体的基本生活；加大对教育和医疗等公共服务领域的投入，提高人民的福祉水平。

第十，建立健全应急机制。为应对突发事件和危机，应建立健全应急预算和机制，确保预算的可持续性。这包括设立专门的应急资金，用于应对突发事件和危机；建立健全应急预案，提高政府部门和企业的应急响应能力；加强风险管理和预警工作，降低不确定性因素的影响。

（3）注重资源管理

资源管理是企业运营的重要组成部分，它涉及对组织内各种资源的规划、分配、利用和控制，以实现组织的目标。有效的资源管理可以帮助企业提高效率、降低成本、增强竞争力，从而在激烈的市场竞争中脱颖而出。

设定明确的目标是资源管理的第一步。企业需要明确自己的战略目标和业务需求，这样才能为资源管理提供明确的指导。例如，如果企业的目标是提高产品质量，那么就需要对人力资源、原材料等资源进行有效的规划和管理，以确保这些资源能够用于提高产品质量。

制订资源计划是资源管理的重要环节。企业需要根据目标和需求，预测所需的资源数量和类型，并制订相应的采购、分配和使用计划。这需要企业对市场有深入的了解，以便准确预测资源的需求结构和数量。优化资源配置是资源管理的关键。企业需要合理分配人力、物力、财力等资源，确保这些资源在关键的业务领域得到充分利用。这需要企业有高效的资源配置能力，能够根据业务需求灵活调整资源分配。

提高资源利用率是资源管理的一个重要目标。企业可以通过提高工作效率、减少浪费、降低损耗等措施，提高资源的使用效率。这不仅可以节省资源，还可以提高企业的经济效益。

强化资源监控是资源管理的重要手段。企业需要建立资源监控系统，实时跟踪资源的使用情况，及时发现和解决问题。这可以帮助企业防止资源的滥用和浪费，确保资源的合理使用。

　　培训和激励员工是提高资源管理效果的有效途径。企业需要提高员工的资源管理意识和能力，激发他们的积极性和创造力。这可以通过定期的培训和激励机制来实现。

　　创新资源管理模式是企业在资源管理上的长期任务。企业需要根据组织的发展和市场变化，不断优化和完善资源管理策略和方法。这需要企业有敏锐的市场洞察力和创新能力。

　　建立良好的沟通机制是资源管理的基础。企业各部门之间需要加强沟通和协作，确保资源管理的顺利进行。这可以通过建立有效的沟通渠道和协调机制来实现。

　　定期评估和调整是资源管理的重要环节。企业需要定期对资源管理的效果进行评估，根据评估结果进行调整和改进。这可以帮助企业及时发现问题，改进管理方法，提高资源管理效果。

　　在资源管理的过程中，企业还需要关注以下几个方面：

　　第一，强化风险管理。资源管理不仅涉及资源的规划、分配和使用，还涉及风险的识别、评估和控制。企业需要建立完善的风险管理体系，确保资源管理的顺利进行。例如，企业可以通过多元化采购、合同管理和保险等手段，降低资源供应中断的风险。

　　第二，注重可持续发展。在资源管理中，企业需要关注资源的可持续性。这意味着企业需要在满足当前需求的同时，保护未来世代的资源。为此，企业需要采取一系列措施，如提高资源利用效率、推广循环经济、减少能源消耗和污染物排放等。

　　第三，创新技术应用。随着科技的发展，企业可以利用先进的技术手段来提高资源管理的效率。例如，企业可以通过大数据分析、人工智能和物联网等技术，实现对资源的实时监控和智能调度。此外，企业还可以通过数字化和虚拟化技术，降低实体资源的需求，提高资源的利用率。

　　第四，建立良好的企业文化。资源管理的成功，很大程度上取决于企业内部的企业文化。节约、创新和合作的企业氛围有利于增强员工的资源管理意识和执行力。因此，企业需要通过培训、沟通和激励等手段，培育和传承良好的企业文化。

　　第五，融入全球化战略。在全球化的背景下，企业需要关注全球资源的合理配置和利用。这包括跨国采购、全球供应链管理和国际合作等方面。通

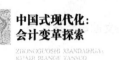

过融入全球化战略，企业可以充分利用全球资源，提高自身的竞争力。

第六，注重社会责任。企业在进行资源管理时，还需要关注社会责任。这意味着企业在追求经济效益的同时，要关注资源对环境和社会的影响。企业需要遵循可持续发展的原则，确保资源的合理利用和环境保护。

6.6.2　生态预算在企业贷款融资中的作用

（1）帮助企业降低融资成本，实现环境、社会和经济可持续发展

生态预算是一种将环境、社会和经济可持续发展综合考虑在内的预算方法，可以帮助企业实现可持续发展并降低融资成本。通过实施生态预算，企业可以减少对环境的影响，承担企业的社会责任，提升企业形象，从而吸引更多的投资者和客户。此外，实施生态预算还可以帮助企业降低成本，提高效率和竞争力。

生态预算的实施需要从企业的战略规划和目标制定开始。企业应该明确自己的可持续发展目标，并将其纳入企业的长期规划中。在制定预算时，企业需要考虑环境、社会和经济三个方面的因素，以确保预算的可持续性。

在实施生态预算的过程中，企业需要进行定期的监测和评估，以确保预算的实施效果。这包括对环境影响的评价、社会责任履行情况的评估以及经济效益的分析等。通过这些评估，企业可以及时发现问题并进行调整，以确保预算的目标得以实现。企业还可以通过生态预算来推动创新和改进。例如，企业可以通过减少能源消耗、提高资源利用效率等方式来降低生产成本，从而提高企业的竞争力。同时，企业还可以通过开展环保项目、支持社区发展等方式来提高社会责任，从而吸引更多的投资者和客户。

生态预算是一种有效的财务管理工具，可以帮助企业实现可持续发展并降低融资成本。通过实施生态预算，企业不仅可以保护环境、履行社会责任，还可以提高自身的竞争力和创新能力。因此，越来越多的企业开始认识到生态预算的重要性，并将其纳入企业的财务管理体系中。

（2）使企业更加关注社会责任，降低融资风险

对企业而言，生态预算的编制过程不仅涉及财务预算，而且体现了企业对社会责任和可持续发展的实践。在这一过程中，企业需要更加全面地考虑环境保护、资源管理等因素，进而提升企业对社会责任的关注程度，降低融

资风险。

生态预算有助于企业深入理解并评估其对环境造成的影响。通过预算，企业可明确资源的使用情况以及这些活动对环境的具体影响。这不仅能帮助企业找到节约资源、减少污染的有效方法，还能发掘新的商业机会，如开发环保产品或服务。生态预算有助于企业建立更为完善的资源管理体系。通过对资源的合理分配和使用，企业可以减少浪费，提高资源利用效率。这不仅有助于降低成本、增强竞争力，还能满足社会期望，从而提高企业的社会责任意识。生态预算有助于企业降低融资风险。在当前的社会环境中，越来越多的投资者开始关注企业的社会责任和环保行为。通过实施生态预算，企业可展示其对环保的承诺和努力，从而赢得投资者的信任和支持。

生态预算的编制是企业实现可持续发展的关键步骤。在生态预算的编制过程中，企业需要充分了解和分析其生产过程中可能对环境造成的影响。这包括了对原材料采购、生产过程、产品使用和废弃物处理等各个环节的环境风险进行评估，通过对这些环节的全面考虑，企业可以制定出更为科学和合理的生态预算，从而实现对环境的影响最小化。

此外，生态预算还可以帮助企业更好地进行资源管理。通过设定明确的资源使用目标和效率指标，企业可以有针对性地节约资源和高效利用资源。这不仅可以提高企业的经济效益，还可以为社会和环境做出积极贡献。生态预算也是企业履行社会责任的重要手段。通过实施生态预算，企业可以向公众展示其对环境保护的承诺和行动，这不仅有助于提升企业的社会形象，还可以增强企业的竞争力，赢得更多消费者的信任和支持。生态预算的编制过程是一个系统的过程，需要企业在各个层面上进行全面考虑和精细操作，只有这样，企业才能实现可持续发展的目标，为社会和环境做出更大的贡献。

在生态预算的实施过程中，企业还需要注重与各利益相关方的沟通和合作。这包括了与供应商、消费者、政府机构和其他社会团体等进行积极的交流和合作，共同探讨如何在资源利用和环境保护方面取得更大的进展。通过建立良好的合作关系，企业可以更好地了解各方的需求和期望，从而制定出更为全面和有效的生态预算。

企业还需要加强对员工的培训和教育，增强他们的环保意识和责任感。只有当所有员工都认识到自己在生态保护方面的责任和义务时，企业才能实现可持续发展的目标。因此，企业应该将环保教育纳入员工培训计划中，定

期组织相关的培训和宣传活动，提高员工的环保意识和技能水平。

企业还需要不断优化和完善自身的生态预算体系。随着社会的发展和环境的变化，企业需要不断调整和更新自己的预算方案，以适应新的情况和挑战。同时，企业还应该加强对生态预算实施效果的监测和评估，及时发现问题并采取相应的措施加以解决。只有这样，企业才能不断提高自身的环保水平和社会责任意识，为社会和环境的可持续发展做出更大的贡献。

6.6.3　生态预算在企业贷款融资中的编制方法

生态预算是指企业在生产经营过程中，为保护生态环境、促进可持续发展而制定的一种预算。在企业贷款融资中，生态预算可以作为企业的信用评估指标之一，有助于提高企业的信用评级和融资额度。

具体来说，生态预算的编制包括以下几个方面：首先，企业需要对生态环境进行全面评估，包括对生产过程中产生的废弃物、废水、废气等进行监测和分析；其次，需要制定相应的环保措施和治理方案，并对这些措施和方案的实施效果进行评估；最后，需要将企业的生态环境状况纳入企业的财务预算中，并制定相应的生态预算。

在编制生态预算时，企业需要关注以下几个方面：

第一，环境影响评估。企业应对生产过程中可能产生的环境影响进行全面评估，包括对废弃物、废水、废气等污染物的排放进行监测和分析。这有助于企业了解自身生产过程中的环境问题，从而采取有效措施减少对环境的负面影响。

第二，环保投入与治理方案。企业应根据环境影响评估结果，制定相应的环保投入和治理方案。这可能包括投资建设污染治理设施、采用清洁生产技术、提高资源利用效率等。同时，企业还应定期对环保措施的实施效果进行评估，以确保其有效性。

第三，环境信息披露。企业应将生态环境状况纳入企业的财务预算中，并对外披露相关信息。这有助于提高企业的透明度，增强社会对企业的信任度。同时，企业还应积极参与环保行业的交流与合作，以提高自身的环保意识和技术水平。

第四，环保政策遵从与监督。企业应严格遵守国家和地方的环保法规政策，加强内部环保管理，确保企业的生产经营活动符合环保要求。此外，企业还应接受政府部门和社会组织的监督，及时整改存在的问题，不断提高环保水平。

第五，社会责任与可持续发展。企业在编制生态预算的过程中，应充分考虑社会责任和可持续发展的要求。这意味着企业在追求经济效益的同时，还应关注环境保护、员工福利和社会公益等方面的发展。通过实现经济、社会和环境的协调发展，企业可以提高自身的竞争力和市场地位。

生态预算作为一种重要的信用评估指标，可以帮助企业提高信用评级和融资额度，同时也有助于推动企业实现可持续发展。因此，企业在编制生态预算时，应全面考虑环境、经济和社会等多方面因素，努力实现绿色、低碳、循环的发展模式。

（本章撰稿人：余洋、王婷、倪树美、马晓婷、钟媛、焦伟昊）

7
协调发展与会计变革

7.1　协调发展与会计

7.1.1　国际会计协调与我国会计发展

国际会计协调是推动各国贸易交流更加标准化的重要途径，是将不同国家的会计准则引向更加标准化、完善化的核心力量。随着经济全球化的深入，各国的会计体系愈发多样化，这使得国际会计协调的重要性更加突显。

（1）国际会计协调的概念

通过对国际会计协调理念的解读，我们发现在执行国际会计协调时，关键在于将会计标准国际化，使得会计信息逐渐达到可比较和协同、一致的状态。这需要满足三个需求：首先，需要在目前各国会计制度已有的差异性上，减少固有的矛盾，形成有序的结构和会计操作；其次，实现国际会计协调的宗旨，主要是为了创造标准统一的共享框架；最后，国际会计协调并非标准化的过程，其主旨在于降低各国会计常规间的差异。

（2）国际会计协调的意义

促进国际经贸的发展。当今时代，全球化使得各国经济交流增多和联系深化，与此同时，会计准则作为国际贸易的基础组成部分，在全球经济交易中扮演着关键的角色。各国由于经济水平存在差异，政策和会计制度的发展阶段不同，在会计准则上表现出了极大的差异。国际会计协调的介入会让会计准则逐渐趋于一致，会计信息的相互协调可以让国际经贸活动更加的顺畅，能够减少双边贸易的摩擦，为国际经贸的发展提供助力。

促进国际投资的发展。随着资本在全球范围内的流动，国际投资出现了较为迅猛的发展势头，而各国会计制度和会计准则的差异，会给国际投资带来较大的阻碍，降低国际投资的效率。随着国际会计协调的不断发展，国际投资者在财务会计信息的获取上和财务状态的掌握上能够更加直接和便利，为国际投资创造良好的投资环境。

促进跨国企业的内部管理。作为国际经贸的直接参与者和核心组成部分，跨国公司在整个国际经贸中具有重要的作用，是整个国际经贸的推动者和直接参与者。跨国公司的一个明显特征就是跨地域。东道国与本国会计制度和

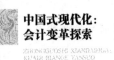

会计准则的差异，会让跨国企业的内部管理变得较为复杂，给财务编制带来一定的阻碍。国际会计协调的介入，能够让两国会计准则趋于一致，让跨国企业不必面对会计信息差异，提高财务管理的效率，促进跨国企业的进一步发展。

（3）国际会计协调和我国会计发展之间的关系

推动国内会计的协调和精准定位。在国际贸易中，要获取发言权，必须依赖国家的强大实力。一个国家的综合实力是保护国内贸易参与者利益的关键因素。如果一个国家想要国内的经济发展和外贸活动在激烈的国际竞争中占有优势，并在贸易纠纷中保护本国企业的利益，就需要不断地增强自身实力，获取更多的发言权。国家只有不断提高国际地位，才能在会计准则的博弈中获得竞争优势。在国际会计协调的舞台上，各个国家为推动国际会计协调发展做出努力，中国作为贸易大国，也积极地参与国际会计协调。国际会计协调不仅让我国更加具有斗志，也让我国明白了自身的目标，让我国正视国内会计发展与国际会计协调的相互关系，提高了国内会计体系的可比性。

国际会计协调与国内会计发展的矛盾与统一。矛盾是普遍存在的，在国内会计发展中存在着许多的矛盾，在国内会计与国际会计协调的过程中也存在着许多的摩擦。各个国家的经济发展状况不一，会计准则不同，所面对的矛盾也各不相同。国际会计协调寻求的是国际会计准则的趋同和会计信息的对称，国际会计协调是促进国际会计发展的重要手段。国际会计协调的介入必然会使国内的会计发展受到影响，两者也必然存在较多的矛盾，为了减少矛盾和摩擦，就必须在国家与国际层面进行会计准则的协调。我国的会计发展为国际会计协调提供了参考依据，而国际会计协调使我国的会计发展变得更加规范，二者之间相互影响、相辅相成，是矛盾统一的关系。

参与国际会计协调，助力国内会计体系的健全与壮大。随着我国经济实力的不断强大，国际影响力持续提升，但在对外贸易中由于会计报告未能得到国际认可，在一定层面上阻碍了我国外贸的发展。因此，与国际会计同步，有助于我国优化会计规则、会计体系，完善相关标准，为外贸经济的发展夯实基础。

随着全球经济融合及我国社会主义市场经济体制的独特性逐渐得到认可并在大范围内推行，我国的会计体系也在不断完善。其中，税务会计已经快速进化为企业财务体系中不可或缺的部分，财务会计与税务会计的交互作用，如今已经成为影响企业财务体系拓展的中心议题。只有在财务会计和税务会计齐头并进、相互整合的情况下，企业才能在提高经济收益和经济效益方面做到效益最大化。

7.1.2　财务会计和税务会计协调发展

（1）相关概念

会计扮演着一种基于会计原则和体系，以货币为基本度量单位，通过特定的手段，如会计审查、会计分析、会计核查等，对企业的经济社会行为进行核算和监控的经济管理角色。它涵盖了三个主要的功能。第一，核算功能，即借用会计的量化手段来揭示公司日常财务活动成果、业务发展态势以及资金流通等。以科学、合理的核算方式为基础实现会计的核算功能，需要完整、连贯的经济信息记录，包含根据证实的原始票据制作的会计凭证，按规定处理账务，制作财务报告，并提供系统化、可信赖的公司财务数据。第二，检查功能，即是通过收集和分析财务数据来控制和管理公司的生产和营运，包括业务实施前的审查、业务进行时的监督以及业务完成后的评估。会计监督的目标是改良公司的财务预算管理，提升公司在市场上的经济效益，防止公司违法行为，推动社会经济协调发展。第三，经济决策参与功能，即企业管理者通过会计提供的经济信息，在多种选择中，通过合理的经济预测和分析做出最佳选择，实现资源的最优使用。

会计的分类方法有很多，按照报告对象的不同特性划分，可以分为财务会计和管理会计。如果根据会计目标及其所要实现的目的进行分类，可以概括为财务会计和税务会计。此外，根据工作领域的差异，我们也能将会计划分为公共会计、私人会计以及政府会计。

财务会计的存在已有相当长的历史。如今，财务会计主要被视为一套信息系统，以公司的财务数据为基础，针对投资者、债权人、政府、公众等利益关联者，依照财务会计准则制定财务报告，以此来辅助利益相关者做出正确的评估和决策。

税务会计源自传统的财务会计，其进一步发展了财务会计的理念，它是会计与税务领域的交汇，这一领域具有显著的专业特性。税务会计与财务会计对比独立，是处理公司所有涉及税务的经济活动的基准，以税法和行政规定作为支撑。税务会计不仅需要满足税务部门及时收税的需要，同时也要协

助公司决策者根据税务信息做出最优的策略，以减轻企业的经济压力。

（2）财务会计和税务会计的联系

税务会计是建立在财务会计理论基础上的，该理论为企业带来了精准的会计信息。这些信息被税务会计用于创建税务报告，而税务会计处理的结果将对财务会计制定的财务报告产生影响，从而紧密连接两者。在会计界，税务会计与财务会计都非常关键，它们是企业财务的主要组成部分，两者都需要企业内部的财务专家大力投入，其为企业内部的管理人员和外部的利益相关方做决策提供关键的财务数据。

（3）财务会计和税务会计的差异

在目标设定上，财务会计与税务会计并没有一致性。财务会计的终极目标是向财务信息的使用者提交一份财务报告，这份报告能够完整并真实地展现出财务数据，目的在于满足国家宏观经济管理的要求以及公司自身管理和监督的需要，其中包括满足企业相关方对公司运营过程、营业成果、资金流动等信息的需求。税务会计的目标却不同。税务会计主要是依据国家的税法规定，以货币作为主要的度量单位，运用传统的会计方法来计算和监控纳税人应付的税款，并进行税款的申报和缴纳。它也包括处理税务计划、税费计算和纳税申报以及退税等相关事宜。最后，税务会计的终极目标是向相应的税务部门提供与纳税人应付税款有关的所有信息。

在核算标准方面，财务会计与税务会计存在一定的差异：财务会计在履行职责时，以会计准则和系统为依据，基于这些规则来保证其提供的企业会计信息是有序、精确而且全面的；税务会计主要是根据我国的税收法律法规来履行职责，其主要工作聚焦在纳税人应付税款的相关处理。

在组成特点上，财务会计与税务会计有所不同：财务会计由六大要素构成，即资产、负债、主权益、收益、消费以及盈利。此会计方法全面核算和监控公司的财务流程，涵盖资金的进入、使用和退出等环节，能全面剖析公司的经济情况，为公司制定最佳的业务策略提供保障。税务会计则由应付税款、税收收益、可扣税项以及应课税收入四大要素组成。这四大要素相互配合，确保国家和企业的税务管理举措能够有序、顺利的执行。

在会计模式上，商业交易的实际进行和资金流动的状况有时并不相同。这可能会导致企业采用两种核算模式——收付实现制和权责发生制。权责发生制是一种根据收入和费用产生的时期来决定会计期间的系统。在这个系统中，无论是否实际收到资金，已经进行的商业行为都应该计入当前的收入；无论是否实际支付资金，都应该记入当前的开销。与之相比，收付实现制则根据财务收入和开支的现实状况来处理当前的商业活动，确定本期的收入和支出，以及计算利润。财务会计主要是以权责发生制为计算基础，对收入和开支进行合理的分配，以真实和公正的方式反映每个会计期间的运营成效和财务状况，使会计信息更准确可信。税务会计结合了权责发生制和收付实现制，以收付实现制为主。这是因为公司的商业活动复杂且多样，如果采用权责发生制来处理某些特殊的活动，不利于税务部门确定纳税人的支付能力和收税的必要性，可能与税务操作的便捷性和企业的持续经营假设产生冲突，给税务部门的工作带来困难。

（4）推进财务会计与税务会计协调发展

目前，我国正从以数量为主的经济增长模式转向注重质量的发展模式，这无疑将提高对企业会计体系的要求，企业的会计体系需要更加严谨，更有科学性。公司的会计部门中，财务会计和税务会计都起着关键的作用，如果两者不能共同进步，可能会给公司的经济利益带来无法估量的损失，妨碍公司的发展壮大。因此，探究财务会计和税务会计的协调发展成为现阶段构建企业会计体系的核心任务。

我国的市场经济体制建立时间相对较短，会计专业精英的职业道德和专业能力参差不齐，高质量的会计专业精英数量偏少，部分会计专业精英对会计系统的理解不够深入，过分追求经济利润，参与制造、遮掩、破坏会计凭证，篡改财务报告，阻碍了财务会计的发展，甚至编造税款、逃避缴税，破坏了国家经济秩序。政府和企业应加强对会计专业精英的管理，针对存在的问题，积极制定和完善职业规范标准。同时，应加强对会计专业精英的教育，通过设立在线学院、社区学院等，定期对会计人员进行教育，建立科学的会计人才培养机制。培养具有道德意识、专业能力和责任感的会计专业精英是一项需要坚持的基础任务，对于财务会计和税务会计的稳健发展极为重要。

目前，财务会计与税务会计协同发展的法律法规不够明确具体，尤其是税务会计的相关法律法规严重不足，存在较多漏洞，在实际操作中，让部分会计从业人员也感到困惑。税务会计，作为衍生自财务会计的新学科，不能完全照搬财务会计的法律法规，而应有其特定的规则体系。

财务会计的会计规则与体系由财政部制定，税务会计则是基于税法，而税法的制定与国家税务总局有着紧密的关系。财政部和国家税务总局的管理目标不尽相同，导致了他们在规定制定时的视角差异。因此，财政部与国家税务总局需要进一步增强交流与研讨，在规定实施前以及实施过程中通力协作，以缩小两者之间的差异。

现阶段，多数企业普遍太过偏重财务会计，对税务会计的提升不够重视。财务会计因为受到更多的重视，其理论框架和制度更加完整，会计人员的行为也更加规范。相对于财务会计，税务会计的进步速度相对缓慢，依然存在一些问题。若想实现财务会计和税务会计的同步提升，就必须在持续推动财务会计的同时，加大对税务会计制度的优化力度，重视其存在的不足。此外，税务机构也要寻找并处理工作中的疏漏，并进行有针对性的优化。

2007年1月1日起施行的《企业财务通则》减少了财务会计和税务会计主要政策的差异，这一行为变革了企业现行的财务体制和税务结构。市场经济深入发展过程中，财务体制和税务体制将迈向新的高度，两者的差异也将逐步减少，从而使企业管理工作更为便捷。然而，对于某些特殊的业务，短期内难以实现两者的同步。例如违法经营产生的罚款，财务会计将其视为费用开支，而税务会计禁止其抵税，实行实事求是的收税，保护了国家的利益。

虽然从很多角度看，财务会计与税务会计具有差异性，但两者均是为企业管理层提供服务的，以精准测算公司的财务状况和经济资讯，并提交相关报告。企业有能力将财务会计与税务会计的信息输入源进行融合，创建一个多信息交互的共享平台，这不仅可以节省企业的资源，同时也可以减少信息传递环节的错误，进而得到更优质的会计信息。公司可以将财务会计与税务会计部分流程做一些整合，以将两者在处理账务时的误差降到最小。企业的领导者应竭尽全力为财务会计和税务会计的协调发展创造良好的环境，以促使企业资金得到合理的使用。

我们必须深刻认识到，在当前我国企业内部管理模式发展滞后，社会大众的关注与支持程度不高，我国的法律法规相对不完善的背景下，要协调好财务会计和税务会计的发展，是一项漫长且充满挑战的任务，我们不能操之过急。我们应该在尊重财务会计和税务会计的关键差异的基础上，推进两者的协调发展。企业必须对财务体系与税务结构进行改造，而国家和社会应紧密关注如何规范财务会计与税务会计的发展，致力于形成财务会计和税务会计规范化协作的新模式。

7.2 共建"一带一路"倡议下的会计标准协调

7.2.1 引言

（1）"一带一路"倡议提出的背景

"一带一路"倡议，全称为"丝绸之路经济带和21世纪海上丝绸之路"，是中国在2013年提出的一项重大的国际经济合作和发展倡议。这一倡议的提出，旨在借鉴古代"丝绸之路"的历史符号，高举和平发展的旗帜，积极发展与"一带一路"共建国家的经济合作伙伴关系，共同打造政治互信、经济融合、文化包容的利益共同体、命运共同体和责任共同体。

首先，全球化的发展使得各国的经济联系日益紧密，中国作为世界第二大经济体，有必要也有责任参与到全球经济治理中来，推动全球经济的健康发展。而共建"一带一路"倡议正是中国积极参与全球经济治理，推动构建开放型世界经济的重要举措。其次，中国的经济发展已经进入新常态，需要寻找新的增长点。而共建"一带一路"倡议的实施，不仅可以推动中国的经济发展，也可以帮助"一带一路"共建国家实现经济发展，实现互利共赢。再次，中国有着丰富的历史文化资源，包括丝绸之路等。通过共建"一带一路"倡议，可以挖掘和利用这些历史文化资源，推动文化交流和理解，增强各国人民的友好感情。最后，中国提出共建"一带一路"倡议，也是为了推动全球治理体系的改革和完善。通过共建"一带一路"倡议，可以推动全球治理体系更加公正合理，更好地反映发展中国家的利益和诉求。

总的来说，共建"一带一路"倡议的提出，是中国积极参与全球治理，推动全球经济发展和文化交流的重要举措。这一倡议的实施，将对全球经济发展和全球治理产生深远影响。

（2）共建"一带一路"倡议的目的

①促进贸易和投资自由化便利化：通过降低贸易壁垒、简化通关手续、优化投资环境等措施，推动"一带一路"共建国家之间的贸易和投资自由化便利化，实现互利共赢。

②深化产能合作：通过加强产业政策对接、技术交流与合作、人才培训

等手段,推动"一带一路"共建国家产能合作,实现优势互补和共同发展。

③促进金融合作:通过扩大双边货币互换、设立亚洲基础设施投资银行等举措,推动"一带一路"共建国家金融合作,为基础设施建设和产业发展提供资金支持。

④人文交流与民心相通:通过加强教育、科技、文化、旅游等领域的交流与合作,增进"一带一路"共建国家人民之间的相互了解和友谊,为深入推进共建"一带一路"倡议的深入推进营造良好的社会氛围。

⑤保障和改善民生:通过推动"一带一路"共建国家经济社会发展,提高人民生活水平,实现共同富裕,为地区和平稳定作出贡献。

总之,共建"一带一路"倡议旨在通过加强"一带一路"共建国家的合作与发展,实现共同繁荣和进步,为构建人类命运共同体作出积极贡献。

7.2.2　"一带一路"共建国家会计协调的动因

2024年,在共建"一带一路"倡议的推动下,"一带一路"共建国家间的经济合作与金融交流达到了前所未有的高度,显著扩大了对外直接投资与贸易规模,资本市场也呈现出蓬勃发展的态势。据中国一带一路网最新数据,截至2024年第一季度,亚洲基础设施投资银行(亚投行)已完成总投资额超过500亿美元的项目,而"丝绸之路"基金更是捷报频传,已签约项目增至30余个,总投资额突破150亿美元大关。近五年来,亚投行及相关金融机构累计向全球提供了超过3 000亿美元的信贷支持,有力推动了"一带一路"共建国家的基础设施建设与经济发展。

随着共建"一带一路"倡议的深入实施,跨境证券发行市场持续扩容。据中国证券监督管理委员会最新统计,已有超过15家境外企业在"一带一路"框架下成功发行证券,总规模飙升至800亿美元以上。其中,"一带一路"专项国债发行尤为亮眼,多家境外企业累计发行超过50亿美元的国债,为中国及其他"一带一路"共建国家的资本市场注入了新的活力。同时,中国银行等金融机构也成功在海外发行了数十亿美元的"一带一路"主题债券,进一步拓宽了融资渠道。

晨哨国际发布的最新报告显示,2020年至2024年间,中国企业在"一带一路"沿线64个国家的并购活动持续升温,至2024年4月,已累计完成超过 500 起境外收购案例，占全球并购活动的比例显著提升至 25% 以上。其中，已公布的交易金额高达 1 500 亿美元，充分展示了中国企业在全球范围内的投资实力与战略眼光。商务部数据显示，2024 年前四个月，中国对共建"一带一路"倡议相关地区的直接投资额达到 60 亿美元，同比增长超过 20%，展现出强劲的增长势头。

此外，在共建"一带一路"倡议的推动下，新签订的海外劳务合同金额也实现了大幅增长，2024 年前四个月的合同金额已超过 400 亿美元，占全年预计完成金额的近六成，有效促进了劳动力资源的优化配置与跨国流动。

面对日益频繁的跨国投融资活动，金融与会计制度的协调与统一显得尤为重要。在跨国投融资、金融监管、跨国公司报表合并、东道国监管及跨国公司内部决策等各个环节，高质量的财务报表成为不可或缺的基石。同时，随着全球经济一体化的深入发展，统一的财务会计报告成为贸易双方评估对方经济实力、识别风险并作出决策的重要依据。在处理国际贸易争议时，统一的财务报告更是解决分歧、保障各方权益的关键工具。因此，"一带一路"建设中的基础设施互联互通、贸易自由化便利化、资金融通等目标的实现，离不开金融与会计制度之间的紧密合作与深入交流。

7.2.3 "一带一路"共建国家会计协调的可行性

进入 2024 年，共建"一带一路"倡议下的"五通"（政策沟通、设施联通、贸易畅通、资金融通、民心相通）建设持续推进，政治互信、经济合作与文化交流不断深化，为会计标准的国际化实施奠定了坚实的基础。随着全球经济一体化的加速推进，会计标准的统一与协调已成为促进国际经贸合作与资金融通的重要前提。国际会计标准理事会自成立以来，持续推动《国际财务报告准则》（IFRS）在全球范围内的应用与发展，如今《国际财务报告准则》已成为全球公认的会计语言，被超过 160 个国家和地区采用或作为参考框架。这一趋势为"一带一路"共建国家的会计标准统一提供了有力支持。

截至 2024 年 5 月，在共建"一带一路"倡议覆盖的 65 个国家中，已有 57 个国家（占比高达 88%）明确要求全部或大部分本国公开发行的公司及关键财政组织需遵循《国际财务报告准则》或与之兼容的会计标准编制财务报表。这表明，绝大多数"一带一路"共建国家已充分认识到会计标准统一对于促进国际经贸合作与资本市场融合的重要性。

值得注意的是,虽然越南、老挝和埃及等少数国家仍在使用国内会计标准,但这些国家也在积极探索与《国际财务报告准则》接轨的路径,以更好地融入全球经济体系。印度和印度尼西亚作为已经实现会计标准国际化的国家,为其他"一带一路"共建国家树立了良好榜样。泰国则继续稳步推进财务报告准则的采纳工作,而乌兹别克斯坦更是明确规定其国内银行必须遵守《国际财务报告准则》,以提升其金融的国际竞争力。

此外,土库曼斯坦、吉尔吉斯斯坦、塔吉克斯坦和黎巴嫩4个国家虽然目前未将《国际财务报告准则》纳入其会计标准体系,但随着共建"一带一路"倡议的深入实施和全球经济一体化的不断推进,这些国家未来也有望逐步考虑采纳或借鉴《国际财务报告准则》,以缩小与国际会计标准的差距。

"一带一路"建设在推动会计标准国际化方面取得了显著进展,各国之间的会计标准差异正逐步缩小,为深化经贸合作、促进资金融通提供了有力保障。

7.2.4 共建"一带一路"倡议下会计标准协调现状

截至2024年5月,共建"一带一路"倡议下的国家间经济合作进一步深化,与此同时,会计领域的协调与趋同也取得了显著进展。随着全球经济一体化的加速,各国对于采用统一或相近的会计准则以促进贸易和投资便利化的需求日益迫切。

根据国际财务报告准则基金会最新发布的《国际财务报告准则指引:全球财务报告语言(2024年版)》,当前参与共建"一带一路"倡议的国家中,绝大多数已采取积极措施推动会计协调。在已纳入统计的65个"一带一路"共建国家中,高达57个国家的国内上市公司和金融机构被强制要求或自愿选择按照《国际财务报告准则》编制财务报表,占比高达88%。

其中,印度和印度尼西亚的会计改革已取得显著成效,它们的会计准则与《国际财务报告准则》实现了高度趋同。泰国在经历了前期的准备工作后,已正式采用《国际财务报告准则》。乌兹别克斯坦虽未对所有公司强制实施《国际财务报告准则》,但该国银行业已全面按照《国际财务报告准则》进行报告,体现了该国在会计协调方面的积极态度。

与此同时，越南、老挝和埃及等国也在不断推进会计改革，尽管目前尚未完全采用《国际财务报告准则》，但它们的会计准则已与国际标准有了更多的相似之处。这些国家的会计体系正在逐步向《国际财务报告准则》靠拢，以期更好地融入全球经济体系。

值得注意的是，由于部分国家数据获取的困难，如吉尔吉斯斯坦、土库曼斯坦、塔吉克斯坦和黎巴嫩等国的会计协调进展未在本次报告中详细讨论。但整体来看，"一带一路"共建国家在会计协调方面已取得了显著成效，为区域经济一体化和贸易投资便利化奠定了坚实基础。

展望未来，随着《国际财务报告准则》的不断完善和推广，"一带一路"共建国家间的会计协调将进一步深化。这将有助于降低跨境贸易和投资的成本，提高信息披露的透明度和可比性，从而推动全球经济的持续健康发展。

7.2.5 "一带一路"共建国家会计协调的困难

共建"一带一路"倡议的覆盖范围持续扩大，涵盖了更广泛的亚洲、欧洲、非洲乃至其他大洲的众多国家与地区，形成了一个更加紧密互联的全球合作网络。这些国家政治、经济、文化、种族、宗教等各方面都有很大不同，其中既有发达资本主义国家，也有发展中国家；主要包括两大法系：一个是民法法系，一个是普通法系；在政治体系中，有比较集中的，也有比较分散的；有两种不同的经济制度：一种是社会主义经济制度，一种是资本主义经济制度。各国证券市场发达水平参差不齐，存在着发达与落后两种情况。

在经济全球化背景下，企业的财务状况直接关系到企业的财务信息供求。在同一标准下，由于财务状况的变化，其所披露的信息也存在着一定的差别。其中，以公司财务报表为代表的是一种强制的制度，而在海商法中，这种制度更多的是以非政府机构为主体，没有强制的性质。在文化上较为保守的民族会出现公司低估资产，高估资产减值准备的现象，而在文化上较为开放的民族则会使公司披露更多的资产。在一些比较成熟的经济体中，企业的财务信息披露质量比较高。某些具有强烈宗教色彩的国家，其会计标准也会因其宗教因素而有所不同。

7.2.6 "一带一路"共建国家会计协调的策略

共建"一带一路"倡议得到了很多国家的积极响应，体现出它与共建国家经济、社会发展状况相契合的特点。基于上述分析，共建"一带一路"倡议下的会计准则协调进程与成果应当符合本项目的特征以及共建国家的实际情况。下面是对合作战略进行的具体分析：

形式上的一致性和内容上的一致性：因为实质性上的一致性很难实现，所以我们应该从形式上开始统一，促使"一带一路"共建国家的会计准则逐步走向《国际财务报告准则》。基于这一点，我们可以通过审计监督等途径，逐步达到实质性的协调。

双边协调与多边协调：通过双边谈判，可以实现对双边投资与贸易的会计协调。我们将在金砖五国财长、中央银行行长、G20 财长、亚欧财长、"一带一路"等高级别会议等场合，讨论会计准则的统一与趋同。

协调、趋同和对等承认：在不同国家之间，要采取协调的方法；在差距不大的情况下，采取收敛模式；在不同的国家和地区，在会计标准差别不大的情况下，可以采用等价确认的办法。

利用已有的协调机制：应当继续发挥国际会计准则理事会（international accounting standards board，IASB）在共建"一带一路"倡议上的影响，推动各国之间的会计统一。与此同时，共建"一带一路"倡议上各国及有关地区会计组织也应该积极地加入国际会计准则的制订中来，以反映其所在地区的特点。中国应该积极利用上合组织、金砖四国等有关平台，在共建"一带一路"倡议的"五通"框架下，引导国际会计准则的协调进程。

以国际财务报告准则为基础的统一：鉴于认可并遵循《国际财务报告准则》的国家已接近或超过 160 个，且概念架构及相关规定日趋完善，中国等主要国家应当主动参与国际会计准则制订进程，以明晰共建"一带一路"倡议各成员的实际需要，并推动国际会计准则的双向多向趋同。中国应该在共建"一带一路"倡议上大力推广中国会计准则，并在此基础上积极参加地区会计准则谈判。

通过磋商推动：会计标准不仅仅是一个技术标准和商务用语，它还会产生经济影响，它是定义经济效益的一种行为。为此，应在共商、共建、共享的基础上，通过协商推动会计准则的协调，中国在这一过程中应起主导、协调和引导的角色。

政府与非政府组织并行：在共建"一带一路"倡议框架下，要充分利用区域会计机构、教育培训机构、国际会计师事务所等机构的职能，以及政府间的磋商平台，以推动共建"一带一路"倡议的发展。

共建"一带一路"倡议是一项开放性的举措，因此，我们应该以开放性的态度对待"一带一路"共建国家会计准则的统一。在共建"一带一路"倡议框架下，我们应该以国际会计准则为基础，来推动地区间会计准则的协调，并在共建"一带一路"倡议背景下，积极推动地区间的会计合作。

7.3 共建"一带一路"倡议下税收法律制度协调

虽然共建"一带一路"倡议能够加强"一带一路"共建国家的合作与发展，实现共同繁荣和进步，为构建人类命运共同体做出积极贡献，但是共建"一带一路"倡议的实施也可能带来一些潜在问题，税收漏洞和避税行为是其中之一。由于"一带一路"共建国家税收制度和征管能力的差异，一些企业可能会利用这些差异进行跨境避税。这不仅会影响各国财政收入，还可能导致资源错配和不公平竞争。为了解决这一问题，各国政府需要加强税收合作，完善税收征管体系，打击跨境避税行为。

7.3.1 共建"一带一路"倡议下税收国际协调理论概述

（1）国际税收协调的内涵和分类

国际税收协调是指两个或多个国家（地区）之间，通过共同指令，避免双重征税协定和税收征管合作协议等途径，使税收制度趋同，深化税收征管合作，减轻税收冲突和摩擦，消除阻碍资本、货物、人员及服务在国际范围内自由流动的税收因素，提高资源配置效率的一系列政策和措施。国际税收协调按照主导方向可以划分为三种类型：

①税收协定协调。税收协定协调是指两个或多个国家之间就税收问题达成的一种协议。这种协议旨在消除或减少跨国纳税人在税收方面的不公平待

遇，促进国际贸易和投资的发展。

②区域合作协调。区域合作协调是指在一定地理区域内，各国或地区之间通过协商、对话和合作，共同解决税收问题，促进区域和平、稳定和繁荣的一种机制。

③国际组织协调。国际组织协调指各国的税收纠纷由国际组织进行主导，其中世界贸易组织（WTO）和经济合作与发展组织（OECD）最具有代表性。

（2）国际税收协调的内容

国际税收协调包括税收制度以及税收管理的协调。税收制度是指一个国家或地区为了筹集财政收入、调节经济运行和实现社会公平而建立的一套税收征收和管理的法律法规体系。它包括了各种税种、税率、征税对象、纳税义务人、税收优惠政策等内容，旨在通过合理的税收政策来实现国家财政目标和社会经济发展目标。税收管理的协调旨在实现税收征管的协调与合作。具体方法包括税收信息交换、执法合作、税收争端解决机制等。税收协调既有利于国家税收制度的完善，也有利于国际交往中税收事务的处理。

①税收制度的协调。税收制度包括流转税制度、关税制度、所得税制度、资源税制度、财产税制度、行为税制度以及特定目的税制度等。国际税收协调的重心在于进行关税、所得税以及流转税的协调。协调的内容包含协调征税对象、协调税率以及协调税基。

②协调征税对象。协调征税对象是为了解决各个国家在相关的税种征税对象上的不同，保持税收中性原则。

③协调税率。协调征税对象的目的是解决不同国家税率差异带来的税负差异，促进资本、人员、货物和服务的自由流通和国际市场的有效运行。

④协调税基。不同国家关于可以扣除项目有着不同的规定，会导致税收负担有所差异。通过协调税基可以使税基趋同，从而缩小税收负担的差异。

⑤税收管理的协调。税收管理指主权国家在税收制度实施的过程中的管理和征收方式等。税收管理包括对纳税人缴纳的税款、税收征收方式、税务机关的监督和管理、电子税务等方面的管理。税收管理分为国内和国际两部分。国内税收管理涉及国内纳税人和税务机关的活动，而国际税收管理关注跨国纳税人和税务机关的活动，目标是协调税收管辖权。本文研究了区域性国际税收管理的协调，以避免重复征税和税收逃避问题。

目前，国与国之间税收管理协调主要通过相互协商程序和国际仲裁机制。相互协商包括税收协定执行和解释中的协商，以及解决纳税人提出的不符合税收协定的征税问题。国际仲裁机制作为补充，处理无法通过协商解决的国际税收争端。

由于"一带一路"共建国家众多且经济发展水平不一，税收制度差异较大，因此在制度层面开展税收协调非常困难。因此，本书将重点研究我国与"一带一路"共建国家的税收协调，通过双边税收协定和多边税收条约条款来促进税收协调，特别关注征管方面的问题。

（3）国际税收协调的基本方式

国际税收协调主要有两种方式：第一，通过税收协定和加强税收征管。税收协定的协调方法包括相互协商程序和国际仲裁机制，主要用于处理税收协定执行、解释和纳税人提出的征税问题；第二，在协商无果时，可以由第三方仲裁机构介入处理国际税收争端。因此，重点研究我国与"一带一路"共建国家的税收协调，通过双边税收协定和多边税收条约的条款促进税收协调，特别关注征管方面的问题。

为维护各国税收权益并减少税收制度差异，各国应签署税收协定以实现国际税收协调。重点关注关税、增值税、消费税、企业所得税和个人所得税等涉及跨国交易的税种。关税协调可通过降低或免除关税税率消除壁垒；增值税可分为税制、原则和税率三阶段协调；消费税重点在于税制要素协调；直接税则通过收管辖权协调实现。

税收征管的协调方法——税收情报交换机制和税收征管互助。为了防止国际逃税、避税和解决跨境税收争议的两大问题，各国可以采取自发情报交换、自动情报交换、专项情报交换、行业范围情报交换、同期税务检查、授权代表访问、追索和保全、相互协商程序和国际强制仲裁程序等方法。

为加强我国与"一带一路"共建国家的税收协调，可以利用双边税收协定和多边税收公约作为基础，逐步完善"一带一路"税收协调机制，使各成员国在共同的税收问题上达成共识，并通过税收征管合作将共识融入具体的税收协调工作中。

7.3.2 共建"一带一路"倡议下的税收问题

（1）贸易与投资流动性带来的税收问题

共建"一带一路"倡议是我国提出的一个重大的国际合作和发展计划，旨在通过加强"一带一路"共建国家之间的贸易和投资联系，推动区域经济一体化和全球经济增长。这一倡议对贸易和投资流动性产生了积极的推动作用，但同时也可能带来税收漏洞和避税行为等问题。

共建"一带一路"倡议推动了贸易和投资流动性。该倡议通过建设基础设施，如铁路、公路、港口等，提高了"一带一路"共建国家的互联互通性，降低了物流成本，从而促进了贸易的发展。同时，倡议还鼓励"一带一路"共建国家之间的投资合作，通过设立投资基金等方式，为投资者提供了更多的投资机会。这些举措都有助于提高贸易和投资的流动性，促进经济的繁荣发展。

然而，这种流动性也可能带来税收问题。一方面，由于共建"一带一路"倡议涉及的国家众多，各国的税收制度和税法差异较大，这可能导致税收漏洞的出现。例如，一些企业可能会利用这些差异，通过转移利润、设置虚假交易等方式，规避税收。另一方面，由于共建"一带一路"倡议涉及的投资活动多为跨国投资，这也可能导致税收避税行为的发生。例如，一些企业可能会通过在低税率国家设立子公司，将利润转移到这些国家，从而避免在高税率国家缴纳税款。

（2）跨国税收监管不足的挑战

随着共建"一带一路"倡议的推进，越来越多的国家和地区被纳入其中。然而，由于涉及的国家众多，各国的法律制度和税收监管能力存在很大差异，这给跨国税收监管带来了巨大的挑战。

首先，不同国家的法律制度存在差异。在税收领域，各国的税法、税率、税收优惠政策等方面都有所不同。这些差异使得企业在进行跨国经营时，需要了解并遵守各个国家的税收法规，增加了企业的合规成本。同时，由于法律制度的不完善或执行力度不足，一些企业可能会利用这些差异进行避税行为，从而影响国家税收收入。

其次，税收监管能力参差不齐。在一些发展中国家，税收监管部门的人员素质、技术水平和执法能力相对较低，难以有效应对跨国税收问题。此外，由于资源有限，这些国家往往无法投入足够的人力、物力和财力来加强税收监管。这使得跨国税收监管在这些国家面临更大的困难。

（3）税收信息交换不充分的缺陷

在全球化的背景下，共建"一带一路"倡议使得各国之间的经济交流日益频繁。然而，在这个过程中，税收信息交换的不充分问题逐渐显现，这不仅影响了各国的税收管理，也对国际税收合作带来了挑战。

第一，税收信息交换的不充分主要体现在信息的不对等和不及时。各国的税收制度、税种、税率等方面存在差异，导致税收信息的获取和理解存在难度。此外，语言、文化等因素的差异，也可能导致税收信息的传递存在延迟。这种情况可能会导致税收管理的困难，例如，企业可能会因为无法准确了解目标国家的税收政策而做出错误的投资决策。

第二，税收信息交换的不充分也可能影响到国际税收合作。在全球化的背景下，税收逃避和避税行为已经成为一个全球性的问题。如果各国之间的税收信息交换不充分，那么就无法有效地打击这些行为。此外，税收信息交换的不充分也可能导致各国在税收政策的制定上缺乏协调，从而影响到国际税收合作的进程。

7.3.3　共建"一带一路"倡议下税收法律协调的必要性

（1）税收法律协调的意义和价值

随着全球经济一体化的不断深入，各国之间的经济联系日益紧密。在这一背景下，中国政府提出了共建"一带一路"倡议，旨在加强"一带一路"共建国家之间的基础设施建设、贸易往来、投资合作等领域的合作。然而，由于各国税收制度的差异，税收问题已成为影响"一带一路"建设的重要障碍。因此，加强"一带一路"共建国家的税收法律协调具有重要的意义和价值。

①促进贸易和投资。税收法律的不协调可能导致双重征税、税务风险增加等问题，从而阻碍跨国贸易和投资。通过税收法律协调，可以降低企业的税务成本，提高其跨境经营的便利性，进而促进"一带一路"共建国家之间的贸易和投资活动。

②增强税收透明度。税收法律协调有助于提高各国税收制度的透明度，

减少税收避税和逃税行为，确保各国政府能够公平、公正地征收税款。

③促进国际合作。历史上，许多国际组织和论坛都曾尝试进行税收法律协调。例如，G20、OECD等组织都在税收领域进行了深入的合作和研究，为各国提供了宝贵的经验和参考。这些先例表明，税收法律协调是促进国际合作的重要手段。

④促进经济发展。税收法律协调不仅可以吸引外国投资，还可以促进国内企业走出去，进一步拓展国际市场。此外，通过税收优惠等措施，可以鼓励企业在"一带一路"共建国家进行研发、生产等活动，从而推动经济发展。

⑤有助于降低企业税收负担。在"一带一路"共建国家中，税收制度差异较大，税收负担水平也不尽相同。通过税收法律协调，可以推动各国降低企业税负，提高企业的竞争力，从而促进"一带一路"共建国家之间的贸易和投资合作。

⑥打击跨境逃税行为。在"一带一路"共建国家中，由于税收制度的差异和监管能力的不足，跨境逃税现象较为严重。通过税收法律协调，各国可以加强税收征管合作，共同打击跨境逃税行为，维护各国的税收权益。

⑦促进国际税收治理体系的完善。在当前国际税收治理体系中，发展中国家和发达国家之间存在一定范围的不平衡。通过加强"一带一路"共建国家的税收法律协调，可以推动国际税收治理体系更加公平、合理，为全球经济增长提供有力支持。

⑧保障共建"一带一路"倡议的顺利实施。共建"一带一路"倡议涉及多个国家和地区，税收法律的协调可以为各方提供一个公平、公正、透明的税收环境，从而确保该倡议的顺利推进。

总之，加强"一带一路"共建国家的税收法律协调具有重要的意义和价值。通过税收法律协调，可以降低企业税收负担、促进资本流动、打击跨境逃税行为、提高税收政策的有效性以及促进国际税收治理体系的完善。为了实现共建"一带一路"倡议的目标，各国应共同努力，加强税收法律协调，为"一带一路"建设创造良好的税收环境。

（2）协调机制和合作平台的建立

在全球化的背景下，各国之间的经济交流与合作日益频繁，特别是在共建"一带一路"倡议的推动下，我国与"一带一路"共建国家的经济联系更加紧密。然而，随着经济活动的增多，税收问题也日益突出，如何建立有效的税收法律协调机制和合作平台，成为当前亟待解决的问题。

第一，我们需要认识到建立"一带一路"税收法律协调机制和合作平台的必要性。一方面，税收是国家财政收入的重要来源，对于保障国家财政稳定、促进经济社会发展具有重要作用。另一方面，税收也是影响企业投资决策的重要因素，合理的税收政策可以吸引外资，促进经济发展。然而，由于各国税法制度的差异，企业在跨国经营过程中可能会面临复杂的税收问题，这不仅增加了企业的经营成本，也可能影响到共建"一带一路"倡议的实施效果。因此，建立税收法律协调机制和合作平台，对于解决这些问题具有重要的意义。

第二，建立"一带一路"税收法律协调机制和合作平台是完全可行的。一方面，我国已经与许多"一带一路"共建国家建立了良好的双边关系，这为建立税收法律协调机制和合作平台提供了有利的外部环境；另一方面，我国在税收法律方面有着丰富的经验和先进的理念，可以为其他国家提供参考和借鉴。此外，通过国际组织如世界银行、国际货币基金组织等，也可以推动各国在税收法律方面的协调和合作。

总的来说，建立"一带一路"税收法律协调机制和合作平台，不仅可以解决企业在跨国经营过程中遇到的税收问题，也有利于推动共建"一带一路"倡议的实施，实现共赢发展。因此，我们应该积极推动这一工作的开展。

7.3.4　税收法律协调的原则和目标

（1）税收法律协调的原则

合法性与公平性原则是税收法律协调的重要指导原则，它要求各国在制定和实施税收政策时，必须遵循国际法律准则，确保税收制度公正合理。这一原则旨在促进全球经济的公平竞争，保护各国的合法权益，维护国际税收秩序。

合法性原则要求各国在税收法律协调过程中，严格遵循国际法律准则。这意味着各国在制定税收政策时，应充分考虑国际法律规定，尊重其他国家的主权和利益。同时，各国在实施税收政策时，也应遵循国际法律准则，确保税收政策的合法性。这有助于减少国际税收纠纷，促进全球经济的稳定发展。

公平性原则要求各国在税收法律协调过程中，确保税收制度的公正合理。这意味着各国在制定税收政策时，应充分考虑国内外企业和个人的利益平衡，避免对某一类企业或个人的不公平待遇。同时，各国在实施税收政策时，也应确保税收制度的公平性，避免对国内外企业和个人产生歧视性影响。这有助于提高税收政策的公信力，促进全球经济的公平竞争。

（2）税收法律协调的目标

在全球化的背景下，各国之间的经济联系日益紧密，跨国企业和个人的经济活动也越来越频繁。为了维护国家税收权益，打击税收逃避和避税行为，各国政府纷纷加大了税收征管力度。然而，由于各国税收制度的差异和复杂性，税收征管面临着诸多挑战。因此，提出税收信息共享和协作合作成为税收法律协调的重要目标。

税收信息共享是指各国税务部门之间通过一定的渠道和方式，将纳税人的税收信息进行交流、传递和共享。这种信息共享有助于各国税务部门了解纳税人的全球经济活动情况，从而更好地进行税收征管。税收信息共享的主要内容包括纳税人的身份信息、财务信息、交易信息等。通过这些信息，各国税务部门可以对纳税人进行全面、准确的评估，确保其按照法定税率和程序缴纳税款。

税收协作合作是指各国税务部门在税收征管过程中，相互支持、协助和配合，共同打击税收逃避和避税行为。税收协作合作的形式多样，包括双边或多边的税收协定、税收信息交换机制、税收征管经验交流等。通过税收协作合作，各国税务部门可以共享税收征管资源，提高税收征管效率，降低税收征管成本。

税收信息共享和协作合作对于减少税收漏税和避税行为具有重要意义。首先，税收信息共享有助于各国税务部门全面掌握纳税人的经济活动情况，及时发现和纠正税收漏洞，防止纳税人利用税收制度差异进行逃税和避税。其次，税收协作合作有助于各国税务部门加强国际的税收征管合作，形成合力，共同打击跨国税收逃避和避税行为。此外，税收信息共享和协作合作还有助于提高各国税务部门的征管能力，提升税收征管水平，为国家财政提供更加稳定、可持续的收入来源。

总之，税收信息共享和协作合作是税收法律协调的重要目标，对于维护国家税收权益、打击税收逃避和避税行为具有重要意义。各国税务部门应积极参与国际合作，加强税收信息共享和协作合作，共同维护国际税收秩序，促进全球经济的公平、公正、可持续发展。

7.3.5 我国与"一带一路"共建国家税收协调存在的问题

（1）税收协定的网络构建尚不完善

从税收协定签订数量上来看，截至 2023 年 12 月底，我国内地（大陆）已与 111 个国家（地区）正式签署了避免双重征税协定，其中与 105 个国家（地区）的协定已生效，和香港、澳门两个特别行政区签署了税收安排，与台湾签署了税收协议。但是，相对于全球范围内的税收协定数量来说，仍然存在一定的差距。这意味着我国在税收领域的国际合作还有待进一步加强，以促进全球经济的繁荣和发展。

从签订时间上看，我国税收协定的签订时间相对较晚。虽然自改革开放以来，我国已经与许多国家和地区签订了税收协定，但在一些重要的国际经济合作领域，如金融、科技等，我国税收协定的签订时间相对较晚。这在一定程度上影响了我国在这些领域的国际竞争力和经济合作水平。

从签订内容上看，我国税收协定的内容还有待进一步完善。虽然现有的税收协定在很大程度上降低了跨国企业的税收负担，促进了跨境投资和贸易的发展，但在一些具体问题上，如数字经济、环境保护等方面的税收问题，我国税收协定的内容还不够丰富和完善。因此，现有的税收协定条款并不能很好地解决这些问题，缺乏针对性和适应性。这将导致我国在开展税收协调时缺乏必要的法律依据，增加我国企业在"一带一路"共建国家投资时的税收风险，以及阻碍我国构建税收协定网络的进程。为了应对这些问题，我国应当加大与相关国家签署双边税收协定的力度，并更新协定内容，以适应当前的经济发展状况和税收问题。

总之，我国税收协定的网络构建尚不完善，需要在签订数量、时间和内容等方面进行改进和优化。这将有助于提高我国在国际税收合作中的地位和影响力，促进全球经济的繁荣和发展。

（2）税收情报交换工作开展不足

我国与其他"一带一路"共建国家在税收情报交换方面还存在一些问题。目前，我国已经签署的税收协定中，涉及税收情报交换的部分仍然采用了旧

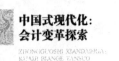

标准，新标准的情报交换条款较为稀少。这会在与其他"一带一路"共建国家进行税收情报交换时造成问题。

在实际的情报交换过程中，请求方往往处于被动地位。根据税收协定的规定，如果信息超出了协定的范围，被请求方可以拒绝税收情报的提供。对于涉及"可预见性相关"的新规定，请求方有责任举证。然而，目前对于新标准的证明标准并不明确，这使得请求方难以提供足够有效的证据。因此，在税收情报交换的条款中签订双方需要进一步完善"协定规定所需"和"可预见性相关"的举证标准。

在税收情报保密方面，虽然规定对于交换的税收情报双方需要进行保密，但在信息泄露后，没有明确规定责任追究的机制。这可能导致情报提供方因为信息泄露而拒绝进行税收情报交换，使交换条款变得无效。

为了解决这些问题，我国应与"一带一路"共建国家进行更进一步的协商，及时更新税收协定中的条款。双方应深化举证标准，确保符合"协定规定所需"和"可预见性相关"的信息的交换。此外，还应明确责任追究的机制，确保保密义务的履行。

综上所述，我国与"一带一路"共建国家在税收情报交换工作中需要加强合作。通过深化举证标准和明确责任追究机制，可以更好地实现税收情报的交换和保密，促进双方开展长期有效的合作。

（3）税收争议风险高且解决效率低

为应对"一带一路"共建国家税收风险增加，国家税务总局国际税务司编制了涵盖83项事项的《"走出去"税收指引》，帮助中国企业对外投资。尽管如此解决税收争议的实践中，仍存在许多难点。

首先，不同国家的法律制度多样化，对国际税收协定的适用过程存在差异。一些国家明确规定了解决税收争议的方式，设立了专门机构处理国际税收纠纷，但是一些国家没有相适应的法律和机构。除此之外，各个国家的税收争议在解决的程序上也有所不同，我国对于被投资国家的法律法规的研究不够深入，使得我们处于不利地位。

其次，相互协商程序主要依据国际税收协定进行，但企业难以参与其中，只能被动接受协商意见，无法表达自己的诉求。此外，由于协商时间太长，争议较大的问题，因双方很难达成一致而搁置，结果不确定。申请相互协商程序的门槛也不一，且过程复杂，使得企业望而生畏，选择独立承担税收争议的后果。

最后，税收强制仲裁条款的落实也加大了税收争议的不确定性。截至
2023 年 12 月底，我国已与 111 个国家（地区）正式签署了避免双重征税协
定，其中与 105 个国家（地区）的协定已生效，和香港、澳门两个特别行政
区签署了税收安排，与台湾签署了税收协议，但还没有明确加入税收强制仲
裁条款。《多边公约》对国际税收仲裁部分做了很多探索与尝试，但仍将强制
仲裁作为自愿性条款，缔约国双方是否加入强制仲裁条款取决于双方意愿和
谈判程度，缺失了强制性。这使得我国在处理跨境税收争议时缺乏一些有效
手段。

针对上述难点，应该探索解决税收争议的切实方法。首先，我国可以与
"一带一路"共建国家进行友好协商，根据双方意向适时更新税收协定。对于
必选条款，双方必须进行修订；对于可选条款，双方在有意愿的情况下进行
修订。其次，应尽快修订早期双边税收协定中不合时宜的条款，并明确其对
税改后企业所得税的适用性。同时，应增加或完善税收协定中的税收饶让条
款，减少企业对外投资的涉税风险。为了更好地处理跨境税收争议，我国还
应加快税收强制仲裁条款的落实。与其他国家协商，将强制仲裁作为双边税
收协定的必要条款，以确保争议的结果更加明确和具有可执行性。

总之，解决税收争议的难点包括法律制度差异、相互协商程序限制和税
收强制仲裁条款的缺失。通过友好协商、修订双边税收协定和加快税收强制
仲裁条款的落实，可以更好地处理跨境税收争议，保护我国企业的合法利益。

7.3.6 共建"一带一路"倡议下税收法律协调的解决思路和建议

（1）加强国际税收合作和信息交换

在全球化的背景下，国际税收合作和信息交换的重要性日益凸显。为了
推动共建"一带一路"倡议的深入实施，我们需要加强与参与国家在税收领
域的合作，共同建立和完善税收信息交换机制的建设，以提高税收合作的
效果。

首先，我们可以通过加强国际税收政策协调，促进各国税收政策的公平
性和透明性。这包括在国际税收协定中明确税收信息的交换原则和程序，以
及在税收征管、反避税等方面的合作。通过这些措施，我们可以降低跨国企

业的税收负担，提高税收合规水平，从而为"一带一路"共建国家的经济发展创造良好的环境。

其次，我们可以加强税收征管能力建设，提高税收信息交换的效率。这包括建立健全税收信息交换平台，实现税收数据的实时共享；加强税收征管人员的培训和交流，提高税收征管水平；以及利用大数据、云计算等先进技术，提高税收信息处理和分析能力。通过这些措施，我们可以确保税收信息交换的准确性和及时性，为国际税收合作提供有力支持。

再次，我们可以通过加强国际税收合作，打击跨境逃税和避税行为。这包括加强与参与国家在税收执法、税收调查等方面的合作，共同打击跨境逃税和避税行为；以及加强在税收争议解决机制方面的合作，为纳税人提供公平、公正的税收争议解决途径。通过这些措施，我们可以维护国际税收秩序，促进"一带一路"共建国家的经济发展。

最后，我们可以加强国际税收政策研究和宣传，提高公众对国际税收合作的认识和支持。这包括加强在国际税收政策研究方面的合作，共同探讨如何更好地应对全球税收挑战；以及加强对国际税收政策的宣传和解释，提高公众对国际税收合作的理解和支持。通过这些措施，我们可以为国际税收合作的深入推进营造良好的舆论环境。

总之，加强国际税收合作和信息交换是推动共建"一带一路"倡议深入实施的重要手段。我们应该从政策协调、征管能力建设、打击跨境逃税和避税行为、政策研究和宣传等方面入手，全面提高国际税收合作的效果，为"一带一路"共建国家的经济发展作出积极贡献。

（2）建立税收法律协调机制和合作平台

随着共建"一带一路"倡议的深入推进，越来越多的国家和地区参与到这一国际合作中来。为了促进参与国家间的税收法律协调与合作，有必要建立一个税收法律协调机制和合作平台。这个平台将为参与国家提供一个共同讨论、协商和解决税收法律问题的场所，有助于提高各国税收政策的透明度和公平性，降低跨境投资和贸易的税收成本，从而推动"一带一路"共建国家的经济发展。

首先，建立税收法律协调机制和合作平台可以加强参与国家间的税收政策沟通。通过定期召开税收法律协调会议，各国可以就税收政策进行深入交流，分享各自的经验和做法，共同探讨如何优化税收政策，以适应"一带一路"建设的发展需求。此外，各国还可以通过这个平台加强税收执法合作，共同打击跨境逃税、避税等违法行为，维护国际税收秩序。

其次，建立税收法律协调机制和合作平台有助于提高税收政策的透明度。通过这个平台，各国可以公开发布税收政策信息，让投资者和企业了解各国的税收环境，为跨境投资和贸易提供便利。同时，各国还可以通过这个平台加强对外宣传，提高本国税收政策的国际影响力。

再次，建立税收法律协调机制和合作平台可以促进税收政策的公平性。在"一带一路"建设过程中，各国的经济发展水平和税收制度存在差异，这可能导致一些国家在税收方面处于劣势地位。通过这个平台，各国可以共同探讨如何消除税收歧视，实现税收政策的公平对待，为"一带一路"共建国家的共同发展创造良好的税收环境。

最后，建立税收法律协调机制和合作平台有助于降低跨境投资和贸易的税收成本。通过这个平台，各国可以就跨境投资和贸易的税收问题进行协商，争取达成税收优惠政策，降低企业的税收负担。此外，各国还可以通过这个平台加强税收征管能力建设，提高税收征管效率，为企业提供更加便捷的税收服务。

（3）加强国际税收标准和规则的协商与制定

加强国际税收标准和规则的协商与制定是推动共建"一带一路"倡议的重要方面之一。通过加强参与国家在税收规则和标准上的协商与制定，可以促进各国之间的合作与协调，为"一带一路"建设提供更加稳定和可持续发展的税收环境。

首先，加强国际税收标准和规则的协商与制定有助于解决跨国企业面临的税收问题。随着"一带一路"共建国家经济的快速发展，越来越多的跨国企业选择在这些国家开展业务。然而，由于各国税收制度的差异，跨国企业在税务申报和纳税方面面临着复杂的挑战。通过加强国际税收标准和规则的协商与制定，可以为跨国企业提供更加公平和透明的税收环境，降低其税务成本，提高投资回报率。

其次，加强国际税收标准和规则的协商与制定有助于打击跨境税收逃避和避税行为。跨境税收逃避和避税行为不仅损害了各国的财政收入，也破坏了公平竞争的市场秩序。通过加强国际税收标准和规则的协商与制定，可以建立起更加有效的信息交换机制，加强对跨境资金流动的监管，减少跨境税

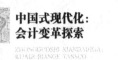

收逃避和避税行为的发生。

再次，加强国际税收标准和规则的协商与制定还有助于促进全球经济增长和发展。税收是各国政府的重要财政收入来源，对于支持基础设施建设、教育、医疗等公共服务具有重要意义。通过加强国际税收标准和规则的协商与制定，可以确保各国税收制度的公平性和可持续性，为全球经济增长和发展提供更加稳定的财政支持。

最后，加强国际税收标准和规则的协商与制定需要各国政府、国际组织和相关利益方的共同努力。各国应加强沟通与合作，共同制定和完善国际税收标准和规则，确保其符合各国的实际情况和发展需求。同时，国际组织如世界银行、国际货币基金组织等也应发挥积极作用，为各国提供技术支持和政策建议，推动国际税收标准和规则的协商与制定取得实质性进展。

总之，加强国际税收标准和规则的协商与制定是推动共建"一带一路"倡议的重要举措。通过加强参与国家在税收规则和标准上的协商与制定，可以促进各国之间的合作与协调，为"一带一路"建设提供更加稳定和可持续的税收环境，推动全球经济的增长和发展。

（4）参照 BEPS 行动计划修订并积极谈签新的税收协定

BEPS 全称是"Base Erosion and Profit Shifting"，即"税基侵蚀与利润转移"的英文缩写。根据 BEPS 行动计划，各国需要积极修订并通过商谈签订新的税收协定，以适应全球税制改革的趋势。具体来说，这包括对已签署的税收协定中双方均指定的条款进行更新。这一过程需要与同为签署国的双边税收缔约国进行友好协商，确定需要修订的条款。

对于必选条款，修订必须以其为基础。这是因为必选条款通常涉及税收协定的核心内容，如常设机构、转让定价等，这些内容的变动会直接影响到税收协定的实施效果。因此，对这些条款的修订必须谨慎进行，确保其符合双方的利益和国际税收规则的要求。

对于可选条款，只有在双方都有意向修订时才生效。这是因为可选条款通常涉及一些较为具体的税收问题，如税收优惠、税收信息交换等，这些问题的解决需要双方的协商和合作。因此，对这些条款的修订需要双方都有明确的意愿和共识。

此外，我们应尽快修订早期双边税收协定中不合时宜的条款。例如，中国在与"一带一路"沿线的国家所签订协议中仍然使用税改前的税种，这可能会对税改后企业所得税的适用性产生影响。因此，需要对这些条款进行修订，以确保其符合当前的税收政策和实践。

同时，应增加或完善税收协定中的税收饶让条款。税收饶让是指一国在对外国投资者征税时，允许其扣除在另一国已经缴纳的税款。这种条款可以减少企业对外投资的涉税风险，提高其投资的积极性。例如，可以增加股息、利息和特许权使用费预提所得税的饶让条款，以保护投资者的权益。

总的来说，修订并通过商谈签订新的税收协定是 BEPS 行动计划的重要内容，也是各国应对全球税制改革的重要手段。通过修订税收协定，可以更好地适应税制改革的趋势，保护投资者的权益，促进全球经济的健康发展。

（5）引入强制仲裁条款加快解决跨境税收争议

目前，处理跨境税收争议的主要方式仍然是相互协商程序。然而，该程序存在缺陷，需要进行完善，并以"一带一路"共建国家不同税情为基础进行细化。

首先，应明确先协商、后仲裁的原则。在处理跨境税收争议时，各方应首先通过友好协商的方式解决问题。只有在协商无果的情况下，才应考虑采取仲裁的方式解决争议。这样可以确保各方在争议解决过程中保持沟通和合作，有利于维护双方的利益和关系。

其次，应适时引入强制仲裁。在某些情况下，由于各种原因，各方可能无法达成一致意见或无法进行有效的协商。在这种情况下，引入强制仲裁可以确保争议得到及时解决，避免争议进一步升级。强制仲裁可以通过法律手段强制执行，确保各方遵守仲裁结果，从而维护公平和正义。

最后，应构建第三方仲裁机构。为了确保仲裁的公正性和中立性，建议引入独立的第三方仲裁机构来处理跨境税收争议。这些机构应具备专业的仲裁人员和丰富的经验，能够根据国际法和相关国家的法律进行公正、客观的裁决。同时，第三方仲裁机构还应具备高效的工作机制和透明的程序，以确保争议得到及时、公正的解决。

总之，引入强制仲裁条款可以加快解决跨境税收争议的速度和效率。通过明确先协商、后仲裁的原则，适时引入强制仲裁，并构建第三方仲裁机构，可以为各方提供一个公正、中立、高效的争议解决机制，促进跨境税收合作的顺利进行。

综上所述，处理跨境税收争议应依赖相互协商程序，并对其进行改进。

此外，应构建第三方仲裁机构并适时引入强制仲裁来解决复杂的税收争议问题。这些措施将有助于加强我国与"一带一路"共建国家的税收协调工作。

7.3.7　结论

经过对共建"一带一路"倡议下的税收法律协调问题的深入研究，我们可以得出以下结论：

第一，税收法律协调对共建"一带一路"倡议具有重要意义。税收法律协调有助于降低跨国投资和贸易的税收成本，提高各国之间的经济合作水平，促进区域经济一体化。同时，税收法律协调也有助于维护各国税收主权，防止税收竞争过度，确保各国税收政策的公平性和合理性。

第二，当前"一带一路"共建国家在税收法律协调方面面临诸多挑战。这些挑战包括税收制度差异、税收征管能力不足、税收信息交换不畅等问题。这些问题不仅影响了各国之间的经济合作，还可能对共建"一带一路"倡议的推进产生不利影响。

展望未来，随着共建"一带一路"倡议的深入推进，税收法律协调问题将日益凸显。各国应充分认识到这一问题的重要性和紧迫性，加强合作，共同推动税收法律协调的发展，为共建"一带一路"倡议的成功实施提供有力保障。

7.4　保税区的会计财务问题

7.4.1　我国综合保税区发展沿革

从 1996 年开始，世界范围内的第一波工业转移是钢材、纺织业等传统工业由美国转移到日本、西德等地区。1971 年，世界第二次产业转移开始。以日本和西德为代表的发达国家，把劳动密集型产业向新兴工业国家转移。从1984 年起，发达国家逐步把知识密集型、科技密集型工业向新兴工业国家转移。2001 年，这种趋势进一步扩大，发达国家把劳动力、资金和技术密集型工业和一些高科技产品的生产流程向发展中国家转移。

自 2006 年 12 月苏州工业园综合保税区正式获批以来，我国综合保税区已经走过了十七年的发展历程，其成为推动我国对外贸易、吸引外资和促进产业转型升级的重要平台。我国综合保税区的发展可以分为以下三个阶段：

第一阶段（2006—2011 年）：局部地区先行先试探索期。这一时期，随着我国对外开放的不断深入，对海关特殊监管区域综合性和开放度的要求日益提升。苏州工业园综合保税区的设立，标志着我国首个综合保税区的诞生，它享有与保税港区相同的政策优势。这一阶段的综合保税区主要集中在沿边、沿江、沿海地带，以保税加工为主要发展方向，为我国对外贸易的蓬勃发展奠定了坚实基础。

第二阶段（2012—2018 年）：快速发展成长期。随着对外贸易的蓬勃发展，综合保税区的布局开始往内陆延伸，业态也逐步由单一的保税加工向物流与服务等多元业态转变。这一时期，全国综合保税区数量显著增加，功能不断扩展，成为推动我国外贸增长的重要力量。

第三阶段（2019 年至今）：高质量创新发展腾飞期。进入"十四五"时期，面对国际形势的深刻变化，构建"双循环"新发展格局成为国家重大战略部署。2019 年，国务院发布《国务院关于促进综合保税区高水平开放高质量发展的若干意见》，明确了综合保税区的发展方向和目标。随后，《中华人民共和国海关综合保税区管理办法》的正式实施，进一步提升了综合保税区管理的规范化、法制化水平，优化了营商环境，推动了综合保税区的高质量发展。

当前，我国综合保税区数量已超过 160 个，覆盖 31 个省（区、市）。它们不仅承担着保税加工、保税物流和保税服务的基本功能，还在金融创新、科技研发、产业集聚等方面取得了显著成绩。特别是随着跨境电商、服务贸易等新业态的兴起，综合保税区正在成为我国连接国内外市场的重要桥梁和纽带。未来，综合保税区将继续发挥其在推动经济全球化和贸易自由化方面的重要作用，积极探索新的发展模式，推动形成更加开放、包容、共赢的发展格局。同时，面对国际环境的复杂多变，综合保税区还需不断提升自身竞争力，实现差异化发展，以应对外部环境的挑战，为我国对外贸易的持续增长和经济的持续健康发展贡献力量。

7.4.2　我国综合保税区的发展现状

综合保税区是设立在内陆地区具有保税港区功能的海关特殊监管区域，实行封闭管理，是目前我国开放层次最高、政策最优惠、功能最齐全的海关特殊监管区域，是国家开放金融、贸易、投资、服务、运输等领域的试验区和先行区。

国外货物入区保税，货物出区进入国内销售按货物进口的有关规定办理报关手续，并按货物实际状态征税；国内货物入区视同出口，实行退税；保税区内企业之间的货物交易不征增值税和消费税。

综合保税区以国际中转、国际采购、国际配送、国际转口贸易和保税加工等功能为主，以商品服务交易、投资融资保险等功能为辅，以法律政务、进出口展示等服务功能为配套，具备生产要素聚散、重要物资中转等功能。

从 1990 年 5 月国务院批准建立第一个保税区到现在，我国已建有上海外高桥、天津港、深圳福田、沙头角、盐田港、大连、广州、张家港、海口、厦门象屿、福州、宁波、青岛、汕头、珠海等 15 个保税区。十多年来，全国15 个保税区的保税仓储、转口贸易、商品展示功能有了不同程度的发展，具备了一定规模的国际物流基础。下面简要介绍三个综合保税区。

（1）黑龙江绥芬河综合保税区

黑龙江绥芬河综合保税区，地处中国黑龙江省东南侧，与俄罗斯远东滨海边疆区接壤，总面积 1.8 平方千米，地理位置优越。绥芬河综合保税区依托与俄罗斯的良好合作关系，在振兴东北老工业基地、发展俄罗斯远东等国家重大战略中发挥了积极作用。

绥芬河口岸地区遵循"产业向园区、居民点向新区、乡村向城市"的发展思路，使有限的土地资源得到最大程度的发挥。绥芬河综合保税区是一个重要的物流中心，在汽车、机电设备、鞋业和服装等领域积极发展，同时还承担着木材、矿产和石油等资源的进口。

黑龙江绥芬河综合保税区的产业发展规划主要包括以下方面：

对外经贸：发挥地缘优势，盘活中、俄、日、韩及欧洲等地的经济资源，带动亚欧大陆桥地区的经济快速发展，提高其整体竞争力，使之成为中、俄、日、韩及欧洲的商贸枢纽。

现代物流：以绥芬河口岸为依托，继续完善综合功能，把东北亚、俄、日、韩等的陆海联运通道衔接起来，构建现代化、智能化、便捷化的绥芬河保税区，使之成为国际贸易和货物集散中心。

进出口加工行业：借助区域内的优惠政策和便利的通关措施，将周围区域内的能源资源进行整合，使其产业结构持续优化，形成一条内外一体的加工制造产业链。同时，利用区域内海关、检验检疫等部门提供的便利通关条件和设施设备，建立起各种形式的进出口货物加工基地。

绥芬河综合保税区以俄罗斯为中心，重点开展资源加工、贸易等方面的合作。绥芬河综合保税区的业务范围很广，涉及俄罗斯水产品的精深加工，山产品的深加工，艺术品展示和拍卖，翡翠珠宝首饰的加工和展示，大型机械设备销售、仓储、租赁、维修，国际奢侈品保税展示，俄罗斯谷物加工、转口及内销，铁路宽标轨的建设与运营，国产品牌汽车在俄的销售和维修，LED 灯生产和销售，电视机装配，工业房地产等。

这些发展规划的实施，有利于促进东北亚地区贸易、加工、物流和仓储的便利化和国际化发展，全面提升东北亚地区的综合经济实力和国际竞争力。

（2）广西凭祥综合保税区

广西凭祥综合保税区于 2008 年 12 月 19 日设立，作为中国-东盟自由贸易区贸易往来的重要服务区域，其总面积达 8.5 平方千米，分为一期、二期和三期工程。

广西凭祥综合保税区集口岸、国际贸易、保税物流、保税加工、保税物流等多种功能于一体，是一个国际性的经贸合作区。广西凭祥综合保税区是中国和东盟各国之间经济贸易合作的重要组成部分，其在国际贸易中的作用日益突出。其任务是将汽车、机械、电子、服装等产品出口到东盟国家，并从其他国家进口天然橡胶、红木、铁矿石等。

广西凭祥综合保税区规划分为三大功能区域：保税加工区域、港口作业区域和辅助服务区域。其中包括保税物流、仓储、国际中转、国际配送、国际采购、国际贸易、出口加工、展览展示等。

广西凭祥综合保税区今后的发展方向是：扩大建设合作范围，提高产业层次，强化便利化措施，构建更加便利、更高水平的自贸试验区。园区主要建设有：橡胶进出口保税加工中心、机电产品展销租赁维修中心、保税农资（化肥）保税仓储交易中心、大宗农产品保税加工配送中心、风景苗木进口交易中心、保税加工基地和保税物流等。广西凭祥综合保税区作为中越跨境经

济合作区的中方母体与越方对接。凭祥综合保税区除了拥有各大综合保税区的优惠政策外，还有民族自治区、西部大开发、边贸开发、大湄公河次区域合作等优惠政策，综合政策优惠居所有综合保税区之首。

（3）北京天竺综合保税区

北京天竺综合保税区于 2008 年 7 月由国务院批准成立，是中国第一个以机场为依托的综合保税区，总规划面积为 5.94 平方千米。在顺义临空经济区内，毗邻首都国际机场，交通便利。

该综合保税区的主要功能包括口岸、贸易、展示、物流、加工和维修六个方面。其中，"口岸"主要进行仓储物流；"贸易"主要进行对外贸易；"展示"主要进行国际采购；"物流"主要进行分销和配送；"加工和维修"则是通过国际中转，实现产品的销售或内销。园区可分为口岸作业区、仓储作业区、保税作业区等专业化功能区。

北京天竺综合保税区整合了天竺出口加工区、空港保税物流中心（B型）、航空货运基地、空港物流基地的功能和政策，实现了政策叠加、优势互补。

7.4.3　我国综合保税区的类型

我国综合保税区的类型可以根据地域和功能进行划分，这样有助于理解其发展特点和模式。

从地域划分主要分为三种。东部地区：大部分综合保税区分布在中国的东部发达地区，这些地区通常拥有更发达的经济基础和较高的国际化程度，如上海、广东、浙江等。中部地区：中部重要城市也设有一些综合保税区，以支持当地产业的发展，例如辽宁沈阳、江苏无锡、湖南衡阳等。西部地区：分布在西部地区的综合保税区相对较少，主要以边境口岸城市为主，例如新疆阿拉山口综合保税区、广西凭祥综合保税区等。

以功能划分主要分为四种。空海港枢纽型：主要功能包括保税物流、商品展示、港航服务、中转配送等，通常位于国际机场或港口附近，如北京天竺综合保税区、上海浦东机场综合保税区。依托园区型：以保税出口、保税加工、采购分销、保税物流等为主要功能，通常与工业园区结合发展，如苏州工业园综合保税区。边境口岸型：主要侧重保税物流、保税仓储、商品展示、中转配送、增值加工等功能，通常位于国境口岸城市，便于与邻国进行贸易，如黑龙江绥芬河综合保税区、新疆阿拉山口综合保税区。综合支撑型：涵盖了转口贸易、金融服务、保税物流、保税加工、服务贸易、文化保护、虚拟口岸等多种功能，通常提供全方位的服务，如广州白云机场综合保税区。

不同地区和功能的综合保税区，其发展路径和模式会根据其所在地区的特点而有所不同。总体来说，综合保税区的发展通常经历了基础设施建设、产业布局、运营服务、产业优化结构等多个发展阶段，其目标是实现从起步到高质量发展的转型。在这一过程中，不断创新和改进的政策、服务和业务模式对于综合保税区的成功发展至关重要。

7.5　会计国际化人才培养

7.5.1　会计国际化背景下我国会计人才培养理论分析

会计学是一门与社会经济活动紧密关联的学科，会计通过对企业财务信息进行收集、整理、归纳、分析与总结，来揭示企业的经营与财务现状。在全球范围内，目前有两个主要的会计准则体系，分别是国际财务报告准则（international financial reporting standards，IFRS）和美国通用会计准则（generally accepted accounting principles，GAAP）。这两个准则体系都具有广泛的国际认可度，许多国家和地区都选择其中一个准则体系作为自己的会计准则。通过选择具有代表性的会计准则，各国可以实现会计信息的国际化，从而吸引国际资本的流入，保证融资渠道稳定。此外，统一的会计准则也有助于提高企业的经营管理水平，促进企业之间的比较和竞争。然而，不同国家的会计制度、文化背景和经济发展水平各不相同，因此在选择和实施会计准则时需要考虑各方面的因素。此外，会计准则的统一化也需要各国政府、监管机构、会计师事务所等多方的共同努力和合作。

总的来说，会计准则的选择和实施对于实现会计国际化和吸引国际资本非常重要。通过选择具有代表性的会计准则，各国可以提高会计信息的可比性，促进企业的经营管理水平和国际竞争力的提升，为各国企业的财务战略、

发展战略以及管理战略提供准确可靠的信息，促进资本市场的国际化，同时也能减轻市场监管的压力。随着我国逐渐融入经济全球化的进程，我国对国内会计准则也提出了新的要求，在保证会计准则统一化的同时，我们应全面考虑我国基本国情、基本法律法规以及市场经济的发展现状，制定出更加符合我国基本情况的国际化会计准则。在保证形式统一的基础上，我们要对准则内容保持具体问题具体分析的基本原则，根据不同的发展阶段的不同基本国情来对会计准则内容进行不同程度的合理优化。

随着会计国际化进程的不断加快，国内高校在培育会计专业人才时也应紧跟时代步伐，将国际化思想引入专业课程，扩宽会计专业人才的视野，在会计人才心中埋下国际化的种子。只有这样才能使专业人才在步入社会时更好地了解和适应岗位的基本职责，为我国的会计准则及会计国际化贡献自己的一分力量。这就要求国内高校在制订人才培养计划和设置课程内容时，充分考虑经济全球化和会计国际化所带来的教学理念的变化，加强师资队伍教学方式创新的培训，从而有目的地培养具有创新思维、国际思维、基本技能扎实同时适应国际性竞争的复合型人才，培养在审计、会计、财务等多领域都能灵活变通的应用型人才。

7.5.2　会计国际化人才培养的现状及存在的问题

（1）会计国际化人才培养的现状

随着我国逐步进入经济转型的关键时期，国际贸易经济活动较为频繁，亟需熟知国际市场规则又具有丰富会计行业从业经验的综合型人才，培养综合型人才的重任最终落在了国内高校的肩上。随着高等教育的普及，可接受培养的人才也逐步增加，为了避免教学质量的下降，各大高校应从人才培养计划、课程形式与内容、师资队伍、教学方式等多方面入手，力争为我国输出更多专业型、复合型的会计国际化人才。经济全球化的浪潮席卷中国，一方面，大量跨国企业进入国内市场，在占据大量市场份额的同时也提供了大量就业岗位，缓解了国内社会的就业压力；另一方面，国内企业也积极建立国际联系，拓宽融资和业务渠道，努力建设境外产业，加快了国内企业的发展和扩张速度。这两方面的经济变化都要求教育界进行教育理念的改革和创新，加大对会计人才的国际化培养力度，提升会计人才在行业内的竞争力，确保国际业务正常高效的开展。因此，高校在教授会计专业基本业务技能的同时，需要增加国际会计相关课程的安排，使学生熟悉国际会计准则以及国内会计准则的制定，紧跟时代发展和市场变化，培养会计人才对市场规则和国际形势的社会适应性，培养出具有中国特色的国际化会计人才。这也是当前中国会计教育改革发展的必经之路。

（2）会计国际化人才培养的问题

第一，人才培养目标定位不适应国际化要求。国际会计教育准则理事会于 2009 年 12 月发布了《职业会计师国际教育准则框架》，该准则明确提出了会计师应具备的基本素质和专业能力，特别是在面对不同历史文化、经济、政治和社会的差异时，会计师应具备的理解和认知能力。这些基本素质包括对不同经济和政治差别的深入理解、对人类行为的基本认知、数据搜集整理和评估的能力，以及良好的书面表达和口头沟通能力。此外，美国教育委员会也强调了会计教育的核心目标在于培养学生的专业素质。他们需要具备完善的会计理论框架和坚实的理论基础，以便在全球化的企业经济活动中熟练应用国际会计准则，并适应市场的快速发展。同时，培养目标的设定需要具体化，并通过高校教育的各个环节来具体实施，以决定通过何种培养方式达到理想的培养结果。因此，在设定会计教育培养目标时，我们需要全面考虑不同国家和地区的文化、经济、政治和社会差异，并结合当前市场的发展趋势和企业的需求，设定出符合实际情况的培养目标，并通过有效的培养方式来实现。

我国高校在培养国际化会计人才方面，通常是以就业为最终导向，更注重培养人才的会计专业技能和道德素质，不能很好地满足经济全球化环境下对财会专业人才的需求。因此，各大高校在制订人才培养计划和目标时，应结合社会和市场需要，在保证会计专业课程的同时，增加管理类课程、经济类课程以及计算机类课程，努力涵盖各个知识领域。这也需要各地的政府机关、企业单位等的通力配合，共同搭建能够培养出快速适应会计国际化综合型人才的教学与培训平台。虽然我们在设计培养目标时关注了财经领域的各个方面，但我们可能没有充分重视培养学生的后续发展能力，如分析表达能力和批判性思维。过度依赖现有理论可能会导致学生缺乏自主发现问题和解决问题的能力，这在实际情况中可能会使他们在面对快速变化的工作环境时陷入困境。因此，我们应该认识到，设计会计人才培养目标时不仅要关注会

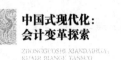

计专业人才所需的知识和技能，还要注重培养他们的后续发展能力。在培养学生的知识技能的同时，我们应该增强他们的分析表达能力，鼓励他们培养批判性思维，以更好地应对实际工作中快速变化的需求。

第二，专业课程设置不合理。从专业课程设置来看，课程内容始终保持了"由浅入深"的基本设置理念，同时设置了管理类、报表分析类课程，保证了课程内容的广泛性。然而，对会计学科整体的知识体系进行梳理会发现，先后学习的课程会存在相关知识点重叠、概念混乱等现象，不利于会计人才形成系统的、逻辑性强的会计知识体系，这会增加会计人才在今后工作岗位上出错的概率，也会降低其在会计国际化竞争中的竞争力。从实践课程角度来看，目前高校的实践课程仍流于表面，未能落到实处。有些高校在课程设置时配备了一定比例的实践课程，旨在培养会计人才的实际操作能力，增强社会适应性。然而，在实施过程中会发现，仍存在诸多问题，严重影响了实践课程的实施效果。如实践课程所用平台不完善、培训的财务类软件版本落后、相关师资队伍的培训欠缺、学分与课时占比较少导致学生不充分重视等。因此，当前专业课程和实践课程的设置不足以培养出具有解决综合问题的能力，无法满足会计国际化环境下的人才需要。

当前，为了迎合国际化的发展趋势，我国不少高校开始开设特许公认会计师公会（ACCA）课程，意在培养更具国际视野的会计人才。然而，这些高校在整合和设计 ACCA 课程时，往往只是将传统的会计课程与 ACCA 的教材内容进行机械的对接，如比较会计学、西方会计以及国际会计等。这样的课程设计虽然在一定程度上帮助学生获得了国际化的视野，但却并未真正建立起一套针对国际化会计人才培养的应用型教学体系。学生在接受这种教育时，往往只是获得了零碎的知识片段，而未能建立起一套完整的、全面的国际化会计思维。更为重要的是，这种培养方式无法真正培养学生的综合应用能力，使他们能够在日新月异的国际环境中灵活应对各种挑战。因此，我国高校需要重新审视其国际化会计人才的培养模式，不仅需要关注知识的传授，更需要注重培养学生的实际应用能力和批判性思维。

第三，会计实习流于形式。实践是高校教育与社会需求之间的桥梁，它的重要性在财经类专业中尤为凸显。理论知识只有在实践中得到应用才能真正发挥其价值。然而，根据一项针对应届毕业生的调查，我们发现了一个令人担忧的现象：过半的学生认为他们在校学习的理论知识与实践脱节。这就意味着，虽然他们已经学习了大量的专业知识，但是在面对实际工作时，他们可能会感到无从下手。

我们先来看看学校在这一方面的问题。随着高等教育的普及，每年的毕业生数量在不断增加，这给学校的实习安排带来了巨大的压力。由于学生数量庞大，学校无法为每一位学生都安排合适的实习机会，并进行有效的跟踪和指导。

企业在接收实习生方面也存在一定的困难。对于会计财经类的实习岗位，企业的人力需求往往比较大，但是愿意接收实习生的企业却并不多。这主要是因为实习生的流动性大，企业培养一个实习生需要投入大量的时间和精力，但是实习生在实习期结束后往往就会离开，这使得企业的投入无法得到回报。因此，企业在招聘实习生时往往倾向于有工作经验的毕业生，这就使得那些没有工作经验的应届毕业生在寻找实习机会时陷入困境。

为了解决这些问题，学校需要加强对实践环节的重视和管理。具体来说，学校可以与企业合作，建立长期的实习基地，为学生提供稳定的实习机会。同时，学校还可以安排专业的指导老师，对学生的实习过程进行跟踪和指导，及时解决学生在实习过程中遇到的问题。此外，学校还可以通过举办一些实践活动，如案例分析、模拟实习等，来提高学生的实践能力。学生也需要积极寻找实习机会，认真对待实习。在实习过程中，学生不仅可以学习到专业知识，还可以接触到实际工作中的各种问题，积累工作经验。此外，学生在实习中通过与同事、上司的交流和合作，还可以培养自身的团队协作能力和沟通能力。

综上所述，实践是连接高校与社会的重要环节。学校需要加强对实践环节的重视和管理，为学生提供更多的实习机会和指导。同时，学生也需要积极寻找实习机会并认真对待实习过程。只有这样，我们才能真正培养出符合社会需求的财经类专业人才。

（本章撰稿人：李万克、卢琳、龚风云、任素贤、刘冬梅、马付萍、贾佳敏）

8

数字经济与会计变革

8.1　数字化与会计

8.1.1　财务会计不适应新技术的情况

在数字技术迅速发展的今天，大数据、人工智能、物联网等信息技术的应用场景不断向更深入更广阔的生活及生产领域拓展，加快了现代社会数字化转型的步伐，给新时代会计信息化应用场景向数字化的全面过渡带来了新机遇，也反映出传统的企业财务会计管理工作的不足。这些不足具体表现为以下四点。

（1）企业的会计信息化水平低下

近些年来，一部分大型企业已经意识到提升会计信息化水平的重要性，并不断加强财务会计信息化平台的实际应用和更新维护工作。然而，大多数企业管理层实际上并没有充分认识到信息技术对企业管理和经济效益的提升作用，缺乏关注计算机设备中各部件的更新升级、引进新设备和新技术等方面的意识。他们不愿意投入大量人力、物力和财力推进企业会计信息化的长期建设，这导致企业会计信息化的基础设施相对陈旧，水平较低，容易面临财务数据丢失和泄露的风险。一方面，企业会计信息化的应用主要围绕经济业务的处理，很少重视对企业预算管理、核算管理、报表管理等事前规划和事后监督的应用；另一方面，企业的会计信息化平台大部分功能仅限于财会数据的有关凭证及报表的存储管理，很少涉及对财会数据关联性进行分析的功能，难以提供有效的数据评价信息，从而无法为管理者制定企业战略计划，提供更多有意义的参考，也无法发挥企业会计信息化管理的效益。

（2）企业的业财融合程度不高

在传统的财会工作模式中，企业的采购管理、生产管理、销售管理等业务由企业相关部门人员负责，而涉及上述经济业务的数据整理、会计核算则由财务人员完成，业务与财务活动的关系不够紧密。一些规模较大、数字化水平较高的企业开始对财务数据和业务数据进行标准化的处理，逐渐地拓宽财会数据共享在企业管理中的应用范围，实现了业务活动与财务活动的初步融合，而业务的升级与更新对企业的业财融合程度有了更高的需求。同时，大多数企业的业财融合仍然处在起步或局部应用阶段，面临信息化管理系统与业财融合不匹配的问题，财务系统和业务系统相互独立，共享渠道狭窄甚至缺失，导致财务和业务信息无法同步，难以实现业务数据与财务数据的实时共享与有效整合，无法满足企业日常业务发展和信息技术迭代所提出的迫切需求。业财融合进展缓慢大大增加了企业财务会计数字化转型的难度。

（3）财会人员的转型理念不强

随着企业各项管理工作数字化信息化平台的搭建与推进，企业财务会计工作也进入了新的发展阶段，企业对于财务会计人员的专业技能、职业素养以及数字能力有了更高的要求。然而，目前相当一部分中小企业管理者或员工缺乏对财务管理工作的认识，他们对财务工作的认识只停留在记账、核算和报税的层面上，对企业管理工作缺乏整体性认识，忽视与其他业务系统之间联系的保持与数据信息的衔接共享。此外，大多数财务人员已经习惯过去单一处理财务信息的方式，缺乏主动提升财务数字化技能的积极性，没有及时更新会计理念和专业知识，难以胜任大数据时代背景下的企业财务会计工作。因此，财会人员如何应对转型发展所提出的各种挑战，如何把握节奏变化所创造的契机，成为企业财会人员迫切需要重视和积极应对的实际问题。

（4）财务数据存在安全风险

财务数据的安全性对企业财会管理工作起着至关重要的作用，尤其在运用大数据网络分析财务数据时会更加凸显财务数据安全及质量的重要性。随着企业不断推进财务会计转型，财会管理工作的信息化水平将大幅度提升，财务数据将面临来自内外部环境的多重风险，防范难度增加。如果企业没有建立完善的财务数据风险预防和应急机制，缺少对业务数据的实时监控和会计信息系统的定期维护，就很容易因为网络安全风险或者系统使用不当等造成财务数据在会计信息流转过程中泄露、被篡改甚至丢失，进而给企业带来难以预计和不可挽回的损失。

8.1.2　财务管理不适应新技术的情况

数字经济背景下，发挥数字经济在财务管理方面的优势的前提是企业要对财务管理模式进行变革。数字经济时代涌现出了许多财务管理的新工具和新技术，财务管理人员如何很好地利用这些新工具和新技术是发挥数字经济优势的关键。但就目前现状来看，企业的财务管理人员还存在着很多不适应新技术的情况。

（1）财务管理人员缺乏运用数据信息系统的能力

多数企业财务人员运用信息化系统进行财务管理的能力依然很弱，虽然企业引进了财务系统软件进行账务处理工作，积累了大量的财务数据，但在财务管理方面依然以传统的模式开展工作。例如，在财务数据分析方面，财务人员仅仅使用计算机对相关数据进行简单处理，未能深入挖掘数据背后蕴含的信息，未能充分发挥数据优势。除了财务管理人员个人能力的原因之外，制度的约束也是主要原因。新技术的应用对现有财务管理人员提出了新要求，企业需要对现有的人事结构进行调整，从而引发了旧体制人员对新技术应用的抵制，难以获得现有财务管理人员的认可，数字经济的优势也难以得到发挥。发挥数字经济的优势需要公司投入一定的人力、物力，现有部分从业人员不具有相关的技术应用能力，挖掘数据优势方面存在一定的障碍，企业需要对现有人员进行相关的培训或者招聘新成员加入。然而，由于数据挖掘相关的应用价值尚未显现，存在一定的不确定性，因而企业管理层在做出相关决策时会存在一定的抵触心理。

（2）企业缺乏财务风险管理意识

目前部分企业的发展观念落后，财务部门和业务部门之间缺乏有效的沟通，导致数据流通不畅，使得企业全面收集和分析信息存在一定的阻碍。企业未能有效做到业财融合，导致企业内部的信息不能很好的共享，出现了信息孤岛的现象。数据信息在各个系统之间存在一定的差异，导致数据内在的逻辑和关联性不能被有效识别，难以挖掘数据的内在价值，也不能通过数据分析有效地发现企业内部存在的经营风险，无法发挥数据经济的优势。除了由于部门之间信息流通不畅导致经营风险不能有效识别之外，企业对企业财务数据缺乏相关的风险管理意识会导致企业面临数据被泄露的风险。数字经济时代，由于数据获取和传递的便捷性会使企业潜在的经营风险增大，因此在应用新技术时加强财务信息系统的安全性和保密性是企业首先要考虑的问题。数字经济时代，企业在面临着重大的发展机遇的同时，也面临着许多安全隐患，大部分公司由于未能及时关注数据安全问题，而只关注公司的规模增长和经济效益，忽视了相关风险的识别与防范，给企业造成严重的经济损失。

（3）企业缺乏财务管理理念创新

目前企业多将经营管理重点放在产品生产、营销销售等环节，更多关注实物价值创造环节，忽视了在经营过程中财务管理所发挥的重要作用。忽视财务管理的作用的直接后果就是企业的财务管理理念缺乏适应数字经济时代的创新，致使企业未能很好地把握大数据时代的优势，不利于长久持续的发展。目前，传统的财务管理方式存在着不能适应电子商务蓬勃发展的问题。虽然信息化背景下财务共享使企业实现了数据资源的集中管理和资金的集中调配，财务会计相关的报表成果都实现了集中管理，但财务管理方式受限于网络技术，仍然使用分支管理的方式，财务管理的效率不能得到有效提升。

（4）企业缺乏财务管理人才

目前，数字经济的影响力已经渗透到各行各业，给企业会计人员也带来了新的机遇和挑战。为了避免被会计信息系统替代，会计从业人员必须从核算型会计向业务型、管理型会计转变，提升自己的财务管理分析能力。当前阶段，企业内部财务管理人员的水平不足限制了企业引进的信息系统累积的相关数据优势的发挥。

8.1.3　管理会计不适应新技术的情况

（1）管理会计信息化程度不高

尽管企业已引入信息化系统，但仅将其基本功能应用于实际业务，并未将大数据技术融入其中。此外，在会计信息处理方面，企业尚未充分发挥管理会计的作用，其信息化程度相对较低。这一问题的根源在于企业在管理会计信息系统建设过程中，未能充分认识到先进技术的优势，以及其在系统投资和优化方面的不足，从而导致整体信息化水平不高。

（2）缺乏专业管理型人才

随着全球经济一体化的不断深入，我国会计行业在运作和管理水平方面与欧美等发达国家仍存在较大差距。在会计发展和转型过程中，我国会计人员的整体素质有待提高，无法准确和有效地对企业财务内容进行分析和管理。目前，我国会计行业缺乏具备综合性管理技能、技术力量、业务能力和较强分析核算能力的综合性人才，这些因素使企业自身发展陷入瓶颈。随着企业规模的不断扩大，会计工作人员需要对海量的数据信息进行分析、整合和处理。财务会计系统的完备性相对较弱，会计人员自身的专业能力不足，将难以胜任这一工作，无法满足企业对会计信息的需求。

（3）会计部门管理机构设置不健全

目前，我国会计管理部门的机构设置有待完善。在企业财务分配、审核、核算和监督过程中，仍存在一些弊端，如部门间员工责任意识薄弱，分工不明确。传统的财务会计工作效率有待提高，部分部门职能虚化，缺乏实际功能。财务内部管理中缺乏财务信息和数据共享机制，导致公司财务管理工作效率低下。为更好地适应企业发展需求，企业亟需将财务会计向管理会计转变，突破传统财务会计运作机制的限制，实现财务数据信息的共享。

（4）系统监督机制有待完善，会计精细化水平亟需提升

在大数据和信息化的推动下，企业在运营和发展过程中，财务管理体系的监管机制尚不完善，会计信息精准度有待提高。在实际发展过程中，企业对会计管理系统的建设和经济财务监督的重视程度不够，缺乏数据信息核对与技术系统监督，导致企业实际经济财务支出明细、财务分配、经济预测等多方面管理混乱。会计人员在信息数据处理方面的精细程度有待提高，无法有效开展经济和财务的综合管理，缺乏对企业经济和财务总体结构以及全面发展趋势的准确把握。这给企业发展目标的确定、经济分配、风险投资预测等方面带来了一系列挑战。

8.1.4　审计不适应新技术的情况

随着市场经济体制的不断改革，我国的综合实力得到了显著提升。在此背景下，企业的发展速度也呈现出日益加快的趋势，许多企业开始重新审视自身的发展模式，将工作重心转向审计方面，以进一步优化审计内容和审计手段，确保企业审计工作能够发挥一定的价值和作用。然而，从目前的情况来看，部分企业的综合实力相对较弱，对审计工作的理解和认知较为片面和浅显，这些企业在审计理念上较为传统和落后，审计模式也不够科学和合理。此外，这些企业所使用的审计技术与时代发展之间存在明显的差距，导致所出具的审计报告无法充分发挥指导作用和宏观调控价值。这一点进一步导致了一部分工作人员的工作积极性持续下降，企业的内部管理工作质量难以实现突破性进展。

（1）审计理念方面

大数据技术快速发展，导致审计工作发生了翻天覆地的变化，传统的审计理念已无法满足现代审计管理的需要，其指导作用受到质疑，同时审计质量和效果也难以保证。审计内容的达标程度不高，审计理念面临着诸多挑战。

首先，审计工作人员未能充分关注大数据技术的应用，难以从宏观角度全面掌握审计操作的具体流程。审计工作人员通过对企业数据的深入分析，可以了解企业的经营现状。科学合理的审计工作对企业管理改革和创新具有重要作用。然而，目前审计人员对企业数据的认知和理解尚不全面，未能充分认识到数据的应用价值。大数据理念的应用频率相对较低，难以为审计工作指明道路和方向，数据应用效率不高，导致企业的管理层和决策层难以获取充分的数据参考。

传统审计方式已经发生转变，人力审计逐步向智能审计过渡，这使得审计质量和效率得到显著提升，审计出错概率不断降低。企业需要与时俱进，不断完善审计理念，积极突破传统管理模式的束缚和障碍，推动审计管理工作的有效创新和改革。

（2）审计模式方面

审计模式的内容和形式相对复杂，传统全局式的审计模式备受关注，出现频率较高，是非常普遍的审计手段，这种审计模式能够突破外部不确定性因素的束缚。然而，这种审计模式所面临的挑战不容忽略。例如，获取审计数据的难度系数越来越高，人工收集数据的效率不高，数据准确性较差，存在许多的审计管理问题等。从另一个视角来看，审计模式不够科学严谨导致徇私舞弊行为时有发生。

在全面落实企业审计工作的过程中，总体审计模式的应用也不容忽略。这一审计模式有助于审计工作人员站在不同的视角下，积极收集多渠道的数据信息，凸显审计工作的系统性、全面性和科学性，有效规避不必要的审计风险，保证审计效果和质量。然而，有的企业受到了传统管理模式的束缚，对审计工作不够重视，忽略了总体审计模式的有效落实。

为了与时俱进，企业需要注重对时代发展趋势的有效分析和研究，抓住企业审计工作的核心，立足于总体审计模式，进一步改革传统的审计策略及手段，提供多样化的数据信息，确保审计模式的科学性、合理性以及指导性。

（3）审计技术方面

审计技术对审计工作具有直接的影响和积极的意义。科学高效的审计技术有助于保持正常的审计工作节奏，确保审计工作的高效率。然而，审计技术所面临的挑战也较为系统。在财务管理软件的使用过程中，财务部门往往忽略了与其他部门之间的有效联系和沟通，导致企业内部管理软件协调水平相对较低，部门间信息传输速度不够快，存在许多传输矛盾和问题。这最终导致了在采集审计数据的过程中，企业的工作质量与预期目标之间存在明显差距。

审计技术的内容相对复杂，与企业的数据库技术水平存在一定的关联。部分企业在处理数据库时忽视了有效的更新和维护，未能整合利用多种现代化的先行审计技术进行调整和改进，从而无法为审计工作的有效实施提供必要的技术支持。在对审计操作流程进行分析时，大数据审计技术的作用尤为明显。工作人员可以在建模过程中进一步提升审计工作的质量，确保工作的可视化和针对性。

（4）审计报告方面

传统的审计报告存在诸多局限性，审计部门所提供的审计报告结果往往缺乏多样性，实际应用价值不尽如人意。审计报告所面临的挑战主要源于审计结果的表现形式，以及实质的审计结果存储方式较为单一。

在开展审计工作时，企业所使用的电子版审计报告离不开大数据技术的支持。这一技术有助于实现审计报告的多样化，确保审计报告发挥一定的作用和价值。与传统的审计报告组成方式相比，电子版的审计报告更加高效、节能和便捷，能够减轻审计工作人员的工作压力，为后续的信息查找提供更多便利。因此，在新的时代背景下，企业需要摒弃传统的审计模式，深入了解审计报告的限制因素，在全面发展和调整的过程中实现与时俱进和对症下药。

（5）审计取证方面

在智能时代，数据类型日益丰富，审计工作难度逐渐增加，审计范围不断拓展。在调查取证过程中，审计人员面临诸多挑战，如海量数据的提取与高效分析、信息真伪的判断等。部分审计人员工作能力有限，时间紧迫，难以查找相关信息。

然而，企业采用电子审计取证方式，审计工作质量和水平得到了显著提

升，电子审计数据来源渠道更加广泛，有助于保障数据准确性。此外，现代信息技术的运用使得审计人员能够更有效地辨别信息真伪，审计人员需要掌握电子取证方法，深入分析和研究企业审计现代化发展的要求，确保二者的完美契合。

8.2　数字经济与财务会计变革

在数字技术和人类社会飞速发展的过程中，数字经济应运而生，这标志着人类经济社会发展进入了新阶段，数字经济对于现在乃至未来我国经济社会建设都将具有举足轻重的作用。

数字经济是继农业经济、工业经济后，形成的一种促进公平与效率更加统一的新的社会经济发展形态，也被称为打开第四次工业革命之门的钥匙，数字经济是以数据为关键生产要素、以现代信息网络为重要载体、以信息通信技术的融合应用作为效率提升和经济结构优化的重要推动力的一系列经济活动。

党中央为加快数字经济的发展，制定了多项相关政策，部署了大量工作，明确了当下发展数字经济的目标：加强数字社会、数字政府、数字生态建设；加快数字产业化、产业数字化；重点对作为基本生产要素之一的数据进行市场化配置。我国系统化的数字经济政策符合我国国情，并且为我国的数字经济发展提供了有力保障，具有可操作性和前瞻性。数字经济将在未来的一段时期内加速助力经济增长，为顺应新到来的数字经济时代，各行各业也在不断进行数字化转型。因此数字化是必然趋势，建设智能会计是数字化时代会计发展的必经之路，在这条道路上，会计领域也将迎来重大变革和挑战。

8.2.1　数字经济发展带来的挑战

数字经济发展速度之快、辐射范围之广、影响程度之深前所未有，正在成为重组全球要素资源、重塑全球经济结构、改变全球竞争格局的关键力量。社会经济系统运行的基础是各种要素的优化配置，政府调控经济和促进社会公平发展都需要要素市场作为重要的媒介。然而，数字经济发展使我国要素市场面临诸多问题和挑战。

（1）数据要素市场化面临的问题和挑战

党的十八届三中全会以来，我国要素市场改革步伐有所加快，资本、劳动力、土地、产权、技术、数据等领域的改革取得了长足发展，要素市场化配置对经济社会发展的作用不断提升。然而，我国要素市场体系并不健全，我国数据市场主体发育缓慢，引导和扶持政策有待完善，政府和市场的关系没有完全理顺，依旧存在市场准入门槛较高、市场激励不足、要素流动不畅、资源配置效率不高、微观经济活力不强等问题，与建设高标准市场体系的要求差距较大。数据孤岛现象依然存在，各系统数据尚未完全打通和实现商业化，加之平台企业数据资源的产权、使用、责任、义务等缺乏相应的法律规范，导致大数据无法合理市场化。现阶段数据违法成本较低，个人数据隐私保护有待加强，大数据市场运行不规范，这些问题亟待治理。

（2）数据资源的价值计量面临挑战

资产价值计量属性的选择取决于商业模式，企业将数据资源的使用权出售后，可能导致多个不同商业模式企业同时使用数据资源，这种情况下就无法明确会计计量属性。数据资源的公允价值也难以评估，与相对稳定的传统资产相比，数据资产的价值具有高度的不确定性和波动性，其价值可能会因为技术进步、市场需求变化以及法律法规的调整等发生快速剧烈的波动。

（3）会计人才面临的挑战

数字经济时代，会计人员掌握单一的会计核算方法已经无法跟上时代发展的步伐。虽然数字化时代已经开启，但是我国会计从业人员还未紧跟时代的步伐。整体数量上，供大于求；供给结构上，从事基础记账、核算的会计人员居多，中高端人才供给不足；供给素质上，财务会计供给过剩，管理会计供给不足，会计人员信息化能力及职业素养不高，存在会计人员难以适应法规更新与实务变化、人才培养方案变化慢、企业人才需求与高校人才供给脱节等问题。数字经济环境下，会计从业人员的工作重点和工作价值发生了深刻变化，会计人员亟需向数字化、复合型方向转型。

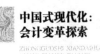
8.2.2 财务会计目标变革

（1）数据资产化

数字经济时代，人们普遍认可数据的价值，因此数据资源被广泛开发，不论是对于个人还是企业，或是政府，数据都日渐成为一项重要的资产。资产的定义为：企业过去的交易或者事项形成的、由企业拥有或者控制的、预期会给企业带来经济利益的资源。如果将这个定义用于数据资源，那么可以说数据资产是指在过去的经济社会活动中形成的，由个人、企业、政府拥有或者控制的，预期会给个人、企业、政府带来经济利益的数据资源。财政部2023年8月发布的《企业数据资源相关会计处理暂行规定》，将数据资源作为无形资产或者存货部分"入表"，这将增强投资者和债权人等利益相关者的决策信心，提高会计信息的决策有用性，提升数字经济时代资本市场的运转效率。在此基础上，未来数据资产或将全面"入表"。

（2）数据资本化

数据成为资产之后，其在经济活动中的地位逐渐等同于传统的资本投入。资本是投入的一部分，投入包括劳动力、土地、资金等。根据主流宏观经济学观点，资本可以划分为物质资本、人力资本、自然资源、技术知识等。在数字经济时代，数据资产呈现出资本的新内涵。数据的资本化，是指通过某种方式对数据的投入和产出进行衡量，并预测数据资本的未来价值。在条件成熟的情况下，可以建立数据资本交易机制，设立数据资本交易所。目前，国内已有若干数据交易中心正在尝试数据资本化的模式，探索数据资本市场的可行性，但尚未形成完整的交易体系。

（3）数据确权化

要想使数据成为数字资产，并能够顺畅地进行流通和交易，最重要的是对数据进行确权。在当今的信息时代，数据已经成为一种重要的资源，但数据的所有权、使用权、管理权、交易权等尚未被法律明确界定，国际社会也没有达成共识或制定通行规则，这导致企业在采集、处理、加工、使用和共享数据的过程中存在诸多隐患和风险，影响数据产业健康、安全及可持续发展。首先，数据的所有权问题是一个复杂的问题。一般而言，政府数据属于国家，社会数据归属于数据产生主体。但就具体场景而言，还要根据实际情况具体考虑。例如，一些企业可能会通过各种方式获取大量的用户数据，但这些数据的所有权并不明确。这就可能导致在数据的使用和交易过程中出现纠纷。其次，数据的使用权和管理权也是一个重要的问题。企业在使用数据的过程中，需要考虑用户的隐私权和权益保护。这就需要企业在数据处理和使用过程中，严格遵守相关的法律法规，确保数据的安全性和合规性。同时，企业也需要建立完善的数据管理制度，对数据的采集、存储、使用和共享进行有效的管理和控制。再次，数据的交易权也是一个需要关注的问题。随着大数据的发展，数据的交易已经成为一种新的商业模式；然而，数据的所有权和使用权等尚未明确，这些问题给数据的交易带来了很大的风险。因此，相关部门需要建立完善的数据交易制度，规范数据的交易行为，保护数据交易双方的权益。最后，个人数据的处理和使用是一个特别需要注意的问题。考虑到隐私保护问题，个人数据更需要与数据的使用场景相结合，在具体场景中判断相关主体的权利。不同场景下，个人数据可能涉及不同的利益诉求，有着不同的目的与用途，要根据数据类别、安全级别、隐私保护、权益归属等条件，明确哪些数据是完全属于个体的，哪些数据是属于公共的，以及哪些是可以市场化的。

（4）会计人才转型

在当今的商业环境中，会计工作的重点已经从基础的核算转向了公司战略、风险管理和财务分析等更为复杂的领域。随着信息技术的不断发展和应用，基础性的会计核算工作，如记账算账和事后报账等，已经可以通过自动化和智能化的方式实现。这使得会计人员可以将更多的精力投入预算、控制与监督、分析和决策等更高价值的全流程管理工作中。在这个过程中，会计从业人员的角色也发生了重大变化，会计人员的工作不再仅仅是记录和核算会计信息，而是通过财务分析和决策，使会计信息发挥出更大的价值。工作价值体现在参与企业的综合管理，提供专业的决策建议，使会计信息实现增值，使其创造更高的效能。这种转变要求会计从业人员具备更强的分析能力和决策能力，同时也需要其能够熟练运用数字技能。智能财务系统的出现将全面覆盖企业的会计流程，代替大量标准化、规范化、重复性强的基础核算工作。这些系统不仅能够提高工作效率，还能够通过深度自主学习功能，将积累的工作经验转化为机器思维逻辑，逐步实现人机协同，这将进一步提高会计工作的效率和质量。在未来的数字经济发展中，数字技能将成为会计从业人员必备的技能之一。掌握扎实的财会专业技能和熟练运用数字技能同样

重要，会计从业人员需要将数字技能与专业技能贯通融合，广泛运用在财务数据的采集、处理、传递、分析及决策等各环节中。这样可以形成更加便捷、高效的工作流程，实时开展持续性、动态化的一系列财务活动，为最终的信息决策提供更加科学、系统的支撑。

8.2.3 财务会计方法变革

会计发展演进始终与科技变革、商业文明进步如影相伴。15 世纪航海技术的突破使地中海沿岸成为世界贸易中心，意大利商业十分繁荣。复式记账法应运而生，拉开了近代会计历史的序幕。工业革命改变了生产方式，资本投入大幅增加，会计管理作用深化。科技革命推动现代会计体系发展，企业所有权与经营权分离，形成财务会计。商品经济发展使企业面临激烈竞争，科层制组织成型，管理会计逐渐独立。第三次科技革命推动信息系统发展，会计从手工记账中解放出来，开始利用电脑处理数据。

区块链技术给会计领域带来了革新，通过构建去中心化和去信任化的机制，实现了点对点的价值转移，从而提高了运作效率并降低了交易成本。这种技术从根本上改变了价值传递模式，使得企业不再依赖中心机构，而是依赖于系统中多数节点的记账来确认交易。在会计领域，区块链技术的应用将重塑企业的财务会计信息系统。这一系统有两个主要目标：一是实现去管理化，二是实现去中心化。这两个目标的核心都是实现自主管理，减少人为干预，使企业信息系统能够自主获取和处理数据。区块链技术的分布式记账模式以及去中心化和去信任化特性有助于实现这些目标，从而重塑自主管理的财务会计系统。然而，要实现财务会计信息系统的自主管理模式，还存在两个关键性制约因素：一是能否改变企业管理授权的方式，二是能否直接连接企业外部信息系统。区块链技术有望突破这两个制约因素。一方面，区块链的分布式记账模式下不存在中央处理器与终端的区别，每个节点的记账权限和存储功能是平行的。区块链中的各个节点没有行政级别，信息传输无需授权，而是依靠共识机制运行。这将有利于企业将集中式权力下放，向扁平化组织结构迈进。另一方面，区块链的价值传递属性将使企业在一定程度上不再依赖中心机构，而是直接与外部信息系统相连接并进行价值交换，从而提高运行效率并降低交易成本。企业利用区块链技术，可以将以往分割的业务活动与会计活动打通。只要有合法交易发生，相关信息以及信息流所承载的价值量就会从外部信息系统自动流入企业内部信息系统，无须中心机构的审核和相关人员填制电子单据。借助智能合约，可以根据会计准则或预先设定的业务标准快速验证交易记录，实现交易审核的自动化，并实现自主报账、自主收支和生成账本。

在现行会计体系下，基于"资产=负债+所有者权益"的会计恒等式，复式记账法实现了账户间的横向联系和试算平衡。遵循"有借必有贷，借贷必相等"原则的借贷记账法是一种双向记账理念下的纠错机制，能够全面反映经济业务的全貌，系统地核算并监督经济活动的过程和结果。通过试算平衡，可以核查账户记录的准确性。然而，复式记账法无法实现计算机会计记账自动化，从而无法适应会计信息化下财务会计信息系统的发展。随着现代信息技术的发展，新的记账机制应运而生。在计算机会计信息系统中，以电磁信号形式存储的会计信息是不可见的，且容易被篡改或删除而不留痕迹。因此，新的记账机制应考虑在会计信息被修改或删除时留下痕迹，以适应会计信息化的发展。区块链技术的出现正好解决了这一问题。基于区块链技术构建的财务会计信息系统的自主管理模式可以实现会计记账自动化。同时，区块链的时间戳属性依靠时间序列的不可逆性，能够实现对历史数据的连续追溯和对未来交易的无限延伸。这使得数据的篡改、删除、涂抹等会计舞弊行为在技术上变得非常困难，从而有效确认数据的完整性与真实性。此外，区块链的分布式记账技术使得系统中的每一个节点都可以完整保存系统中的全部数据。信息的每个节点备份使区块链技术所支持的记账模式具有更强的纠错能力。各项会计要素必须得到系统中多数节点的认可才能入账，从而更充分地保障了会计要素确认的准确性与一致性。

8.2.4　财务会计质量变革

（1）财务会计质量变革的重要性

随着全球经济的快速发展和科技的不断进步，财务会计行业正面临着前所未有的挑战和机遇。为了适应这一变革，财务会计质量的提高成为当务之急。财务会计质量变革的重要性在于：第一，提高企业竞争力。在激烈的市场竞争中，高质量的财务会计信息是企业制定战略决策、优化资源配置、降

低经营风险的重要依据。通过提高财务会计质量，企业可以更好地把握市场动态，提高自身竞争力。第二，促进资本市场健康发展。高质量的财务会计信息是资本市场有效运行的基础，财务会计质量的提高有助于提高投资者信心，降低市场波动，促进资本市场的稳定和健康发展。第三，提升国家经济管理水平。财务会计质量的提高有助于政府部门更加准确地掌握国民经济运行状况，为宏观调控提供有力支持。此外，高质量的财务会计信息也有助于提高国际经济合作与交流的水平。

（2）财务会计质量变革的实施策略

第一，完善财务会计法规体系，建立健全财务会计法规体系，明确财务会计工作的基本要求和规范，为企业提供清晰的法律依据。同时，加强对财务会计法规的宣传，提高企业和会计人员的法律意识。第二，加强对财务会计人才的培养，提高财务会计人才的质量，注重培养财务会计专业人才的创新精神和实践能力。加强对在职会计人员的培训和继续教育，提高其业务水平和综合素质。第三，推广先进的财务会计技术和方法，积极引进和推广国际先进的财务会计技术和方法，如财务共享中心、云计算、大数据等，提高财务会计工作的效率和质量。第四，强化内部控制和风险管理，建立健全企业内部控制制度，加强对财务会计工作的监督和管理，确保财务会计信息的真实性、完整性和准确性。同时，加强企业风险管理，防范和化解财务会计风险。第五，提高财务会计信息披露水平，完善财务会计信息披露制度，增强信息披露的透明度和及时性，满足投资者、监管部门和社会公众的信息需求。

总之，财务会计质量变革是适应经济发展和科技进步的必然要求，对于提高企业竞争力、促进资本市场健康发展、提升国家经济管理水平具有重要意义。我们应该从完善法规体系、加强人才培养、推广先进技术、强化内部控制和提高信息披露水平等方面入手，全面推进财务会计质量变革，为我国经济社会发展提供有力支持。

8.2.5 财务会计教育变革

当今世界科技创新和产业变革日新月异，数字技术正全面融入人类生产生活的各个领域和全过程。以"大智移云物区"为核心的现代信息技术蓬勃发展，推动着会计行业的发展与变革。政府与企业对数据管理、评估和审计等专业人才的需求增加，高校需加强对数字交叉人才的培养。高校要明确新时代数字经济对传统会计行业的影响，重新定位应用型高校会计专业人才的培养目标及方案，为会计从业人员的职业规划提出建议，培养适应时代发展需要的专业复合型人才。

（1）重塑会计学科体系

基于受托责任观的企业会计学科体系由财务会计、管理会计和审计构成。区块链的出现将重塑会计体系，实现财务会计信息系统的自主管理，固化原始交易信息，变革会计报告机制。通过区块链技术重构企业决策支持信息系统，实现业财深度一体化，优化价值链成本并最大化其价值。利用区块链技术变革公司治理与监督体系，强化对经理层的监督，推动审计行业发展。企业会计体系的变革将对会计审计行业从业人员提出更高要求，为会计审计职能转变创造条件。

（2）改变人才培养方式

会计从业人员的角色正在从传统的核算型向业务型、管理型和战略型的价值创造者转变。这一转变不仅体现在对专业教育的重视程度上，更体现在对财务信息资源运用和财务战略思维培养的关注上。因此，会计从业人员所需的技能也从单一的专业技能转变为多元化的综合能力。在大数据技术高速发展的背景下，经济社会发展对会计数据分析和会计管理决策的需求日益增长。为了满足这些需求，会计教育和人才培养应遵循"高素质、厚基础、宽口径、强能力、重实践"的培养原则，重视会计学科知识与信息技术能力、分析决策能力与创新能力的交叉融合，以实现培养应用复合型人才的会计教育的改革和创新。为了培养能够适应社会发展需求的会计人才，高校应结合我国教育改革的战略与总体思路，以信息技术带来的颠覆性智能革命为契机，制定切实可行且动态调适的会计专业人才培养方略，科学把握数字经济时代中会计学科的定位，全面统筹会计专业的人才培养目标、培养标准、课程体系、教学内容、培养方式和质量考评体系，基于市场供需两端构建"专业知识作基础、现实需求为导向、信息技术与专业能力并重"的人才培养模式。

（3）制定人才培养方案

会计人才能够确保组织强有力的治理和可持续发展，在企业经营发展中发挥主导作用，其利用熟练技能、职业道德和专业判断，帮助企业创造新的

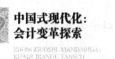

价值。数字经济时代对于会计人才的要求也在逐渐发生改变,企业需要理论研究、数据处理、分析判断、表达展示、交流沟通、团队协作、学习领悟、探索创造、知识整合九种能力并重的会计人才。这也就意味着会计人才需要全面提升综合素养,以开放视角、创新思维、过硬能力积极迎接财务智能化变革。数字经济具有快捷性、直接性以及高渗透性的特征,这些特征使得数字经济能够迅速渗透到实体经济的各个领域,这就需要具有会计专业素养的复合型人才在关键的会计决策中能够准确及时地发现数字经济会计潜在风险和发展趋势,并对核心内容进行解读,为管理层最终决策提供会计支撑。想要培养出企业所需的复合型会计人才,高校应准确把握数字经济发展态势,有针对性地结合数字经济的业务场景和自身特点,将全面提升会计人才的综合素养作为应对数字经济挑战的重要抓手,设计会计德商、会计智商、会计情商、会计灵商"四位一体"的会计人才培养方案,重构会计人才的职业素养与综合素质,造就适应宏观经济变化的新时代会计力量。

8.3 数字经济与管理会计变革

8.3.1 数字经济对管理会计的影响

随着全球化、网络化和信息化的深入发展,数字经济已经崛起为推动经济社会发展的新引擎。作为一种基于数字技术的全新的经济形态,数字经济以其信息可共享、交易成本低、经济效益高等特性,正在深刻改变着我们的生产方式、生活方式以及思维方式。

随着互联网的快速普及,数字经济的崛起几乎是不可阻挡的。20世纪90年代初,随着网络基础设施的发展和电子商务的兴起,数字经济的种子已经播下。随后,在科技进步的推动下,尤其是移动互联网、大数据、云计算、物联网、人工智能等新一代信息技术的迅速发展,使得数字经济的崛起成为可能。

数字经济具有多个特征,包括无限扩展性、极低的边际成本、信息的非排他性和可复制性。这些特性使得数字经济的发展具有极高的速度和广阔的空间。同时，数字经济还改变了商业模式，使得更多的新兴产业得以发展。无论是共享经济、数字支付，还是跨界融合，数字经济都在不断地打破旧的经济规则，创造新的市场和机会。

数字经济的崛起给管理会计带来了深远的影响。管理会计作为企业内部的会计系统，其主要任务是为企业的管理决策提供信息支持。在数字经济的环境下，管理会计不仅需要处理大量的数字化信息，还需要面对新的决策环境和决策要求。

首先，数字经济使得企业可以获取并处理前所未有的大量数据。这些数据不仅包括传统的财务数据，还包括各种非财务数据，比如客户满意度、产品质量、员工满意度等。这就需要管理会计能够处理和分析这些大数据，从而为决策提供更全面和准确的信息。其次，数字经济改变了企业的运营模式和竞争环境。在这个环境下，企业的决策需要更加迅速和灵活，需要基于实时的、具有预测性的信息，这就对管理会计提出了新的要求。最后，随着数字经济的发展，企业的业务范围和业务模式也发生了变化，这就需要管理会计能够理解和适应这些新的业务模式，为其提供有效的决策支持。

总的来说，数字经济的崛起，无疑给管理会计带来了新的挑战，但同时也带来了新的机遇。对于管理会计来说，如何适应并利用好这个新的经济形态，将是其未来发展的重要任务。

8.3.2 数字经济时代的管理会计目标变革

随着数字经济的发展，管理会计的目标正在发生深刻的变化。这种变化不仅体现在管理会计的基本目标上，也体现在其支持企业决策的方法和内容上。

（1）传统管理会计目标的局限性

传统的管理会计目标主要是为企业的内部管理提供决策支持。这种决策支持主要包括成本控制、预算编制、性能评价等方面。虽然这些目标在一定程度上能够满足企业的内部管理需求，但在数字经济时代，这种目标显得过于狭窄。

在数字经济时代，企业的运营环境发生了深刻的变化，企业不再是封闭的系统，而是与外部环境紧密相连的开放系统。企业的运营和决策不再仅仅

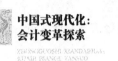

基于内部的财务数据，而需要考虑更多的外部信息和非财务信息。这就需要管理会计有更广阔的视野，提供更全面的决策支持。

（2）数字经济时代的管理会计目标

在数字经济时代，管理会计的目标应该是为企业的整体运营和战略决策提供支持。这种支持包括提供财务数据，也包括对非财务数据的分析和解读，还包括对内部和外部环境的全面考虑。首先，管理会计应该提供更全面的决策支持。除了传统的成本控制、预算编制、性能评价等方面，管理会计还应该考虑企业的竞争环境、市场变化、社会责任等因素，提供更全面、更深入的决策支持。其次，管理会计应该注重非财务信息的分析和使用。随着社会责任和可持续发展的重要性日益提高，非财务信息在企业决策中的作用也越来越重要。管理会计应该具备分析和使用非财务信息的能力，以支持企业履行社会责任和可持续发展。最后，管理会计应该更加注重对战略决策的支持。在数字经济时代，企业的竞争越来越依赖于战略决策，管理会计应该具备支持战略决策的能力，包括战略分析、战略制定、战略执行等方面。

（3）数字化转型的决策支持

数字化转型是数字经济时代企业的重要任务。管理会计应该支持企业的数字化转型，包括帮助企业理解数字化转型的价值，支持企业制定和执行数字化转型的策略，评价数字化转型的效果等。在支持企业理解数字化转型的价值方面，管理会计可以通过分析数字化转型对企业运营和竞争力的影响，帮助企业认识到数字化转型的重要性。在支持企业制定和执行数字化转型的策略方面，管理会计可以通过财务模拟和预测，帮助企业评估不同的数字化转型策略，选择最适合的策略。在评价数字化转型的效果方面，管理会计可以通过绩效评价，帮助企业了解数字化转型的效果，以便进行持续的改进。

8.3.3 数字经济时代的管理会计方法变革

随着数字经济的发展，企业的运营环境和内部管理方式发生了深刻的变化，这也对管理会计的方法提出了新的要求。在数字经济时代，管理会计需要掌握和运用新的方法，以适应新的要求。

（1）传统管理会计方法的局限性

传统的管理会计方法主要包括成本计算、预算控制、绩效评价等。这些方法在一定程度上能够支持企业的决策和管理，但在数字经济时代，企业对管理会计提出了新的要求，传统的管理会计方法已不能够满足企业发展的需要。

首先，传统的管理会计方法主要基于财务数据，而在数字经济时代，非财务数据的重要性日益显现。企业的决策不仅需要依赖财务数据，还需要考虑到市场变化、竞争环境、客户反馈等非财务信息。其次，传统的管理会计方法主要是静态的，而在数字经济时代，企业的运营和决策需要更加动态和灵活。这就需要管理会计方法也能够灵活应对，为企业提供实时的、动态的决策支持。最后，传统的管理会计方法主要是内向的，而在数字经济时代，企业的运营和决策需要更加外向，需要考虑外部环境和利益相关方的影响。这就需要管理会计方法能够整合内外部信息，提供全局视角的决策支持。

（2）数字经济时代的管理会计方法

在数字经济时代，管理会计需要运用新的方法，以适应新的运营环境和管理要求。首先，管理会计需要运用大数据分析的方法。在数字经济时代，企业能够获取到大量的内外部数据。这就需要管理会计能够运用大数据分析的方法，从中提取有价值的信息，支持企业的决策。其次，管理会计需要运用人工智能的方法。人工智能技术可以自动化处理大量的数据和任务，释放人力资源，提高决策效率。同时，人工智能也可以提供更深入、更精准的分析，支持企业的决策。再次，管理会计需要运用非财务数据分析的方法。非财务数据包括市场数据、客户数据、环境数据等，这些数据在企业的决策中的重要性日益凸显。管理会计需要能够理解和分析这些非财务数据，以提供更加全面的决策支持。最后，管理会计需要运用动态的决策支持方法。在数字经济时代，企业的运营和决策需要更加动态和灵活。管理会计需要能够提供实时的、动态的决策支持，以帮助企业应对快速变化的环境。

8.3.4　数字经济时代的管理会计质量变革

数字经济时代的来临，不仅改变了企业的经营模式和市场环境，也为管理会计带来了新的挑战和机遇。在这个过程中，管理会计的质量也需要发生相应的变革，以适应企业新的需求。

（1）传统管理会计质量的局限性

传统的管理会计主要依赖财务数据，而且这些数据往往是历史性的且以

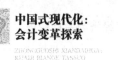

内部为导向。因此，传统的管理会计在质量上存在着一些局限性。首先，传统的管理会计在数据源方面的局限性。传统管理会计依赖财务数据，意味着对非财务数据的忽视，这使得其分析和决策支持可能无法全面反映企业的实际情况。其次，传统的管理会计在时效性方面的局限性。传统管理会计依赖历史性的数据，可能使得其无法及时反映企业的最新情况，从而影响决策的时效性和准确性。最后，传统的管理会计在视角方面的局限性。传统管理会计以内部为导向，可能使得其无法全面考虑外部环境和利益相关方的影响，从而影响决策的全局性和有效性。

（2）数字经济时代的管理会计质量

在数字经济时代，管理会计的质量需要发生相应的变革，以适应企业新的需求。首先，管理会计需要扩大数据源，不仅需要包括财务数据，还需要包括非财务数据，如市场数据、客户数据、环境数据等。这可以帮助管理会计更全面地反映企业的实际情况，提供更全面的决策支持。其次，管理会计需要提高时效性，利用新的技术，如大数据分析、实时报告等，实现实时、动态的决策支持。这可以帮助企业及时对市场变化做出反应，提高决策的时效性和准确性。最后，管理会计需要扩大视角，不仅要考虑内部因素，还需要考虑外部环境和利益相关方的影响。这可以帮助企业全面考虑决策的影响，提高决策的全局性和有效性。

8.3.5 数字经济时代的管理会计教育变革

数字经济时代的到来，对于管理会计教育提出了新的挑战和要求。管理会计教育需要适应新的经济环境，进行相应的变革，以培养出能够应对数字经济挑战的管理会计人才。

（1）传统管理会计教育的局限性

传统的管理会计教育，主要侧重于对财务数据的分析和处理，对非财务数据、大数据、人工智能等新兴领域的关注不足，这使得传统的管理会计教育在数字经济时代面临一些局限性。

首先，传统的管理会计教育在内容上存在局限性。传统的管理会计教育以财务数据为主要的教学内容，无法满足数字经济时代对非财务数据分析、大数据分析等新技能的需求。其次，传统的管理会计教育在方法上存在局限性。传统的面授教学，缺乏在线教学、实践操作等新型教学方法，无法满足数字经济时代对灵活学习、动手能力的需求。最后，传统的管理会计教育在观念上存在局限性。以教师为中心的教学观念，无法满足数字经济时代对自主学习、创新思维的需求。

（2）数字经济时代的管理会计教育

在数字经济时代，管理会计教育需要进行相应的变革，以适应新的经济环境。首先，管理会计教育需要更新教学内容。除了传统的财务数据分析，还需要加入非财务数据分析、大数据分析、人工智能等新的教学内容，以满足数字经济时代的新技能需求。其次，管理会计教育需要改革教学方法。除了传统的面授教学，还需要加入在线教学、实践操作等新的教学方法，以满足数字经济时代对灵活学习、动手能力的需求。最后，管理会计教育需要转变教学观念。高校需要转变以教师为中心的教学观念，加强对学生自主学习、创新思维的培养，以满足数字经济时代对新思维的需求。

8.3.6　数字经济时代的管理会计未来展望

（1）数字经济时代的管理会计未来趋势

在未来，数字经济时代的管理会计将更加依赖数据，发展出更多基于数据的决策方法。这个趋势在大多数行业都已经得到了体现，而这对于管理会计的影响则是深远的。数据是现代企业最宝贵的资源之一，是一种新的生产资料。随着数字技术的进步，我们有能力收集并处理前所未有的大量数据，这在很大程度上增强了管理会计的决策能力。

新的技术，如人工智能、大数据分析、区块链等，也将在管理会计中发挥越来越重要的作用。例如，人工智能能够自动化处理大量的数据，提供即时、准确的财务报告和预测；大数据分析能够揭示出隐藏在大量数据中的模式和趋势，帮助管理者做出更有根据的决策；区块链可以提供更安全、透明的数据记录和交易过程，提高企业的信任度和效率。此外，非财务信息，如客户满意度、品牌影响力等，将在企业决策中发挥更大的作用。这种趋势已经明显地体现在许多先进的企业中。这些非财务信息为管理会计提供了全新的视角，使其能够更好地理解和评估企业的业务情况和风险。然而，随着数据的重要性提升，信息安全和隐私保护也将变得越来越重要。企业不仅需要保护自己的商业秘密，也需要保护客户、员工和其他相关方的隐私。这对管理会计提出了新的挑战，也为其提供了新的机会。

总的来说，随着数字经济的发展，管理会计将会经历一场深刻的变革，它将更加依赖数据，更加重视技术，更加关注非财务信息，同时也更加重视信息安全和隐私保护。这些趋势将引导管理会计朝着更高的目标前进，帮助企业在数字经济时代取得成功。

（2）数字经济时代的管理会计发展方向

在数字经济时代，首先，我们预期管理会计将朝着更全面的信息提供者的方向发展。随着数据分析技术的不断进步和企业决策环境的复杂性不断提高，管理会计将不再只关注财务数据，而需要拥有一个更全面的信息视角。这意味着管理会计需要收集和处理包括财务和非财务数据在内的各种信息，并以一种有意义和易于理解的方式呈现给决策者，从而帮助他们做出更全面和科学的决策。其次，管理会计还将朝着更具深度的分析师的方向发展。在大数据和人工智能等技术的支持下，管理会计将需要进行更深度的数据分析，发掘数据中隐藏的模式和趋势，并将这些信息转化为有价值的见解，从而为企业决策者提供更有价值的决策支持。这就需要管理会计掌握更高级的数据分析技能，包括数据挖掘、预测建模、机器学习等。最后，随着企业的数字化转型，管理会计将需要成为企业的重要战略合作伙伴。他们需要与企业的其他部门更紧密地合作，共同推进企业的数字化转型。例如，他们可以与信息技术部门合作，共同制定和执行数据管理策略；也可以与营销部门合作，利用大数据和分析工具，更准确地了解消费者行为和市场趋势，从而制定更有效的市场策略。

总的来说，数字经济时代的管理会计将是一个全面的信息提供者，深度的分析师以及重要的战略合作伙伴。这三个角色将互相交织，共同塑造未来的管理会计。这样的转变不仅对管理会计人员的技能和知识提出了新的要求，也对教育和培训机构，以及企业内部的人才发展和激励机制提出了新的挑战。这意味着我们需要重新思考和定义管理会计的角色和价值，以适应数字经济带来的新变化和新机遇。

8.3.7 结论

随着数字经济的迅速发展和深入渗透，管理会计正处于一个历史性的转折点。数字经济的发展不仅为管理会计提供了新的工具和技术，也对其提出了新的挑战和要求，促使管理会计必须进行深刻的变革。首先，数字经济时代的管理会计目标发生了深刻变化。传统的管理会计主要关注企业内部财务管理，而在数字经济时代，管理会计需要扩大其视野，更加关注企业的整体业务运营，从决策支持到创新推动，全方位地服务企业的战略发展。数字化转型和创新的决策支持，已经成为管理会计新的重要目标。其次，数字经济时代的管理会计方法也正在发生变革。在过去，管理会计主要依靠传统的财务分析和成本计算方法，而在数字经济时代，大数据分析、人工智能技术和非财务数据分析等新方法正在不断引入管理会计。这些新方法不仅能够提供更加精准、全面的信息，也能够发现更深层次的规律和趋势，从而更好地支持企业决策。数字经济时代的管理会计质量也正在提升。在传统的管理会计中，信息的质量、安全和透明度往往是一个问题，但在数字经济时代，数字技术的应用可以大大提高数据质量、保障信息安全，并提高财务报告的透明度，从而提高管理会计的可信度和效用。再次，随着技术和方法的更新，管理会计教育也需要进行相应的变革。在数字经济时代，对于管理会计人员来说，除了需要掌握传统的财务知识和技能，还需要掌握数字化转型知识、非财务数据分析知识，以及各种新的技术应用知识，以适应新的工作需求。最后，我们对数字经济时代管理会计的未来展望做了深入的探讨。我们认为，在未来，管理会计将更加依赖数据，更加重视技术，更加关注非财务信息，同时也更加重视信息安全和隐私保护。管理会计将发展成为企业的全面信息提供者、深度分析师，以及重要的战略合作伙伴。

总的来说，数字经济时代的管理会计正在经历一场深刻的变革，这是一场挑战与机遇并存的变革。只有紧跟时代步伐，积极适应和引领变革，管理会计才能在数字经济时代发挥其应有的作用，帮助企业实现持续、稳定和高效的发展。

8.4 数字经济与财务管理变革

8.4.1 数字经济的内涵及发展

随着信息技术的不断发展，数字经济已经成为全球经济发展的新引擎。数字经济是指以数字技术为基础，以数字化、网络化、智能化为特征的经济形态。数字经济的兴起，不仅改变了传统产业的生产方式和商业模式，也对经济结构、就业形态、社会治理等方面产生了深刻影响。

（1）数字经济的定义和特征

数字经济是指以数字技术为基础，以数字化、网络化、智能化等为特征的经济形态。数字经济包括数字化生产、数字化交易、数字化支付、数字化营销、数字化服务等方面。数字经济的发展不仅改变了传统产业的生产方式和商业模式，也对经济结构、就业形态、社会治理等方面产生了深刻影响。

数字经济有以下几点特征：

①数字化：数字经济的核心是数字技术，数字技术的应用使得经济活动的各个环节都可以数字化，包括生产、交易、支付、物流等方面。

②网络化：数字经济的发展离不开互联网和移动互联网的支持，网络化使得经济活动的各个主体可以实现信息共享、协同合作、资源整合等。

③智能化：数字经济的发展也离不开人工智能、机器学习、自然语言处理等技术的支持，智能化使得经济活动的各个环节可以自动化、智能化、高效化。

④开放性：数字经济的发展需要开放的市场环境和开放的数据资源，开放性使得经济活动的各个主体可以共享资源、共同发展。

⑤创新性：数字经济的发展需要不断的创新，包括技术创新、商业模式创新、管理创新等方面，创新性使得数字经济可以不断地推动经济发展。

数字经济的特征使得经济活动的各个主体可以更加高效、智能、开放、创新地进行经济活动，推动经济发展进入一个新的阶段。同时，数字经济也带来了新的挑战和机遇，需要各个主体积极应对和把握。

（2）数字经济的发展历程

数字经济的发展历程可以分为三个阶段：数字化、网络化和智能化。

①第一阶段：数字化。数字经济的第一阶段是数字化阶段，这个阶段主要是以数字技术为基础，将传统经济活动数字化。这个阶段的代表性应用是电子商务，电子商务的出现使得传统的商业活动可以通过互联网进行，消费者可以通过电子商务平台购买商品和服务，商家可以通过电子商务平台销售商品和服务。数字化阶段的另一个代表性应用是数字支付，数字支付的出现使得传统的支付方式得到了改进，消费者可以通过手机、电脑等设备进行支付，支付方式更加便捷、安全。

②第二阶段：网络化。数字经济的第二阶段是网络化阶段，这个阶段主要是以互联网和移动互联网为基础，将经济活动网络化。这个阶段的代表性应用是共享经济，共享经济的出现使得资源得到了更好的利用，消费者可以通过共享经济平台共享住房、交通工具等资源，提高资源利用率。网络化阶段的另一个代表性应用是物联网，物联网的出现使得物品可以通过互联网进行连接和交互，实现智能化、自动化的管理和控制。

③第三阶段：智能化。数字经济的第三阶段是智能化阶段，这个阶段主要是以人工智能、机器学习、自然语言处理等技术为基础，将经济活动智能化。这个阶段的代表性应用是智能制造，智能制造的出现使得生产过程可以实现智能化、自动化、高效化，提高生产效率和质量。智能化阶段的另一个代表性应用是智慧城市，智慧城市的出现使得城市管理可以实现智能化、高效化、可持续化，提高人们的生活品质和生活质量。

总的来说，数字经济的发展历程可以看作从数字化到网络化再到智能化的过程，每个阶段都有其代表性的应用和特点。数字经济的发展历程也反映了数字技术的不断进步和应用的不断拓展，数字经济的未来也将继续向着智能化、高效化、可持续化的方向发展。

8.4.2　数字经济对财务管理的挑战

（1）目标挑战

①提高财务管理效率。数字经济时代，企业的运营速度日益提高，规模日益增大，这导致财务数据的数量也急剧增长。因此，提高财务管理效率是

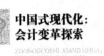

财务部门面临的首要挑战。提高效率可以有多种方法，其中一个是通过提高数据处理速度，这可以通过引入自动化技术和人工智能来实现。例如，企业可以使用机器学习算法来自动处理发票，消除人工错误，并加快处理速度。另一个方法是优化财务流程，减少不必要的步骤和冗余工作。企业还需要对新出现的问题提出解决方案，比如，面对新的支付方式，如数字货币，企业需要开发新的财务处理流程，以确保数据的准确性和完整性。此外，数字经济还带来了一些新的挑战，例如，随着新的支付方式的出现，如何准确、及时地处理大量的交易数据，也成为财务管理需要解决的问题。因此，企业需要不断探索新的方法，例如利用自动化技术来提高财务管理的效率。

②优化财务管理流程。随着企业规模的扩大和业务复杂性的增加，传统的财务管理流程可能已经不能满足企业的需要。因此，财务部门需要重新审视和优化其财务管理流程。在数字经济时代，优化财务管理流程，使其更加适应企业的实际情况，是财务管理需要解决的一个重要问题。这包括简化流程，减少不必要的步骤，利用新的技术来提高流程的效率等。例如，通过云计算和区块链技术，企业可以实现财务流程的数字化和自动化，从而提高效率，降低成本。此外，新的流程也需要考虑风险管理，确保在提高效率的同时，也保证了流程的安全性和稳定性。

（2）方法挑战

①引入数字技术。数字经济的蓬勃发展为财务管理带来了前所未有的挑战。一方面，数据的快速增长和复杂性要求财务管理必须引入新的数字技术，包括但不限于人工智能、大数据、云计算等，这些都能显著提升数据处理效率、增强数据的精准度和加快决策速度。例如，人工智能和自动化技术可以帮助企业自动完成许多繁琐的财务任务，人工智能可以被用于自动化财务流程，例如发票处理、财务报告等。人工智能也可以用于识别异常交易、欺诈检测，从而减少财务风险。大数据和数据分析则可以从海量的数据中发现有价值的信息，云计算高效和灵活的计算能力使得企业能在任何时间、任何地点进行财务管理。

然而，引入新技术也面临挑战。首先，选择合适的技术并成功将其应用在财务管理中需要企业有清晰的战略和充足的投资。其次，新技术的引入可能会引发数据安全和隐私问题，需要通过完善的数据安全策略和严格的内部控制来解决。最后，新技术的应用需要企业的员工有足够的技能和知识，这需要企业进行有效的人才培养，同时大规模的系统变革可能会引起员工的反抗，需要通过有效的变革管理策略来应对。

②加强人才培养。人才是企业的核心竞争力，尤其是在数字经济时代。在数字经济时代，财务人才不仅需要掌握传统的会计和财务知识，还需要掌握一系列与数字技术相关的新技能，这包括了解新的财务管理工具和技术，需要理解如何使用人工智能、大数据和云计算等工具来进行财务管理，同时也需要有能力理解和分析由这些工具生成的数据和报告。这些新的技能和知识可以帮助财务管理人员更有效地完成工作，提高财务管理的效率。

然而，加强人才培养也面临挑战。首先，财务管理人员可能需要在短时间内学习大量新的知识，这可能会带来压力，企业需要设立专门的培训项目，让财务人员接触并熟练使用这些新的工具和技术。其次，企业也需要对财务人员的绩效评价体系进行改革，企业需要找到有效的培训方法，确保评价体系能够激励人员积极学习和应用新的技术。最后，企业需要考虑如何激励和保留人才，确保其在企业中的稳定发展。

（3）质量挑战

①提高财务管理的精度和准确性。随着数字经济的发展，企业财务信息的精度和准确性成了重要的竞争力。错误的财务信息不仅可能导致错误的决策，还可能引发法律问题，甚至损害公司的声誉。因此，如何提高财务管理的精度和准确性成为一项重要的挑战。

新的数字技术可以大大提高财务信息的精度。例如，人工智能可以自动化财务流程，减少人为错误，而大数据分析可以帮助财务人员更好地理解业务趋势，提供更准确的预测。然而，这也需要财务人员熟练掌握新的技术，并对生成的数据进行准确的解读。

②提高财务管理的效率和效益。在数字经济时代，财务管理的效率和效益成为企业竞争力的重要组成部分。在此背景下，通过引入新的数字技术优化财务流程、减少不必要的人力和时间消耗、提高决策效率和质量，成为提高财务管理效率和效益的重要途径。例如，通过人工智能的自动化处理，可以减少财务人员在日常重复性工作中的时间消耗，使他们有更多的时间投入更高价值的工作中。大数据分析可以提供更深入、更全面的业务洞见，帮助财务人员更准确地评估业务状况，更有效地做出决策。然而，这也需要财务人员不断更新自己的知识和技能，以便更好地使用这些新的工具。

③提高财务管理的透明度和可信度。在数字经济时代，企业财务信息的透明度和可信度对于获得投资者、客户和社会的信任非常重要。然而，随着新的数字技术的应用，如何保证财务信息的透明度和可信度，如何防止数据篡改和欺诈，成为企业的一项重要的挑战。

新的技术可以提高财务信息的透明度和可信度。例如，区块链的分布式账本技术可以有效地防止数据篡改，提高数据的可信度。同时，这也需要企业在数据安全和隐私保护上进行更多的投入，以防止数据被非法利用，企业也需要在制度建设和文化塑造上更多努力，以建立一个注重透明度和诚信的企业文化。

8.4.3 数字技术在财务管理中的应用

(1) 人工智能在财务管理中的应用

人工智能是数字经济时代最受关注的前沿技术之一，它在财务管理领域的应用也日益广泛。人工智能正改变财务管理的面貌。从简单的数据录入到复杂的预测分析，人工智能为财务管理带来了前所未有的可能性。人工智能可以自动化许多财务管理流程，例如，自动化处理发票、记账和报表生成，从而大大提高效率，减少人为错误。人工智能也能够通过机器学习算法进行财务预测和风险评估，从而提高决策的准确性。此外，人工智能可以通过自然语言处理技术理解和生成财务报告，提供更丰富的信息和更深入的分析，从而提高财务管理的质量。人工智能的强大计算和学习能力为财务管理带来了许多创新和效率提升的机会。

总的来说，人工智能在财务管理中的应用涵盖了数据处理与分析、财务预测和规划、欺诈检测和风险管理、智能助手和客户服务、投资决策和组合优化、财务报表和审计等多个方面。这些应用使得财务管理更加智能化、高效化和准确化，以帮助企业和机构在数字经济时代更好地应对挑战和机遇。

(2) 大数据在财务管理中的应用

大数据是指由于其体积大、种类多、速度快导致传统数据处理应用软件难以处理的数据集。通过对大量的财务和非财务数据进行分析，财务人员可以获得更深入、更全面的业务洞见，从而做出更准确的预测和决策。例如，通过分析销售数据、客户数据和市场数据，财务人员可以更准确地预测销售收入和成本，从而进行更有效的预算管理和资本分配。

大数据在财务管理中的应用是数字经济时代的一个重要趋势。随着信息技术的迅猛发展，企业可以获取大量的数据，包括财务数据、市场数据、客户数据等。这些数据不仅规模庞大，而且种类多样、更新快速，传统的数据处理方法已经无法满足对这些数据进行深入挖掘和分析的需求。大数据技术的出现为财务管理提供了新的解决方案，带来了许多应用领域的创新和改进。

综上所述，大数据技术在财务管理中的应用是数字经济时代的一大亮点。它为财务管理带来了更高效、更准确、更智能的解决方案，帮助企业实现更好的财务管理和决策。随着大数据技术的不断发展和完善，相信在未来，它将在财务管理中发挥更加重要和广泛的作用。

8.4.4　数字经济时代的财务管理模式

（1）传统财务管理模式的不足

传统财务管理模式在数字经济时代面临着一系列的挑战和不足。随着信息技术的飞速发展和全球经济的不断变化，传统财务管理模式逐渐暴露出一些局限性和缺陷，需要进行改进和创新。

第一，过于依赖历史数据。传统的财务管理模式主要依赖历史数据进行决策，这些历史数据可能无法准确预测未来的商业环境和趋势。在数字经济时代，市场变化快速，竞争环境不断升级，单纯依赖历史数据进行决策可能会导致企业错失商机或无法应对市场风险。

第二，效率问题。在传统的财务管理模式下，数据分析和决策通常需要投入大量的人力和时间，数据处理、报告生成和信息传播效率相对较低，且在大规模数据处理中容易出现错误。

第三，技术利用不足。传统的财务管理模式往往未能充分利用信息技术手段，包括大数据分析、人工智能等。这意味着会计信息在数据处理、分析、预测和决策支持等方面存在巨大的潜力没有被挖掘。

（2）数字经济时代的财务管理模式

数字经济时代的财务管理模式是随着信息技术的迅猛发展和大数据的广泛应用而发生改变的。新的财务管理模式强调的是数据驱动、智能化决策、云端服务等特点，不仅改变了传统的财务管理流程，还对财务管理人员的工作模式和角色定位产生了重大影响。

首先，数字经济时代的财务管理模式更加强调数据的作用。大数据技术

使得企业可以捕捉到以往无法获取的大量的、多样化的数据，包括内部财务数据、市场动态、客户信息等。这些数据经过精细的处理和分析后，可以给企业提供更加全面和深入的视角，帮助企业提高决策效率和准确度。例如，通过数据分析，企业可以准确预测未来的财务状况，对资源分配和投资策略做出科学决策。

其次，数字经济时代的财务管理模式越来越倾向于使用先进的技术工具，如人工智能、区块链、机器学习等。这些技术工具可以帮助企业自动化处理大量的财务事务，减少人工错误，提高工作效率。例如，人工智能可以用于财务报表的自动填充和审计，区块链技术可以用于提高财务交易的透明度和安全性。

最后，数字经济时代的财务管理模式还强调在线和云端服务。传统的财务管理往往需要财务人员在固定的地点完成工作，而现在，通过云计算和移动技术，财务工作可以在任何地点、任何时间进行，大大提高了工作的灵活性和效率。同时，云端服务还可以为企业提供强大的数据存储和计算能力，帮助企业处理大数据。

总的来说，数字经济时代的财务管理模式以数据为核心，以技术为工具，以云端为平台，实现了财务工作的智能化、自动化和灵活化。这不仅提高了财务管理的效率和准确性，也为财务人员提供了新的工作机会和挑战。

8.4.5　数字经济时代的财务管理人才培养

（1）数字经济时代财务管理人才的需求

第一，对于数字技能的需求不断提升。大数据分析、云计算、人工智能等先进技术已应用于财务管理的每个环节。财务管理人才需要有能力运用这些工具来收集、分析和解读数据，使数据在决策制定中起到重要作用。财务管理人才需要具备基础的编程技能，理解数据科学的基础知识，熟练使用各类财务软件工具。

第二，对实战能力和创新思维的需求日益凸显。传统的财务管理工作方式正在被打破，而更为灵活的、创新的工作方式正在被提倡。财务人员需要具备创新思维，能够从不同的角度思考问题，从而找到最佳的解决方案。他们需要具备强大的问题解决能力，能够快速适应变化，处理复杂的财务问题。

第三，良好的职业道德和责任感也是必不可少的。财务管理人员的每一个决策都可能对企业的生存和发展产生深远影响。因此，他们需要对自己的行为负责，遵守职业道德，保护企业的财务安全和稳定。

在数字经济的浪潮中，财务管理的角色正在发生深刻的变化，从过去的会计记录员逐步升级为企业决策的重要参与者，企业对财务管理人才的需求已经发生了重大变化。教育机构和企业需要合作，对目前的人才培养方案进行改革，以培养出满足财务管理工作新需求的财务管理人才。

（2）数字经济时代财务管理人才培养的策略

在数字经济时代，财务管理人才的培养策略也需要进行相应的调整。首先，改变传统的课程设置。旧的财务管理课程可能会过度侧重于传统的会计和财务理论，而忽视了数据分析、人工智能、区块链和云计算等新技术的重要性。这些新技术在财务管理中的应用越来越广泛，因此课程设置需要随着技术的发展而更新，以确保学生掌握的知识和技能符合行业的需求。同时，通过课程设置的改变，学生能够在理论知识学习的同时，提高其动手实践和创新能力，使其能够灵活地适应工作环境的变化。

其次，创新教学模式。高校的人才培养方案要引导学生树立创新思维，增强学生解决问题的能力。财务管理工作涉及多个学科的知识，财务管理人才除了要掌握财务和会计的基础知识外，还需要有一定的计算机科学、数据分析和经济学知识。高校需要提供跨学科的课程，引导学生从不同的角度思考问题，培养他们的创新思维；提供实际项目和案例，让学生在解决实际问题中学习和成长。这样，他们才能更好地理解和应用新的技术工具，高效地进行财务管理工作。因此，学校需要在课程设置上做出改变，鼓励学生跨学科学习，并提供相应的学习资源和指导。

最后，强化职业道德和责任感的教育。这不仅包括在课程中加入职业道德的内容，也包括通过校园文化、师生互动等方式，培养学生的道德素质和责任感。

总的来说，在数字经济时代，高校教育需要做出相应的改变，以提高财务管理人才的培养质量。这需要学校和企业的密切合作，以确保学生的技能和知识能够满足行业的需求。同时，学校也需要提供更多的实践机会和跨学科学习的机会，帮助学生更好地适应工作环境的变化。

8.4.6　数字经济时代的财务管理风险管理

（1）数字经济时代的财务管理风险

在数字经济中，财务管理风险呈现出一些新的特征。由于财务管理日益依赖于数字化工具和解决方案，信息安全成了一个严峻的问题。数以百万计的财务数据在网络中流动，如果这些数据的安全性得不到保障，可能会对企业的声誉和业务造成巨大的负面影响。例如，数据泄露可能使企业面临法律责任，数据被篡改可能导致决策错误，数据丢失可能导致业务中断。

第一，数据安全和隐私保护的风险。随着大数据、云计算等技术的广泛应用，企业的财务信息越来越多地被数字化，在网络中存储和传输。这就带来了数据被非法获取、篡改或丢失的风险。一旦数据安全发生问题，不仅可能造成企业的财务损失，还可能对企业的声誉造成重大伤害。因此，企业需要建立严格的数据安全管理制度，采取有效的技术措施，保护财务数据的安全。同时，企业还需要注意保护用户和员工的隐私，避免因为隐私泄露导致的法律风险。

第二，技术和系统的风险。在数字经济时代，企业的财务管理越来越依赖于各种信息技术系统和工具。然而，如果这些系统和工具出现技术缺陷或故障，可能导致财务信息的错误、遗漏或延迟。此外，企业可能过于依赖某一种技术或系统，一旦这种技术或系统发生问题，企业的财务管理就可能陷入瘫痪。因此，企业需要对信息技术系统和工具进行定期的检查和维护，确保其正常运行。

（2）数字经济时代的财务管理风险管理策略

在数字经济时代，财务管理风险的性质和形式发生了重大变化，需要企业拟定新的风险管理策略。

第一，企业需要建立全面的风险管理框架。这个框架应涵盖所有可能的风险源，包括运营风险、市场风险、信用风险、法律风险等。每一种风险都需要设定相应的指标，以便企业进行监控。此外，企业还需要建立风险的定量评估模型，用于对各种风险进行量化，以便企业进行比较和决策。

第二，企业需要多层面构建风险管理策略。从微观角度看，企业需要对每个业务环节，甚至每个业务活动进行详细的风险分析，识别出所有可能的风险点，然后制定出有针对性的管理措施。这需要企业对自身的业务流程有深入的理解，同时也需要具备丰富的风险管理经验。从宏观角度看，企业需要考虑外部环境的变化对风险状况的影响，比如市场竞争的变化、政策环境的变化等，然后根据这些变化调整风险管理策略。

第三，在风险教育和培训方面，企业应重视员工的持续学习。风险管理是一个不断发展的领域，新的风险和新的管理方法会不断出现，企业需要通过持续的教育和培训，保持员工的知识和技能的更新。同时，企业也应重视培养员工的风险意识，通过各种方式，如案例分析、模拟训练等，让员工了解风险的严重性，提高他们防范风险的意识。

8.4.7　数字经济时代的财务管理未来展望

数字经济的快速发展不仅带动了产业的升级改造，也在逐渐改变财务管理的传统模式。在未来，我们可以预见几个明显的财务管理发展趋势。

智能化将会是财务管理的主流趋势。随着人工智能、大数据、云计算等技术的日益成熟，这些先进的技术将会在财务管理中发挥重要的作用。人工智能技术将逐渐代替人工完成会计记账、资金管理、税务筹划等重复性强且耗时的任务，提高财务管理的效率。大数据技术可以从大量的财务数据中抽取出有价值的信息，从而为决策者提供准确且深度的财务分析和预测，提升决策的科学性。云计算技术则可以帮助企业实现财务信息的实时共享，提高财务管理的灵活性和及时性。

财务管理的角色也会发生根本性的转变。在传统的财务管理模式下，财务管理的角色更多的是执行和监控。然而，在数字经济时代，财务管理更需要扮演战略决策者的角色。财务管理人员需要从日常的财务事务中解放出来，通过对财务数据的深度挖掘和分析，为企业的战略决策提供有价值的信息。这种转变不仅提升了财务管理的价值，也赋予了财务管理更大的权重。

财务管理的范围将会进一步扩大。在数字经济时代，企业的运营越来越依赖于数据，财务管理也需要跟上这个趋势，扩大其范围和视野。财务管理需要关注企业全生命周期和价值链上的各个环节，如供应链的财务风险、客户的信用风险、合作伙伴的财务健康状况等。这种全链条的财务管理可以帮助企业提早发现风险，及时应对，确保企业的稳定运营。

在数字经济时代，财务管理面临着重大的机遇和挑战。企业需要积极应对，抓住机遇，应对挑战，以实现财务管理的转型升级。财务人员也需要不断提升自身的数字化能力，以适应新时代的财务管理需求。

8.5　数字经济与审计变革

8.5.1　数字经济对审计的影响

随着数字经济的快速发展，企业的经营模式和商业模式正在发生深刻的变革。数字技术的广泛应用和数字化转型的加速推进，使得企业的数据规模不断扩大，数据复杂度不断增加，同时也带来了新的商业机会和风险挑战。在这样的背景下，审计作为一项重要的监管工作，也面临着前所未有的挑战和机遇。

传统审计方法已经无法满足数字经济时代的审计需求，审计工作需要更加注重数据分析和技术应用，以提高审计效率和准确性。同时，数字经济的复杂性和多样性也对审计工作提出了更高的要求，审计人员需要具备更加全面的知识和技能，以应对数字经济时代的审计挑战。

数字经济是指以数字技术为基础，以数据为核心，以信息化为手段，以网络为载体，以创新为动力，以智能化为趋势的新型经济形态，是以数字化的知识和信息为关键生产要素，以数字技术创新为核心驱动力，通过数字技术与实体经济深度整合，不断提高传统产业数字化、智能化水平，加速重构经济发展与政府治理模式的新型经济形态。

数字经济是现代信息技术和社会经济发展形势结合之后的时代产物，其本质上是立足网络技术，以相关知识和数字化信息作为生产要素，借助信息通信技术优化经济结构的过程。数字经济使得数据与信息成为新的生产要素，推动社会生产方式变革，重塑社会与经济发展模式。数字经济使得社会各行各业的发展都在发生着深刻变革，审计工作需要借助大数据、人工智能、区块链、云计算等信息化技术手段，需要会计准则、会计法律法规等制度不断进行创新和发展。数字经济具有类型多、体量庞大、商业价值高以及对审计人员数字素养要求高等特点，在数字经济当中，审计想要更好的发展，就需要对时代发展实际进行综合的考量，通过积极的变革与创新来实现。

数字经济的快速发展给审计工作带来了前所未有的挑战。传统审计方法已经无法满足数字经济时代的审计需求，审计工作需要更加注重数据分析和技术应用，以提高审计效率和准确性。同时，数字经济的复杂性和多样性也对审计对象、审计方法、审计人员、审计质量等提出了更高的要求，审计人员需要具备更加全面的知识和技能，以应对数字经济时代的审计挑战。

数字经济时代的审计对象发生了改变。数字经济时代的审计对象不再局限于传统的财务报表，而是涉及企业的各个方面。数字经济时代的企业数据规模不断扩大，数据复杂度不断增强，企业的数据来源和数据应用也更加多样化和复杂化。因此，审计人员需要更加注重企业的数据安全和隐私保护，重视企业的合规性和可持续发展。审计人员需要对企业的数据来源、数据处理和数据应用进行全面的审计，以保障企业的数据安全和合规性。

数字经济时代的审计方法也发生了变革。传统审计方法主要是基于样本抽查和人工审核，而数字经济时代的审计方法则更加注重数据分析和技术应用。审计人员需要掌握数据分析工具和技术，以提高审计效率和准确性。同时，审计人员也需要更加注重企业的内部控制和风险管理，以应对数字经济时代的审计挑战。

综上所述，数字经济时代的审计变革是不可避免的，审计人员需要不断学习和适应数字经济时代的审计需求，以提高审计效率和准确性，同时也需要更加注重企业的风险管理和内部控制，以保障企业的可持续发展。审计教育也需要发生变革，以培养适应数字经济时代的审计人才。

（3）数字经济的快速发展和审计变革的必要性

随着数字经济的快速发展，传统审计面临着新的挑战和变革的需求。传统审计主要依赖于手工抽样和人工分析；但在数字经济时代，数据量庞大、复杂性高、变化速度快，传统审计方法已经无法满足对数据进行全面审计和风险识别的需求，因此，审计变革势在必行。

大数据和数据分析技术的应用使得审计可以全面、准确地进行，提高审计的效率和准确性；同时，数字经济带来了新的风险，如数据安全、隐私保护、网络欺诈等，审计需要更加关注这些风险，并采取相应的审计方法和技术进行风险识别和防范；审计需要借助人工智能、机器学习、自然语言处理等技术，开发智能审计工具和系统，提高审计的自动化水平和智能化水平；数字经济的发展使得企业的业务越来越复杂，跨越多个领域，审计需要与其他领域的专业人士进行合作，形成跨界审计模式，为企业提供更全面的审计服务。

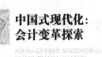

综上所述，数字经济的快速发展推动了审计变革。审计需要适应数字经济的特点和需求，采用新的审计方法和技术，提高审计的效率和准确性，为数字经济的可持续发展提供有力支持。

8.5.2　数字经济时代的审计目标变革

（1）传统审计目标的局限性

传统审计目标主要集中在核实财务报表的真实性和合规性，以及评估企业的财务状况和经营绩效。然而，在数字经济时代，传统审计目标存在一些局限性。一是传统审计目标的关注点集中于财务信息，传统审计主要关注财务报表，而数字经济时代的企业价值不仅体现在财务数据上，还包括非财务数据，如知识产权、品牌价值等，传统审计目标无法全面评估企业的价值和风险。二是传统审计目标主要依赖手工抽样和人工分析，传统审计方法依赖于手工抽样和人工分析，无法应对数字经济时代大数据的挑战，传统审计目标无法满足对大规模的数据进行全面审计和风险识别的需求。三是传统审计目标缺乏对新兴风险的关注，数字经济时代带来了新的风险，如数据安全、隐私保护、网络欺诈等，传统审计目标未能及时充分关注这些新兴风险，无法提供有效的风险识别和防范。

（2）数字经济时代的审计目标

在数字经济时代，审计目标需要与时俱进，以适应新的经济环境，应对风险挑战。

首先是数据可信度和数据安全。数字经济时代，数据是企业的重要资产，审计目标应关注数据的可信度和数据安全，确保数据的准确性、完整性和保密性；其次是风险识别和防范。数字经济时代带来了新的风险，如网络安全风险、数据隐私风险等，审计目标应关注这些新兴风险，提供有效的风险识别和防范措施。再次是业务价值和创新能力，数字经济时代，企业的价值不仅仅体现在财务数据上，还包括非财务数据，如知识产权、品牌价值等。审计目标应关注企业的业务价值和创新能力，评估企业的综合竞争力。最后是技术驱动的审计方法，数字经济时代，审计需要借助人工智能、大数据分析等技术，提高审计的自动化水平和智能化水平，以应对处理大规模数据和复杂业务的审计需求。

综上所述，数字经济时代的审计目标需要更加全面和多元化，关注数据可信度、风险识别、业务价值和技术驱动的审计方法。这样的审计目标能够更好地适应数字经济时代的需求，为企业提供更有价值的审计服务。

8.5.3　数字经济时代的审计方法变革

（1）传统审计方法的局限性

传统审计方法主要依赖于手工抽样和人工分析，存在诸多局限。一是传统审计方法的数据覆盖范围有限。传统审计方法通常只能对一小部分数据进行抽样检查，无法全面审计大规模数据。在数字经济时代，数据量庞大且快速增长，传统审计方法无法满足对大规模的数据进行全面审计的需求。二是人为主观因素。传统审计方法依赖于审计人员的经验和判断，容易受到主观因素的影响。审计人员的主观判断可能导致审计结果的不准确和不一致。三是传统审计方法无法应对复杂业务和新兴风险。传统审计方法难以应对数字经济时代复杂的业务模式和新兴的风险。例如，传统审计方法可能无法有效审计云计算、人工智能等新兴技术的应用和相关风险。四是传统审计方法的低效率和高成本。传统审计方法通常需要大量的人力和时间投入，效率较低且成本较高。在数字经济时代，企业的数据量较大，复杂性增加，传统审计方法的效率和成本问题更加突出。

（2）数字经济时代的审计方法

数字经济时代，审计方法需要适应新的经济环境和技术发展，以提高审计的效率和准确性。数字经济时代的审计方法有数据驱动审计应用、技术驱动审计方法、实时审计与连续审计、跨界合作更新审计模式等特点。

首先是数据驱动审计应用。数字经济时代，大数据和数据分析技术的应用使得审计可以基于全面、准确的数据进行。审计人员可以利用数据分析工具和技术，对大规模数据进行全面审计和风险识别。其次是技术驱动审计方法，数字经济时代，审计需要借助人工智能、机器学习、自然语言处理等技术，开发智能审计工具和系统。这些技术可以自动化审计流程，提高审计的准确性和效率。再次是实时审计与连续审计。数字经济时代，数据的产生和变化速度非常快，传统的年度审计已经无法满足实时监控和风险识别的需求。数字经济时代的审计需要实时审计和连续审计，以及对异常情况及时作出响应。最后是跨界合作更新审计模式。数字经济时代，企业的业务越来越复杂，跨越多个领域，审计需要与其他领域的专业人士进行合作，形成跨界审计的模式。这样可以提供更全面的审计服务，涵盖多个领域的风险和问题。

数字经济时代的审计方法需要借助数据分析、人工智能等技术，实现数据驱动、技术驱动和实时审计。这样的审计方法可以提高审计的效率和准确性，适应数字经济时代的需求。

8.5.4 数字经济时代的审计教育变革

（1）传统审计教育的局限性

第一，传统审计教育缺乏数字技术和数据分析的培训。传统审计教育侧重于财务会计和审计理论的教学，对数字技术和数据分析的培训相对不足。这导致审计人员在数字经济时代面临大数据和复杂技术应用时，缺乏必要的技能和知识。

第二，传统审计教育重视理论而忽视实践。传统审计教育注重理论知识的传授，但对实践技能的培养相对不足。审计人员在实际工作中需要具备实践操作和问题解决的能力，而传统审计教育未能充分培养这些实践技能。

第三，传统审计教育缺乏跨学科的综合培养。传统审计教育通常只注重财务会计和审计领域的知识，缺乏跨学科的综合培养。然而，在数字经济时代，审计人员需要具备更广泛的知识背景，如数据科学、信息技术、风险管理等，以应对复杂的业务和新兴的风险。

第四，传统审计教育与实际需求脱节。传统审计教育的内容和方法与实际需求存在脱节。数字经济时代的审计需要审计人员具备更广泛的技能和知识，如数据分析、人工智能、信息系统审计等，而传统审计教育未能及时跟进这些需求。

（2）数字经济时代的审计教育

第一，数字经济时代的审计教育需要适应新的经济环境和技术发展，以培养具备全面技能和知识的审计人员。数字经济时代的审计教育应注重培养学生的数字技术和数据分析能力，学生应该学习数据科学、数据分析工具和技术，以应对大数据和复杂技术应用的审计需求；数字经济时代的审计教育应注重实践技能的培养，审计人员应该通过案例分析、模拟实验和实习等方式，锻炼自身的实际操作能力和解决问题的能力，提高审计实践的水平；数字经济时代的审计教育应注重跨学科的综合培养，审计人员应该接受多领域的知识教育，如数据科学、信息技术、风险管理等，以拓宽视野和提升综合能力；数字经济时代的审计教育应与实际需求紧密结合，教育机构应与企业和行业合作，了解实际需求，并及时调整教学内容和方法，以培养符合市场需求的审计人才。

第二，数字经济时代的审计教育需要注重数据分析和技术应用能力，要培养审计人员的数据分析和技术应用能力。首先要强化数据分析技能培训，提供系统数据分析培训，包括数据收集、数据清洗、数据处理和数据可视化等方面的技能。培训内容包括理论知识的讲解、实际案例的分析和实践操作的训练，以帮助审计人员掌握数据分析的基本方法和工具。其次要提供技术应用培训，如人工智能、机器学习、自然语言处理等。培训可以包括理论知识的介绍、实际案例的分析和实践操作的训练，以帮助审计人员了解技术应用的原理和方法。再次要组织实践项目和案例分析，让审计人员运用数据分析和技术应用的知识和技能解决实际问题。通过实践项目和案例分析，审计人员可以锻炼实际操作和问题解决的能力，提高数据分析和技术应用的实践水平。然后要注重跨学科合作和交流，鼓励审计人员与其他领域的专业人士进行合作和交流，如数据科学家、信息技术专家等。通过跨学科的合作和交流，审计人员可以学习其他领域的知识和技能，拓宽视野，提高数据分析和技术应用的综合能力。最后要持续学习和更新知识，数字经济时代的技术和工具不断发展，审计人员需要保持持续学习的态度，及时更新知识和技能。企业需要提供持续学习的机会，如鼓励审计人员参加培训课程、研讨会和行业会议等，以跟进最新的数据分析和技术应用的发展。

数字经济时代的审计教育需要培养审计人员的数据分析和技术应用能力，使其能够灵活运用数据分析和技术工具，提高审计的效率和准确性，适应数字经济时代的审计需求。

8.5.5 数字经济时代的审计实践

（1）数字经济时代的审计实践案例

数字经济时代的审计实践案例展示了数字经济时代审计的实践应用，审

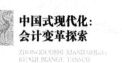

计人员需要灵活运用数据分析工具、信息系统审计技术、人工智能审计方法、电子商务平台审计和区块链技术审计等，以应对数字经济时代的审计需求，提高审计的效率和准确性。

一是数据分析和风险识别。审计人员利用数据分析工具和技术，对大规模数据进行分析并识别潜在的风险和异常情况。例如，审计人员通过对销售数据的分析，发现销售额异常波动的情况，进一步调查可能存在的销售欺诈行为。二是信息系统审计。数字经济时代，企业的业务越来越依赖于信息系统，审计人员需要对企业的信息系统进行审计，确保其安全性、完整性和可靠性。例如，审计人员可以对企业的网络安全措施进行评估，发现潜在的安全漏洞和风险。三是人工智能应用审计。随着人工智能技术的发展，企业越来越多地应用人工智能算法和模型，审计人员需要对人工智能应用进行审计，确保其合规性和准确性。例如，审计人员可以对人工智能算法的训练数据和模型进行审查，验证其是否符合法规和业务需求。四是电子商务平台审计。数字经济时代，电子商务平台成为企业重要的销售渠道，审计人员需要对电子商务平台进行审计，确保交易的合规性和数据的准确性。例如，审计人员可以对电子商务平台的订单数据进行抽样检查，验证订单的真实性和完整性。五是区块链技术审计。区块链技术在数字经济时代得到广泛应用，审计人员需要对区块链系统进行审计，确保其安全性和可靠性。例如，审计人员可以对区块链的交易记录进行审查，验证交易的合法性和一致性。

（2）数据分析和技术应用在审计实践中的应用

数据分析和技术应用在审计实践中的应用非常广泛，可以帮助审计人员更有效地收集、处理和分析审计数据，提高审计的效率和准确性。

在数据收集和清洗方面，审计人员可以利用数据分析工具和技术，自动收集和清洗大量的审计数据。这些工具可以从不同的数据源中提取数据，并进行数据清洗和转换，以确保数据的准确性和一致性，审计人员可以节省大量的时间和精力，并减少人为错误的风险。

在数据分析和挖掘方面，审计人员可以利用数据分析工具和技术，对审计数据进行深入的分析和挖掘。他们可以应用统计分析、数据挖掘和机器学习等方法，发现潜在的异常情况、风险和关键业务指标。

在数据可视化方面，审计人员可以利用数据可视化工具和技术，将复杂的审计数据转化为直观、易于理解的可视化图表。这样可以帮助审计人员更好地理解数据间的关系，并更好地与相关方沟通和共享审计结果。

在异常检测和风险识别方面，数据分析和技术应用可以帮助审计人员识别潜在的异常情况和风险。通过应用异常检测算法和模型，审计人员可以自动识别与预期不符的数据点和模式。这有助于审计人员更快速、准确地发现潜在的问题，并采取相应的措施。

在自动化审计程序方面，数据分析和技术应用可以帮助审计人员自动化一些常规的审计程序。例如，审计人员可以利用数据分析工具和技术，自动进行账务核对、交易匹配和异常检测等程序。这样可以节省时间和精力，并提高审计的效率和准确性。

在预测和模拟分析方面，数据分析和技术应用可以帮助审计人员进行预测和模拟分析。通过应用预测模型和模拟算法，审计人员可以预测未来的业务趋势和风险，并进行相应的规划和决策。这有助于审计人员更好地理解企业的未来发展和潜在风险。

数据分析和技术应用在审计实践中发挥着重要的作用，它们可以帮助审计人员更有效地收集、处理和分析审计数据，提高审计的效率和准确性，并发现潜在的异常情况、风险和关键业务指标。

8.5.6　数字经济时代的审计未来展望

（1）数字经济时代的审计趋势和未来发展

数字经济时代的审计趋势和未来发展将更加注重数据驱动审计、自动化审计程序、实时审计和连续审计、数据安全和隐私保护、风险管理和内部控制，以及跨境审计和国际合作。审计人员需要不断更新自己的知识和技能，适应数字经济时代的审计需求，为企业提供更高质量的审计服务。

（2）数字经济时代的审计人才需求和培养

数字经济时代对审计人才的需求和培养呈现以下几个重要方面：一是数据分析和技术能力。数字经济时代的审计需要审计人员具备较强的数据分析和技术能力。他们需要熟悉数据分析工具和技术，能够有效地收集、处理和分析大量的审计数据。此外，他们还需要了解人工智能、机器学习和数据挖掘等技术，以应对数字经济时代审计的挑战。二是业务理解和行业知识。数字经济时代的企业往往具有复杂的业务模式和技术特点，审计人员需要具备

深入的业务理解和行业知识。他们需要了解企业的业务流程、产品和服务，以便更好地理解审计对象的风险和问题，并提供相应的审计建议。三是风险管理和内部控制能力。数字经济时代的企业面临更多的风险和挑战，审计人员需要具备较强的风险管理和内部控制能力。他们需要了解风险管理和内部控制的理论和实践，能够评估和监测企业的风险控制措施和内部控制制度，并提出改进建议。四是沟通和合作能力。数字经济时代的审计工作需要与企业管理层、技术团队和其他利益相关方进行密切的沟通和合作。审计人员需要具备良好的沟通和表达能力，能够清晰地传达审计结果和建议，并与相关方合作解决问题。五是跨学科知识和终身学习。数字经济时代的审计需要审计人员具备跨学科的知识和终身学习的意识。他们需要了解法律法规、财务会计、信息技术、数据科学等多个领域的知识，并不断更新自己的知识和技能，以适应数字经济时代的审计需求。

（3）数字经济时代的审计机构需求

数字经济时代的审计越来越依赖于数据分析和技术工具，审计机构需要引入人工智能、机器学习和数据挖掘等技术，以提高审计的效率和准确性。

随着数字经济的发展，数据安全和隐私保护成为审计的重要问题。审计机构和监管机构需要加强对数据安全和隐私保护的监管，确保审计过程中的数据安全和隐私保护。同时，数字经济时代的企业往往涉及多个领域和业务，审计机构需要进行跨界审计，综合评估企业的风险，了解不同领域的法律法规和业务特点，进行综合风险评估和审计。监管机构需要创新监管方式，适应数字经济时代的审计需求。他们可以利用技术手段监管审计机构和从业人员，提供指导和支持，促进行业的发展和审计质量的提高，监管机构需要加强国际合作，共同应对全球化背景下跨境审计的挑战。

（本章撰稿人：赵雪艳、李广首紫、孟令云、耿华、李孟孟、杨艳萍）

发展安全与会计变革

9.1　基于发展安全的会计反思

　　发展与安全是关乎党和国家根本利益的"国之大者"。党的二十大报告多次提到"统筹发展和安全",并把"加快构建新发展格局,着力推动高质量发展"和"推进国家安全体系和能力现代化,坚决维护国家安全和社会稳定"列为专章作出重要部署,将统筹发展与安全贯穿党和国家工作各领域、全过程。对于公共机构和企业来说,应急管理可能是统筹发展与安全的一个重要方面。应急管理是指政府及其他公共机构在突发事件的事前预防、事发应对、事中处置和善后恢复过程中,通过建立必要的应对机制,采取一系列必要措施,应用科学、技术、规划与管理等手段,保障公众生命、健康和财产安全,促进社会和谐健康发展的有关活动。会计工作要领会"以经济安全为基础"之要义,从价值定位、财务目标、经营管理等方面全过程把牢经济安全这条生命线,促进经济的安全发展和资源的合理利用,提高国家的透明度和治理能力,从而维护国家的发展和安全。

9.1.1　会计与发展安全

　　(1) 国家发展安全的概念与重要性

　　国家发展安全是指国家在经济、政治、军事、文化、科技、社会、外交等领域保障国家稳定发展,维护国家独立、统一和领土完整的安全状态,实现长期稳定和持续发展。国家安全是安邦定国的重要基石,维护国家安全是全国各族人民根本利益所在。国家发展安全作为一个综合性概念,涵盖了国家在政治、经济、社会、军事等领域的安全和发展,国家安全是民族复兴的根基,社会稳定是国家强盛的前提。党的十八大以来,中国特色社会主义进入新时代,中华民族伟大复兴战略全局和世界百年未有之大变局,全球化、信息化的大背景,社会主要矛盾的发展变化,这些都意味着今天我国的发展和安全必然不同于传统的发展和安全,意味着我国面临的发展和安全形势比以往任何时期都更为复杂,时空领域也更为宽广。党的二十大报告以专章论述国家安全,充分彰显新时代国家安全工作在党和国家事业全局中的重要地位。

　　一百多年来，在探索现代化的过程中，中国共产党不断深化对发展和安全关系的认识。2020 年 10 月，习近平总书记提出了"统筹发展和安全"的重要概念和理念，并把它作为中国共产党治国理政的重大原则、我国经济社会发展指导思想的重要内容。习近平总书记多次强调要坚持总体国家安全观。把"国家"置于"治理体系和治理能力现代化"的主体顶端，是中国共产党秉承"全心全意为人民服务"的根本宗旨和提升国家治理能力的时代重任。中国式现代化面临着统筹发展和安全的重大战略问题，国家安全面临着极其严峻的挑战。向外看，百年未有之大变局加速演进，国际形势的不稳定性和不确定性明显增强，世界经济增长乏力，局部冲突和动荡频发，各种传统威胁与非传统威胁相互交织，世界进入新的动荡变革期。从内看，我国发展进入战略机遇和风险挑战并存、不确定因素增多的时期，各种"黑天鹅""灰犀牛"事件随时可能发生。因此，我们必须时刻保持居安思危的清醒和警觉，准备经受风高浪急甚至惊涛骇浪般的重大考验，更好地统筹发展和安全，为推动中国式现代化行稳致远提供坚强保障。

　　在当前全球化和多极化的背景下，国家发展安全愈发重要，它是国家长远发展的关键因素。首先，国家发展安全是国家自身利益的需要。只有保障国家的安全和稳定，才能推动国家的发展和富强。其次，国家发展安全是地区和世界稳定的重要保障。一个安全稳定的国家，将为周边地区乃至世界提供和平发展的机遇。最后，国家发展安全对于人民群众的福祉和幸福感具有重要意义。只有社会稳定和谐，人民才能享受到更好的生活和发展机会。

　　我国的国家发展安全在实现现代化道路中发挥着至关重要的作用，是中国特色社会主义继续繁荣发展的基石。发展是我们党执政兴国的第一要务，安全是实现中华民族伟大复兴和保证人民安居乐业的头等大事。随着我国现代化建设的全面展开和高质量推进，习近平总书记指出，"必须坚持统筹发展和安全""处理好发展和安全的关系，有效防范和应对可能影响现代化进程的系统性风险"。在新时代和新发展阶段，把发展这个"第一要务"与安全这个"头等大事"统筹起来，推动并实现发展和安全的相互促进、协调并进，彰显出我们党治国理政的实践智慧，也提出了深入把握这一实践智慧的深刻时代要求。"十四五"时期，统筹发展和安全、把安全发展贯穿国家发展各领域和全过程，是防范化解各类风险挑战的现实需要，更是推动我国经济高质量发展的重要前提和必然路径。

(2) 国家发展安全的内涵与要求

国家发展安全既涉及国家的经济繁荣和社会进步，也涉及政治的稳定和科技的创新，国家发展安全在于追求全面发展和综合保障。保障国家经济的稳定和可持续发展，包括保持经济增长、保障就业、维护金融稳定、保障资源供应等。这是国家发展安全的基础，也是实现其他领域安全的重要前提。维护国家政权稳定和国家政治制度的安全，包括维护国家政权的稳定、加强国家治理能力、防范和应对各种政治风险等。这是国家发展安全的重要保障，确保国家政权稳定和国家治理的有效性。保护国家文化的多样性和独立性，包括保护国家文化遗产、传承中华优秀传统文化、增强文化自信和文化软实力等。这是国家发展安全的重要内容，保护国家文化的多样性和独立性。保护生态环境的安全和可持续发展，包括保护生态环境、推动绿色发展、加强生态文明建设等。这是国家发展安全的重要方面，保障人与自然的和谐共生和可持续发展。

国家发展安全要求经济的稳定和可持续发展。国家发展安全对经济平稳发展有着重要的要求，包括维护金融稳定、保障市场秩序、确保供给安全、提升创新能力、保护外部环境等方面。只有满足这些要求，才能够确保经济的稳定增长和可持续发展。金融稳定是经济平稳发展的基础。国家发展安全要求维护金融体系的稳定，防范金融风险，确保金融市场的正常运行，维护金融秩序和金融市场的公平公正。市场秩序的良好运行对经济平稳发展至关重要。国家发展安全要求维护市场秩序，打击各种违法违规行为，保护市场竞争的公平性和公正性，促进市场资源的优化配置。供给安全是经济平稳发展的重要保障。国家发展安全要求确保国家的粮食安全、能源安全、水资源安全等重要物资的供给稳定，防止供给短缺和价格波动对经济的不利影响。创新是经济发展的动力和支撑。国家发展安全要求提升国家的创新能力，加强科技创新和知识产权保护，推动科技进步和产业升级，增强经济的竞争力和可持续发展能力。国际环境对经济的影响日益重要。国家发展安全要求保护外部环境，积极参与国际合作，推动建立公平、开放、包容的国际经济秩序，维护国际贸易和投资的稳定。

国家发展安全要求维护社会稳定。国家发展安全对社会和谐有着重要的要求，包括维护社会稳定、促进社会公平正义、加强社会文化建设以及保障人民权益和福祉等方面。社会和谐是国家发展安全的重要保障，我国要提高居民的生活水平，减少贫困人口，推动教育、医疗等社会事业的发展，要加强社会管理，维护社会秩序和公共安全，增强人民的获得感和幸福感。国家发展安全要求维护社会稳定，确保社会正常秩序和公共安全。这包括加强社会治安管理，打击犯罪行为，维护社会安全；加强社会信用体系建设，促进社会诚信；加强社会保障制度建设，保障人民基本生活需求等。国家发展安全要求促进社会公平正义，防止社会不公和不平等现象。这包括加强收入分配制度改革，缩小贫富差距；加强教育、医疗、住房等公共服务的供给，提高社会保障水平；加强法治建设，保障公民的合法权益等。国家发展安全要求加强社会文化建设，提高人民的文化素质和道德水平。这包括加强教育体制改革，提高教育质量；加强文化产业发展，丰富人民精神文化生活；加强社会主义核心价值观的宣传和培育，弘扬社会正气等。国家发展安全要求保障人民的权益和福祉，关注人民的生活质量和幸福感。这包括加强就业政策和就业创业服务，提高人民收入水平；加强社会保障体系建设，保障人民的基本权益；加强环境保护和生态文明建设，提高人民的生活环境质量等。

国家发展安全要求提高我国的科技创新能力。国家发展安全对科技创新的要求涵盖了提高科技创新能力、推动科技成果转化、加强国际科技合作以及推进科技创新治理和监管等方面。科技创新是推动国家发展的重要驱动力。我国应加强科技研发，提高自主创新能力，推动实现科技和经济的良性互动；推动科技与产业融合发展，加强人才培养，建立和完善相关制度和政策，为国家安全提供坚实的科技支撑。国家发展安全要求提高我国的科技创新能力，加强科技人才培养和科研机构建设，提升科技创新的基础条件和环境。这包括加强科技人才队伍建设，培养高水平的科技创新人才；加强科研机构和实验室建设，提供良好的科研条件和设施；加强科技创新投入，提高科研经费的投入比例。国家发展安全要求推动科技成果的转化和应用，促进科技创新与经济社会发展的深度融合。这包括加强科技成果的转化机制和平台建设，提高科技成果的转化效率；加强科技成果的产业化和市场化，推动科技创新成果在实际生产和社会生活中的应用；加强知识产权保护，鼓励科技创新者享有合理的回报。国家发展安全要求加强国际科技领域的交流与合作，拓展科技创新的国际视野和合作机会。这包括加强科技人员的国际交流和合作，吸引和培养国际高水平科技人才；加强与国际科技组织和机构的合作，共享科技资源和信息；加强国际科技标准的制定和推广，提高我国在国际科技领域的话语权和影响力。国家发展安全要求加强科技创新的治理和监管，保障科技创新的安全和可持续发展。这包括加强对科技创新的伦理和道德的规范，防止科技创新过程中的不当行为和风险；加强对科技创新的信息和数据的保护，防止科技创新过程中的信息泄露和滥用；加强对科技创新的法律和法规的建设，保障科技创新的合法权益和社会责任。

国家发展安全要求弘扬中华优秀传统文化的精神内涵和价值观念。国家发展安全对文化繁荣自信的要求涵盖了保护和传承中华优秀传统文化、推动文化创新和创意产业发展、加强文化自信和文化软实力建设以及保护民族地区文化和少数民族文化等方面。文化的繁荣和自信是国家发展安全的重要保障。文化的繁荣体现了一个国家的软实力。丰富多样的文化能够激发国民创新精神，推动社会进步与发展。繁荣的文化能够提高国民思想道德素质，增强国民社会责任感和法治意识，有利于社会的和谐稳定。文化的自信能够增强国家文化自主权，降低对外文化输出的敏感度，从而减少受外来文化冲击的风险，维护国家文化安全。国家发展安全要求加强对优秀传统文化的保护和传承，弘扬中华优秀传统文化的精神内涵和价值观念。这包括加强对古代文化遗址、文物和非物质文化遗产的保护，推动优秀传统文化的研究和传承，培育和弘扬优秀的传统文化、传统艺术和文化产业。国家发展安全要求推动文化创新和创意产业发展，培育和支持文化创意企业和人才，推动文化与科技、经济的融合发展。这包括加强对文化创意产业的政策支持和金融支持，推动文化创意产品和服务的创新和市场化，提高文化创意产业的国际竞争力。国家发展安全要求加强文化自信和文化软实力建设，提高我国文化的影响力和吸引力。这包括加强对文化事业的支持和保障，培养和推广优秀的文化作品和文化品牌，加强文化交流和文化合作，提高我国文化在国际舞台上的话语权和影响力。国家发展安全要求保护民族地区文化和少数民族文化，促进各民族文化的平等交流和共同发展。这包括加强对民族地区文化遗产的保护和传承，支持少数民族文化的创作和传播，加强民族地区文化产业的发展，促进各民族文化的交流和融合。

国家发展安全要求环境的可持续发展。国家发展安全对环境可持续发展的要求涵盖了保护生态环境、推动绿色发展、加强生态文明建设以及推进国际环境合作等方面。我国要加强环境保护，推动绿色发展，减少资源浪费和环境污染，保护生态平衡；要加强环境监测，加大执法力度，建立和完善环境保护法规，促进经济和环境的协调发展。国家发展安全要求加强对生态环境的保护，保护生物多样性，防止生态系统退化和生态环境污染。这包括加强环境保护法律法规的制定和执行，加强环境监测和评估，加强环境污染治理和生态修复，保护重要生态功能区和生态敏感区。国家发展安全要求推动经济发展向绿色发展转型，减少资源消耗和环境污染，提高资源利用效率和环境效益。这包括加强节能减排和资源循环利用，推广清洁生产和低碳技术，发展可再生能源和清洁能源，推动绿色产业和绿色消费。国家发展安全要求加强生态文明建设，推动经济社会发展与生态环境保护相协调。这包括加强生态文明理念的宣传和教育，培养全社会的生态环境保护意识和行动；加强生态文明制度建设，建立健全生态环境保护和修复的政策法律体系。国家发展安全要求加强我国与国际社会的环境合作，共同应对全球环境问题。这包括加强国际环境治理体系的建设，参与国际环境公约和协议的制定和执行；加强国际环境技术合作和交流，推动环境技术的创新和应用；加强国际环境信息共享和交流，提高我国在国际环境领域的影响力和话语权。

我国国家发展安全的内涵包括经济安全、政治安全、文化安全和生态安全等方面。这些方面相互关联、相互支撑，共同构成了国家发展安全的整体框架。只有综合考虑和保障这些方面的安全，才能够实现国家的可持续发展和长期稳定。

（3）国家发展安全对会计的要求

会计是反映一个国家经济状况的重要工具，同时也是监督、管理和决策制定的依据，与国家发展安全存在紧密关系。国家发展安全对会计有着重要的要求，包括保障财务信息的真实性和准确性、提升会计信息的透明度、加强会计监管与审计监督、建立健全内部控制机制和风险管理体系以及推动会计国际化等。只有满足这些要求，才能够确保会计信息的质量和市场秩序的稳定。我国国家发展安全对会计有以下几个要求：

国家发展安全要求会计信息的透明度和准确性。会计信息是企业经营决策和社会经济管理的重要依据。会计应当提供真实、准确、完整的财务信息，确保国家财政状况和经济运行的平稳，为决策者提供可靠的数据支持。国家发展安全要求会计准则和会计制度的健全与完善，确保企业财务信息的真实性和准确性，防止虚假会计信息的生产和传播，维护市场秩序和投资者的合法权益。透明度是会计信息公开和披露的重要特征。国家发展安全要求加强会计信息的披露与公开，提高企业的信息透明度，方便各利益相关者对企业经营状况和财务状况的监督和评估，促进市场的健康发展。

国家发展安全要求加强会计监管与审计监督。会计监管和审计监督是保障会计信息质量和市场秩序的重要手段。国家发展安全要求加强对会计准则和会计制度的监管。加强对会计师事务所和注册会计师的监督，确保会计信息的合规性和准确性。我国通过设立具备独立性、专业性和权威性的会计监管机构，有效监督会计从业人员的行为，确保其遵守相关规定和准则。我国通过加强对审计机构的监督，确保其独立性和专业性。审计机构应按照国家法律法规和审计准则进行审计工作，对企业和机构的财务报表进行审计，发现和纠正会计违规行为。

国家发展安全要求建立健全内部控制机制和风险管理体系。会计风险是企业经营和国家发展的重要风险。会计应当帮助国家识别和管理潜在的风险和威胁，保护国家资产的安全和完整。国家发展安全要求建立健全风险管理体系，加强对会计风险的监测和预警，及时采取措施防范和化解会计风险，确保国家经济的安全和稳定发展。

国家发展安全要求推动会计国际化。国际化是会计发展的趋势。国家发展安全要求推动会计国际化，积极参与国际会计准则的制定和实施，提高我国会计准则与国际接轨程度，提升我国企业的国际竞争力和形象。

9.1.2 基于发展安全的会计问题

国家发展安全是国家长期稳定发展的基础，也是国家重要的战略目标之一。应急管理是公共机构和企业统筹发展与安全的一个重要方面。倡导政府机构和社会组织共同发挥作用是世界各国应急管理的总体发展趋势。应急管理中涉及调拨、分发、使用包括有形资产在内的各种资源都需要确认和计量；资金和物质的交接、分配与使用，除了严格记录和监督之外，还要计算其使用效益，这就涉及会计核算和监督的问题。会计作为一种普遍适用的管理科学体系，对于应急管理的重要性不言而喻，对国家发展安全具有不可忽视的作用。会计不仅可以提供有效的经济信息，帮助决策者进行决策，还可以监督、管理和评估国家经济活动的健康与安全。然而，在现实生活中，会计制度和准则存在一些问题和挑战，影响着国家发展安全。

（1）与国家发展安全不适应的会计制度问题

制度设计不合理。我国的会计制度在设计上存在一些不合理之处，无法满足国家发展的安全需求。例如，会计信息披露不规范、会计标准不完善等问题，使得会计信息不准确、不透明，会计体系难以及时发现和应对经济形势变化带来的风险。另外，我国目前的会计制度在信息披露方面存在的不足尤其体现在突发公共事件中，突发公共事件对财务报表的准确性和真实性要求很高；然而，一些企业或单位在财务报表编制过程中存在虚假记账、不合规操作等问题，导致财务信息失真，难以真实反映突发事件的影响和应急管理的效果。这种信息不透明会影响投资者和利益相关方对企业和国家经济状况的准确理解，增加经济发展的风险隐患。

监督机制不健全。我国会计制度的监督机制相对薄弱，不能及时发现和纠正违法违规行为。例如，财务报表审计不完善、会计师事务所的独立性不强等问题，使得会计信息的真实性和可靠性受到了一定的挑战。当前的会计监管机制存在监管漏洞，缺乏有效的内外部监管体系，也缺乏对于违法行为的追责机制，对于违反会计制度的行为，存在执法力度不够强劲，监督机制威慑不足的情况。我国的会计监管体系尚未完全健全和成熟，监管职责分散、监管机构之间协调不足，使监督机制的效果受到限制。监督机构的独立性和权威性对于有效监督至关重要，一些监督机构可能受到政治或经济干预，或者缺乏足够的权威性，导致监督机制的有效性受到影响。人力、财力和技术资源等的不足导致监督机构无法充分履行其监督职责，这给了一些企业和个人从中牟利的机会，对国家经济发展和安全构成威胁。

目标定位不明确。会计制度明确的目标定位对于确保会计信息的准确性、透明度和可比性非常重要。我国的会计制度在改革开放之前基本上是以计划经济为导向的，目标主要是为了满足国家计划和控制经济的需要。随着市场经济的发展，会计制度需要适应新的经济环境和需求，这可能导致会计制度目标定位与市场经济的需求不一致。我国经济发展非常快速，涉及各种不同类型和规模的企业，不同类型的企业有不同的会计需求和目标。当前我国会计制度的目标定位不够明确，注重经济增长而忽视了国家发展的安全需求。明确的目标定位对于一个健全的会计制度至关重要，会计制度应该更好地服务于国家的发展战略，包括防范金融风险、保障经济安全等方面的需求。我国可以通过加强监管、修订法规和提高专业人员的素质，逐步完善会计制度

的目标定位，以更好地满足市场经济的需求。

会计人才培养和管理机制相对薄弱。部分会计人员的素质不高，缺乏专业知识和技能。同时，企业对于会计人员的培训和职业素养的重视程度不够，出现了一些会计从业人员行为不端的乱象。会计是一门实践性很强的学科，部分高校会计专业的教育体系可能存在问题，如教学内容与实际需求脱节、教学方法单一等，部分高校在培养会计人才过程中，没有做到产教融合，为学生创造与实际工作相关的实践机会，这使得学生缺乏应用数字化技术从事财会工作的能力，在毕业后可能面临掌握的理论知识无法解决工作中实际问题的困境。我们要通过优化教育体系、加强校企合作、建立行业标准和认证机制，确保会计人才的培养和管理符合行业要求。

我国会计制度在国家现代化发展和安全中存在诸多不足之处。为了提高会计信息的透明度和准确性，加强会计监管，推动会计标准和规范的更新和完善，我国需要建立健全的会计监管体系和人才培养机制，同时加强对于会计人员的职业道德和职业操守的教育和监管。只有这样，才能更好地发挥会计在国家发展安全中的作用。

（2）与国家发展安全不适应的会计准则问题

会计准则对国家发展安全具有重要的意义，可以提供准确的财务信息。会计准则规定了企业应如何记录和报告财务信息，确保了财务报表的准确性和可靠性。准确的财务信息对于国家发展安全至关重要，可以帮助政府和监管机构了解企业的财务状况和经营情况，及时发现和解决潜在的问题，维护国家经济的稳定和安全。会计准则要求企业按照一定的规则和原则进行会计核算和财务报告，提高了企业的透明度和规范经营水平。透明度和规范经营对于国家发展安全至关重要，可以减少企业的违法违规行为，防范金融风险和经济危机，维护国家经济的稳定和安全。会计准则要求企业充分披露财务信息，保护投资者和利益相关者的权益，这样可以增强投资者的信心，吸引更多的投资和资源，推动国家经济的发展和安全。国际会计准则的采用对于提升国家的国际竞争力至关重要。与国际一致的会计准则可以提高国内企业在国际市场上的竞争力，吸引更多的国际投资和资源，推动国家经济的发展和安全。

现有的会计准则在实际中存在一些问题，主要包含以下几个方面：①缺乏对国家战略产业的支持。一些会计准则可能没有充分考虑到国家发展战略重点支持的产业，导致无法准确反映这些产业的财务状况和经济价值。这可能会影响国家对战略产业的支持和决策。②忽视环境和社会责任。一些会计准则可能没有充分考虑到环境和社会责任的因素，导致企业在财务报表中没有充分披露相关信息。这可能会影响国家对环境和社会责任的管理和监督。③忽视公共利益。一些会计准则可能过于注重企业的短期经济利益，忽视了公共利益。这可能会导致企业在财务报表中没有充分披露与公共利益相关的信息，影响国家对公共利益的管理和监督。④缺乏国际协调和比较。一些会计准则可能与国际会计准则存在差异，导致企业在国际市场上的比较和竞争受到影响。这可能会影响国内企业在国际经济和贸易中的地位和竞争力。

与国家发展安全不适应的会计准则问题主要涉及对国家战略产业的支持、环境和社会责任、公共利益以及国际协调和比较等方面。我国通过制定符合国家发展战略的会计准则、强化环境和社会责任的披露要求、重视公共利益以及加强国际协调和比较等，可以解决这些问题，促进会计准则与国家发展安全相适应。

（3）基于发展安全的会计问题的影响

与国家发展安全不适应的会计制度和会计准则可能会对国家经济和社会发展产生负面影响，包括对战略产业发展的支持不足、对环境保护和社会责任的忽视、对公共利益的忽视以及我国会计准则的国际认可度和可比性不足等。

首先，会计制度和准则如果不适应国家的战略产业发展，可能导致国家对这些产业的支持不足。例如，如果会计制度对于创新型企业的研发支出不予以适当的资本化处理，可能会降低这些企业的盈利能力和融资能力，影响国家的科技创新和产业升级。其次，如果会计准则不要求企业披露环境和社会责任信息，可能会导致企业忽视环境保护和社会责任，对环境造成损害，破坏社会公平和谐，不利于国家可持续发展和社会稳定。再次，会计准则如果不考虑公共利益，可能导致企业为了追求短期经济利益而忽视公共利益。例如，企业可能通过虚假报表等手段掩盖真实的财务状况，给投资者和社会带来损失，破坏市场秩序和社会信用。最后，如果会计准则与国际会计准则存在较大的差异，可能会降低我国会计准则的国际认可度和可比性，影响我国企业在国际经济和贸易中的竞争力，限制我国经济的对外开放和发展。

9.1.3 基于国家发展安全的会计变革：机遇与挑战

国家安全是安邦定国的重要基石，维护国家安全是全国人民的根本利益所在。会计作为一种普遍适用的管理科学体系，要领会"以经济安全为基础"之要义，从提升财务透明度、加强风险管理、关注技术和人才需求、推进法律和制度改革四个方面，促进经济的发展和资源的合理利用，提高国家的透明度和治理能力，从而维护国家的发展和安全。

（1）提升财务透明度

促进国家发展安全，可以通过提高财务信息的透明度，以增加财务信息需求者对国家财政状况和经济运行的了解。第一，制定更加严格的财务报告准则和要求，确保财务报表的准确性、完整性和可比性。这包括规范会计核算方法、披露要求和财务报告的时间表。第二，建立健全的内部控制机制，确保财务信息的可靠性和真实性。这包括制定合适的审计制度、风险管理体系和内部审计程序，以及加强对内部控制的监督和评估。第三，加强对财务专业人员的培训和教育，提高其财务知识水平和技能水平。这些措施有助于提高财务报表的质量和准确性，增强财务透明度。此外，还可以委托独立的外部审计机构对财务报表进行审计，确保其真实性和合规性。外部审计可以提供独立的验证和评估，增加财务报表的可信度和透明度。及时、准确地披露财务信息，包括财务报表、年度报告、中期报告等。这可以提供给投资者、债权人和其他利益相关者有关企业财务状况和经营情况的全面信息。加大对财务报告的监管和执法力度，打击虚假财务报告、财务舞弊和其他违法行为。这有助于维护财务市场的公平、公正和透明。利用信息技术来增强财务报告和信息披露的准确性和及时性。这包括建立电子财务报告系统、数据分析工具和信息披露平台，提高财务信息的可访问性和可理解性。

通过对以上措施的综合应用，可以提升财务透明度，增加财务信息需求者对财务信息的信任度，增加投资者信心，促进经济发展。同时，政府和监管机构应加强对财务报告的监管和执法，提升财务透明度。这有助于吸引国内外投资者，促进经济发展和国家安全。

（2）加强风险管理

促进国家发展安全，需要改进风险管理和内部控制机制，帮助国家识别和应对潜在的风险。这有助于保护国家资产和维护国家安全。加强风险管理可以帮助国家预防金融风险的发生。通过建立健全的风险管理体系，国家可以及早发现和评估潜在的金融风险，并采取相应的措施进行防范和化解，保护国家资产的安全，防止损失和浪费。加强风险管理可以提高国家的安全水平。通过对各种安全风险的识别和管理，国家可以有效应对安全威胁，保障国家的安全和稳定。风险管理还可以帮助国家优化资源的配置，使国家更加科学地配置资源，提高资源利用效率，推动经济发展和国家安全。

（3）关注技术和人才需求

推进国家发展安全，需要依赖先进的技术和专业人才。政府需要投入大量资源来培养和吸引高素质的会计人才，并采用适应变革的信息技术。会计从业人员需要具备数据分析和大数据处理的技能。这包括数据清洗、数据挖掘、数据可视化等，以便更好地分析和解读财务数据，为企业提供有价值的业务洞见。会计从业人员需要了解数字安全和隐私保护的知识，以保护财务数据的安全。会计从业人员应该熟悉相关的法规和标准，采取适当的措施来防止数据泄露和滥用。会计从业人员需要具备跨学科的知识，如经济学、法律、管理学等，更好地理解和应对复杂的商业环境和法规要求，为企业提供全面的财务咨询和服务。通过关注技术和人才需求，提升会计从业人员的素质，可以帮助其适应快速变化的会计环境，提高工作效率和质量，为国家发展安全提供更好的会计监管和审计监督。

（4）推进法律和制度改革

推进国家发展安全，需要建立健全的法律和制度框架，确保会计信息的准确性和可靠性。制定和完善会计法律法规，明确会计从业人员的职责和权益，规范会计核算、报告和披露的要求，有助于提高会计从业人员的法律意识和遵纪守法意识。制定和推行严格的会计职业道德规范，要求会计从业人员遵守职业道德准则，保持诚信、保密和独立性，有助于提高会计从业人员的职业素养和专业水平。加强对会计从业人员和会计机构的监管和审计监督，确保其遵守法律法规和职业道德规范。这包括建立有效的监管机构和审计机构，加强对会计工作的监督和检查。借助信息技术，推动会计信息化和数字化，提高会计工作的效率和准确性。这包括建立电子会计报告系统、数据分析工具和信息共享平台，促进会计信息的准确和及时披露。政府需要制定相关法律法规，并加强监管机制，以保障会计变革的顺利进行。

通过法律和制度改革，可以建立健全的会计法律法规和职业道德规范，

加强会计监管和审计监督，推动信息技术应用，提高我国会计的国际化水平，维护会计行业的诚信和公正。这将有助于提高会计从业人员的素质和专业水平，为国家的发展和安全提供更好的会计支持和保障。

综上所述，基于国家发展安全的会计变革既面临机遇，也面临挑战。政府需要充分认识到这些机遇和挑战，并制定相应的政策和措施，以推动会计变革的顺利进行，为国家的发展和安全提供更好的支持和保障。

9.2 应急管理会计问题

9.2.1 中国式现代化及其对应急管理会计的挑战

中国式现代化是包括经济建设、政治建设、文化建设、社会建设、生态文明建设"五位一体"共同推进的现代化。在这一背景下，企业面临着日益复杂的市场竞争、技术创新和全球化挑战。为了应对这些挑战，企业需要不断提高自身的管理水平，而会计作为信息传递和决策支持的核心工具，必须紧跟时代发展，适应新的需求和挑战。

在中国式现代化进程中，会计变革具有举足轻重的地位。随着中国经济的持续快速发展，企业所面临的市场竞争日益激烈，技术创新和全球化对企业提出了更高的要求。与此同时，应急管理会计也面临着一些问题。首先，传统会计体系往往偏重历史数据和静态报表，难以及时反映风险事件的变化；其次，风险事件的多样性和不确定性给风险预测带来困难；最后，企业在实践中可能缺乏有效的风险预测方法和信息系统支持，影响了应急管理会计的效果。

（1）应急管理的概念及相关理论

①应急管理的概念

应急管理一般是指企事业单位建立的、可以应对社会突发性公共卫生事件的一系列完备的应对机制。在当前经济全球化的背景下，应急管理的概念已经突破对于某一特定区域的突发公共事件的应对与管控，范围已经扩大至不同区域内的协同管理与反应，机制涉及范围覆盖全国乃至全世界范围内的系统管理。计雷等（2005）认为，应急管理系统的应用需要调动社会各方资源与力量，并对突发公共事件进行有效预警，及时控制与妥善处理，还需对突发公共事件的具体成因、演化过程以及造成的后果进行详细分析，做出最优决策以最大限度地减少突发事件的负面影响和危害。计雷等还指出，应急管理是一个包含多系统的具有综合性质的管理系统，其具体包括相互之间存在关联、互相影响的指挥调度，资源保障，处置实施，决策辅助以及信息管理五个子系统。Rhee（2016）指出，西方国家对于突发公共卫生事件的应急管理源于危机管理，危机管理是针对突发事件应急而做的一系列规划、决策、调整、培训等工作，可以有效减轻危机造成的损失。

②应急管理的相关理论

在20世纪60年代，随着应急管理的相关概念的提出，许多国家为减少损失，及时应对公共危机，设置了应急管理部门等组织。随着时代发展，政府以及其他决策主体发现应急管理部门无法完全满足应对危机的需求，决策主体的目标转向如何快速有效地应对突发公共危机。对于突发事件的应急管理应该满足两个目标：第一，应该是将可能会导致突发公共事件发生的影响因素控制在可控范围内，减少此类事情的发生；第二，应该建立一套合理的应对机制，在突发事件发生时可以迅速做出反应，并在固定时限内控制事态，减轻损失，并尽快恢复正常。通常，突发事件的应急管理会被分为三个阶段：事件发生前，事件发生中以及事件发生后，每个阶段都有其特点，应急管理要根据不同阶段与情况采取不同措施与手段进行应对，防止事件的失控恶化。其中，事前管理是指要在突发事件发生之前未雨绸缪，做好人员与物资保障，以备不时之需；事中管理是相关部门针对危机事件要做出迅速反应，及时减少损失；事后管理是指要及时修复损害部分，健全相关制度流程，形成经验教训，以防止此类事件的再发生。

（2）应急管理会计的概念及目标

①应急管理会计的概念

应急管理会计是指在企业面对突发事件和风险时，通过建立灵活动态的会计体系，提供及时准确的财务信息和决策支持，使企业能够快速作出应对措施，保障业务安全和可持续发展。它是一种具有前瞻性的管理会计方法，强调在风险事件发生前进行预测、评估和应对，以降低潜在损失，并在事件发生时提供及时的财务信息和决策建议，帮助企业迅速作出反应，确保业务稳定运行。

②应急管理会计的目标

应急管理会计的主要目标是帮助企业实现快速反应和业务安全。具体来说，它的目标包括以下几个方面：

第一，提供及时准确的财务信息。在突发事件和风险发生时，企业需要及时了解事件的进展和可能的影响，以便迅速采取应对措施。应急管理会计通过提供及时准确的财务信息，帮助企业决策者了解事件对企业财务状况的影响，为其制定应对策略提供依据。

第二，预测和评估潜在风险。应急管理会计不仅需要在突发事件发生时提供及时的财务信息，还需要在事件发生前进行风险预测和评估。应急管理会计通过对潜在风险的识别和分析，帮助企业决策者制定相应的应对策略，以降低潜在损失。

第三，协助制定应对策略。在突发事件和风险面前，企业需要迅速采取应对措施以保障业务安全。应急管理会计通过提供财务信息和风险预测结果，协助企业制定科学合理的应对策略，确保企业能够迅速适应变化，减少潜在损失。

第四，加强内部控制和监督。在应对突发事件和风险时，企业需要迅速做出决策并采取行动。应急管理会计通过加强内部控制和监督，确保企业在应对过程中能够严格遵守相关法规和制度，保证应对措施的有效性。

为了实现这些目标，应急管理会计需要建立一套灵活动态的会计体系，以满足不断变化的风险需求。这个体系需要具备及时性、准确性、全面性和透明性等特点，以便决策者能够准确把握风险情况并做出明智的决策。

（3）应急管理会计应对挑战和风险的措施

为了有效应对风险挑战，企业需要采取一系列具体的应急管理会计方法和措施。以下是一些主要的实施方法：

第一，建立应急管理会计框架。企业在应对风险挑战中，建立科学完善的应急管理会计框架至关重要。这个框架包括明确责任分工、建立风险识别和评估机制、制定风险应对措施、加强内部控制等。此外，框架还需要明确各个部门和岗位的职责和分工，确保信息共享和协同应对。

第二，强化应急管理会计政策与流程。企业制定科学合理的应急管理会计政策与流程对于提高应对风险的效率至关重要。政策应该包括预测潜在风险的程序、评估风险的方法、应对风险的措施以及信息报告的要求等方面。

同时，流程应该包括信息采集、处理、分析和报告等环节，以确保信息的准确性和及时性。

第三，运用信息技术支持。在信息时代，信息技术在应急管理会计中发挥着重要作用。企业应该采用先进的信息技术手段，如大数据、人工智能等，建立高效的信息传递和共享机制，提高会计信息的时效性和准确性。这包括建立智能化的财务系统，实现实时数据采集和分析、自动生成财务报表等功能，以便及时了解风险情况并采取相应措施。

第四，加强培训和教育。应急管理会计需要具备专业知识和技能。企业应该加强对应急管理会计人员的培训和教育，提高他们的专业素养和综合能力，以确保他们能够胜任工作并为企业提供有效的支持。

第五，建立有效的沟通机制。在应急管理中，信息的传递和沟通至关重要。企业应该建立有效的沟通机制，确保信息的畅通无阻。这包括制定信息报告制度、建立沟通渠道、明确沟通内容等，以便决策者能够全面了解风险状况并做出正确的决策。

（4）应急管理会计信息质量

保障应急管理会计信息的质量对于有效应对风险至关重要。具体来说，信息的质量应该具备以下特点：

第一，准确性。应急管理会计信息应该准确地反映企业面临的风险状况和财务状况，不夸大、不缩小，客观公正地提供相关信息帮助决策者采取正确的行动。

第二，全面性。应急管理会计信息应该涵盖企业各个方面、各个时间段的风险情况，不遗漏、不偏颇，让决策者对风险有全面的认识。

第三，及时性。在应急情况下，及时的信息能够帮助企业迅速作出反应，对应对措施进行及时调整和完善，因此，应急管理会计信息应该及时更新，反映最新情况。

第四，可信度。信息的真实性和可靠性对于决策者的判断非常重要，因此，需要严格保证应急管理会计信息的真实性和可信度，避免误导决策者作出错误判断。

应急管理会计问题在保障企业发展安全与可持续性方面显得尤为重要。应急管理会计可以在企业面对突发事件和风险时，通过建立灵活动态的会计体系，提供及时准确的财务信息和决策支持，使企业能够快速作出适应性应

对措施，保障业务安全和可持续发展。在实践中，应急管理会计的应用范围比较广泛，可以应用于自然灾害、突发性公共事件、市场竞争等多个领域。

9.2.2 会计变革下的重大突发公共事件与应急管理会计

在中国式现代化的背景下，重大突发公共事件对企业和社会造成的影响日益凸显。这些事件可能是自然灾害、公共卫生危机、金融风险或社会安全事件。在应对这些突发事件的过程中，会计扮演着关键的角色。特别是应急管理会计，它在保障企业发展安全与可持续性方面显得尤为重要。本部分将探讨重大突发公共事件对管理会计的影响以及应急管理会计在此背景下的作用。

（1）会计变革的必要性

传统的会计体系在应对重大突发公共事件的挑战时显得力不从心。传统会计更注重历史数据和静态报表，难以及时反映风险事件对企业的影响。因此，会计需要寻找新的方法和工具，以更好地应对风险挑战，会计变革迫在眉睫。

首先，传统会计体系无法满足企业对风险事件快速反应的需求。传统会计的工作重点是编制财务报表，如资产负债表、利润表和现金流量表等。这些报表反映了企业的财务状况和经营业绩，但通常是基于历史数据编制的，不能及时反映突发事件对企业的影响。其次，传统会计体系在处理复杂风险事件时可能存在局限性。重大突发公共事件通常涉及多个风险因素，如市场需求下降、供应链中断、资产减值等。传统会计体系可能无法全面评估这些风险因素，从而影响企业决策的准确性。最后，传统会计体系可能无法提供决策支持信息。在重大突发公共事件中，企业需要迅速制定应对策略，调整经营计划。传统会计体系可能无法提供及时和准确的信息支持，导致企业决策缺乏有效性。

（2）重大突发公共事件的特点及其对企业的影响

重大突发公共事件通常具有以下特点：突然性、不确定性和广泛性。这些事件常常在较短时间内产生巨大影响，给企业的正常经营和财务状况带来严重冲击。突发公共事件可能导致生产中断、供应链中断、成本增加、声誉受损等，企业还可能面临声誉受损、客户流失和社会责任压力等多重挑战，甚至威胁企业的生存和可持续发展。同时，重大突发公共事件还可能给企业带来机遇，如市场需求激增、重构商业模式等。这些事件的突然性和不确定性要求企业具备快速应对能力，以减轻潜在损失并抓住发展机遇。

重大突发公共事件对企业的影响主要表现在以下几个方面：

第一，经营业绩波动。重大突发公共事件可能导致市场需求骤然变化，企业销售额和利润大幅波动。例如，新冠疫情暴发导致餐饮、旅游等行业受到严重冲击。

第二，供应链中断。重大突发公共事件可能影响企业上游供应商的运营，导致供应链中断。例如，自然灾害可能影响原材料供应，导致企业生产中断。

第三，资产减值。重大突发公共事件可能造成企业资产减值或损坏。例如，自然灾害可能导致厂房、设备等固定资产损坏。

第四，财务压力增加。重大突发公共事件可能增加企业的财务压力。例如资金短缺、偿债压力等。

第五，企业形象受损。重大突发公共事件可能损害企业的形象和声誉，影响消费者对企业的信任和企业的市场竞争力。

（3）重大突发公共事件对管理会计的挑战

重大突发公共事件对管理会计提出了新的挑战。传统的管理会计侧重于提供基于历史数据的财务信息，而在应对突发事件时，企业需要更多地关注实时信息、非财务数据以及风险管理策略的制定和实施。以下是重大突发公共事件对管理会计的主要挑战：

第一，信息及时性和准确性。重大突发公共事件需要企业快速获取关于损失、成本、产能等方面的信息，以便作出及时决策。传统的管理会计体系通常侧重于提供定期的财务报表，信息采集和处理时间较长，无法满足对突发事件处理时效性的要求。此外，传统管理会计的信息来源主要是财务数据，而缺乏对非财务信息的关注，如市场变化、客户需求等，这可能会影响决策的准确性和有效性。

第二，成本控制与资源配置。重大突发公共事件可能导致企业成本大幅增加，资源短缺，需要迅速调整生产和经营计划。传统的管理会计在成本控制和资源配置方面可能存在一定的局限性。例如，传统的成本核算方法可能无法准确反映突然增加的成本，或者无法有效协调资源的分配以应对突发事件。这要求管理会计在面对突发事件时具备更强的应变能力和创新思维。

第三，风险评估与应对。重大突发公共事件带来的风险具有很大的不确定性，对企业风险管理提出了更高的要求。传统的管理会计在风险评估和应对方面可能较为被动，往往依赖于历史数据和经验判断，难以对突发事件进行全面和准确的风险评估。此外，传统管理会计的风险应对策略通常局限于财务风险，而忽略了市场风险、技术风险等方面的考虑。这可能导致企业在面对突发事件时无法采取有效的风险应对措施。

（4）应急管理会计在重大突发公共事件中的作用

应急管理会计作为企业应对重大突发公共事件的重要工具，在保障企业发展安全和可持续性方面具有至关重要的作用。以下是应急管理会计在重大突发公共事件中主要作用的具体阐述：

首先，应急管理会计通过制定有效的应急预案，帮助企业建立应对重大突发公共事件的预警机制。应急预案包括风险识别、评估和应对策略的制订，使企业能够在突发事件发生前预知并做好准备。在预案制定过程中，应急管理会计参与其中，为企业提供有关风险评估和财务策划的支持。应急管理会计通过明确各部门的责任和任务，以及制定信息传递的流程，确保在事件发生时能够快速响应，有效减少损失。

其次，应急管理会计通过建立灵活的会计体系，提高企业在面对重大突发公共事件时的信息质量和决策效率。传统的会计体系通常注重财务报表的编制和审计，难以满足突发事件带来的快速决策需求。应急管理会计采用实时数据采集和分析技术，能够快速提供关于损失、成本、产能等方面的信息，使企业能够迅速做出反应。此外，应急管理会计还能够整合非财务信息，如市场需求、客户反馈等，为企业决策提供更全面的支持。

最后，应急管理会计在强化成本控制方面发挥重要作用。在重大突发公共事件中，企业常常面临成本大幅增加、资源短缺等问题，如何合理控制成本成为企业生存的关键。应急管理会计通过及时的成本分析和资源整合，帮助企业在面对突发事件时控制成本。例如，对应急物资的采购、运输和存储进行精确核算，合理安排人员和设备资源，以确保在成本控制方面达到最优效果。

综上所述，应急管理会计在重大突发公共事件中扮演着重要角色。通过制订应急预案、建立灵活的会计体系以及强化成本控制，应急管理会计为企业应对突发事件提供了有力支持，有助于保障企业的发展安全与可持续性。

　　然而，目前应急管理会计领域仍存在诸多不足之处，如缺乏系统的理论框架和研究方法、信息技术的应用尚待加强等。未来学者们应进一步深入研究应急管理会计的理论和实践，完善相关政策和制度，提升企业在应对重大突发公共事件时的能力。同时，企业自身也需要重视对应急管理会计体系的建设和应用，加强人才培训和人才引进，提高对应急管理会计的重视程度。

　　随着中国式现代化的推进和发展，企业在面对重大突发公共事件时需要具备更高的应对能力，应急管理会计的重要性日益凸显。企业应将应急管理会计纳入战略规划中，建立完善的应急管理会计体系，以更好地应对重大突发公共事件带来的挑战，实现企业的可持续发展目标。

9.2.3　应急管理会计风险预测模型

　　随着中国式现代化进程的不断推进，企业在面对日益复杂多变的经济环境时，也面临着越来越多的风险挑战。在这种背景下，会计变革成为应对风险挑战的关键措施。尤其是应急管理会计，通过构建有效的风险预测模型，可以帮助企业及时识别和评估潜在风险，并采取相应措施，从而保障企业的发展安全与可持续性。

　　（1）应急管理会计风险预测模型的重要性

　　首先，应急管理会计风险预测模型能够通过合理的风险识别、评估和预测，帮助企业更好地了解重大突发公共事件对企业的影响和风险来源。这有助于企业提前做好准备，及时应对风险挑战，减少损失。其次，应急管理会计风险预测模型可以为企业的决策者提供科学依据。通过模型分析所得出的风险评估结果可以帮助企业的决策者更加准确地判断风险的性质和程度，并采取相应的措施进行规避和应对。这有助于提高企业的决策水平和应对突发风险事件的能力。最后，应急管理会计风险预测模型的构建还有助于企业实现可持续发展目标。通过对应急管理会计方法和技术的运用，企业可以不断完善自身的风险管理机制，提高应对风险的能力。这有助于企业在复杂多变的经济环境中保持稳定发展，实现可持续发展目标。

　　（2）应急管理会计风险预测模型的具体构建步骤

　　要构建一个有效的应急管理会计风险预测模型，需要遵循以下步骤：

　　第一，要进行数据收集与整理。应急管理会计风险预测实证研究首先需要收集大量与大突发公共事件相关的数据。这些数据可能包括企业的财务数据、运营数据、市场数据、社会环境数据等,通过整理这些数据建立一个全面的风险数据库。在数据收集与整理阶段,我们需要关注数据的来源和质量,确保数据的准确性和可靠性。同时,我们还需要根据研究目的进行数据筛选、清洗和整理工作,为后续的风险预测模型建立提供基础数据支持。

第二,进行风险识别与分类。应急管理会计风险预测模型首先需要对企业内外部的各类风险进行全面识别和分类。这包括生产风险、供应链风险、财务风险、法律风险等各类潜在威胁。通过深入了解企业经营环境,识别并分类风险,为模型的建立奠定基础。在这个阶段中,我们需要注重对各类风险的深入分析和研究,找出可能对企业产生不利影响的因素,还需要根据不同风险的特点进行合理分类,以便在后续模型中分别进行预测和分析。

第三,建立风险评估与概率模型。在风险识别和分类的基础上,应急管理会计风险预测模型需要建立概率模型,评估各类风险发生的可能性和影响程度。这涉及数据分析、统计模型和预测方法的应用。我们需要通过历史数据和外部信息的整合,对风险事件发生的概率和影响进行量化评估,提高预测准确性。在这个阶段,我们需要选择合适的统计方法和模型来对风险进行预测和分析,还需要注重对历史数据的挖掘和处理工作,以便更好地对未来风险进行预测和评估。此外,我们还需要根据不同风险的性质选择相应的概率模型和方法来进行精确预测和分析。例如,对于供应链风险可以采用时间序列分析方法进行预测;对于财务风险可以采用财务指标分析和神经网络模型等方法进行预测;对于法律风险可以采用案例分析等方法进行预测。

第四,构建信息系统支持。有效的应急管理会计风险预测模型需要有效的信息系统提供支撑。信息系统可以实现数据的及时采集、分析与共享,确保风险信息的及时传递和汇总。信息系统还应该具备灵活性和扩展性,以适应风险预测模型的不断改进和完善。

第五,采用灵活的应对策略。建立应急管理会计风险预测模型的一个重要目标是为企业制定灵活的应对策略。风险预测模型所得出的风险评估结果,将为企业的决策者提供参考,帮助他们在突发风险事件中做出及时反应。预先设定应急预案,并明确各部门的职责和任务,有助于企业迅速应对突发事件,减少损失。

（3）应急管理会计风险预测模型的优势与实践意义

在中国式现代化背景下，重大突发公共事件对企业的经营和发展构成巨大挑战。为了保障企业的安全与可持续发展，会计变革成为必然选择。在会计变革中，应急管理会计的作用越发重要。企业通过建立有效的应急管理会计风险预测模型，可以提高风险识别能力，预测风险可能性和影响程度，优化资源配置和制定应急预案，从而提高决策效率和准确性。实践证明，管理会计风险预测模型对于保障企业的安全与可持续发展具有重要的实践意义。

首先，预测风险可能性，提高风险应对效率。通过对应急管理会计风险预测模型的应用，企业可以利用概率模型和统计分析在事件发生前及时识别潜在风险，对风险事件发生的可能性和影响程度进行预测和评估，并制订相应应对策略，从而提高风险应对的效率，有助于企业了解各类风险的优先级，及时调整应对策略，确保风险可控。准确预测风险将有助于企业迅速做出决策，降低突发事件带来的影响。

其次，优化资源配置，提高应急预案制定速度。应急管理会计风险预测模型通过风险评估，帮助企业更好地了解各类风险的可能性和影响程度。企业可以根据风险评估结果优化资源配置，合理分配资金和人力，降低风险造成的损失，避免资源浪费，提高企业的抗风险能力。同时，预测结果也为应急预案的制定提供科学依据，使企业在突发事件发生时能够快速响应，防止事态扩大。

再次，增强风险防范意识，提高风险识别能力。应急管理会计风险预测模型的建立和应用，有助于企业增强风险防范意识，形成全员参与的风险防范文化。这将使企业在平时更加重视风险管理，降低发生风险事件的概率。应急管理会计风险预测模型可以帮助企业更全面地识别各类风险，包括生产风险、供应链风险、市场风险等。企业通过对风险的准确识别，可以更有针对性地采取措施，降低突发事件带来的影响。

最后，为决策提供科学依据，提高决策效率和准确性。应急管理会计风险预测模型的结果将为企业决策者提供科学依据，帮助他们在重大突发公共事件中做出及时反应。应急管理会计预先设定应急预案，并明确各工作部门的具体职责和任务，有助于涉事企业迅速应对突发事件，尽可能减少损失。此外，应急管理会计风险预测模型可以提高企业决策的效率和准确性。企业在制定经营计划和投资决策时，可以充分考虑风险因素，避免盲目决策，从而实现企业长期稳健发展。

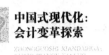

9.2.4 中国式现代化下应急管理会计问题的相关结论与展望

在中国式现代化进程不断推进的背景下，经济环境日益复杂多变，企业面临着越来越多的风险挑战，特别是重大突发公共事件，如自然灾害、公共卫生危机、金融风险和社会安全事件，给企业带来严重影响。在这种背景下，会计变革成为应对风险挑战的关键措施之一。面对严峻的应急管理形势，重大突发公共事件下的应急机制健全与否，决定了突发公共事件发生后的处置效果好坏和效率高低，而应急管理会计风险预测机制作为应急机制的重要环节，对企事业单位能否正常运转、突发公共事件的处置工作能否顺利进行有很大作用。应急管理会计是会计变革的重要组成部分，通过对应急管理会计方法和技术的运用，企业可以及时识别和评估潜在风险，并采取相应的预防措施，提高企业应对风险的能力，保障企业的发展安全与可持续性。

通过对前文的总结和分析，我们可以得出以下相关结论和观点：

第一，应急管理会计在中国式现代化背景下的地位和作用越来越凸出。随着中国式现代化的不断推进，企业所面临的内外部环境日益复杂多变，各种风险挑战越来越多。在此背景下，应急管理会计作为会计领域的一个重要分支，其地位和作用越来越受到关注和重视。通过对应急管理会计方法和技术的运用，应急管理会计可以帮助企业及时识别和评估潜在风险，并采取相应的预防措施，提高企业应对风险的能力，保障企业的发展安全与可持续性。

第二，应急管理会计的应用和发展需要多学科知识的支持和协同。应急管理会计的应用和发展需要管理学、会计学、统计学、风险管理等多个学科知识的支持和协同。例如，在建立风险数据库和进行风险评估时，需要运用统计学的理论和方法对应急管理会计数据进行整理和分析；在进行风险预测时，需要运用概率模型进行预测和评估；在制定应急预案时，需要考虑企业组织架构、业务流程、资源状况等多个方面的影响因素。

第三，信息技术的支持对应急管理会计的应用和发展至关重要。随着信息技术的不断发展和应用，信息技术对应急管理会计的应用和发展也越来越重要。例如，大数据技术可以对应急管理会计数据进行实时监测和分析；人工智能技术可以对数据进行自动分类和预测；云计算技术可以对应急预案进行模拟仿真和优化。

针对以上结论，未来可以采取以下措施进一步推动应急管理会计在中国式现代化背景下的应用和发展：

第一，加强对应急管理会计的宣传和教育。由于应急管理会计在我国尚处于初步探索阶段，因此需要加强对应急管理会计的宣传和教育。具体来说，可以通过学术会议、专题讲座、案例汇编等方式，推广应急管理会计的理念和方法，提高企业和学术界对应急管理会计的认知和理解。

第二，推动多学科知识的支持和协同。例如，可以组建跨学科的研究团队，包括管理学、会计学、统计学、风险管理等多个学科的专家学者共同研究应急管理会计的理论框架和方法体系，以及实践应用问题，实现多学科知识的支持和协同，为中国式现代化下的应急管理会计问题提供更加全面深入的理论指导和实践支持

第三，加强对应急管理会计信息系统建设的投入和支持。具体来说，可以通过政策扶持资金支持等方式鼓励企业加强对应急管理会计信息系统的建设和完善，提高信息技术的应用能力和水平，实现信息技术与应急管理会计的有效融合，为中国式现代化下的应急管理会计问题提供更加高效便捷的解决方案。

综上所述，应急管理会计作为中国式现代化背景下的重要研究领域，其应用和发展对于保障企业安全与可持续发展具有重要的意义和价值。未来可以通过加强对应急管理会计的宣传和教育、推动多学科知识的支持和协同，以及加强对应急管理会计信息系统建设的投入和支持等措施来进一步推动应急管理会计的应用和发展，为中国式现代化进程中的企业发展提供更加全面深入的风险管理和保障支持。

9.3　突发公共事件审计

国家审计在应对突发公共事件中具有独立性、经济性、过程性、时效性、穿透性、贯通性和建设性特征，监督反馈制度在应急治理体系中起着至关重要的作用。它有助于应对各种挑战，包括信息不对称、资源供需之间的差异以及公共紧急情况应对过程中的无效管理和控制，加强应急治理体系建设，弥补治理能力不足（文华宜，2023）。突发公共事件具有破坏性、复杂性和持

久性等特点，国家审计必须承担起审计治理的重任。一方面，对突发公共事件进行系统审计有助于提高政府公信力；另一方面，它也促进了社会稳定。

9.3.1　突发公共事件审计相关概述

（1）突发公共事件审计概念界定

突发公共事件审计是以系统方法，从行为、信息和制度三个维度对突发公共事件应对责任履行中的代理问题和次优问题实施的独立鉴证，并将审计结果传递给利益相关者的制度安排，属于突发公共事件应对体系的组成部分。对突发公共事件中危机问责制的执行情况进行有组织的检查，需要进行突发公共事件审计。审计内容包括四个不同的领域，包括行为一致性、信息真实性、性能和系统稳健性。上述观点涵盖公共灾害管理的四个不同阶段，包括预防和准备紧急情况、监测和提供早期预警、在紧急情况中作出反应和救援，以及参与紧急情况后的恢复和重建工作。审计的主要目的包括提供法医分析、评价业绩和确立责任，以及执行确定的结果。问责制指的是进行审计以确定问题，并确保在审计过程的框架内追究责任人的责任。在我们国家，必须解决在审查未预见的公共事件时发现的问题，确定相关个人的责任，并通过官方审计通知向公众发布审计结果。

（2）突发公共事件审计目标

与突发公共事件有关的审计目标集中在建立明确和精确的结果，这些结果应该通过审计过程来实现。审计目标具有灵活性，可根据需要进行修改，特别是在涉及公共紧急事件审计的情况下。审计过程的目标在不同阶段有所不同，可简明概括如下：在预防和应急准备阶段，必须强调两个基本组成部分的重要性，即制定全面的应急计划和建立健全的审计制度。此外，必须保证救灾资金在应急和救援阶段的有效分配。我们必须强调，在整个恢复和重建阶段，必须保持卓越的质素和效率，以确保各项重建措施能顺利和准时执行。此外，可以从传统审计原则的角度进一步阐明突发公共事件审计的审计目标。主要目标是评估真实性、合法性和有效性。真实性与财务信息的真实性有关，而合法性则与遵守相关规则和条例有关，有效性与财务信息所显示的财务业绩有关。

突发公共事件审计包括四种不同的类型，即财务审计、合规审计、系统审计和绩效审计，每一种审计都围绕着不同的审计目标。为了获取财务信息，可以进行四种不同类型的审计。对财务信息真实性进行审计的主要目的是确保准确记录和披露各部门紧急资金的获取、分配、使用和管理情况。财务合规审计的主要目标是核实紧急资金的使用和管理是否严格遵守有关的规则、法律和条例。财务系统稳健性审计的主要目标是评估系统设计的逻辑一致性和适用性，确保其与当前环境保持一致。财务绩效审计侧重于评价公共应急机制的效力。财务绩效审计的主要目标是评估在突发公共事件中应急资金的使用能在多大程度上有效地达到各种绩效指标，包括经济可持续性、业务效率和整体效率。

（3）突发公共事件审计标准

目前，我国最重要的涉及突发公共事件的法律法规是《中华人民共和国传染病防治法》《中华人民共和国传染病防治法实施办法》《突发公共卫生事件应急条例》《中华人民共和国突发事件应对法》。我国还没有专门针对突发公共事件审计的法律。《中华人民共和国审计法》《中华人民共和国审计法实施条例》《审计机关对社会捐赠资金审计实施办法》明确规定了审计机关审计与突发公共事件有关的财政资金和社会捐赠资金的审计权限。此外，民政部的《救灾捐赠管理办法》也提供了重要的审计依据。

9.3.2 我国突发公共事件审计现状

（1）我国已实施审计的突发公共事件类型

①抗洪救灾审计。我国审计机关对 1998 年 6 月至 9 月在长江、嫩江和松花江流域开展的抗洪工作进行了审计。1998 年 8 月，审计署连续发布了两份通知：《关于加强救灾资金、物资审计监督的通知》和《关于加强救灾资金、物资审计监督的补充通知》。然而，审计没有公开披露其结果。

②非典型肺炎疫情审计。审计署于 2003 年 7 月启动了一项审计，以审查在该年份用于预防和控制非典型肺炎大流行的专项资金和社会捐款的使用情况。2003 年 12 月，审计署发表了《关于防治非典型肺炎专项资金和社会捐赠款物审计结果的公告》。这是中国首次披露突发公共事件审计结果。

③大姚地震审计。大姚地震审计包括 2003 年 7 月 21 日和 10 月 16 日发生在云南省大姚的两次地震。2005 年 4 月，审计署发表了一份题为《云南大姚

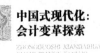

地震救灾资金审计结果》的研究报告。

④汶川地震审计。2008 年 5 月 12 日，汶川地震发生后审计署迅速发布了一份通知，规定了开展与应对自然灾害的抗震救灾有关的审计的必要协议。此后，全国审计机关开展了两轮不同的审计行动。最初阶段包括随后审查应急和救济工作。审计署发布了关于汶川地震援助资金和物资使用审计的四份公告。上述公告记为审计委员会 2008 年第 1 号至第 4 号公告。第二阶段是审计评估灾后恢复和重建工作的进展和成效。2009 年 9 月至 2012 年 4 月，审计署共发布了七份审计结果通报。

⑤玉树地震审计。2010 年 4 月 14 日，青海玉树特大地震发生后，审计署对救灾工作的审计分为两个阶段进行。最初阶段涉及对紧急和救济工作进行后续评价。审计署 2010 年 7 月发布了关于玉树地震抗震救灾资金物资跟踪审计结果。后续阶段对事件后恢复和重建工作进行审计。2012 年 3 月，审计署发布了玉树地震灾后恢复重建 2011 年跟踪审计结果。对玉树地震救灾工作的审计是由地方审计机构和审计署共同进行的。地方审计机构发布了关于在整个紧急救援阶段以及灾后恢复和重建阶段监测审计结果的通知。

⑥新冠疫情审计。本书对 2020 年新冠疫情进行了全面分析。2020 年 1 月，全球对新冠大流行的关注发生了变化，2020 年 2 月，审计署召开视频会议，对疫情防控措施执行情况、资金和捐款管理情况进行专项审计和监督。此外，地方审计署除了履行上述职责外，还有权对各自管辖范围内的公共业务进行审计。

（2）我国突发公共事件审计应急预案及应急响应机制

目前，我国缺乏一个全面的国家级审计应急预案，以应对突发公共事件的审计。然而，地方政府已经制定了审计应急措施。云南省和四川省在 2009 年率先制定了审计应急预案和审计应急响应体系。审计应急系统的程序和阶段概述如下：

①启动审计应急预案

在紧急情况下，应急计划最初由省人民政府应急委员会发起，随后由审计署介入。随后，负责应急管理的领导小组着手实施进行审计的应急计划。

②实施审计工作

审计应急计划启动后，审计署应急领导小组负责制订审计工作计划。取得当地政府的同意，审计机构有权在审计过程中向公众发布关于审计结果的官方声明。这项措施旨在提高审计程序的可及性和明确性。

③后期审计处置

紧急处置完成后，对救灾款项的审计也同样结束。各级审计机关要就辖区内救灾资金的收拨和管理情况，及时通报本级人民政府和上级审计机关。此外，他们还负责评估为应对灾害而实施的紧急处置措施的效力。

④宣传和培训审计应急知识

审计机关发布审计应急信息，将审计应急预案的宣传和教学纳入审计人员培训课程。审计机关亦安排紧急应变演习，以提高相关人员对紧急应变的认识和熟练程度。

9.3.3 我国突发公共事件审计存在的问题

（1）审计主体方面

在我国，负责监督突发公共事件的审计机构通常由专门的审计组组成，审计员从不同地区的审计机构中迅速招募。审计人员的来源包括政府审计机构、内部审计部门和商业审计机构，这导致了审计师的专业水平和能力存在较大差异。在我国，通过公务员考试选拔审计人员主要侧重于考查会计和审计专业知识，很少考虑其他领域的专业知识。因此，审核员能够遵守标准化的专业框架，但他们可能不具备工程建设、规划设计、医疗和法律等领域的专业知识。

特别是在恢复和重建时期，公共紧急情况的审计需要审计人员具备大量与工程工作有关的专业知识。这包括投资决策、项目设计、项目招标采购、项目建设和最终付款等各个领域。为了确保其职责的有效执行，审计人员必须拥有与建筑项目相关的一系列专业技能。然而，我国政府审计系统的人力资源结构中复合型审计人员的比例明显不足。

（2）审计内容方面

①忽视突发公共事件预防审计

审计机关积极开展审计检查，发现被审计单位内部的管理漏洞和制度缺陷，这样做是为了建立紧急情况的早期预警和监测系统，确保这一机制的有效运作，使其能够及时有效地发现紧急事件。然而，我国在公共灾难的潜伏期缺乏对预防性审计的重视，未能充分评估在这一关键时期的应对措施。虽

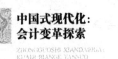
然突发公共事件的发生具有不可预测性，但如果预计会发生这种事件，并定期进行预防性审计，重点评价紧急救助措施的充分性、应急物资的供应情况和人力资源的分配情况，这样在发生紧急情况时，审计过程可以迅速过渡到紧急响应状态，从而可以对紧急情况管理行动进行系统和有组织的评价。然而，在实践中，很少强调预防性审计措施，如审计应急储备用品的管理，针对审计人员的应急演习等。

②公共信息审计不足

在新冠疫情期间，公众对有关该疾病的信息有大量需求。有关组织由于其信息管理经验不足，能力有限，可能会在网上传播不准确和不一致的公共信息，这种情况有可能引发社会恐慌。此外，有关机构在发布公共信息时，也可能出现散布错误信息的情况。接受公共信息的个体的教育水平、认知过程和行为模式各不相同，信息的传递有可能发生扭曲，这会对社会秩序的整体运作产生影响。我国目前的公共信息审计制度尚不完善，无法及时有效地对公共信息的准确性、依从性和适宜性进行核查，这一缺陷使公共信息发布面临延迟、扭曲和恶意传播的潜在风险。

③审计风险和难度大

新冠疫情突发公共事件使国家审计面临挑战和风险。第一，公共卫生危机的审计过程错综复杂，范围广泛，时间有限。此外，审计项目具有综合性，因此在整个审计过程中存在很大程度的不确定性。传统审计方法和模式的应用受到限制，使审计过程充满挑战。为了有效地开展突发公共事件审计，审计人员必须具备广泛的审计专业知识、较强的职业素质和灵活的判断能力。第二，疫情发生后，家庭隔离等相关疫情防控规定给审计工作带来了额外的障碍。为保障人身安全和促进集体抗疫，审计人员在线下开展工作面临挑战。这妨碍了他们取得有关的审计证据和材料，并妨碍了其按照既定的规范和要求执行必要的审计程序，这些情况增加了审计风险。

（3）审计依据方面

突发公共事件发生时，适当的理事机构迅速、有条理和准确地执行紧急协议，有可能在有限的时间内保护更多的生命和财产。因此，完善应急管理计划中的应急管理机制至关重要。我国在执行与事故、灾害、社会安全事件和公共卫生事件有关的审计应急计划方面存在不足，审计应急管理机制内缺乏明确的指导方针，难以保证各级审计机构根据突发公共事件每一阶段的独特属性对突发公共事件进行有系统的审计。

（4）审计结果方面

①审计问责制不完善

实行突发公共事件审计问责制，要求政府审计机关对政府处理突发公共事件的措施与群众意愿的契合程度进行监督评估，并提出相应报告。问责制的主要目标不是追究罪责，而是监督和纠正政府不负责任的情况，如不作为和无序行为，特别是在应急方面，确保审计问责制的重要性不容忽视。对救灾资金分配和政策执行情况进行审计检查是必要的，这些检查的目的是核查每一笔拨款是否适当地用于紧急援助和灾后重建，以及每一项政策是否得到有效执行并产生预期结果。然而，实际上，政府审计问责制的效力不够，一些审计人员没有发挥作用，审计监督不足，导致公共资产的大量浪费。值得注意的是，我国的审计机关承认上级审计机关的权威，但财政和人力资源的控制权仍然属于地方政府。在某种程度上，政府审计机构可以被看作是政府行政系统更广泛框架内的一个行政实体。此外，应该指出的是，审计机关只有行政权力，没有任何司法权。因此，如何有效地监督和约束强大的政府权力成为一个挑战。这一限制意味着审计机构缺乏处理审查中的重大问题的自主权，审计问责制的效力被削弱。

例如，审计机关对2008年汶川地震进行全面考察发现，部分地区的救灾资金分配和使用没有及时执行，一些部门积累了大量捐款。在汶川地震的审计中，审计机关也发现了违反规章制度的情况。根据汶川地震第四次公告，审计机关已将多起案件和多名涉案人员移交纪检监察和法律部门。依照法律规定，有关地方党委、政府、部门有义务对相关责任人进行党纪处分、行政处分或依法追究责任。因此，必须健全政府审计问责制，增强政府审计人员的责任感，提高政府履行职责的效率。

②突发公共事件审计的事中纠正机制执行不到位

突发公共事件审计领域的实证研究表明，审计机构的监测能力受到资源的限制和绩效审计指标缺乏的制约，对公共紧急情况的监测水平较低，从而妨碍了审计披露职能的发挥和纠正机制的运行。审计的重点在于验证与货币计量标准有关的有效性、合法性和一致性，在对性能指标进行全面评估（包括经济、效率和有效性等）时存在明显的不足。同时，审计中发现的问题没有深入系统机制的内在复杂性。在突发公共事件中，审计机关优先发布重要审计信息，有时忽视了在整个审计过程中全面审计数据的发布（叶陈云、叶陈刚，2020）。

（5）审计程序方面

开展突发公共事件审计，发挥审计的预防作用，首先是建立和实施防治机制。这一机制涉及科学制订应急计划。在我国目前的审计实践中，没有将预防性和应急计划的调度阶段纳入审计。这一阶段的主要目标是建立必要的基础设施、资源和组织框架，以确保有效的危机管理。这一阶段是危机管理成功的基础和前提。缺乏完整的应急计划对在紧急情况下对财政资源和实物资产进行及时和有效的审计提出了挑战。从审计的角度来看，由于项目初期缺乏研究，对资本预算分配要求的探索不足，对预测和风险管理的重视不足，导致了各种问题，包括资金保留率高，利用率不佳，项目进展缓慢，项目建设与实际情况不一致。此外，我国目前的审计较少在初始规划阶段进行系统和可行的审计，对公共危机进行审计具有重大挑战，因为现有的审计资源不足以满足审计过程的需要。由于缺乏有效和有组织的审计技术和程序，在公共紧急情况下，除了传统的审计方法和程序外，还需要实施补充措施（周敏李、栾婵，2020）。

9.3.4　我国突发公共事件审计优化路径

（1）完善突发公共事件审计体制机制建设

①建立突发公共事件审计领导机构

这项建议要求建立专门处理突发公共事件的审计机构，这些机构将在监督紧急救灾资金和资源的分配和利用方面发挥重要作用。这项建议要求制订在公共紧急情况下进行审计的标准化规程，并明确界定在这种审计中所采用的主要方法和审计机构的职责。构建各级审计机关协同网络是突发公共事件中审计机关的首要职责，该网络旨在整合审计资源和协调审计计划。审计机构负责监督其他政府部门和地方当局的救灾工作，同时简化审计程序中各部门之间的协调和合作。目前，我国没有一个重要的政府实体负责对应急管理进行审计，为了有效地监督和加强审计业务的自主权，建立一个强有力的领导结构是很重要的，这将使审计机构在处理突发公共事件时行使最佳的审计裁量权。

值得注意的是，中国的应急审计机构经常充当临时审计实体。临时组织可能缺乏应急管理方面的持续培训，在危急时刻会对迅速作出决策和反应构成障碍。紧急情况的广泛影响往往需要进行跨区域审计，这需要政府机构之间的合作和多个区域的不同作用。这给收集审计数据的过程带来了挑战。因此，我国必须建立一个重要的公共紧急情况审计实体，与灾害管理的各个阶段密切相关。审计署负责监督和协调由多个审计机构在多个地方进行的突发公共事件审计的执行情况。

②完善突发公共事件审计应急响应机制

突发公共事件可以根据紧急程度进行分类，以便进行评估。在应急管理领域，必须根据不同的应急管理操作联系和预警阈值，激活不同层次的应急响应。要成功地管理紧急情况，就必须建立有效的指挥和监督制度，以密切监测地方政府和其他机构所采取的行动，必须对指定用于救灾工作的资源和资金的接收、分配和管理实施严格的监督和审查。这些步骤对于保证政府有效执行紧急措施和确保公平、公正、合理和透明地利用和管理资金和资源至关重要。

在公共紧急事件发生后，必须进行审计审查，以评价各当局对这些事件的管理。评估的目的是总结成功的实践经验，并通过从过去的失败中吸取教训，确定需要加强的领域。审计机构勤勉地监测恢复和重建工作，通过官方渠道传播审计结果，以及熟练地监督受影响地区的恢复工作，这些都是需要考虑的关键方面。在今后对突发公共事件进行评估时，必须及时向公众公布审计结果。审计结果有助于政府及时调整应急管理方法，也确保公众获得信息的权利得以实现。

（2）提高突发公共事件审计人员工作能力

①培养我国知识复合型审计专业人才

在突发公共事件系统框架内纳入公共应急审计具有重要意义。除了拥有会计和审计方面的专业知识外，审计人员还需要完全理解各种突发公共事件所采用的应对方法。在持续创新领域，旨在促进创新，优化审计模式，加强审计和应急管理，这些目标的实现需要集体整合技能。紧急情况包括许多复杂的问题，需要跨学科专家的共同努力，设计新的解决方案。因此，建立一支由主题专家组成的专业团队，对与应急管理有关的审计事项进行全面研究至关重要。这项工作的目的是建立一套完整的突发公共事件审计制度，以提

高危机审计程序的效率和效益。

突发公共事件审计人员大多具有审计和会计方面的专业知识，但是缺乏应急响应、工程建设管理、信息技术和其他与各种紧急情况相关的必要专业背景知识。为了确保跨多个领域的全面和有效的审计过程，审核人员必须对与每个领域相关的必要知识和技能有深刻的理解。因此，我们必须加强对突发公共事件审计人员全面应急审计能力的教育，从而增强审计人员应对现实情况中遇到的风险的能力。

②加强应急管理培训和演练

审计机关应定期安排专家讲座，使审计人员掌握更多应急管理领域的知识，这将有助于增强其对救灾以及防灾减灾的了解和认识。紧急审计活动被认为是最有效的培训办法。审计机关可以组织一系列紧急模拟演习，包括实弹作战演习和桌面模拟，系统地安排审计人员积极参与全面的紧急演习，并在演习结束后，对演习经验进行评估和彻底分析，以提高审计人员有效处理紧急情况的能力。

③加强审计人员对大数据的运用

本书提出利用大数据构建全面的审计信息交流平台，主要目的是提高审计领域的信息化和数字化程度，加强全国审计机关与地方审计机关的协调，增强其有效应对突发公共事件的能力，提高审计效率。同时，国家审计信息系统和数字审计平台的实施，有利于审计成果的实现和信息交换机制的构建。远程数据报告的使用可以被视为一种可行的方法，以强化大数据审计程序，提高场外数据分析能力，尽量减少突发公共事件对审计业务的影响，减轻被审计实体的负担。为了有效地调整审计目标和优先级，优化非现场审计中的大数据利用至关重要。

（3）完善突发公共事件审计问责制

①联合多部门参与审计问责

为了应对审计独立性受到制约所带来的挑战，可以将多元化和多主体问责制纳入审计问责制框架。这需要在司法和行政机构之间建立一个协作网络，共同关注与审计有关的事项。这样可以减轻对审计问责制的限制。除审计问责制外，纳入司法问责制和行政问责制需要采取一种综合办法，由多个部门与审计机构密切合作，确保政府对应急管理失败负责。这种做法有助于防止审计问责成为一种纯粹的程序要求，促使负责任的政府实体主动承担其义务，

积极履行其职责。此外，由于其非政府审计组织独立于行政系统运作，不受
行政机关的双重领导。这使非政府审计组织能够更有效地履行其审计职责，
并促进应急管理部门有效地解决问题。在全面的审计责任框架下，政府的纠
正措施必须在审计结果公布的同时向公众披露。这确保了公众能够有效地审
查政府对突发事件的反应，并对其行为负责。最终，建立突发公共事件审计
的责任制将通过全体人民的积极参与来实现。

②加强审计问责

审计问责制的首要目标是鼓励政府有效履行其义务。为了实现这一目标，
审计署必须加强审计工作，并优先考虑后续审计。监察负责纠正已发现问题
的政府部门是否成功采取必要的行动，以及这些纠正工作的结果是否符合要
求。在反复出现问题的情况下，必须对系统的设计和执行中的潜在缺陷进行
彻底的分析。此外，建议对这些问题负责的部门和个人，如在处理公共紧急
情况时不断出现错误、未能采取适当行动或逃避责任的主体，应受到更严厉
的惩罚。定期和持续公布审计结果，促使负有责任的政府机构提高纠正措施
的效率，从而实现审计问责制的目标。同时，审计监督人员应对审计人员负
责，确保他们遵守思想和职业标准。这种问责制有助于增强审计人员的责任
感，促使他们不断致力于为公众服务，并保持较高的个人标准。此外，审计
监督员应不断努力，提高自身的专业能力和实践技能，从而提高自身的整体
专业素质。

（本章撰稿人：贾骁骁、汪雪纯、赵婷婷、卫萌、梁东、康富慧、李志圆）

10
结论与展望

　　党的二十大报告指出,要通过中国式现代化道路,实现中华民族伟大复兴。在这一深刻影响我国政治、经济、社会等各个方面的宏大背景之下,会计如何服务于中国式现代化道路建设,如何为推进中国式现代化进程贡献力量,是值得我们全体会计人深刻思考并倾力研究的重大课题。本书尝试通过对这一重大的理论和现实课题的研究,提出探索性思考。

10.1　研究结论

10.1.1　人口规模与会计变革的研究结论

与以往世界范围内所有国家的现代化、历史上所有阶段的现代化不同，中国式现代化面临的是人口规模巨大的现代化。我们要深刻认识到，人口规模巨大既是我们需要面对的严峻挑战，同时也给我们带来了人才红利的宝贵机遇。在这一背景下的会计变革方面，我们认为：一要充分反思和梳理与人口规模巨大不相适应的内容，作为未来变革的主要领域；二要在借鉴以往相关研究的基础上，构造符合中国实际的人力资本会计，特别要在作为企业长期资产的人力资本评估、确认、计量，人力资本与其收益匹配的核算，人力资本运用与损耗的计算，以及人力资本如何列报等方面下大功夫；三要面对客观存在的"少子老龄化"的人口形势，思考如何构筑面对养老、生育和就业等领域的会计和财务管理方式，特别是在社会保障全国统筹条件下，如何结合社会保障管理相关规定，在社保账户管理、社保资金跨区结算、社保资金更好发挥效益等方面拿出切实可行的办法。

10.1.2　共同富裕与会计变革的研究结论

共同富裕对中国式现代化非常重要，是由我国走社会主义道路和中国共产党的初心使命所决定的。区别于西方现代化那种少数人富裕而绝大多数人贫困的情况，中国式现代化是要实现全体人民的共同富裕。在这一背景下，会计变革方面，我们认为：一要充分发挥会计在收入分配计量方面的基础性作用，即要为收入分配是否公平合理做出基础性、根本性的鉴定，为描述共同富裕的水平和程度奠定基础。二要对企业优化分配做出应有贡献，一方面，围绕价值创造目标强化内部业绩评价，使其更公正、更公平、更科学、更精准、更具操作性；另一方面，结合我国实践提出新的业绩评价制度，而不是照抄照搬西方做法。三要从西方引进的现有会计等式出发，超越资本逻辑，尽可能在考虑包括出资人、债权人、管理者、员工、国家、供应商/客户等主

体在内的企业价值创造者或贡献者的基础上，对现行会计等式做出修正。

10.1.3 精神文明与会计变革的研究结论

唯物辩证法认为，物质决定意识，经济基础决定上层建筑，意识对物质、上层建筑对经济基础也具有反向促进作用。虽然会计为各类组织开展核算与监督，计算成本和收入，具有鲜明的为物质文明服务的特征，但会计本身也深受不同文化的浸润，甚至其本身就闪烁着文化光芒，属于文化的一部分，归于精神文明范畴。中国式现代化要兼顾物质文明和精神文明，在这一背景下，会计变革方面，我们认为：一要反思传统会计只考虑物质利益而忽视精神文明建设的方面，对会计发挥文明引领作用做出深度发掘；二要从会计奠定公众文明基础、促进交易公平、提升文明素养等现实优势方面，探究会计在推进国家治理体系和治理能力现代化方面的作用；三要从促进企业依法经营、完善廉洁政府机制、促进公平正义等现实优势方面，探究会计在国家政治文明和各类组织的组织文化方面的作用。

10.1.4 生态文明与会计变革的研究结论

绿水青山就是金山银山，中国式现代化要确保企业经济发展不能以牺牲环境资源为代价。党的十八大报告明确指出，生态文明是人类为保护和建设美好生态环境而取得的物质成果、精神成果和制度成果的总和，是贯穿于经济建设、政治建设、文化建设、社会建设全过程和各方面的系统工程，反映了一个社会的文明进步状态。在这一背景下，会计变革方面，我们认为：一要反思会计在生态文明建设方面作用的缺失，从本专业特点出发找寻能够发挥积极作用的地方；二要在环境成本的内涵、范围、确认与计量方面展开探索，并把它们与会计后果结合起来；三要尝试把环境资源纳入会计对象，对其取得、使用、收益等方面开展全方位管理，例如编制自然资源资产负债核算等；四要对碳达峰、碳中和等表现出来的会计问题开展系统化研究，尽快拿出可操作的解决办法；五要加强常态化环境资源审计，把它作为领导干部履职业绩评价的重要指标；六要探索生态预算管理模式，早日把它作为监控各地生态质量、各单位生态状况的控制手段。

10.1.5 协调发展与会计变革的研究结论

党的二十大报告提出，中国式现代化是走和平发展道路的现代化。站在新的历史起点上，中国将继续奏响和平发展、合作共赢的时代强音，同世界各国携手构建人类命运共同体，共同建设持久和平、普遍安全、共同繁荣、开放包容、清洁美丽的世界。历史上，一些西方国家的现代化建立在对他国进行剥削、压迫和殖民的基础上。中国的现代化并非通过剥削他国，而是通过发展自身来实现，同时帮助他国发展，这是本质区别。在这一背景下，会计变革方面，我们认为：一要反思只顾己方（零和博弈）的会计窠臼，发掘会计在和平共处、合作发展、利益共享和风险共担方面可以发挥的作用；二要紧密结合共建"一带一路"倡议，使我国与"一带一路"共建企业在会计标准协调、税收法律协调等方面，积极探索科学有效做法；三要对保税区的会计、财务、审计与税收问题开展积极有效探索；四要在为"走出去"和共建"一带一路"倡议培养会计人才方面提出积极对策。

10.1.6 数字经济与会计变革的研究结论

党的二十大报告指出，要紧紧抓住以信息技术为代表的新一轮技术革命的契机，通过产业数字化和数字产业化实现高质量发展，助推中国式现代化的实现。如何面对以"大智移云物区元"为代表的数字化对经济发展的深刻影响和对会计财务审计的影响，是摆在我们面前的一道重要的必答题。在这一背景下，会计变革方面，我们认为：一要深刻反思目前专业领域中不符合数字经济发展要求的东西，积极学习新技术，把它们与会计紧密结合起来；二要考察数字经济背景下财务会计目标、方法、质量和教育问题，针对这些问题提出优化与改进对策；三要考察数字经济背景下财务管理目标、方法、质量和教育问题，针对这些问题提出优化与改进对策；四要考察数字经济背景下管理会计目标、方法、质量和教育问题，针对这些问题提出优化与改进对策；五要考察数字经济背景下审计目标、方法、质量和教育问题，针对这些问题提出优化与改进对策。

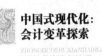

10.1.7 发展安全与会计变革的研究结论

当前，我国发展进入战略机遇和风险挑战并存、不确定和难预料因素增多的时期，只有坚持统筹发展和安全，一体推进高质量发展和高水平安全，才能确保国家兴旺发达、社会长治久安。国家安全是民族复兴的根基，社会稳定是国家强盛的前提。以中国式现代化全面推进中华民族伟大复兴，必须倍加重视国家安全和社会稳定的全局性战略性意义。特别是在国内经济体制深刻变革、社会结构深刻变动、利益格局深刻调整、国际力量对比深刻变化的相互交织联动下，深入推进中国式现代化对于发展安全的要求更加凸显。在这一背景下，会计变革方面，我们认为：一要对会计领域中不能满足发展安全的内容进行反思，发现专业领域中可以助推发展安全的部分；二要研究应急管理过程中的会计与财务问题，例如抢险救灾资金物资的管理等；三要认真研究并制定突发公共事件审计的理论体系和运作制度。

10.2 中国式现代化会计变革需处理好的关系

习近平总书记 2023 年 10 月 7 日在《求是》杂志发表署名文章，对推进中国式现代化需要处理好的六个关系进行了阐述。现结合习近平总书记重要讲话精神，联系中国式现代化背景下的会计变革问题，提出几点想法。

10.2.1 会计变革中顶层设计与实践探索的关系

我们提到的推进中国式现代化背景下的会计变革，是符合中国会计实际、具有鲜明中国特色的会计变革，是对新中国成立 70 多年会计工作经验的高度总结与概括。在经历了中华人民共和国成立初期向苏联学习、适应高度集中的计划经济体制、加强会计法制化建设、推出以"两制两则"为代表的会计改革举措、推进满足对外开放需要的与国际会计规范趋同等阶段之后，要想乘势而上，开启全面建设社会主义现代化国家新征程，向第二个百年奋斗目标进军，我们必须面对且实行满足这一宏伟建设目标的深刻的会计变革。

中国式现代化背景下的会计变革，既要充分考虑到国情，又要注重规划，并根据内外部条件变化不断调整变革的目标和部署。中华人民共和国成立以来会计管理的经验告诉我们：会计变革分为顶层设计和实践探索两个层次，顶层设计来自实践探索经验的总结提炼，没有实践探索就没有顶层设计。同时，顶层设计是为了更好地实践探索，减少盲目性，增强自觉性，提高有效性。正确处理好顶层设计与实践探索的关系，必须落实到增强会计变革的原则性、系统性、预见性和创造性上，要坚持用整体、联系和全面的观点看问题，把握主动，因时制宜，积极探求解决问题的新思路。

在开展会计变革的顶层设计时，必须有一以贯之的科学的理论思维，认清矛盾的发展路径，从而更好地把握实践方向。进行顶层设计，需要深刻洞察中国式现代化发展大势，准确把握各利益主体的关切，深入探索会计发展规律，使制定的规划和政策体系体现时代性、把握规律性、富于创造性，做到远近结合、上下贯通、内容协调。

10.2.2 会计变革中战略与策略的关系

习近平总书记指出，战略与策略的辩证统一就是战略勇气和策略智慧的辩证统一、战略部署的全面性和策略突破的灵活性的辩证统一。没有策略，战略就无法真正落实和实现；没有战略，策略就是权宜之计，两者有机统一，才是制胜之道和成功秘诀。

会计变革的战略就是会计结合推进中国式现代化这一宏大背景，服务和助推中国式现代化的实现；会计变革的策略则是根据形势变化的实践需求，分步骤渐进推进各项具体的变革措施。战略与策略必须实现紧密对接，深度融合。正确的战略需要正确的策略来落实。策略是在战略指导下形成的，又是战略的具体体现。战略的坚定性与策略的灵活性相辅相成，战略的前瞻性与策略的务实性相辅相成。战略上要从全局、长远、大势上作出判断和决策；战术上则要为了实现战略大局，根据问题、条件和形势的变化，制定最正确的策略，在具体问题上既要认识到变革过程的艰难曲折，又要采取慎重态度，充分发挥策略的灵活性。

10.2.3 会计变革中守正与创新的关系

中国式现代化的演进之路体现了"守正"与"创新"相结合的特征，那么中国式现代化背景下的会计变革，亦应如此。"守正"，就是要守好推进中国式现代化下的会计变革的初衷和本源，毫不动摇地坚持中国式现代化的中国特色、本质要求、重大原则，确保推进中国式现代化下会计变革的正确方向。"创新"，就是对当前会计领域不适应推进中国式现代化的需要完善和发展的地方，持续深化改革，随着时代、科技、实践的不断发展而赋予其新的内涵、新的意蕴、新的发展。守正创新是我们党在新时代治国理政中的重要思维方法。

中国式现代化下的会计理论与方法既有各国共同特征，即体现为一般性，更有基于自己国情的中国特色，即体现为特殊性，是推进现代化会计的全新实践，是对已有的会计理论与方法的突破与超越。推进中国式现代化下会计变革是一个探索性事业，还有许多未知领域需要我们在实践中去大胆探索，我们需要通过改革创新来推动变革发展，决不能刻舟求剑、守株待兔，要把创新摆在会计变革的突出位置，顺应时代发展要求，着眼于解决重大理论和实践问题，积极识变应变求变，大力推进改革创新，不断发掘新动能新优势，充分激发会计界创造活力。

10.2.4 会计变革中效率与公平的关系

习近平总书记指出："让广大人民群众共享改革发展成果，是社会主义的本质要求，是社会主义制度优越性的集中体现，是我们党坚持全心全意为人民服务根本宗旨的重要体现。"在马克思主义理想社会的建构中，公平既是价值追求，也是实践要求。因此会计变革要注重不同层面的效率与公平，注重通过调适经济公平促进经济效率，通过提高经济效率促进社会效率，进而实现社会公平的运行模式，从而推进不同领域和不同层面的效率与公平实现良性互动。

会计变革势必会打破原先的利益分配格局，重塑利益分配格局。例如，原先的会计剩余收益仅仅由出资人或股东独享，若考虑到全部的利益相关者，则会使利益相关者分享会计剩余收益；再如，在没有将环境资源纳入会计核算范围的情况下，向自然界排放污水废气可以使企业获取经济利益，而将环境资源纳入会计核算范围后，则会自动消减企业的经济利益。我们必须清楚，要服从国之大者，要从国家和全社会的角度稳步推动会计变革，必须紧盯中国式现代化的基本要求，而不是顾及、损害或减少某些既得利益者的利益。

我们要清醒地认识到，虽然会计涉及经济利益的计算和分配，但社会发展的最终目的不是见物不见人的财富的积累和增加，也不是没有物质基础的空中楼阁式的平等幻想，而是人的全面发展。效率与公平互适共生，我们不仅需要追求效率以增加社会财富总量，更要倡导公平来对社会财富进行合理分配，保证生产力的可持续发展。把效率和公平有机地结合起来的中国式现代化实践，正是在努力破解人类社会发展的这一难题。

10.2.5 会计变革中活力与秩序的关系

原有会计财务审计等方面的管理制度，既是中华人民共和国成立后特别是改革开放四十余年来的经验总结，又代表了我国这些专业领域的最新理论研究和实践积累的成果，从总体上对会计财务审计工作起到了指导和规范作用，决定着这些领域的管理秩序。然而这些管理制度也有许多并不能适应推进中国式现代化要求的部分，是需要根据中国式现代化要求进行变革的，只有对这一部分内容开展合理、渐进、科学的变革，才能焕发新时代会计的活力，展现新时代会计的风貌。如何处理秩序与活力的关系呢？

习近平总书记指出，中国式现代化的力量源泉，就是人民群众生生不息的创造活力。一个现代化的社会，应该既充满活力又拥有良好秩序，呈现出活力和秩序的有机统一。这就需要规范和引领。秩序正是这一规范和引领的集中表现。秩序不是阻碍活力，恰恰是在更为自觉的架构里使活力得以更加有效、有序和有力的迸发。

在推进中国式现代化这一宏大背景下展开会计变革，必须高度重视活力与秩序的关系，要实现高质量发展和高水平安全的良性互动。既要着力破解会计领域深层次体制机制障碍，不断彰显中国特色社会主义会计管理的制度优势，充分激发会计界创造活力，又不能完全否定以往被证明行之有效、长期发挥基础性作用的会计管理制度。只有坚持活力与秩序并重，才能做到稳而不乱、进而不乱，以防范和化解影响会计变革进程的各种风险，筑牢国家会计财务审计管理的安全屏障。

10.2.6　会计变革中自立自强与对外开放的关系

习近平总书记指出，中国式现代化深深植根于中华优秀传统文化，体现科学社会主义的先进本质，借鉴吸收一切人类优秀文明成果，代表人类文明进步的发展方向，展现了不同于西方现代化模式的新图景。人类发展的漫长历史已经无数次证明：依赖外部力量、照搬外国模式、跟在他人后面亦步亦趋，不可能实现国家强大和民族振兴。

我们要深刻认识到，中国式现代化是中国共产党团结带领全国人民顺应历史大势，以自立自信的历史自觉和历史主动精神独立自主探索开辟出来的；同时，我国经济持续快速发展的一个重要动力就是对外开放。因此，在推进中国式现代化背景下的会计变革，一要做到以我为主，即要传承中国式会计发展文明史，深深植根于中华民族伟大复兴，特别是中国式现代化推进需求，紧贴中国式现代化的基本特征，面向未来经济社会发展的主要领域和前沿话题，绝不能走简单套用甚至全盘照抄西方会计的道路；二要做到兼收并蓄，即绝对不能闭关自守、坐井观天，要勇于和善于吸收一切人类优秀文明成果，认真学习研读并充分利用世界最新最优的发展成果，在对外开放中为中国企业走向国际市场、服务"一带一路"建设充分发挥推动作用。

推进中国式现代化必须坚持独立自主、自立自强，坚持把国家和民族发展放在自己力量的基点上，坚持中国的事情由中国人民自己作主、自己来处理，坚持把我国发展进步的命运牢牢掌握在自己手中。统筹全局，突出重点，深化会计管理的协同创新，聚力加强自主创新、原始创新，加快推进高水平会计管理自立自强，加快提升会计服务新兴领域的战略能力，获得国家发展和国际竞争新优势。

10.3 启示与展望

在全党全国人民正在党的二十大精神指引下，踔厉奋发，通过推进中国式现代化实现第二个百年奋斗目标，向着中华民族伟大复兴的光辉彼岸前行的背景下，各行各业特别是管理界，应当比照中国式现代化的要求，检视不符合或滞后于中国式现代化的地方，积极推动变革，助力中国式现代化道路。

会计、财务和审计领域确实有与推进中国式现代化存在差距的方面。一是面对人口规模巨大的现代化，在人力资本会计领域、应对"少子老龄化"人口形势的会计领域等方面，存在许多不充分之处；二是面对共同富裕的现代化，如何理解和核算共同富裕、如何紧密结合贡献改进业绩评价制度、怎样优化包含全体利益相关者的会计等式等方面，也存在着改进空间；三是不能够只是简单地把会计与物质文明捆绑在一起，要让其通过推进社会治理、提高政治文明等方式，在精神文明建设方面发挥更大作用；四是面对生态文明建设的迫切需求，通过环境成本管理、资源环境核算、"双碳"会计管理和环境资源审计等方式，助力生态文明建设；五是面对合作共赢的现代化，彻底摒弃"你胜我负""你赢我输"的零和博弈思维，在服务基于民心相通、政策沟通、设施联通、贸易畅通、资金融通的共建"一带一路"倡议中，如何与"一带一路"共建国家在会计准则协调、税收法律制度协调等方面开展有益探索，在保税区财务会计、国际化会计人才培养方面有更大作为；六是面对推进中国式现代化背景下高质量发展的典型形态——数字化，考虑会计、财务与审计与现代信息技术的深度融合；七是面对发展安全的现代化道路，构建应急管理的会计财务管理体制，从基础层面做好突发公共事件审计工作。所有这些方面，都亟待通过变革使之更合理、更优化、更有力。

对于未来的相关研究，我们达成的基本共识是：

其一，对于推进中国式现代化背景下的会计变革，虽然涉及面宽广、利益调整大、技术路线难，并且相关领域变革的探索还非常不充分，没有可资借鉴的现成做法，但在如此宏大背景下的探索具有非常重要的积极意义，因此应当一以贯之继续做下去。

其二，在展开研究的时候，务必紧盯推进中国式现代化这一明确目标，绝不能偏离。要深入学习研究中国式现代化的基本内涵、根本特征和本质要求，这些都是引领我们开展会计变革的指针。

其三，由于本书研究所涉及的领域较广，包含的内容也非常多，建议未来研究可从某个方面展开，例如人力资本会计、环境成本会计、数字化财务管理等，这样做有利于聚焦某个领域，便于在深度和体系上有新的发现。

其四，会计变革探索不能罔顾推进中国式现代化背景下的会计实践，要知道现实中的实践和调研是十分重要的，能够给研究提供大量一手资料，提供务实启迪，有助于更多原创性研究成果的涌现。

（本章撰稿人：高严）

参考文献

［1］阿历克斯·英格尔斯. 人的现代化 ［M］. 殷陆君，译. 成都：四川人民出版社，1985.

［2］包健. 促进共同富裕的税制改革研究：基于三次收入分配视角 ［J］. 会计之友，2023（16）：2-7.

［3］本刊编辑部. 第三届生态文明审计理论创新发展论坛召开 ［J］. 会计之友，2018（14）：161.

［4］蔡春，毕铭悦. 关于自然资源资产离任审计的理论思考 ［J］. 审计研究，2014（5）：3-9.

［5］蔡跃洲. 中国共产党领导的科技创新治理及其数字化转型：数据驱动的新型举国体制构建完善视角 ［J］. 管理世界，2021（8）：30-46.

［6］曾凡平，夏国恩，王秋霞，等. 面向东盟的国际化会计人才培养研究与实践：以广西财经学院为例 ［J］. 高教论坛，2022（3）：32-36，45.

［7］曾益. 中国城镇职工基本医疗保险基金可持续发展研究 ［J］. 财经论丛，2012（5）：57-63.

［8］曾玉竹. 我国失业保险基金大量结余问题探析 ［J］. 中国集体经济，2018（11）：79-81.

［9］陈冬梅，王俐珍，陈安霓. 数字化与战略管理理论：回顾、挑战与展望 ［J］. 管理世界，2020（5）：220-236.

［10］陈辉，石意如. 重点开发区生态预算绩效评价研究：以广西北部湾经济区 4 市为例 ［J］. 会计之友，2020（1）：84-92.

[11] 陈剑, 黄朔, 刘运辉. 从赋能到使能: 数字化环境下的企业运营管理 [J]. 管理世界, 2020 (2): 117-222.

[12] 陈岚. 试析财务会计在事业单位和企业中的区别 [J]. 经济研究导刊, 2020 (22): 65-66.

[13] 陈庆江, 王彦萌, 万茂丰. 企业数字化转型的同群效应及其影响因素研究 [J]. 管理学报, 2021 (5): 653-663.

[14] 陈润发. 财务大数据背景下管理会计面临哪些机遇和挑战 [J]. 中国商界, 2023 (7): 156-157.

[15] 陈信元, 金楠. 试论西方会计理论对我国会计学的影响: 纪念十一届三中全会召开 20 周年 [J]. 财务与会计, 1998 (11): 7-10.

[16] 陈彦颉. 中国式现代化下的管理会计制度框架探析 [J]. 财会月刊, 2023, 44 (16): 70-77.

[17] 陈瑜. 我国会计准则国际协调研究: 历程与对策 [M]. 北京: 中国财政经济出版社, 2005.

[18] 陈云娟. 引入 ACCA 职业教育的国际化会计人才培养存在的问题与改进建议: 基于浙江师范大学行知学院的经验数据 [J]. 中国乡镇企业会计, 2022 (2): 169-172.

[19] 程璐. 国际化人才培养视角下河南高校会计金融专业双语教学改革研究在 [J]. 科技风, 2022 (21): 101-104.

[20] 程英春. 论哈尔滨综合保税区发展中的问题及策略 [J]. 商场现代化, 2017 (10): 37-38.

[21] 代玺玲. 高校与 ACCA 合作模式研究 [J]. 沈阳大学学报, 2010, 12 (4): 19-22.

[22] 戴德明, 周华, 支晓强. 合法性原则在会计法规体系中的地位 [J]. 会计研究, 2017 (10): 27-31, 96.

[23] 丁坚铭. 中国会计制度酝酿重大改革 [J]. 交通财会, 1992 (8): 54.

[24] 丁鑫, 王佳. 政府综合财务报告中社保基金核算问题研究 [J]. 财务与会计, 2017 (5): 70-72.

[25] 杜仙玲, 潘俊仁. 突发公共卫生事件预防审计全覆盖的思考 [J]. 商业会计, 2021 (1): 30-33.

[26] 杜兴强, 李文. 人力资源会计的理论基础及其确认与计量 [J]. 会

计研究，2006（6）：7.

　　［27］杜亚倩，林毓铭. 失业保险基金支出与城镇失业率的相关关系研究：基于协整分析与 G-ranger 检验的实证分析［J］. 社会保障研究，2017（2）：82-89.

　　［28］杜玉华. 新动力、新道路、新形态：中国改革开放的世界意义［J］. 马克思主义与现实，2019（1）：42-49.

　　［29］段凡. 共享和法治的新时代融合与中国式实践［J］. 南京师大学报（社会科学版），2023（4）：95-105.

　　［30］樊丽明，常世旺. 全球区域性税收协调与中国税收政策取向［J］. 税务研究，2005（4）：3-8.

　　［31］费伟，孙守纪. 刘明婉. 德国失业保险逆周期调节机制的经验及启示［J］. 中国劳动，2021（6）：84-96.

　　［32］冯丹. 突发公共事件审计存在的问题及建议：基于审计署公告内容的分析［J］. 大陆桥视野，2023（3）：118-120.

　　［33］冯莉，杨晶. 城镇职工基本医疗保险基金可持续性评估：基于延迟退休和全面二孩政策调整的考察［J］. 财经问题研究，2019（8）：22-129.

　　［34］冯淑萍，应唯. 我国会计标准建设与国际协调［J］. 会计研究，2005（1）：3-10.

　　［35］冯淑萍. 关于我国当前环境下的会计国际化问题［J］. 会计研究，2003（2）：2-7.

　　［36］高帆. 中国人口规模巨大的现代化究竟意味着什么［J］. 人民论坛，2022（22）：18-23.

　　［37］高晓林，周克浩. 中国式现代化新道路的建构及其世界意义［J］. 厦门大学学报（哲学社会科学版），2022，72（2）：109-117.

　　［38］葛格. 国家治理现代化视域下会计治理功能的发挥机制与路径探索［J］. 统计与管理，2020，35（7）：74-77.

　　［39］葛家澍，高军. 论会计的对象、职能和目标［J］. 厦门大学学报（哲学社会科学版），2013（2）：30-37.

　　［40］葛家澍. 新中国会计理论发展要略［J］. 上海市经济管理干部学院学报，2007（5）：46-51.

　　［41］郭道扬，谭超. 《中国会计通史》导论［J］. 会计与经济研究，

2022, 36（1）：3-26.

[42] 郭道扬. 论中国会计改革三十年 [J]. 会计研究, 2008（11）：3-10.

[43] 郭磊."一带一路"倡议下山东省国际化会计人才培养探析 [J]. 行政事业资产与财务, 2021（18）：113-114.

[44] 韩保江, 李志斌. 中国式现代化：特征、挑战与路径 [J]. 管理世界, 2022, 38（11）：29-43.

[45] 韩佩璇. 新业态灵活就业人员纳入失业保险制度的困境与解决 [J]. 山东工会论坛, 2022（1）：101-111.

[46] 韩喜平, 郝婧智. 人类文明形态变革与中国式现代化道路 [J]. 当代世界与社会主义, 2021（4）：49-56.

[47] 郝博爵, OCTAVIAN IONESCU. 对于我国会计与腐败关系的实证研究 [J]. 榆林学院学报, 2020, 30（1）：69-78.

[48] 郝君富, 郭锐欣. 生育保障制度的国际改革趋势与启示 [J]. 兰州学刊, 2019（6）：136-150.

[49] 何传启. 什么是现代化 [J]. 中外科技信息, 2001（1）：13-18.

[50] 何凤平, 周陆俊, 田文娟. 校企合作应用型高校国际化会计人才培养方式：以安徽师范大学会计学专业为例 [J]. 现代企业, 2021（10）：150-151.

[51] 何文炯, 杨一心, 王璐莎, 等. 中国生育保障制度改革研究 [J]. 浙江大学学报（人文社会科学版）, 2014（4）：5-18.

[52] 洪银兴. 论中国式现代化的经济学维度 [J]. 管理世界, 2022, 38（4）：1-15.

[53] 黄桂霞. 中国生育保障 70 年：回顾与前瞻 [J]. 中华女子学院学报, 2020（1）：66-73.

[54] 黄奇帆, 朱岩, 邵平. 数字经济内涵与路径 [M]. 北京：中信出版集团, 2022.

[55] 黄世忠. 移动互联网时代财务与会计的变革与创新 [J]. 财务与会计, 2015（21）：6-9.

[56] 黄泰岩. 中国式现代化是人口规模巨大的现代化 [J]. 经济学家, 2022（11）：13-14.

[57] 姜昕, 昝书林. 基于国际化下的高校会计人才培养 [J]. 沈阳大学学报（社会科学版）, 2016, 18（6）：669-673.

［58］姜燕. 从统计会计视角谈养老保险基金管理措施［J］. 统计与管理, 2017（7）: 72-73.

［59］蒋永萍. 社会性别视角下的生育保险制度改革与完善: 从《生育保险办法（征求意见稿）》谈起［J］. 妇女研究论丛, 2013（1）: 47-52.

［60］金碚. 中国经济发展中理性观念演变历程［J］. 江苏社会科学, 2019（1）: 1-8.

［61］金花妍. 会计发展与政治文明关系探讨［J］. 改革与开放, 2017（18）: 53-54.

［62］金丽莹. 收付实现制和权责发生制在行政事业单位的运用［J］. 当代会计, 2019（15）: 8-9.

［63］金荣安. 加强我国企业会计职业道德建设的思考［J］. 财经问题研究, 2016（S1）: 62-65.

［64］金双华, 班福玉. 失业保险制度对收入分配的影响: 基于缴纳-领取路径的分析［J］. 中南财经政法大学学报, 2021（5）: 51-62, 159.

［65］靳东升, 龚文辉. 经济全球化下的税收竞争与协调［M］. 北京: 中国税务出版社, 2008.

［66］靳能泉. 会计演进与文明发展的共生共融研究［J］. 东北财经大学学报, 2010（4）: 58-63.

［67］蓝图. 构建国际化会计人才培养教学评价体系的思考［J］. 经营管理者, 2015（8）: 361-362.

［68］李嘉亮. 廉政建设与会计诚信［N］. 中国会计报, 2019-11-15（4）.

［69］李金华. 中国审计 25 年回顾与展望［M］. 北京: 人民出版社, 2008.

［70］李青原, 王露萌. XBRL 财务报告提升了会计信息可比性吗?［J］. 东南大学学报（哲学社会科学版）, 2019（11）: 61-76.

［71］李睿智. 重庆江津综合保税区发展建设中政府管理存在的问题与对策研究［M］. 重庆: 重庆大学, 2019.

［72］李施. 南通综合保税区风险控制问题研究［D］. 天津: 天津财经大学, 2019.

［73］李实. 共同富裕的目标和实现路径选择［J］. 经济研究, 2021, 56

（11）：4-13.

[74] 李小丹. 国际化与国家化：我国会计发展的理性抉择 [J]. 财经科学，2003（S1）：206-208.

[75] 李小静，刘俊，褚学震. 城乡统筹生育保险制度的构建：以天津市为例 [J]. 理论与现代化，2013（6）：103-107.

[76] 李欣彦. 高管权力、法务会计与高管腐败 [D]. 太原：山西财经大学，2021.

[77] 李彦立，赵继纯. 基于环境保护的我国企业绩效评价体系构建 [J]. 河北师范大学学报（哲学社会科学版），2010，33（3）：44-47.

[78] 李颖. 促进就业视角下的失业保险基金支出调整研究 [J]. 市场周刊（理论研究），2016（7）：86-87.

[79] 李宗彦，傅颀. 会计职业道德教育国际准则：实施框架及中国实践 [J]. 会计之友，2017（13）：15-18.

[80] 刘飞琴，朱德泓，张建伟. 省级政府年度环境报告制度实施现状与完善路径 [J]. 环境保护，2023，51（Z3）：36-39.

[81] 刘峰. 会计·信任·文明 [J]. 会计研究，2015（7）：3-10.

[82] 刘焕峰，魏玮. 环境会计发展相关问题研究 [J]. 财会通讯，2010（9）：39-42.

[83] 刘继同，刘晓东. 中国社会保险基金政策目标的理论反思：基于五大社会保险基金结余率的考察 [J]. 学习与实践，2019（7）：75-87.

[84] 刘明辉，刘雅芳. 会计越发展，政治越文明 [J]. 会计研究，2014（7）：3-11.

[85] 刘淑春，闫津臣，张思雪，等. 企业管理数字化变革能提升投入产出效率 [J]. 管理世界，2021（5）：170-190.

[86] 刘铮. 人口现代化与优先发展教育 [J]. 人口研究，1992（2）：1-10.

[87] 龙晓柏. 江西综合保税区发展特征与高质量提升研究 [J]. 老区建设，2022（23）：46-52.

[88] 罗彬. 环境资产的确认与计量 [J]. 中国乡镇企业会计，2007（6）：55.

[89] 罗红杰. 中国式现代化的百年实践、超越逻辑及其世界意义 [J]. 经济学家，2021（12）：5-13.

［90］罗进辉，巫奕龙.数字化运营水平与真实盈余管理［J］.管理科学，2021（4）：3-18.

［91］罗庆，白彦锋，李哲.政府会计改革对政府购买服务决策的影响［J］.会计研究，2021（10）：3-16.

［92］罗庆.政府会计制度对政府购买服务决策的影响研究［D］.北京：中央财经大学，2022.

［93］罗荣渠.现代化新论：世界与中国的现代化进程［M］.北京：商务印书馆，2004.

［94］罗勇.二十大精神赋予新时代会计的使命与任务［J］.会计之友，2023（13）：2-8.

［95］吕玉芹，袁昊，舒平.论数字资产的会计确认和计量［J］.中央财经大学学报，2003（11）：62-65.

［96］马莎莎.实证研究的局限性［J］.财经界，2014（9）：110.

［97］孟志华.对重大突发公共事件审计的思考［J］.财会月刊，2020（9）：89-92.

［98］苗建琳.对我国综合保税区发展现状、问题及对策的分析［J］.经贸实践，2017（6）：129.

［99］缪慧星，黄惠欣，罗飞.中国与"一带一路"沿线国家税收协调研究［J］.改革与战略，2021，37（3）：78-84.

［100］穆光宗，侯梦舜，郭超，等.论人口规模巨大的中国式现代化：机遇、优势、风险与挑战［J］.中国农业大学学报（社会科学版），2023（1）：5-22.

［101］穆光宗.主持人评论：论人口规模巨大的中国式现代化［J］.人口与发展，2023（1）：101-103.

［102］牛鸿斌，崔胜辉，赵景柱.政府环境责任审计本质与特征的探讨｜J］.审计研究，2011（2）：29-32.

［103］佩西·奥雷利奥.未来的一百页：罗马俱乐部总裁的报告［M］.汪帼君，译.北京：中国展望出版社，1984.

［104］曲晓辉.我国会计国际化进程刍议［J］.会计研究，2001（9）：9-15.

［105］尚玉皇.国家安全体系和能力推进中国式现代化的现实特征、理

论要义与实践逻辑 [J]. 兰州财经大学学报, 2022 (6): 1-7.

[106] 石意如, 陈辉, 向鲜花. 海陆统筹视阈下海洋主体功能区生态预算研究 [J]. 财会月刊, 2019 (14): 98-103.

[107] 石意如. 主体功能区生态预算问责体系的构建 [J]. 财会月刊, 2018 (1): 55-59.

[108] 宋健. 保持科技创新活力, 推进人口规模巨大的中国式现代化 [J]. 中国科技论坛, 2023 (3): 5-7.

[109] 宋晓梧. 中国社会保障制度 70 年演变及展望 [J]. 中国劳动, 2019 (10): 5-15.

[110] 宋志华, 李凯. 社会保障会计方法研究 [J]. 会计研究, 2008 (5): 10-14.

[111] 孙瑜. 将生态文明教育融入高校会计学专业教学探究 [J]. 商业会计, 2021 (16): 112-115.

[112] 孙照红. 中国式现代化进程中的发展和安全: 关系演进和经验总结 [J]. 湖北大学学报 (哲学社会科学版), 2023 (4): 19-27.

[113] 覃成菊, 张一名. 我国生育保险制度的演变与政府责任 [J]. 中国软科学, 2011 (8): 14-20.

[114] 汤湘希, 谭艳艳. 会计职业道德准则的定位、困境与出路 [J]. 财务与会计, 2012 (8): 33-35.

[115] 唐国平, 孙洪峰. 我国环境资源会计的研究与发展: 基于 2010—2020 年的文献分析 [J]. 商业会计, 2021 (7): 4-12.

[116] 唐洋, 阳秋林, 游战武, 等. 生态文明建设与环境资源会计研究: 中国会计学会环境资源会计专业委员会 2020 学术年会综述 [J]. 会计研究, 2021 (2): 190-192.

[117] 陶春华, 王光正, 曾繁荣, 等. 碳达峰与环境会计发展: 中国会计学会环境资源会计专业委员会 2021 学术年会观点综述 [J]. 会计研究, 2022 (5): 190-192.

[118] 田昆儒. 中国经济高质量发展会计问题论纲: 兼论会计的国家属性 [J]. 商业会计, 2022 (10): 4-9.

[119] 涂建明, 迟颖颖, 石羽珊, 等. 基于法定碳排放权配额经济实质的碳会计构想 [J]. 会计研究, 2019 (9): 87-94.

［120］涂紫芊. 生态文明建设背景下国际化环境管理会计的相关问题思考［J］. 当代会计, 2020（5）：45-46.

［121］汪伟, 姜振茂. 人口老龄化对技术进步的影响研究综述［J］. 中国人口科学, 2016（3）：114-125.

［122］王爱国, 郭胜川. 生态文明审计：生态文明建设的基础性制度保障［J］. 改革, 2021（12）：140-150.

［123］王爱国. 关于生态文明审计的几个基本理论问题［J］. 东岳论丛, 2017（10）：110-121.

［124］王秉. 中国国家安全体系现代化的历程、内涵与路径［J］. 湖南师范大学社会科学学报, 2022（6）：1-11.

［125］王化成, 刘俊勇. 企业业绩评价模式研究：兼论中国企业业绩评价模式选择［J］. 管理世界, 2004（4）：82-91.

［126］王慧璞. 会计国际化背景下的我国本科会计人才培养方案研究［D］. 上海：上海外国语大学, 2013.

［127］王积慧, 张翼飞, 郭永清. 改革开放 40 年我国企业会计改革的演变与贡献［J］. 财经科学, 2019（2）：106-118.

［128］王金营, 李天然, 张国庭. 新时代中国人口发展：现状、特征、影响和挑战［J］. 晋阳学刊, 2023（2）：29-43.

［129］王开田, 胡晓明. 中国会计国际化与国际会计中国化的文化思考［J］. 会计研究, 2006（7）：72-76.

［130］王灵桂. 中国式现代化新道路与人类文明新形态［J］. 中国经济评论, 2022（Z1）：91-96.

［131］王伟. 阿拉山口综合保税区发展问题研究［D］. 乌鲁木齐：新疆农业大学, 2018.

［132］王涯珺. 我国会计人才国际化培养研究热点和发展脉络：基于 CNKI 数据库的可视化分析［J］. 科教导刊, 2022（32）：148-151.

［133］王雍君. 数字经济时代的财务、会计和税务变革［J］. 中国总会计师, 2018（2）：14.

［134］王昱人, 韩荣荣. 生态文明建设理念下环境会计的发展与改革［J］. 西部财会, 2021（3）：20-23.

［135］王月. 大数据背景下企业审计面临的挑战及应对措施［J］. 中国

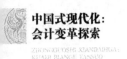
市场，2023（2）：140-142.

[136] 王振宇，刘晓庆，许伯然. 海关支持综合保税区发展措施常见问题解答 [J]. 中国海关，2020（8）：42-43.

[137] 蔚然. 论会计恒等式的不平衡性 [J]. 财会月刊，2010（8）：77-78.

[138] 蔚然. 现行会计等式的理论缺陷 [J]. 中国注册会计师，2011（7）：88-89.

[139] 魏蓝. 生态文明建设背景下企业环境会计发展现状及优化探究 [J]. 环境工程，2022，40（7）：301.

[140] 文华宜. 国家审计在突发公共事件中的作用研究 [J]. 审计研究，2023（2）：45-51.

[141] 吴琼，马国霞，高阳，等. 自然资源资产负债表编制中的环境成本核算及实证研究：以湖州市为例 [J]. 资源科学，2018，40（5）：936-945.

[142] 吴世彤. 疫情背景下我国失业保险制度缺位问题及对策研究 [J]. 上海保险，2021（4）：50-52.

[143] 吴亭忆. 突发公共卫生事件政府审计职能分析及对策探究：以新冠肺炎疫情防控审计为例 [J]. 中国农业会计，2020（11）：14-17.

[144] 习近平. 推进中国式现代化需要处理好若干重大关系 [J]. 求是，2023（10）：4-6.

[145] 习近平. 在庆祝中国共产党成立100周年大会上的讲话 [M]. 北京：人民出版社，2021.

[146] 相福刚. 企业环境会计核算体系的构建研究 [J]. 会计之友，2018（18）：43-48.

[147] 项怀诚. 领导干部财政知识读本 [M]. 北京：经济科学出版社，1999.

[148] 谢志华，陶玉侠，杜海霞. 关于审计机关环境审计定位的思考 [J]. 审计研究 2016（1）：11-16.

[149] 辛庆玲. 生态文明背景下政府环境责任审计与问责的路径探析 [J]. 青海社会科学，2019（2）：73-79.

[150] 邢荣. 中国式现代化对"资本逻辑"的超越 [J]. 理论视野，2023（6）：57-63.

[151] 邢宗江，黄寿辰. 怎样建立新中国会计理论基础 [J]. 新会计，

1951（1）：10-12.

［152］熊昕.中国与"一带一路"沿线国家税收情报交换制度的完善［J］.法学，2018（9）：122 -134

［153］熊昕.中国与"一带一路"沿线国家税收情报交换制度的完善［J］.法学，2018（9）：122-134.

［154］徐坤.中国式现代化道路的科学内涵、基本特征与时代价值［J］.求索，2022（1）：40-49.

［155］徐莉萍，李姣妤.生态预算研究述评及展望［J］.经济学动态，2012（10）：91-94.

［156］徐晓丽，张玲，马晓琴.我国失业保险支出与城镇失业率关系研究：基于误差修正模型的分析［J］.人口与经济，2012（2）：49-53，92.

［157］徐玉德，韩彬.新中国七十年企业会计改革发展的演进逻辑与理论诠释［J］.会计研究，2020（1）：16-25.

［158］徐玉德.数字经济时代会计变革的反思与逻辑溯源［J］.会计研究，2022（8）：3-13.

［159］徐志耀，陈骏.以自然资源资产离任审计推动完善生态文明制度体系［J］.审计与经济研究，2020，35（1）：22-24.

［160］薛惠元，曹思远.后疫情时代失业保险基金可持续性与经济调节功能研究［J］.保险研究，2021（2）：91-112.

［161］阳秋林，黄璇，孙佳思.生态文明建设下我国生态会计主体与客体初探［J］.商业会计，2022（120）：112-114.

［162］阳秋林，刘雅倩，黄璇.生态会计：理论综述与启示［J］.会计之友，2022（9）：18-24.

［163］杨翠迎，冯广刚.我国失业保险金功能异化及失业贫困问题分析：基于社会保障待遇梯度的比较视角［J］.云南社会科学，2014（1）：155-161.

［164］杨纪琬，阎达五.论"会计管理"［J］.经济理论与经济管理，1982（4）：39-45.

［165］杨纪琬.会计责任制的理论与实践［J］.会计研究，1988（5）：4-7.

［166］杨纪琬.学习两个《准则》的体会［J］.预算会计，1996（10）：

22-27.

[167] 杨洁，周赟俊，金涛. 行政合作视角下的生态全面预算绩效评价体系构建 [J]. 财会月刊，2021 (24)：49-56.

[168] 杨时展. 1949—1992 年中国会计制度的演进 [J]. 北京：中国财政经济出版社，1998.

[169] 杨时展. 两个根本转变的主要手段 [J]. 财会通讯，1998 (10)：3-10.

[170] 杨世忠，马元驹. 论中国特色社会主义会计文化建设的路径与重点 [J]. 会计研究，2014 (6)：17-24, 96.

[171] 杨世忠，谭振华. 传统自然观对资源核算与环境责任审计的启示 [J]. 财会月刊，2020 (16)：82-86.

[172] 杨雄胜，陈丽花，缪艳娟. 中国会计发展：立足国际大背景的战略思考 [J]. 会计研究，2018 (11)：3-14.

[173] 杨雄胜，熊焰韧，陈丽花，等. 现代会计与人类社会文明关系问题探讨 [J]. 会计研究，2018 (8)：3-15.

[174] 杨章文. 论中国式现代化道路的整体性逻辑 [J]. 探索，2022 (1)：1-14.

[175] 杨振，龙燕. 试论企业绿色财务评价体系的构建 [J]. 特区经济，2005 (8)：365-366.

[176] 姚文韵，崔学刚. 会计治理功能研究：分析与展望 [J]. 会计研究，2011 (2)：31-38, 96.

[177] 姚译然，印家博. 基于 DEA 模型的我国失业保险运行效率研究 [J]. 中国集体经济，2019 (15)：165-166.

[178] 叶陈云，叶陈刚. 突发公共事件中公益组织募捐资金审计监督的问题及应对 [J]. 财务与会计，2020 (21)：54-56.

[179] 叶康涛，刘敏. 人力投入的资本化会计处理：理论与经验证据 [J]. 财务研究，2022 (5)：12-20.

[180] 于春红. 会计信息化环境下的信息安全与风险控制 [J]. 现代国企研究，2018 (6)：169.

[181] 于洪鉴，孔晨，陈艳. 论"一带一路"视域下的中国会计变革 [J]. 广东财经大学学报，2016，31 (3)：93-101.

[182] 余思蓓. 高校国际化会计人才培养模式及目标建设 [J]. 现代企业, 2021 (9)：138-139.

[183] 俞淑娴. 基于因子分析和聚类分析的我国各地区失业保险水平综合评价 [J]. 就业与保障, 2020 (14)：182-186.

[184] 袁广达. 环境成本视角的跨界流域生态补偿标准量化研究 [J]. 会计研究, 2022 (6)：16-31.

[185] 袁广达. 资源环境成本管理功能：基于环境会计方法、条件与信息的支持 [J]. 财会月刊, 2020 (2)：3-8.

[186] 袁广达. 资源环境成本管理功能：基于环境会计使命、任务与属性的认知 [J]. 财会月刊, 2020 (1)：3-9.

[187] 袁媛. 环境资产确认与计量探讨 [J]. 财会通讯, 2009, (4)：34-35.

[188] 张成栋, 李伟, 王伟, 等. 会计促进收入公平分配的研究 [J]. 财政科学, 2022 (4)：68-74.

[189] 张凤玲, 赵梦莹, 薛敏. 新时代会计诚信教育探究 [J]. 会计研究, 2022 (11)：3-13.

[190] 张海波, 童星. 中国应急管理结构变化及其理论概化 [J]. 中国社会科学, 2015 (3)：58-84.

[191] 张浩. 中国特色社会主义政治发展道路的科学内涵 [J]. 经济技术协作信息, 2012 (34)：1.

[192] 张嘉欣. 绿色会计核算中环境资源的价值计量策略 [J]. 山西农经, 2021 (6)：12-13.

[193] 张利, 蔡诚功, 杜俊儒, 等. "双碳"目标下煤炭企业环境成本核算与应用探析：基于作业成本法核算原则 [J]. 财会通讯, 2022 (4)：170-176.

[194] 张林, 宫冰. 高校国际化会计人才培养模式研究 [J]. 林区教学, 2015 (6)：23-25.

[195] 张鲁雯. 高校会计人才培养存在的问题与对策 [J]. 财会月刊, 2010 (6)：98-99.

[196] 张冉. 基于大数据视域下财务会计向管理会计转型研究 [J]. 现代商业, 2023 (10)：177-180.

[197] 张蕊. 企业经营业绩评价理论与方法的变革 [J]. 会计研究, 2001 (12)：46-50.

[198] 张思锋, 马伟. 人口"乡—城"流动下城镇失业保险基金支出预测：西安市为例 [J]. 西北人口, 2010 (4)：36-40.

[199] 张洋. 数字经济发展对会计的影响及对策研究 [J]. 中外企业文化, 2022 (3)：107-109.

[200] 张圆圆. 郑州新郑综合保税区的发展现状、问题及对策 [J]. 科技经济市场, 2015 (11)：42-43.

[201] 章贵桥, 杨媛媛, 颜恩点. 数智化时代、政府会计功能跃迁与财政预算绩效治理 [J]. 会计研究, 2021 (10)：17-27.

[202] 赵存丽, 刘明辉. 改革开放40年我国生态文明审计的发展与建设路径 [J]. 财务与会计, 2019 (8)：33-36.

[203] 赵建国, 刘子琼. 延迟退休, 个人账户调整与城镇职工医疗保险基金可持续运行 [J]. 社会保障研究, 2020 (1)：11-22.

[204] 赵丽萍, 于兴龙, 张欣. 资源利用和环境业绩与财务评价体系的重建 [J]. 环境保护, 2009 (8)：14-17.

[205] 赵书博. 我国与"一带一路"沿线国家税收协定问题研究 [J]. 税务研究, 2018 (2)：74-77.

[206] 赵友良. 论近代中国的会计学术思想和会计学派的形成 [J]. 立信学刊, 1996 (3)：1-5.

[207] 郑石桥, 吕君杰. 领导干部资源环境责任审计需求：理论框架和例证分析 [J]. 会计之友, 2018 (14)：149-158.

[208] 郑石桥. 论突发公共事件审计内容 [J]. 财会月刊, 2020 (13)：88-91.

[209] 郑石桥. 自然资源审计基本逻辑：理论框架和例证分析 [J]. 新疆财经大学学报, 2017 (2)：41-48.

[210] 郑岩. 我国失业保险基金结余问题研究 [J]. 合作经济与科技, 2020 (22)：184-185.

[211] 郑宇花, 王宝升, 李雪莲. 环境资源产权视角下的碳排放权确认与计量 [J]. 财会研究 2023 (3)：59-64.

[212] 中国共产党第十九届中央委员会第五次全体会议公报 [M]. 北

京：人民出版社，2020.

[213] 周丹. 社会主义市场经济条件下的资本价值 [J]. 中国社会科学，2021（4）：128-145.

[214] 周敏李，栾婵. 审计在突发公共卫生事件风险防控中的作用研究 [J]. 中国农业会计，2020（10）：52-54.

[215] 周守华，刘国强. 贯彻落实十九大精神 繁荣新时代会计理论：《会计研究》新年献辞 [J]. 会计研究，2022（5）：3.

[216] 周守华，刘国强. 会计越发展，社会越进步：充分发挥会计在经济社会发展中的作用 [J]. 会计研究，2014（1）：2.

[217] 周守华，陶春华. 环境会计：理论综述与启示，会计研究，2012（2）：3-10.

[218] 周守华，吴春雷. 会计功能与创新社会治理 [J]. 北京工商大学学报（社会科学版），2015，30（2）：63-65.

[219] 周守华，谢知非，徐华新. 生态文明建设背景下的会计问题研究 [J]. 会计研究，2018（10）：3-10.

[220] 朱简. 产业集群下保税区发展中政策跟进的问题与对策研究 [J]. 太原城市职业技术学院学报，2020（8）：5-7.

[221] 朱明明，巫蓉. 基于 MFCA 的企业环境成本核算 [J]. 财会通讯，2018（11）：88-90.

[222] AWATH DAMODARAN. Investment valuation: tools and techniques for valuing any asset [M]. NY: Johan Viley and Sons Inc, 1996.

[223] ARSENIJEVIC J, PAVLOVA M. Short comings of maternity care in Serbia [J]. Birth-Issues In Perinatal Care, 2014, 41 (1): 14-25.

[224] BURKHARD HEER. Employment and welfare effects of a two-tier unemployment compensation system [J]. International Tax and Public Finance, 2003, 10 (2): 147-168.

[225] BACATE M L, SILVESTRE M A, CAPILI D S, et al. PHP117-costing the national health insurance program prematurity benefit package: the philippine experience [J]. Value in Health, 2015, 18 (7): 534.

[226] CHEN C-Y, LIEN Y-T, YEH H-H, et al. Comparison of adverse obstetric outcomes and maternity hospitalization among heroin-exposed and metha-

done-treated women in Taiwan [J]. International Journal of Drug Policy, 2015, 26 (2): 191-198.

[227] CASCIO. Costing human resources: the financial impact of behavior in organization [J]. California Management Review, 2006, 48 (4): 41-59.

[228] CHEN X, HUANG J, LI X, et al. Corporate governance and resource allocation efficiency: evidence from IPO regulation in China [J]. Journal of International Accounting Research, 2018, 5 (1): 4-8.

[229] POWER T. For the common good: redirecting the economy towards community, the environment, and a sustainable future [M]. Beacon press: Boston, Mass, 1989.

[230] DYKEMAN S, WILLIAMS A M. Agenda-setting for Canadian caregivers: using media analysis of the maternity leave benefit to inform the compassionate care benefit [J]. BMC Womens Health, 2014, 14 (16): 1-13.

[231] DALE T M. Unemployment insurance and job search decisions [J]. Industrial & Labor Relations Review, 1977, 30 (4): 505-517.

[232] ERIC G F, MARIA L B, WEI H. Human resource accounting: a historical perspective and future implications [J]. Management Decision, 2002, 40 (10): 947-954.

[233] EDWIN H C, STEPHEN L. Human resource accounting: Past, present and future [M]. New York: National Association of Accountants, 1975.

[234] EDVINSSON L, MALONE M S. Intellectual capital: realizing your company's true value by finding its hidden brainpower. New York: Harper Collins, 1997.

[235] ERIC G F. Human resource accounting: operationalization and effects of human resource replacement cost system [M]. Dickenson Publishing Company, 1985.

[236] EUROFOUND. Changes in remuneration and reward systems [J]. Luxembourg: Publications Office of the European Union, 2016: 25-47.

[237] FREDERICK D S C, GERHARD G M. International accounting [M]. Englewood Cliffs, NJ: Prentice-Hall, 1992.

[238] HUNTINGTON, SAMUEL P. The change to change: modernization,

development, and politics [J]. Comparative Politics, 1971 (3): 283-322.

[239] HERMAN T. A human resource accounting transmission: shifting from failure to a future [J]. Journal of Human Resource Costing & Accounting, 2005, 9: 111-121.

[240] HERMAN T, JOHN B. Financial implications of accounting for human resources using a liability model [J]. Journal of Human Resource Costing & Accounting, 2008: 124-137.

[241] JOHN H, JOSÉ V, RODRÍGUEZ M. Unemployment insurance design: Inducing moving and retraining [J]. European Economic Review, 2007, 52 (5): 757-791.

[242] JOHN T A, MCKINLEY L B. The effects of unemployment insurance on post unemployment earnings [J]. Labour Economics, 2000, 7 (1): 21-53.

[243] JULIEN A, XAVIER F. Search frictions real wage rigidities and the optimal design of unemployment insurance [J]. Journal of Economic Dynamic s and Control, 2013, 37 (9): 1796-1813.

[244] JOJN C D, JAMES G. Disturbance and implementation of IC practice: a public [245] sector organisation perspective [J]. Journal of Human Resource Costing & Accounting, 2007, 11 (2): 104-121.

[246] JAMES S. Put people on your balance sheet [J]. Harvard Business Review, 1967: 107-110.

[247] KUMAR S, DANSEREAU E. Supply-side barriers to maternity-care in india: a facility-based analysis [J]. Plos One, 2014, 9 (8): 9.

[248] KIESO, WEYGABDT, WARFIELD. Fundamentals of intermediate accounting [J]. Issues in Accounting Education, 2003, 18 (2): 229-230.

[249] KATZ L F, MEYER B D. The impact of the potential duration of unemployment benefits on the duration of unemployment [J]. Journal of Public Economics, 1990, 41 (1): 45-72.

[250] LEV BARUCK, SCHWARTZ. On the use of the economic concept of human capital in financial statements [J]. The Accounting Review, 1971, 47 (1): 148-152.

[251] MIKE T, RICHARD H P, SAUDAH S. Intellectual capital manage-

ment accounting practices and corporate performance perceptions of managers [J].
Accounting, Auditing & Accountability Journal, 2007, 20 (4): 522-548.

[252] MAYO. Measuring human capital [J]. Worldwide Link, 2004, 14 (2): 3.

[253] MYLONAKIS J, TAHINAKIS P. The use of accounting information systems in the evaluation of environmental costs: a cost-benefit analysis model proposal [J]. International Journal of Energy Research, 2006, 30 (11): 915-928.

[254] ROBIN R, JOANNA S, HOWARD KAHN. Employee wellness as intellectual capital: an accounting perspective [J]. Journal of Human Resource Costing & Accounting, 2006: 48-64.

[255] ROGER H H. Accounting for human assets, bureau of business and economic research [J]. Michigan State University, 1969: 7-11.

[256] TURNER M J. Caesarean section rates in women in the republic of ireland who chose to attend their obstetrician privately: a retrospective observational study [J]. BMC Pregnancy and Childbirth, 2020, 20 (1): 548.

[257] THPMAS A S. Intellectual capital: the new wealth of organizations [M]. New York: Doubleday Dell Publishing Group, Inc., 1997.